자원봉사론(3판)

구혜영 지음

신정

머리말

'자원봉사의 실무와 이론을 갖춘 전문가'라는 타이틀을 달고 자원봉사분야에서 일한지도 30년이 넘었다. 중학교 때부터 적십자 봉사활동을 시작으로 현장을 누빈 것부터 시작한다면 45년 이상 한결 같이 자원봉사에 몸을 담았다. 그 사이 자원봉사계에도 많은 변화가 있었다. 그 역동적인 변화 속에 한 발자국씩 흔적을 남긴 것만으로도 마음 속 깊이 뿌듯함을 느낀다. 이러한 흔적들을 이번 책에 담아낼 수 있는 것만으로도 행복한 일이다.

2008년도에 출간한 ≪자원봉사실천론≫이 자원봉사의 현장과 실무의 흔적을 정리한 것이었다면, ≪자원봉사론 1판≫은 학문적 측면을 강조한 책이었고, 2018년도의 ≪자원봉사론 2판≫은 자원봉사의 이론적 측면보다는 현장성에 더 초점을 두고 기획되었다. 학문의 현장성 지식기술체계, 연구조사체계, 현장실무체계를 넘어서서 자원봉사자나 실무자들 개개인의 경험과 관점을 재해석하고 미래세계의 변화를 포함해야 했기 때문이다. 이번에 발간된 2024년의 ≪자원봉사론 3판≫은 자원봉사의 역사와 정책적 측면을 강화하여 기술되었다. 코로나19 이후 달라진 사회변화에 따른 자원봉사정책이 변화되었고, 비영리 100년 등 자원봉사의 기념이 될 만한 역사적 기록들이 대거 저술되었기 때문이다.

네이버지식iN에 보니 2012년 사회복지사협회에서 선정한, 사회복지사가 되기 전에 꼭 봐야 할 필독도서로 저의 책 ≪자원봉사실천론≫이 선정된 것은 아마도 단순한 이론서적이 아니라 현장의 경험과 사례를 통해 자원봉사의 철학과 가치를 전달하고자 하는 의도가 잘 전달되었지 않았나 싶다. 멋진 자원봉사자가 되고 싶은, 더불어 사는 세상을 만들고 싶은 자원봉사관리자, 그리고 자원봉사계의 정책적 실천을 담당하는 실무자들에게 꼭 필요한 책이 되었으면 하는 소박한 마음을 가져 본다.

모든 책이 그러하듯이 이번에도 늘 부족함과 아쉬움이 남는다. 다음의 책에서 더 많은 고민과 단상을 포함할 것을 기약한다.

행당동 한양사이버대학교 연구실에서

구혜영

차례

2장

자원봉사의 동기 및 필요성

3장

우리나라 자원봉사활동 현황

5장

자원봉사 참여자별 특성

6장

자원봉사 서비스대상별 특성

7장

자원봉사활동 현장별 특성

9장

자원봉사활동 과정

10장

자원봉사활동 프로그램 및 교육프로그램 개발

11장

자원봉사관리자의 역할과 자세

12장

자원봉사조직과 자원봉사네트워크

13장

한국 자원봉사의 과제와 전망

CHAPTER

01

자원봉사의 개념과 이론, 역사

1. 자원봉사의 개념
2. 자원봉사 관련 이론들
3. 자원봉사의 철학과 정신
4. 외국의 자원봉사 역사와 발달과정
5. 한국의 자원봉사 역사와 발달과정

VOLUNTEERISM

Chapter 01

자원봉사의 개념과 이론, 역사

1 자원봉사의 개념

1) 자원봉사의 정의

자원봉사(自願奉仕)는 스스로 자(自), 원할 원(願), 받들 봉(奉), 섬길 사(仕)로 표현된다. 즉, 자신이 가지고 있는 재능, 에너지, 물질, 시간, 능력을 스스로 무보수로 내놓아 이웃과 지역을 바람직한 방향으로 변화시키기 위해 섬겨 받드는 활동이라 할 수 있다. 영어로는 Voluntary Services(자발적 활동)로, 자유의지라는 뜻의 라틴어 어원 Voluntas Volo에서 기인한다.

즉, 자원봉사란 이웃과 지역사회에 대한 사랑을 실천하기 위한 모든 자발적인 활동을 의미하는 것이다. 봉사활동은 모든 인간의 삶의 질을 높이고, 공공의 이익을 추구하며, 정신적인 보람과 만족 외에 어떠한 물질적 보상도 기대하지 않는 무보수성의 특성을 갖는다. 또한 자원봉사활동이 일상생활로 이어져 정기적이고 지속적으로 꾸준히 실천되어야 하며, 최근에는 전문적인 교육과 훈련의 중요성도 자원봉사의 개념에 포함되고 있다.

미국의 고든 맨서와 로즈메리 기긴스 캐스(Gorden Manser & Rosemary Giggins Cass, 1976)는 자원봉사활동을 개인이 스스로가 선택한 자원봉사기관에서 활동하고, 창조하고, 실험하고 또 새로운 목표를 달성하기 위하여 노력하는 과정이며, 최대의 자유와 민주적 과정에서 독특한 역할을 수행하는 것으로 정의하고 있다.

한국사회복지협의회는 인간존중사상과 민주주의 철학을 기반으로 복지사회 실현을 위해 협력 또는 참여하는 것을 자원봉사활동으로 보고 있다. 그리고 금전적 보상 없이 자신의 자유로운 의사로 지역사회에 서비스를 제공하는 활동을 의미한다고 설명하고 있다. 즉, 자원봉사란 '사회문제의 예방 및 해결 또는 국가의 공익사업을 수행하고 있는 공·사조직에 자발적으로 참여하여 영리적인 보상을 받지 않으며, 인간존중의 정신과 민주주의 원칙에 입각해 낯선 타인을 상대로 필요한 서비스를 제공함으로써 사회의 공동선을 고양시킴과 동시에 이타심의 구현을 통해 자기실현을 성취하고자 하는 활동'으로 규정하고 있다.

미국사회사업사전에서는 자원봉사란 '욕구가 인식되었을 때 어떤 구체적인 이득을 생각하지 않고 사회적 책임이라는 태도로 행동을 선택하는 것이며, 이것은 시혜나 무언가를 기대하거나 어쩔 수 없이 행하는 것을 초월하는 의미'라고 덧붙이고 있다. 영국의 자원봉사센터는 자원봉사활동을 자신이나 가족이 아닌 다른 사람을 위해 직접적인 보상 없이 그리고 국가나 기관에 의해 요구되는 것이 아닌 자유로운 선택에 의해 수행되는 활동이라고 정의하여 무보수성과 자발성을 강조하였다. 즉, 자원봉사활동이란 개인, 집단, 지역사회의 여러 문제를 해결하고 예방하는 다양한 노력에 대해서 반대급부(물질적 보수, 지위, 명예 등과 같은 교환조건) 없이 자발적으로 협력, 지원 또는 직접적으로 참가하는 활동인 것이다.

자원봉사에 대한 여러 정의들을 살펴보면 그 내용이 거의 비슷한 의미를 내포하고 있음을 알 수 있다. 이것을 정리하면 다음과 같다. 첫째, 자원봉사활동은 특정한 사람에 의해 실시되는 특별한 활동이 아니며 누구나, 언제나, 어디서나 구애받지 않고 참여할 수 있는 활동이다. 또한 지역사회를 구성하는 한 시민으로서 사회참여를 한다는 의미에서 사회적 연대에 기반하고 있으며, 공공행정에 의해 미처 제공되지 못하여 발생하는 지역사회 내 틈새 혹은 사각지대를 보완한다는 점에서 선구적 성격을 갖는다. 둘째, 자원봉사활동이란 공공복지를 향한 가치이념인 동시에 민주적 방법에 의한 자주적, 협동적 실천노력이며, 개인, 집단, 지역사회에서 발생되는 제반 사회문제를 예방·해결하고 사회환경을 개선하기 위해서 무보수로 서비스를 제공하는 활동이다. 셋째, 자원봉사활동이란 개인 스스로가 선택한 자원봉사활동기관을 통하여 활동, 창조, 실험하고 또 새로운 목표를 달성하려고 노력하는 과정이며, 최대의 자유와 민주적 과정 속에서 주민참여 의식을 높이고, 공익을 증진 혹은 촉진시키기 위하여 자발적, 사적인 노력을 하는 활동이다. 여기서 말하는 공익은 봉사활동에 참여하는 사람들에 의하여 인식되는 것이다.

따라서 자원봉사활동이란 인간의 공동의 행복을 지향하는 필수불가결한 요건인 동시에 민주주의 철학을 기반으로 개인·집단·지역사회의 문제를 해결하고 예방하는 노력이다. 그리고 그에 상응하는 대가(보수, 지위, 명예 등)를 바라지 않고 자발적으로 협력 또는 직접 참여하는 복지활동이다. 결론적으로 자원봉사활동에 대한 개념적 정의를 설명하면 자원봉사활동이란 물질적인 반대급부 없이 자발적으로 개인이나 사회를 돕기 위한 사람들의 다양한 행위를 의미한다고 할 수 있다.

그러나 이러한 전통적인 자원봉사의 개념으로는 최근의 자원봉사활동을 설명하기 힘들다. 최근의 자원봉사활동을 둘러싼 다양한 환경의 변화로 자원봉사에 새로운 측면들이 많이 도입되었기 때문이다. 즉, 우리나라의 경우 실제로 많은 의견 차이가 있고, 최근 용어의 정의를 둘러싸고 심각한 논의가 제기되고 어의적 합의가 이루어지지 않고 있다. 그 이유는 금전적 보상 문제, 사회적 책임성 문제 그리고 자발성과 강제성 문제들과 같은 여러 가지 새로운 요소 내지는 측면들이 고려대상이 되고 있기 때문이다. 이 중에서 중요한 요소는 자발성과 강제성 또는 비자발성의 상충, 금전적 보상에 대한 새로운 인식, 자원봉사에 대한 이기적 동기의 대두 등과 관련된 것이다.

2) 자원봉사활동의 속성

(1) 자발성/자율성/자주성

자원봉사의 가장 중요한 정신은 자발성(自發性), 자율성, 자주성이다. 이때 자발성은 누가 시켜서 혹은 강제나 강요에 의한 활동이 아닌 개인의 자유의지를 기초로 선택하고 자신이 스스로 판단하여 참여하는 활동을 의미한다. 권력이나 외부의 세력 그리고 체면 등 타인으로부터의 명령이나 구속에 의하여 마지못해 강제로 행하는 것이 아니라 자신이 보고 자신이 생각해서 자신이 결정하여 자기 의지에 의하여 행동하는 것이다. 그러므로 자원봉사에 있어서 자발성은 가장 중요한 전제조건으로서 여러 가지 지역사회 문제들을 자신의 문제로 받아들여 개개인의 자유로운 의사와 주체성에 의해 활동해 나가는 것을 강조한다.

자원봉사의 영어인 Voluntary Services 단어가 라틴어 어원 Voluntas Volo(자유의지)에서 기인하고, 한자 自願奉仕(자원봉사)의 스스로 자(自)에서 보듯이 자원봉사의 자발성은 매우 중요한 가치를 갖는 것이다. 군복무나 사회봉사명령에 의해 수행되는 업무, 기업에 의해 의무적으로 참여하는 활동, 학교에서 의무적으로 참여하는 사회봉사를 자원봉사라고 할 수 없는 이유가 바로 여기에 있다. 이들은 자유의지가 아닌 의무성 혹은 강제성에 의해 수행되기 때문이다. 아무리 도덕적으로 옳다하더라도 다른 사람에 의해 의무로 강제되지 않고 오로지 개인의 자유의지에 따라 이루어지는 활동이라야 자원봉사활동이 되는 것이다.

(2) 무보수성/비대가성

자원봉사의 중요한 정신인 무보수성이란, 활동의 목적이 경제적 수입 등 금전적 물질적 보상을 기대하는 것이 아니며, 금품의 보수나 그에 상응하는 반대급부(명예와 지위 및 처분)에 있지 않아야 한다는 뜻이다. 무보수성을 무급성

(non-paid) 또는 무상성(non-reward)이라고도 하는데, 자원봉사는 한 시민으로서 당연히 해야 할 의무이며 무엇보다도 어떠한 대가없이 활동 자체를 수행해야 함을 강조하는 것이라 할 수 있다. 구체적으로 만약 특정한 활동에 대해 금전적이거나 물질적 대가가 주어진다면 이것은 자원봉사가 아니라 노동이나 근로, 아르바이트가 될 것이다. 보수, 금품 이외에도 형의 집행으로써의 사회봉사(보호관찰), 병역근무의 대체활동으로써의 사회봉사(병역법), 청소년들의 의무적 사회봉사활동(중고등학교 생활기록부교육지침), 품앗이활동, 기부은행활동 등은 일종의 대가가 있는 활동으로 볼 수 있다. 즉, 자원봉사는 공공성이라는 조건을 충족시켰다 하더라도 금전적, 명예적 대가 등을 목적으로 한다면 그것은 이미 자원봉사 활동이라고 할 수 없다는 것을 의미한다.

이러한 의미에서 자원봉사자나 단체가 이익을 취득하여 상호 간에 배분하거나 영리적인 활동을 하는 것을 자원봉사라 할 수 없다. 그러므로 봉사활동을 통하여 영리나 영업행위를 하는 것은 지양해야 한다. 일부에서는 다수가 활동하는 자원봉사단체에서 영업활동을 하거나 자원봉사라는 미명하에 영리행위를 하는 경우가 있는데 이것은 자원봉사의 기본정신인 무보수성에 위배되는 행동이다.

다만, 자원봉사활동에도 활동실비, 즉 식비, 교통비, 재료비, 활동용품비, 상해보험료 그리고 기타 경비가 필요한데, 일반적으로 이러한 최소한의 활동실비는 통상 보수 혹은 임금의 개념으로 보기 어렵다. 그리고 우수하고 모범적인 자원봉사자에게 할인혜택을 부여하거나 포상하는 것은 사회적 인정 차원이기 때문에 이 또한 무보수성을 위반한 것은 아니다. 또한 봉사활동 경력을 취업, 진학, 승진 등에 우대하는 등의 자원봉사 장려책은 자원봉사자의 사기진작과 자원봉사의 생활화를 위해서 필요한 조치로 무보수성의 원칙에 위배된다고 볼 수 없다.

반면에, 자원봉사는 활동 후 금품으로 보수를 받는 대신 활동 후에 보람과 만족, 긍지, 성취감, 기쁨, 소속감 등을 느끼는 것이 중요하다. 물질적 대가가 아닌, 비물질적 대가 혹은 정신적 대가가 중요함으로 강조하는 것이라 할 수 있다.

따라서 자원봉사자는 기본적으로 물질적인 보상을 바라지는 않지만 그 대신 얻게 되는 정신적인 보상이 무엇보다 소중하다는 것을 간과해서는 안 된다.

(3) 이타성/연민(compassion)/공감

자원봉사 정신에서의 이타성은 이웃의 생명을 나의 생명과 같이 여기는 생명존중사상에서 출발한다. 그래서 자원봉사활동을 시작하는 사람들의 마음에는 다른 사람을 돕고자 하는 이타성 혹은 연민성, 공감 등의 특성이 포함되어 있다. 유교의 '측은지심(惻隱之心)', 불교의 자비, 기독교에서의 아가페적 사랑과 같은 개념이다. 이 이타성은 선의적인 행동으로 다른 사람의 행복을 원하는 개인의 성향이라고 할 수 있다. 즉, 자기의 이익을 고려하지 않고 타인의 어려움에 대해, 남의 어려운 처지에 대해 자기 일처럼 알아주거나 가엾게 여기는 마음을 갖는 것이다. 또한 자기를 희생하면서까지 자발적으로 봉사하는 마음으로 돕는 것을 의미하는 것이다.

연민이란, 다른 사람의 처지를 불쌍히 여기는 마음이다. 상대의 슬픔을 견디기 힘들어하는 감정을 말한다. 연민이 가능하려면 공감과 공존이라는 인간의 본성이 자아, 윤리를 두루 검토하는 과정을 거쳐야 한다, 이러한 자원봉사의 이타적 특성은 도움을 받는 사람뿐 아니라 도와주는 사람에게도 행복의 만족을 주게 되는데, 실제로 도우면서 행복을 느끼는 성향을 띠게 된다.

그러나 자원봉사는 이타성에 근거한 남을 위한 희생과 봉사라고 정의하고 이것이 가장 큰 미덕인 것처럼 여겼던 때가 있었지만, 타인만을 위한 나의 희생이 아니라 나와 우리 가족, 우리 고장, 우리 사회 모두가 행복하고 풍요로워질 수 있도록 하는 것이 자원봉사라 할 수 있다.

(4) 공익성/공동체성

자원봉사는 개인의 이익만을 위한 활동이 아니라 나와 너를 포함한 우리 모두의 공공의 이익을 위한 활동이다. 자신의 이익이나 일시적 감정이 아니라 이웃과 더불어 행복한 삶을 살기 위하여 책임감과 정의감을 갖고 공동체의 구성원이나 어려움에 처한 사람들의 복지 향상을 목표로 활동하는 것을 의미한다. 즉, 사람이 사람으로서 더욱 행복해질 수 있도록 제각기 갖고 있는 가능성을 이끌어내며 다른 사람과 공존하면서 행복을 창조하는 활동으로서의 성격을 포함한다고 할 수 있다. 자신의 만족이나 가족 혹은 친척 등을 위하여 서비스를 제공하는 행위가 아니라 이웃과 지역사회, 공공사회 전반의 필요를 충족시키기 위한 목적을 가진 활동이다.

그래서 자원봉사자는 개인이나 그들의 공동체인 사회의 발전에 목적을 두는 사회연대적 활동을 하는 사람이며, 사람이 사람다운 생활을 하며 인간다운 처우를 받는 데 이바지하고 도움을 주어 복지사회를 만드는 데 기여하는 사람인 것이다. 자원봉사활동을 통해 자원봉사자가 한 시민으로서 사회에 영향을 주고 사회적 책임을 다하며 뜻있는 일을 하는 과정에서 자원봉사자들은 다른 사람들과 무언가 공통점을 가졌다고 의식하고 그들 안에 자신이 소속되어 있다고 강하게 느끼게 된다. 즉, 자신만의 삶을 위한 일을 의미하는 것이 아니라 모두가 힘을 합하여 바른 공동체, 사람이 사람답게 사는 공동체, 사랑의 공동체 사회를 구성하고자 하는 데 뜻을 두게 되는 것이다.

결국 자원봉사활동은 특정한 사람에 의해 실시되는 특별한 활동이 아니며 누구나, 언제나, 어디서나 구애받지 않고 참여할 수 있는 공동체 활동이라 할 수 있다. 또한 지역사회를 구성하는 한 시민으로서 사회참여를 한다는 의미에서 사회적 연대에 기반하고 있으며, 공공행정에 의해 미처 제공되지 못하여 발생하는 지역사회 내 틈새 혹은 사각지대를 보완한다는 점에서 선구적 성격을 갖는다.

(5) 민주성

자원봉사에서 있어 민주성이란 봉사활동 과정이나 봉사단체의 모든 절차가 민주적으로 이루어지고, 이를 통해 사회의 분위기가 민주적 시민사회로 활성화될 때 봉사활동으로서의 의미를 가진다는 것을 뜻한다. 자원봉사가 민주적 방법에 의한 협동적 실천적 노력을 통해 제반 사회문제와 사회환경을 개선하는 활동이기 때문이다. 민주성은 인간 공동의 행복을 지향하는 필수불가결한 요건인 동시에 민주주의 철학을 기반으로 개인·집단·지역사회의 문제를 예방하고 해결하는 노력의 과정임을 강조하는 것이다.

자원봉사는 민주주의 정신을 존중하는 활동이어야 한다. 즉 봉사활동 중에 자기 자신처럼 다른 사람의 자유와 인권을 인정하고 어떠한 형태로든 남을 무시하는 태도나 남에게 폐를 끼치는 행위 등을 해서는 안된다는 것이다. 이를 위해서는 인간으로서 존엄성에 대한 인식과 이해가 필요하며, 자원봉사의 기본을 인간의 기본적 인권을 지키는 데 두어야 한다. 자원봉사는 처음에는 단순한 선의의 활동으로 시작되지만 궁극적으로는 이 활동을 통해서 사람들이 서로 존중하며 차별이 없이 인간답게 살아갈 수 있는 민주사회 만들기가 활동의 목표가 되기 때문이다. 그리고 자원봉사자와 수혜자 모두 동등한 인격체임을 인정하고 동등한 입장에서 활동해야 하며, 모든 활동의 기획과 진행,평가 등의 절차에서 구성원들의 민주적 협의에 의한 의사결정과정을 거쳐야 한다.

(6) 규칙성(주기성 및 지속성)

자원봉사에 있어 규칙성이란 1회성 이벤트가 아니라 주 1회, 2주 1회, 월 1회 등과 같이 일정한 주기 및 봉사 횟수를 정하여 특별한 사유가 없는 한 정기적, 연속적으로 일정기간 동안 서비스 제공을 꾸준히 실천해야 함을 의미한다. 특히 일생의 작업이 되어 자원봉사자의 도움을 받았던 사람이 결국 어려운 사람을 다시 도울 수 있는 선순환구조를 가져야 한다는 뜻이다. 그러므로 자원봉사는 단순히 도움과 참여의 활동이 아니라 도움과 참여를 매개로 하여 지속적으로 사회의 변화를 이루어 나가는 활동이 되어야 한다.

그리고 자원봉사는 혼자서 할 수 있는 개인활동이 아니라 서비스 수혜대상자, 자원봉사자, 관리자 등 여러 사람들이 함께 수행하는 체계적 활동이기 때문에 일정이나 기획의 약속 등 철저하게 준수되어야 하는 과정이다. 따라서 자원봉사는 근본적으로 규칙적인 절차와 과정이 중요한 활동이며, 단계별 목표 지향적인 과정을 통해 변화를 꾀해야 하는 것이다. 자원봉사는 이러한 규칙성을 통해 특별한 행사가 아니라 일상생활처럼 자연스럽게 이루어져야 한다.

(7) 시민성/비정치성/비종파성

자원봉사는 시민적 성격을 가져야 한다. 특정 종교를 위한 활동이나 정치적 목적을 위한 활동이 아니고 신분이나 계급, 연령을 초월한 인간적인 교류와 협동을 통한 활동이어야 한다. 다수가 활동하는 자원봉사활동에 정파나 정치적 이데올로기가 개입되는 경우가 있는데 이 또한 자원봉사의 순수성을 훼손하게 된다. 자원봉사활동기본법에도 이미 정치활동은 금지하고 있다. 마치 국제적 십자운동이 이념과 종교를 초월한 구호활동이라는 인식처럼, 자원봉사는 종교를 초월한 순수한 공익활동으로 자원봉사를 통해 종교를 전파하거나, 강요할 수 없다.

(8) 자아실현성

자원봉사를 통한 자아실현성은 목적 혹은 기본정신이라기 보다는 봉사활동 과정 및 결과에서 얻어지는 성과물과도 같은 것이다. 참된 자신의 모습을 성취시키는 것이며, 진실된 자기의 성장과 자기회복의 과정을 통해 봉사하는 자신뿐만 아니라 봉사를 받는 사람 모두가 이 사회의 중요한 존재라는 인식을 갖게 만들고, 자아를 실현하는 귀중한 삶을 체험하는 사람임을 느끼게 하는 것을 의미한다. 이러한 자아실현성을 확보하기 위해서는 모두가 복된 삶을 누리기 위한 개척적 사명의식이 필요하다. 자아실현성의 측면에서 자원봉사활동은 의리에 맞고 옳고 떳떳한 일을 행하려는 마음인 공적 정의감과 어떤 일에 대해 자신이 꼭 해야 한다는 의식인 사명감의 특성을 갖는다.

3) 자원봉사자의 정의

사회사업백과사전(Encyclopedia of Social Work)에 의하면 자원봉사자란 '개인, 집단, 지역사회에서 발생하는 여러 가지 사회문제를 예방하고 통제하며 개선하는 일에 종사하고 있는, 공·사의 여러 조직체에서 주어진 여러 가지 참여활동에 대해 가치에 상응하는 보수 없이 자발적으로 참여하는 개인'으로 정의하고 있다. 다빌과 먼데이(Darvill & Munday, 1984)는 일반적으로 자원봉사자란 '자신의 친족이 아닌 사람들을 위하여 자발적으로 무보수로 봉사하는 사람으로서 비공식적인 이웃과의 만남을 통해서보다는 공식적인 조직을 통해서 봉사하는 사람'이라고 정의하고 있다. 또한 조휘일(1988)은 자원봉사자란 개인, 집단(가정 포함), 지역사회문제를 치료하고 예방하며, 공동복지 목표를 위해 개인적·사회적인 노력에 반대급부(보수, 지위, 명예와 같은 교환조건) 없이 자발적으로 협력 또는 직접 참여하는 사람이라고 정의하고 있다.

자원봉사활동을 하는 사람을 자원봉사자(volunteer)라고 부른다. 이 자원봉사자는 지역사회의 복지증진을 위해 일하는 집단이나 기관의 책임 일부를 감당하는 자로 노력의 대가 없이 자발적으로 봉사하는 사람으로 정의하고 있다. 이 용어의 의미는 유지자, 지원병 등으로 통용되고, 법적으로는 대행자, 무상봉사자 등으로 인식되어 왔으나 점차적으로 사회복지 분야의 자원봉사, 자원봉사활동 실천자를 의미하게 되었다. 즉, 친족이 아닌 사람들을 위하여 자발적으로 무보수로 봉사하는 사람이며, 비공식적인 이웃과의 만남을 통해서보다는 어떤 공식조직을 통해서 봉사하는 사람이라고 할 수 있다. 자원봉사자의 개념을 정의함에 있어서 다양한 견해가 존재하고 있지만 여기에서는 자원봉사자란 '다른 사람과 사회의 복지증진을 위하여 자신의 능력과 시간을 자발적으로 할애하여 물질적 보상 없이 비교적 규칙적으로 봉사활동에 참여하는 사람'으로 정의하고자 한다.

4) 자원봉사활동의 기능

자원봉사는 공공서비스만으로는 충족될 수 없는 다양한 우리 사회의 문제해결에 대한 역부족을 채워 주는 중요한 역할을 담당한다. 즉, 한정된 정부의 재원과 인력으로 충족될 수 없는 제반서비스 욕구를 충족시키는 데 자원봉사의 적극적인 역할이 강조되는 것이다. 또한 다양한 사회구성원들이 공통된 문제해결 과정에 참여함으로써 성숙한 시민사회의 핵심적인 가치라고 할 수 있는 사회적 응집력과 지역사회 공동체 의식을 조성해 나간다. 그뿐만 아니라 봉사활동에 참여하는 개인은 사회적 협력과 이타성 등의 덕성을 함양할 수 있고, 자신의 삶을 돌아볼 수 있는 기회를 갖게 됨으로써 전인교육의 장으로도 활용할 수 있다. 21세기의 공공복지정책은 민과 관이 동반자적인 관계에서 협력관계를 구축해 가면서 운영하는 것이 바람직하다면 지역의 자원과 자원 간의 연계 활성화가 지역사회복지의 발전을 가름할 것이다. 여기서 우리는 지역 내의 물적자원과 자원봉사로 불리는 인적자원에 대한 체계적 관리와 연계를 담당할 시스템의 필요성이 더욱 커진다는 사실을 잘 알 수 있다.

자원봉사활동은 우리나라를 포함하는 많은 나라에서 중요한 몇 가지 기능을 수행하고 있다. 첫째, 국가의 서비스활동을 보충하고 보완하는 기능을 담당한다. 국가의 보편주의적인 서비스지원 정책으로부터 소외되거나 불충분한 특수 취약계층에 대한 적극적인 개입으로 국가의 복지활동을 보충하는 역할을 담당하게 되는 것이다.

둘째, 자원봉사활동은 시범적이며 융통성이 있고 전문적이라는 데 의의가 있다. 국가의 복지활동은 법에 의하여 서비스를 제공한다는 점에서 융통성이 적고 변화에 적응하기 어려운 반면, 자원봉사활동은 수혜대상자의 요구에 따른 새로운 접근방법을 제공한다거나 새로운 전달체계를 시도하는 등 시범적인 사업을 시도하기가 훨씬 용이하다. 또한 공공의 복지정책이 법과 행정에 의해 관료적인 복지활동을 전개하고 있는 데 반해 민간에 의한 자원봉사활동은 전문적인 서비스에 역점을 두는 것이 보통이다.

셋째, 자원봉사활동으로 제공되는 서비스는 전문인력보다 수혜대상자의 자존심을 유지시키는 데 유리하다. 전문인력에 의해 제공되는 공적부조사업이 갖는 가장 큰 취약점은 자산조사나 기타 자격조건을 확보하기 위한 조치 등으로 말미암아 수혜대상자에게 무능력자 또는 낙오자라는 낙인을 찍을 가능성이 높다. 이에 비해 자원봉사활동은 서비스를 제공받는 수혜대상자의 자발적인 참여가 존중될 수 있으므로 복지대상자가 불필요하게 낙인을 찍힐 소지가 별로 없게 된다.

넷째, 자원봉사활동은 주민의 참여에 의한 효율적인 활동을 함으로써 주민들이 복지의식을 갖게 하고, 사회적 연대의식을 통해 사회통합에 기여할 수 있다. 끝으로 현대국가들은 정치, 경제, 사회 등 모든 분야에서 국가의 개입을 최대한 축소하려는 이른바 '작은 정부'를 지향하는 경향이 있는데 이러한 측면에서도 자원봉사활동의 활성화 및 확대가 더욱 중요시되고 있다.

이상과 같이 몇 가지 기능을 갖는 자원봉사활동은 점차 그 범위와 내용 및 참여자 수가 확대되고 있으며, 수혜대상자뿐만 아니라 자원봉사활동을 하고 있는 대상자에게도 중요한 삶의 의미를 부여하여 더불어 사는 사회를 구축하는 철학적 기반을 조성해 주고 있다.

5) 자원봉사의 유사 개념

사회가 복잡해지고 다양화되면서 자원봉사활동에 새로운 기능이 덧붙여지면서 자원봉사에서 파생된 용어들이 많아지고 있으며, 특히 사회적 트렌드에 접목되면서 자원봉사의 경계도 다소 바뀌고 있다. 자원봉사와 관련된 다양한 개념들을 살펴보고 본래의 자원봉사 개념과 비교 분석하는 것은 의미 있는 과정이 될 것이다.

(1) 사회봉사활동

사회봉사활동은 자원봉사의 기본 정신 중 자발성, 비대가성 등이 다소 결여된 활동이라 볼 수 있다. 즉, 다소 의무적인 성격과 시간 인증이라는 대가 제공의 특성으로 자원봉사와는 차이를 갖고 있으나, 봉사활동 경험을 통한 전인적 성장에 초점을 둔 활동이라는 측면과 공익성에 초점을 둔 활동이라는 측면에서 자원봉사와 목적이 동일하다고 볼 수 있다. 사회봉사활동은 청소년기에 학교에서 배우는 도덕 혹은 윤리 과목의 실습시간으로 이해하는 것이 좋다. 가사 혹은 기술시간에 배운 지식을 실습과정을 통해 실생활에 접목하듯이 도덕과 윤리시간의 지식과 가치, 방법을 실제 생활 속에서 경험해 봄으로써 영화 상영 전 맛보기처럼 봉사활동이 인간이 살아가는 데 필요한 것임을 깨닫게 하는 것이다.

청소년기의 사회봉사활동은 의무적, 강제적으로 학점 혹은 할당시간인증이라는 대가성에 초점을 둠으로써 자원봉사활동과는 구별되지만, 이러한 사회봉사활동을 통해 지역사회와 사회적 약자를 돌보는 삶을 체험하면서 본인의 가치관을 새롭게 정립하는 기회를 갖게 한다는 점에서 매우 중요하다. 구체적인 사회봉사활동으로는 학생생활기록부나 직장에서 진학 및 승진을 위해 의무적으로 할당된 일정한 시간 동안 학교환경 정화, 급식 봉사, 공원 청소, 양로원의 노인 방문, 보행이 어려운 환자에 대한 음식 배달하기와 같은 다양한 활동 등을 들 수 있다.

(2) 봉사학습

봉사학습은 단순한 자선이 아닌 사회정의의 차원에서 지역사회를 위한 다양한 활동에 참여해야 하는 특성을 갖는다. 봉사를 하는 학생과 봉사를 받는 사람 양측의 상호성이 강조되며, 교사는 학습과정에 초점을 두어 교육한다. 봉사활동이 교육과정에 통합되어 학점을 받을 수 있으며, 특정 과정의 목표와 결과에 직접적으로 연관되어 있기도 하다. 학생들은 봉사활동을 통해서 강의실에서 배운 개념을 보다 강화하고 이론을 실제에 적용시켜 볼 수 있는 기회를 갖게 되며, 이때 반성적 고찰은 매우 중요한 과정이다.

봉사활동 전 학습과정에 초점을 두기 때문에 교육 및 훈련, 기획과정이 중요하게 다루어지게 되며, 봉사학습의 예로는 회계학 전공학생들이 회계학 수업과정의 하나로 지역사회복지관에서 회계업무 봉사에 참여하는 것, 아동발달수업을 듣는 학생들이 어린이집에서 보조교사로 봉사활동에 참여하는 것 등이 있다.

(3) 노블레스 오블리주

노블레스 오블리주는 부와 권력, 명성을 가진 자들이 사회에 대한 책임도 함께 가져야 한다는 의미로 쓰인다. 구체적으로 사회지도층에게 솔선수범과 부의 사회적 환원 등을 통해 사회에 대한 책임이나 국민의 의무를 모범적으로 실천하는 높은 도덕성을 요구하는 단어라고 할 수 있다.

봉사활동은 누구나 어디서나 활동할 수 있는 것에 비해 노블레스 오블리주는 노블이라는 귀족적 사람들을 전제로 하고 있어 특정한 한정된 계층 참여 만을 독려한다는 점이 봉사활동과는 차이를 보인다.

(4) 프로보노(재능기부)

프로보노란 라틴어인 Pro bono publico 를 줄인 단어로, 영어로 해석하면 for the public good , 즉 공익을 위해서 라는 의미를 갖는다. 이 용어는 공익을 위해 전문적인 지식이나 서비스를 무료로 자발적으로 제공하는 봉사활동을 뜻한다. 봉사활동은 비전문적인 노력봉사에서 전문적 봉사까지를 포함하는 반면, 프로보노는 전문적 영역에서의 봉사활동으로 특징지을 수 있다.

처음에는 변호사들이 사회적 약자를 위해 무료 법률서비스를 제공하기 시작하면서 사용되었고, 지금은 법률뿐 아니라 의료·교육·경영·마케팅·전문기술·전략컨설팅 등 다양한 분야의 전문가들이 행하는 활동을 통칭하는 말로 의미가 확장되었다.

프로보노는 넓은 범위의 수혜자들을 대상으로 다양한 도움을 제공하는 노력봉사와는 달리 특정한 대상과 분야에 한정된 도움을 제공할 수밖에 없지만, 봉사자들이 각자의 전문성을 바탕으로 보다 전문적이고 체계적인 도움을 제공하는 것이 가능하다는 큰 장점이 있다.

기업처럼 큰 단체만 참여하는 것이 아니라, 은퇴한 경영가·의사·건축가 등 다양한 개인 프로보노들도 활동하고 있다. 개인 차원에서의 프로보노 운동이 일어나려면, 프로보노들이 자신이 속한 조직 내에서 격려받고 적극 참여할 수 있도록 도와주는 문화의 정착과 사회적 기업이 필요로 하는 프로보노를 쉽게 찾을 수 있는 체계적인 매칭시스템이 필요하다.

(5) 지역화폐

'레츠(Local Exchange & Trading System: LETS)'라고 불리는 지역화폐는 돈(화폐)이 아닌 서비스나 기술을 지역주민들이 '품앗이' 형태로 거래하는 나눔활동이다. 주민들이 서비스나 기술, 재화 등을 교환하는 네트워크를 구축한 후, 한 회원이 서비스나 기술을 다른 희원에게 제공하여 지역화폐를 받을 수 있고 그것을 이용해 다른 회원의 재능이나 서비스를 구입할 수 있게 하는 것이다. 예를 들어 이웃집에 도배를 해주고 그 대가로 화장실 청소를 부탁하거나, 미용실에서 머리를 자른 뒤 돈을 내지 않고 1시간 동안 아이를 돌보아 주는 것 등이 이에 속한다.

본인이 참여한 서비스를 또 다른 서비스로 돌려받는다는 의미에서 지역화폐는 비대가성 부분에 의해 자원봉사와는 차이점을 갖는다. 현재 전세계적으로 3천 개 이상의 지역에서 지역화폐가 유통되고 있다. 영국의 경우 500개, 프랑스는 250개, 미국과 일본은 각각 200개 이상의 지역화폐를 보유하고 있으며 매년 그 수가 늘고 있는 것으로 알려져 있다. 세계 최대 규모의 레츠를 보유한 나라는 오스트레일리아이며, 오스트레일리아 카툼바 지역의 블루 마운틴 레츠에서는 '에코(Eco)'라는 지역화폐가 통용되는데, 시행 2년 만에 1,200명 이상 회원이 한 달에 800차례 이상의 거래를 할 정도로 보편화되었다.

(6) 타임뱅크

‘타임뱅크(Time Bank)’란 특정한 서비스나 기술 등을 제공하고 그 시간만큼 다른 사람의 도움을 요청할 수 있는 일종의 서비스 교환 은행을 뜻한다. 미국의 법학교수인 에드거 칸(Edgar Cahn)에 의해 처음 만들어졌으며 공동체를 시장경제의 기준이 아닌 상부상조의 관계를 중심으로 사회적 약자를 배려한다는 취지를 담고 있다. 이 타임뱅크도 본인이 참여한 서비스를 또 다른 서비스나 재화로 누적하고 필요 시 돌려받는다는 의미에서 비대가성 부분에 의해 자원봉사와는 차이점을 갖는다. 하지만 자원봉사활동의 초기단계나 홍보단계에 활용되기도 한다.

화폐뱅크는 돈이라는 개념으로 어디서나 동일하게 화폐적 가치로 통용되는 반면에, 타임뱅크는 봉사 서비스나 기술제공에 소요되는 시간에 초점을 맞추어 운영된다. 이미 영국을 비롯해 러시아, 미국 등 전세계적으로 이러한 타임뱅크가 활발하게 운영 중이다. 처음엔 봉사활동을 장려하기 위한 목적으로 시작되었던 것이 오늘날에는 자신의 숨겨진 재능을 발휘하여 사람들을 연결시키고, 이웃 간의 친밀감을 회복할 수 있는 획기적인 아이디어로 주목받고 있다.

(7) 볼런테인먼트

‘볼런테인먼트(Voluntainment)’란 자원봉사(volunteerism)와 즐거움과 재미, 자기만족, 행복, 오락(entertainment)이 접목된 새로운 개념의 봉사 형태이다. 즉, 함께 놀이를 즐기면서 봉사하는 것을 뜻한다. 자원봉사는 강요에 의한 ‘희생’이 아니라 자신의 관심 분야에서 도움을 필요로 하는 곳을 찾아 함께 즐기는 ‘재미’에서 시작되어야 의미가 있다는 관점이다. 남을 위해 봉사를 한다는 것은 누가 시켜서가 아니라, 스스로 즐거워하고 보람을 느껴야 하기 때문에 ‘봉사는 남을 위해 하는 것’이라는 고정관념에서 벗어나 남을 도우면서 자신을 계발하고, 나아가 즐거움과 생활의 활력을 얻을 수 있어야 한다.

자원봉사활동 속성에 이타성이 강조되고 있어 이러한 재미가 이기성에 기반하지 않도록 하는 것이 필요하다. 재미가 우선되고 목적이 되면 자원봉사활동의 비대가성 특성이 사라질 수 있기 때문이다. 봉사활동 속에 재미는 그 자체보다도 봉사활동으로 주어지는 부차적인 보상으로 받아들이는 것에 초점을 둘 필요가 있다. 최근 장애인·노인·저소득층 아이들과 축구·농구·힙합댄스·연주·마사지 등을 함께하는 동호회 등 다양한 형태의 볼런테인먼트 단체들이 생기고 있다.

(8) 사회공헌활동

기업 중심으로 기업의 이윤을 다시 사회로 환원하다는 의미에서 사회발전에 기여하는 활동을 의미한다. 불우이웃 돕기, 학교나 병원 등 시설 기부, 학자금 지원, 공익적 캠페인 활동 등이 사회공헌의 중요한 범주다. 이런 활동은 기업에 대한 일반의 태도를 유리하게 조성하기 위한 홍보의 성격도 있지만 최근에는 사회적 책임 경영의 일환으로 인식되고 있다. 기업 광고의 내용이 사회공헌활동으로 채워지는 경우도 상당히 많다.

특히 최근에는 ESG 등으로 지역사회에 대한 기업이나 관공서들의 사회공헌활동이 더 확대되는 추세에 있다. 사회공헌활동이 단순히 기업 이미지 변화나 홍보에만 초점을 두는 것이 아니라 사회적 책임성에 초점을 두고 진정성있는 활동이 되어야 지속가능하고 국민공감을 끌어내는 활동이 될 것이다. 기업과 관공서에서 영업이익의 일부를 사회에 환원하거나 임직원들의 비자발적 활동이 포함되어 있기 때문에 직장인들에 의한 직장인 자원봉사활동과는 차이가 있다.

(9) 기부/후원

기부란, 자선 사업이나 공공사업을 돕기 위해 재물을 무상으로 내주는 활동을 의미한다. 단순히 재물제공 만이 아니라 봉사활동과 함께 이루어지는 경우가 많아 기부활동을 봉사활동의 일부분으로 봐야 한다는 입장이 점차 많아지고 있다. 자원봉사활동이 감소하면 기부활동도 줄어든다는 연구들이 이러한 경향성을 반영하는 것이라 할 수 있다. 기부 자체가 봉사활동은 아니지만, 모금활동에도 다양한 봉사활동이 진행되고 있다. 가두모금활동, 기부자 편지홍보, 온라인 홍보 등 다양한 모금봉사활동 등을 들 수 있다.

(10) 시민운동

지역사회의 여러 가지 문제를 해결하고 사회의 구조적 갈등을 해소하기 위하여 민간이 중심이 되어 만든 비정부 조직인 시민단체에서의 활동도 자원봉사활동의 중요한 축이 될 수 있다. 사회의 다양한 왜곡된 구조의 변화 및 예방, 혹은 부조리 타파와 같은 활동 등을 의미하는 시민참여도 자원봉사활동으로 이해해야 한다는 것이다. 자원봉사활동은 국가나 시장에서 하는 것이 아니라 시민사회에서 하는 시민활동이기 때문이다.

노인, 장애인, 노숙자 등의 소외층을 위한 휴먼서비스 활동, 여성, 외국인 노동자, 북한 탈주민 등 사회적 약자의 인권옹호 활동, 나아가 환경보전, 소비자 권익, 문화와 예술 봉사활동, 정부와 기업의 횡포를 감시하는 활동, 지구촌 난민구호 등 다양한 자원봉사 활동은 자발적인 시민들의 참여로 국가와 시장으로부터 자율적인 시민사회를 건설하는 활동이며, 민주주의의 공고화에 기여하는 민주시민 교육의 활동이다. 따라서 자원봉사 없는 시민사회는 존재하기 어려우며, 시민사회가 없는 자원봉사활동은 무의미하다.

(11) 사회적 경제활동

사회적 경제는 더불어 사는 좋은 삶을 공동으로 만들어 가는 데 목적을 두고, 다양한 주체들의 자발적인 참여와 협동을 기반으로 구성원 각자의 능력을 충분히 발휘하는 방식을 통해 그 목적을 달성한다는 시스템을 말한다. 사회적 경제는 구성원들의 다양한 자원들의 협력 활동과 헌신적인 시민참여를 통해 자신의 잠재된 역량을 개발하고, 이 과정에서 축적된 신뢰와 네트워크의 사회자본이 지역사회를 보다 건강하게 만드는 계기를 마련하게 된다.

또한 자원배분의 원리와 삶의 방식을 바꾸고 새로운 가치를 지향하며 노동의 성격을 바꾸고 생활구조를 재편하여 사람들에게 자기 충족적이고 가치 있는 삶을 제공할 수 있다는 점에서, 자원봉사활동의 목적과 동일하다고 볼 수 있다. 특히 이러한 활동들의 다수가 주민들의 자발적인 활동에 의해 이루어지기 때문에 바로 자원봉사로도 표현될 수 있는 것이다.

(12) 마을공동체사업

마을에 살고 있는 주민이 스스로 여러 생활환경 문제를 해결하고 주민 공동체를 회복하기 위해 펼치는 마을공동체 활동도 자원봉사활동의 일부로 이해하는 경향이 있다. 공익성을 갖는 다양한 마을활동에 참여함으로써 개인의 문제가 사회의 문제로 변화하고, 사적 영역의 문제해결이 결국은 공적 영역의 문제해결이 되기 때문이다.

마을공동체사업은 지방자치제도의 시행과 더불어 시민활동가 혹은 지역자생단체 리더들을 중심으로 지역공동체의 회복을 도모하고 활성화를 위한 자발적인 노력을 전개하면서 생겨났다. 특히 지역의 특성을 살린 민관거버넌스 추진으로 정보화 마을, 평화생태마을, 체험휴양마을, 자연생태우수마을, 마을기업, 희망마을 등이 생겨났고, 전통시장이나 상가 활성화, 자연생태 관광사업, 생활공간 개선이나 사회복지시설 확충사업 등 다양한 사업이 추진되었다.

대표적인 활동으로 사회적 양극화와 주민 간의 갈등 해소, 생활안전, 고령화–복지, 일자리 창출, 실업, 다문화 가정 등에 대한 문제해결을 들 수 있다. 이러한 마을공동체사업을 기획하고 실행, 관리하기 위해 중간관리 조직을 설치하였고, 중앙정부 및 지방자치단체에는 마을과의 연계성을 고려한 담당부서 혹은 담당자를 지정하였다.

(13) 사회참여(Social community engagement)

사회적 참여는 사회적 자본과 사회적 규범을 강화하는 집단활동 참여와 관련이 있는데, 사회적 참여의 핵심 요소는 활동, 상호작용, 사회적 교류, 비강제성이다. 이때 사회참여는 급여를 받는 활동이나 가족의 의무를 제외한다. 사회참여는 시민으로서의 약속에 대한 이행을 의미하기 때문에 한 개인의 사회적 책임성과 시민성이 강조된다. 이러한 의미에서 사회참여는 자원봉사활동보다 더 큰 개념이라 할 수 있다.

이러한 사회참여의 활동량은 정량화할 수 있는데, 자원봉사활동 시간의 총량 및 주기 등으로 측정할 수 있기 때문이다. 특히 요즘과 같은 온라인시대에는 댓글을 단 횟수와 주기, SNS 포스팅 양 등도 측정가능하다.

표 1-1 경제체제와 시민참여와의 관계

버전	경제	시민참여
1.0	자유시장경제	국가 무개입
2.0	수정자본주의	정부 주도
3.0	신자유주의	거버넌스
4.0	따뜻한 자본주의	자원봉사, 사회공헌
5.0	사회적 경제·포용적 성장 (성과뿐만 아니라 투입 및 생산 전체 과정에서 분배 구조 실현)	사회적 가치 실천

(14) 국제개발원조(Official Development Assistance: ODA)

국제개발협력(ODA, 공적개발원조)란, 선진국이 상대적으로 가난한 개발도상국이나 국제기관에 하는 원조를 의미한다. 공공개발원조·공적개발원조라고도 하며, 증여·차관·배상·기술원조 등의 형태를 갖는다. 개발도상국에 대한 공적자금은 정부 또는 정부의 원조기관에 의해 공여되며, 개발도상국의 경제발전과 복지향상에 기여한다. 그리고 자금 공여조건이 개발도상국에게 부담되지 않도록 무상 부분을 일정 비율 이상으로 한다는 조건을 갖고 있다.

우리나라가 선진공여국 그룹인 경제협력개발기구(OECD) 개발원조위원회(DAC)에 24번째 가입국이 되면서, 원조를 받는 수원국의 입장에서 벗어나 공여국의 위치를 갖게 되었다. 현재 우리나라 GNI(국민순소득) 대비 ODA 비율은

0.1% 수준으로 OECD 30개 가입국 중 29위이다. 스웨덴은 1.02%, 노르웨이 0.89%, 네덜란드 0.81%, 일본은 0.25%순이다. 우리나라는 ODA 규모를 GNI의 0.3%(유엔 권고 비율 0.7%)까지 확대하고 있다.

정부는 향후 ODA 제도와 정책의 기반을 외교의 대표 브랜드로 발전시켜 전략적으로 활용할 필요가 있고, 국익과 대외전략을 종합적으로 고려해 추진해야 한다고 강조하고 있다. ODA의 목표를 인류의 보편적 가치를 실현하고, 공공외교를 전략적으로 강화하는 것으로 삼았다. 이를 위해 공공외교를 위한 정부 내외 통합조정체계 구축, 청년 일자리와 국가 경제에 기여하는 ODA 사업 추진, ODA의 체계성, 투명성, 효율성 제고 등을 내세웠다. 이러한 정책은 정치·경제·사회·문화 등 다양한 측면을 포괄하는 발전을 지향하고, 단순한 ODA를 벗어나 무역·투자·이주·기후변화·인권·거버넌스 등 다른 대외정책과 일관성 있게 연계해야 한다는 자원봉사화의 주장과 맥락을 같이한다.

개도국 대상 해외자원봉사로 외교부·코이카, 여성의 청소년자원봉사단, 문화관광부 및 기획재정부 등을 통해 도시기반 인프라 건설, 직업훈련 및 교육, 의료서비스, 한국 전통문화 강습 및 공연 등 다양한 프로그램이 수혜국가 맞춤형으로 실시되어야 할 것이다. 특히 퇴직전문인력 파견봉사활동은 수혜국가에 큰 기여를 하게 함으로써 국가이디지 제고와 퇴직노인들의 의미 있는 여가활동에도 큰 도움을 줄 것으로 기대하고 있다. 그리고 ODA전달체계의 효율화 및 분절화 방지 등의 변화도 해외봉사활동의 전달체계 및 서비스내용 등에도 영향을 미칠 것으로 보인다. 수원국 입장이 아닌 수혜국의 참여와 동력 그리고 지속가능성을 확보할 수 있는 ODA프로그램을 전달함으로써 ODA의 효과성을 높이고, ODA의 본래적 의미를 살리는 것을 강조하게 될 것이다.

특히 우리나라의 ODA 사업은 청년실업 해결과 연계되어 국제청년봉사단의 확대 추세에 있으며, 개도국 원조사업에 참여한 청년봉사인력들과 유학생들은 기업이 필요로 하는 현지화된 고급인력으로 활용되고 있다. 또한 다양한 경험을 쌓고 국제화의 넓은 시각을 갖는 좋은 기회로 활용되며, 국가적 차원에서도 대외이미지 제고라는 실익이 있어 확대되고 있는 추세이다.

2 자원봉사 관련 이론들

1) 제도이론

제도이론은 제도적 환경이 조직들에게 어떠한 영향을 미치고 조직들은 그 안에서 합법성을 어떻게 획득해 나가는지를 설명해 주는 이론이다. 환경의 영향력을 강조하는 개방체계적 관점을 제시하며, 거시적인 제도 환경 요소들에 초점을 맞추고 있다. 조직의 제도적 외부환경이나 내부 구성원들이 채택하고 있는 신념체계와 같은 것들을 설명함으로써 자원봉사조직의 형태를 설명할 때 유리하다. 자원봉사조직에 영향을 미치는 요인으로는 조직이 갖추어야 할 정책, 프로그램, 지위, 절차, 여론, 유권자의 관점, 교육체제에 의해 정당화된 지식, 사회적 권위, 법이나 법원의 판례 전문성 등이다.

자원봉사조직은 기술에 의해 결정되는 것이 아니라 제도적인 환경에서부터 나오는 규칙에 의해 결정되는 경우가 많다. 제도로서 성장되는 과정을 살펴보면, 첫째, 강요적(coercive)인 것으로 국가와 법에 의한 제재를 통해서 제도적 규칙들이 수용되는 경우이다. 예를 들어 자원봉사활동기본법, 자원봉사센터 운영지침 등에 명시된 것들은 강요적인 성격을 띤다. 둘째, 모방적(imitative)인 것으로 성공적인 조직을 따라하는 것에 의해서 제도적 규칙들이 받아들여지게 되는 경우이다. 다른 조직이나 프로그램들에서 효과적으로 시행되고 있는 각종 행정 및 서비스 관련 규칙들을 복제하는 것이다. 셋째, 규범적(normative)인 것으로 전문적인 규범들이 제도적 규칙들로 조직이나 프로그램에 받아들여지게 되는 경우이다. 예를 들어 자원봉사 관련 조직에서 자원봉사 인증관리시스템(Volunteer Management System: VMS)을 활용하는 것 등을 들 수 있다.

제도이론은 불명확한 기술을 갖고 있는 자원봉사조직이지만, 자원봉사조직에서 보이는 유사성을 구별해 내는 데 적절한 설명이 가능하게 한다. 제도가 도출되는 과정이나 개념, 제도적 규칙들의 전이과정에 대한 설명은 자원봉사조직에 대한 이해에 상당한 기여를 한다. 그리고 서비스 전달에 책임이 있는 조직들 간의 네트워크체계를 통해 개별 조직에 대해 이해하도록 하며, 자원봉사조직이 명확한 기술보다 도덕적인 이념이나 가치에 의해 존립되는 부분에 대해 정당성을 부여하게 한다.

하지만, 제도화 과정 자체에 대한 명확함을 갖고 있지 못하며, 기술적 환경과 제도적 환경과의 상호연관성에 대해 뚜렷한 관점을 제시하지 못하고 있다. 특히 조직 행태의 이해와 설명이라는 목적을 넘어서서 관리 실천을 위한 개입기술로의 활용을 설명하기에는 부족한 이론이다.

2) 교환이론

교환이론은 인간을 이기적이고 합리적이고 환경변화에 적응하는 존재로 인식하고, 사회적 관계를 개인 간, 개인과 집단 간 및 집단과 집단 간에 상호 필요한 자원을 주고(비용) 받는(보상) 관계로 인식한다. 이러한 맥락에서 사회는 개인으로 구성된 소집단 간의 교환관계가 지속적으로 이루어지는 유형화된 조직으로 이해한다.

그리고 교환당사자는 각각 주는 것의 가치보다는 받는 것의 가치가 크다는 판단, 즉 비용보다는 보상이 크다는 판단이 서야 교환을 하게 된다고 본다. 외부환경에서 사업을 위한 인적·물적자원을 조달하여야 하므로 교환관계는 수시로 발생하게 되는데, 자원봉사자도 자원봉사활동을 통해 자신이 주는 것보다 받는 것이 크다고 생각될 때 활동에 참여하게 된다는 이론이다.

교환자원으로는 물질적인 것과 비물질적인 것인 금전, 물품, 칭찬, 복종, 존경 등이 포함된다. 교환의 구체적인 예로는 동등한 가치의 다른 자원으로 보상하는 것, 다른 보상의 원천을 개발하는 것, 새로운 자격이나 지위를 획득하는 것, 강제력을 사용하는 것, 연합적 활동으로 대응하는 것, 소유 자원의 질을 향상시키는 것, 원하는 보상이나 욕구를 포기하는 것 등이 있다.

자원봉사활동에 있어 자원봉사자들에게 어떠한 보상을 제공할 것인가는 봉사활동의 지속성을 높이는 방법이 될 것이며, 봉사자마다 보상받고자 하는 내용이 달라질 수 있으므로 개인에게 적합한 보상내용을 찾는 것이 중요하다.

3) 동기이론

자원봉사자의 동기를 크게 타인중심적, 즉 이타적인 동기와 건강한 자기이익(self-interest) 동기, 자기중심(self-centered) 또는 이기적(selfish) 동기들의 결합에 의해 이루어진다고 보는 이론이다.

이타적 동기는 타인의 복지에 대한 비이기적인 배려와 헌신을 의미한다. 이타적 동기이론에서는 개인의 양심(conscience) 또는 초자아(superego)가 적절히 형성된 정도를 강조하거나 또는 개인이 도달한 도덕적 발달의 단계를 강조하는 경향이 있었다. 그러나 이후 개인의 친사회적(pro-social) 내지 이타적 행동을 보이는 이유가 개인적 성격에 의한 차이보다는 상황의 측면에 의해 이루어진다는 것에 더 초점을 두게 되었다.

학습 또는 모델링접근(Learning or Modeling Approach)에서는 이타주의적 행동이란, 어떠한 행동이 긍정적으로 강화된 경험이 있고, 계속되는 강화를 통해 행동으로 고정된 것으로 본다. 또한 사회규범적 접근(Social Norms Approach)에서도 사회규범이 이타주의 발생과 이타적 행동에 영향을 주게 되어 사회적 순응행동으로 나타나게 된다고 본다. 즉, 자원봉사활동도 주변 사람들에 의해 긍정적으로 강화되고, 사회규범적으로 제시된 이타적인 활동이기 때문에 자원봉사자들이 자발적으로 자원봉사활동에 참여하게 된다고 설명한다.

이기적 동기는 자아실현, 성취욕구, 경험추구 등 나 자신이나 자신이 속한 조직의 복지에 초점을 두는 자아지향적(self-directed) 성향이라고 볼 수 있다. 개인중심적 이론에서는 개인의 동기에 영향을 미치는 욕구, 흥미, 태도에 초점을 두며, 조직중심적 이론에서는 행동이 일어나는 환경, 즉 조직의 조건 내지 분위기에 초점을 둔다. 이러한 이기적 동기이론은 자원봉사활동의 기본원리와 자발성을 훼손하는 문제를 낳기도 하지만, 이러한 이기적 동기보다도 봉사활동 참여를 통해 그것을 이타적인 동기로 변화되도록 하는 것이 더 중요하다.

4) 기대이론

브룸(Vroom)은 자원봉사란 인간의 활동수행으로 인정받으며 그 결과가 개인에게 이익과 긍정적 가치를 부여할 것이라는 기대에 의해 참여하게 되는 활동이라고 정의하였다. 자원봉사자가 자신의 활동에 대하여 기대하는 보상을 받을 수 있다고 여길 때 그 활동성이 지속된다고 하였다.

5) 욕구이론

매슬로우(Maslow)의 욕구이론은 다섯 단계로 인간이 가지고 있는 기본욕구와 충족이 자원봉사자의 참여와 지속성에 영향을 주고 있다고 본다. 매슬로우의 이론은 사람들이 왜 자원봉사활동에 관심을 가지는지 혹은 전혀 관심을 갖지 않는지에 대한 해답을 제시한다. 특히 자원봉사자 개인이 충족하기를 원하는 사회적 욕구, 자존감의 욕구, 그리고 자아실현의 욕구 등은 자원봉사활동 참여와 지속성에 영향을 주는 중요한 요인으로 작용한다(구혜영, 2009).

욕구의 유형

① 결손욕구 혹은 결핍성 욕구: 결핍되면 반드시 채워져야 하는 욕구이다. 예를 들면 생리적, 안전, 소속·인정·사랑, 자존감의 욕구 등이다.

② 성장욕구: 결핍되어도 반드시 채워질 필요는 없는, 하지만 한 인간으로 성장·발달하기 위해서는 채워질 필요가 있는 욕구이다. 예를 들면 지적욕구, 심미적 욕구, 자아초월의 욕구 등이다.

욕구의 위계

① 생리적인 욕구(physiological needs)
② 안전에 대한 욕구(safety needs)
③ 소속감과 사랑의 욕구(beolnging and love needs)
④ 자존감의 욕구(esteem needs)
⑤ 자아실현의 욕구(need for self-actualization needs)

6) 성취동기이론

성취동기이론에서는 자원봉사란 성취욕구와 권력욕구가 자원봉사의 동기가 된다고 설명한다. 쌍방 간에 교환행위가 반복되면 개인이나 집단 간에 주고받는 것이 물건이나 혜택일 수도 있지만 때로는 다른 사람에게서 받는 인정이나 동정도 모두 포함된다고 본다. 현대사회는 일방적 투입보다 이에 대한 상호교환의 원리를 추구한다는 것이다.

3 자원봉사의 철학과 정신

자원봉사에 영향을 미치는 정신적 철학영역으로 우선 종교적 윤리를 들 수 있다. 기독교 정신의 중요한 철학인 자선의 개념이 그것이며, 민주주의 철학인 희랍시대의 민주성, 인간의 평등 및 기회 균등권 등의 가치가 자원봉사에 중요한 정신으로 자리 잡고 있다. 그리고 박애정신(philanthropy), 상호부조의 정신을 통한 인간의 고통에 대한 사회연대성, 시민참여의 정신도 중요한 자원봉사의 철학이 된다. 특히 자유의지론은 인간의 자기결정권과 독립성 및 자주성의 인정, 인간의 존엄성 및 잠재력의 발휘, 자아실현욕구의 인정 등을 가장 중요하게 생각한다.

자원봉사활동에 대한 이해를 위해서는 인간발달과 행동에 대한 지식으로 사회·문화·경제적 환경에 대한 이해가 필요하며, 다양한 의사소통방법의 이해도 전제되어야 한다. 또한 집단의 과정 이해 및 개인, 집단, 그리고 지역사회의 형태에 대한 문화적인 요인 내지 유산이 어떤 영향을 주는가에 대한 이해도 중요하게 다루어져야 한다. 더불어 인간관계에 대한 이해와 지역사회 본질에 대한 이해, 조직에 대한 이해도 요망된다. 특히 가장 중요한 것은 자신에 대한 이해이며, 이것은 자원봉사활동을 통해 만나게 되는 다른 봉사자, 수혜자, 관리자, 행정가, 지역주민 등과의 원만한 관계를 유지하기 위해서는 필수 과정이다.

표 1-2 자원봉사활동에 있어 인권영역

인권의 영역	인간의 본성	주요 특성	목적	왜곡된 상황
자신	이기성	자아실현, 인간개발	개인의 선(善) 추구	제도화, 계량화
대상자	이타성	공동체의 삶의 질 향상, 시민의식	공공의 선(善) 추구	도구화, 대상화

4 외국의 자원봉사 역사와 발달과정[1)]

1) 고대

자원봉사의 역사는 인류역사와 더불어 시작되었다고 볼 수 있다. 모든 성인과 종교의 창시자들은 자원봉사자였다. 기록에 의하면 4,300여 년 전 이집트인들의 무덤에 자선행위가 기록되어 있고, 중국에도 오제시절에 자선에 관한 기록이 나타난다.

그리스시대에는 개인의 고통을 덜어 주는 일보다 사회문제의 답을 사회개혁에서 찾으려 하였고 따라서 모두에게 혜택이 돌아가는 박애주의가 발달하였다. 이러한 정신은 로마에서도 계속되어 공공단체에 기부할 수 있는 법이 기원전 150년경부터 있어 왔다. 그리고 기독교가 공인된 후 기독교의 자선정신의 영향과 구원의 수단으로서 자선활동이 장려되면서 자선이라는 말이 박애를 포함한 형태로 산업혁명기까지 전해 내려오게 되었다.

2) 영국

(1) 기초기: 비조직화시기(16세기~18세기 말)

자원봉사자라는 용어가 문헌에 처음 등장한 것은 1647년 스튜어트 왕조 때이다. 당시의 의미는 마을을 지키기 위해 스스로 싸우는 자경단을 의미하는 것으로, 나라를 지키려는 순수한 마음으로 자원해서 군대에 입소한 지원병을 자원봉사자라고 칭하였다.

1) Margriet-Marie Govaart 외(2002). 수정 보완.

(2) 형성기: 민간 차원의 조직화시기(19세기~1900년)

이 시기는 빅토리아 황금시대로 경제적·정치적 자유주의와 국가에 의한 자유방임주의 사상이 만연했다. 점차 산업화·도시화에 따른 빈곤 및 실업문제가 대두되었다. 민간 사회복지활동이 행해졌음에도 빈곤자의 수가 줄어들지 않자, 민간 사회복지에 대한 비판이 제기되고 그 대안으로 '자선조직협회'가 만들어졌다.

19세기 구빈사업의 공백을 메우기 위해 일반 시민이 친구가 되어 빈곤층의 갱생을 촉진하려고 한 자선조직협회의 우애방문, 인보관운동은 민간 사회복지활동으로 시민의 참여를 촉진하는 계기가 되고 자원봉사활동의 출발점이 되었다. 영국의 자원봉사활동은 자선조직협회의 우애방문원을 통해 등장해서 인보관운동을 거쳐 현대적 의미의 자원붕사자라는 개념이 일반인에게 확대되기 시작하였다.

(3) 확대기: 정부주도하의 육성시기(1905년~1978년)

이 시기에는 복지국가로의 성숙으로 사회복지서비스에 대한 국가책임이 강화되고 민간 사회복지기관의 역할이 새롭게 전환되었다. 제2차 세계대전의 발발은 민간활동을 더욱더 촉진시키게 되었다. 매캐덤(Macadam)은 이 시기를 '새로운 박애주의 시대'라고 일컬을 정도로 민간활동의 규모가 커졌다. 1960년대에는 자원봉사활동에 대한 국민의 이해와 사회의 역할이 더욱 강조되었는데, 이러한 변화는 무엇보다도 복지국가에 대한 인식의 변화에서 기인된 것이었다. 베버리지(Beveridge)는 그의 보고서에서 국가만의 집권적인 활동으로는 궁핍, 질병, 무지, 타락, 게으름 등을 뿌리 뽑기가 충분하지 않다고 지적하고, 복지국가의 서비스를 보완하기 위해 개인의 자발적 노력이 계속적으로 필요하다고 하였다.

이 시기에는 자원봉사활동의 획을 긋는 각종 법들이 제정되었는데, 1960년의 '자선법(Charity Act)'과 지방 차원에서 자원봉사활동을 지원하기 위한 '지방정부사회복지서비스법(Local Authority Social Service Act)' 등을 들 수 있다. 1960년대 락커(Rockers), 히피족(Hippies), 학생 폭동 등 새로운 청년문화와 기성세대 간의 차이 등의 문제가 발생하자 청년자원봉사조직으로서 '지역사회봉사 자원봉사자(Community Service Volunteer)', '특별위원회(Task Force)', '기금을 위한 청년자원봉사자들(Young Volunteer for Foundation)' 활동이 활발해지면서 '자원봉사활동의 붐'이라고 묘사되기도 하였다. 1968년 아베스(Aves) 보고서의 발표에는 전문직원의 서비스를 보완하고 사회서비스의 제공을 통합하기 위한 자원봉사자의 참여 필요성 강조 및 훈련, 원조에 관한 실천적 전문가의 표준이 필요하다고 강조하였다.

1970년대는 자원봉사활동의 전문화·관료화 현상이 일어나기 시작하였는데, 자원봉사활동에 대한 각종 보고서 및 지침을 통해 전국 차원의 기본원칙과 통일된 체계를 갖추고자 하였다.

(4) 재정립기: 공·사 협력시기(1979년~2019년)

이 시기는 복지국가의 침체기에서 복지다원주의가 강조되는 전환의 시기를 의미한다. 1979년 보수당 정권은 자원봉사활동의 육성을 강조하였는데, 이 당시 자원봉사활동의 보완이 공적 서비스의 역할이라는 의견들도 제시되었다. 1980년대 정부에서는 당시 자원봉사활동과 실업문제를 연결하려고 하였으나, 큰 소득은 없었다. 1990년대에는 지역사회보호, 새로운 복지다원주의를 둘러싼 정치적 합의, 계약문화와 활발한 시민정신에 정부가 이바지하는 등의 특징을 보였다.

1992년에는 자선법이 개정되어 세금공제 등 자원봉사활동의 진흥을 위한 다양한 법안이 만들어졌다. 정부의 재정적 보조에 힘입어 새로운 기관이 설립되고, 지방정부로부터 보조금을 제공받았다. 1990년대부터 기업 및 개인, 민간단체들의 참여가 증가되고 사회복지서비스 부분에 자원봉사영역이 중요한 부분을 차지하고 있다.

(5) 코로나 이후(2020년~현재)

영국에서는 이 시기에 자원봉사 활동방식 및 자원봉사 관리조직에 대한 변화가 진행되었다. 그 이유는 인구 노령화로 인해 자원봉사 활동인력의 지속적 유지와 확대를 위한 인구학적 고려와 자원봉사 몰입 시간이 감소로 인한 봉사 활동의 부진성 때문이었다. 그리고 이 '마이크로 자원봉사'가 대두되었는데, 이 Micro Volunteer란, 자원봉사자가 개별적으로 시간이 날 때마다 SNS나 인터넷을 통해 짧지만 집중적으로 참여할 수 있는 자원봉사활동을 의미한다. 마이크로 자원봉사가 증가하는 변화 추세에 부응하기 위해 여러 대책이 제시되었는데, 단기간 맞춤형 자원봉사 참여 기회를 충분히 제공하고, 참여자들의 참여 의향이 지속적으로 유지될 수 있는 지원 대책을 강화하였다. 이를 통해 온라인·비대면 활동 등 가상 자원봉사(Virtual volunteering)의 증가했고, 자원봉사 조직의 행정적 red tape(관료적 형식주의)는 감소되는 경향을 보였다.

3) 미국

(1) 기초기: 비조직화 시기(1600년대~18세기 말)

이 시기에 미국은 영국 구빈법의 영향을 받아 극심한 경제적·신체적 궁핍에 대해서만 책임을 지고 빈민에게 지역책임제와 가족책임제를 적용하였다. 사상적으로 청교도들의 칼빈주의 정신과 자유방임주의 사상으로 인해 빈곤의 책임을 개인에게 두고 있었기 때문이었다. 미국의 자원봉사활동의 태동은 1657년 보스턴에 스콧자선조직협회가 설립되기 시작하면서부터이다. 그후 고아원, 병원 등이 생겨나기 시작했고, 워싱턴 전쟁 때에는 군인들을 지지하는 부녀 모임의 활동이 전개되었다.

(2) 형성기: 민간 차원의 조직화 시기(19세기~1950년 말)

미국의 역사상 대변혁의 시기로, 자주독립에서부터 제1·2차 세계대전까지를 말한다. 정치적으로는 민주정치, 경제적으로는 산업발전으로 인한 독점 자본주의, 사상적으로는 개인주의 사상 팽배, 사회적으로는 도시인구 집중, 빈곤 등 각종 사회문제가 대두하였다. 민간 차원의 자발적인 자선만이 사회적응의 과정을 돕는다고 생각하였기 때문에 1820년을 시작으로 많은 민간 자선기관들이 설립되기 시작하였다. 1877년에는 버팔로에 자선조직협회가 최초로 설립되었고, 1887년에는 시카고에 헐하우스가 설립되었는데, 이는 1891년에 대학인보사업협회로 개칭되었다. 미국의 인보관운동은 1929년 대공황이 엄습하기 전까지 준자선적인 성격을 유지하였다.

20세기에는 인보관운동과 더불어 전국 기관과 연맹을 맺는 지역기관들, 예를 들면 보이스카우트, 걸스카우트, Boys Clubs 등이 출현하였으며 제1차 세계대전 동안에는 YWCA, 미국적십자사 같은 국가 및 국제 봉사기관들의 활약이 활발하였다. 1926년에는 최초의 자원봉사사무국(Volunteer Bureau)이 보스턴에 설립되었고, 이후 필라델피아의 세인트 루이스 등 미국과 캐나다 전 지역에 확산되었다.

공황기에 접어들면서는 복지, 교육, 보건, 시민단체 등에서 자원봉사자의 수요가 점차 늘어나게 되자, 개인뿐만 아니라 지역사회 내의 주니어리그(Junior League)와 같은 시민단체들에 의해 자원봉사센터가 운영되기 시작하였다. 자원봉사센터가 없는 곳에서는 지역사회보건복지위원회(Community Health and Welfare Council)가 센터의 역할을 대행하였다.

1932년에는 전국자원봉사자위원회(National Committee on Volunteers)가 설립되었고, 1933년에는 전국 28개 도시에 자원봉사국이 설치되어 지방사회복지기관협의회(Council of Social Service Agencies)가 구성되었다. 제2차 세계대전 중에는 시민방위청이 조직되어 1,100만의 자원봉사자가 탁아소, 레크리에이션, 보건위생, 모금, 사회조사 등의 영역에서 복지를 위해 활동하였다.

1941년에는 미국 연방정부의 민방위국(Office of Civil Defense)에 통합되면서 전국에 4,300여 개 민간방위 자원봉사사무소를 중심으로 자원봉사자들의 활동이 활발히 전개되었다. 1945년에는 미국공동모금 및 지역봉사협의회(Community Chest and Council of America)가 새로 구성되었고, 이 기구 안에 시민참여자문위원회를 두어 자원봉사활동을 주관하도록 하였다. 미국지역사회공동모금위원회(United Community Funds and Councils of America: UCFCA)의 재정지원을 받아서 미국자원봉사센터협의회(Association of Volunteer Bureaus of America: AVBA)가 구성되었다.

(3) 확대기: 정부주도하의 육성시기(1950년~1990년)

제2차 세계대전 후 미국은 자유진영의 대표적인 강대국으로 부상하였지만, 냉전시기, 학생들의 반전운동, 흑인인권운동, 소수인종의 빈곤문제 등 사회문제들이 등장하자 그 해결책으로 자원봉사활동을 적극 추진하기 시작하였다. 연방정부 차원의 자원봉사프로그램이 최초로 실시되었는데, 케네디 대통령이 '뉴프론티어' 정책의 일환으로 후진국의 경제개발을 도와주고 국제평화에 공헌하기 위하여 1961년에 조직적이고 제도적인 국제봉사단체인 '평화봉사단(Peace Corps)'을 창설한 것이 그것이다.

이어 존슨 대통령은 미국 내 빈곤퇴치를 위해 '위대한 사회(Great Society)' 정책을 실시하고 그 일환으로 VISTA를 창설하였다. VISTA는 1950년대와 1960년대의 미국의 빈곤문제 등 여러 가지 사회문제에 대한 대처방안으로 자원봉사활동을 적극 추진하기 위해 만들어진 기구였다. VISTA 사무국에서는 자원봉사자들을 모집하여 그들의 기술, 재능, 성격에 적합한 일을 찾아 연결시켜 주며, 주로 빈곤퇴치프로그램, 은퇴노인자원봉사(RSVP) 등 국내 프로그램을 실시하였다.

1962년과 1967년의 사회보장법 개정안에는 자원봉사활동에 대해 합법적인 지위를 부여하였고, 1969년에는 공공과 민간 분야에 시민참여를 진작시키고자 미국자원봉사활동프로그램법(National Program for Voluntary Act)을 제정하였다. 1970년에 들어서면서 정부의 지원을 받는 새로운 형태의 전국적 자원봉사센터가 설립되었고, 닉슨 정부 때 미국자원봉사활동법이 만들어졌다. 이 법은 특별법으로서 자원봉사자에 대한 연방정부의 각종 지원활동을 규정하고 정부의 직접적인 공공자원봉사단 운영에 관한 내용을 담고 있다.

1979년에는 전국자원봉사활동정보센터와 NCVA가 통합되어 전국시민참여센터인 'VOLUNTEER'가 만들어졌고, 전국자원봉사센터의 창설 및 자원봉사관리를 지원하는 다양한 기구 및 조직이 형성되어 활동하게 되었다. 지방 차원에서는 지역자원봉사센터(Local Volunteer Centers)를 조직, 설치하고 중앙에 이들 센터를 지원하고 추진하는 중심조직인 '촛불재단(Point of Light Foundation: POLF)'을 설치하였다.

(4) 재정립기: 공·사 협력기(1991년~2019년)

1990년대 미국에서는 전국지역사회봉사법(National and Community Service Act)이 제정되어 자원봉사활동을 위한 법적 지위가 강화되었으며, 1993년에는 클린턴 행정부가 전국자원봉사트러스트법을 새로이 제정하여 자원봉사활동의 적극적 참여를 강화하였다.

(5) 코로나 시기 이후(2020년~현재)

미국에서는 코로나 팬데믹 이전부터 자원봉사 참여가 감소되는 경향을 보이고 있었기 때문에, 자원봉사 환경 및 활동방식의 변화에 대응하기 위한 방안이 논의되었다. '17년 자원봉사 참여율은 24.9%, '18년은 30.3%로 상승하였지만, 1인당 자원봉사 연간 활동시간이 126시간에서 86시간으로 감소되었다.

베이비붐 세대의 증가와 MZ 세대의 대두가 미국 자원봉사의 대표적인 변화를 주도했다. 풍족한 경제를 바탕으로 경험 확대와 소비지출 등을 통해 현재 삶을 즐기는 성향(밀레니얼 세대의 성향)을 고려한 자원봉사프로그램 개발이 증가되었다. 자원봉사 참여 확대를 위한 소셜 미디어 적극 활용 및 자원봉사를 자선활동을 넘어 자신의 개인적 성장과 발전에 도움을 주는 일종의 투자적 차원으로 접근하는 특성을 보였다. 그래서 개인이 추구하는 다양한 가치 및 행복증진 등 목적 지향적 자원봉사활동 기회의 확대가 필요하게 되었다.

미국의 자원봉사 참여방식의 변화와 관련된 키워드와 주요 이슈로는 단기참여 자원봉사 프로그램 참여 수요 확대, 온라인 기반 가상 자원봉사 활성화, 자원봉사 활동 참여를 통한 기술과 경력 획득, 자선의 동기로부터 사회참여, 자기개발 등 다양한 참여 동기, 소셜 미디어를 통한 능동적 참여 활동 모색, 대면/비대면 혼용, 참여 동기의 다변화, 자원봉사자의 자기 주도성 강화 등을 들 수 있다.

4) 일본

(1) 기초기: 비조직화 시기(1950년대 이전)

일본은 명치유신 이후 신분폐지, 교육보급 등으로 자원봉사활동이 성장할 사회적 기반이 정비되었다. 일본의 자원봉사활동이 시작된 것은 패전 후 국가의 공권력에만 의존할 수 없는 혼란한 상황에서 자발적인 지역활동이 시작되면서부터이다. 패전 후 부상자의 원호, 부랑자의 보호를 필두로 하여 1947년에는 '공동모금', 'BBS운동'이 시작되었고, 그후 워크캠프(Workcamp) 활동, 학생인보관운동이 시작되었다.

(2) 형성기: 민간 차원의 조직화 시기(1950년~1971년)

자원봉사활동에 대한 국민의 관심이 높아지면서 다양한 자원봉사활동이 행해졌고, '전국부모연락회', '전국중증심신장애아(인)을 지키는 모임', '전국노인그룹연락회' 등의 자원봉사조직이 조직되었다. 1962년 이후 사회복지협의회에 선의은행의 설치, 오사카자원봉사협회, 후지자원봉사협회, 일본청년봉사협회 등 민간주도의 자원봉사사무국이 설치디어 자원봉사활동을 활발히 전개하였다. 1965년에 설립된 오사카자원봉사협회는 최초의 민간자원봉사협회로 교육과 훈련에 주력하기 시작하였는데, 이것은 일본자원봉사학교의 전형이 되었다.

1968년에는 자원봉사활동의 일대전환기를 맞이하였다. 전국사회복지협의회에서 '자원봉사자 육성기본요강'을 책정하였을 뿐 아니라 전국선의은행연락협의회가 발족되어 자원봉사자의 참여를 독려하는 계기가 되었기 때문이다.

(3) 확대기: 정부주도하의 육성시기(1972년~1990년)

이 시기의 일본은 후생성이 전국사회복지협의회를 통해 자원봉사활동육성에 주력할 뿐 아니라, 지방자치단체도 자원봉사활동을 적극적으로 육성해 나갔던 시대라고 할 수 있다. 지역의 여러 문제해결을 위해 자원봉사자를 육성하였고, 1975년부터는 각지에서 자원봉사자 학교가 개최되어 지역에서 활동할 자원봉사자 그룹이 생겨났다.

자원봉사활동에 관한 독립된 특별법이나 진흥법의 제정 없이 다만 정부가 위촉하는 일종의 관선자원봉사자인 민생위원제도가 민생위원법에 근거해 운영되었고, 1975년부터는 지역사회보호형, 즉 지역사회 중심의 복지시책을 추진하려고 하는 방향으로 변화해 나갔으며, 여기에 자원봉사자의 활동을 육성하였다. 자원봉사보험제도를 개시하였고, 자원봉사정보센터뉴스 발행, 시민운동, 공해반대운동, 소비자운동 등에 자원봉사자들이 참여하였다. 1979년 이후 일본형 복지사회를 구상하면서, 자원봉사활동의 활용방안들이 보다 적극적으로 구체화되어 추진되기 시작하였다.

(4) 재정립기: 공·사 협력시기(1991년~2019년)

이 시기에 일본은 자원봉사활동이 복지 분야에 한정되지 않고 생활 전반에 걸쳐 광범위한 분야에서 이루어졌다. 기업들도 사회적 공헌을 한다는 취지에서 자원봉사활동을 추진하는 등 국가적 차원의 자원봉사활동이 붐처럼 활성화되었다.

(5) 코로나 이후(2020년~현재)

일본에서는 코로나19 이후 자원봉사활동에 있어 패러다임의 변화를 가져왔다. 자원봉사 조직에서의 활동 중 상당한 비중이 공식적 활동에서 비공식적 활동으로 전환되었고, 코로나19 이후 자원봉사의 모집과 조정, 조직이 빠른 속도로 디지털화되었다는 것이다. 그리고 재난의 시간을 보내면서 국가 역할에 대한 의지보다는 시민들의 자발적 자원봉사활동에 더 많은 중요성을 인식하게 되었고, 봉사활동 참여 동기를 강화시키게 되었다. 또한 자원봉사활동의 온라인 전환은 인터넷 접근성을 중심으로 이루어지만, 자원봉사 참여의 세대 간 격차를 가져오게 되었다.

5 한국의 자원봉사 역사와 발달과정

1) 고대

우리의 전통사회에는 이웃이 곤경과 불행에 처했을 때 자발적으로 나서서 도와주던 미풍양속이 있었다. 품앗이, 두레, 향약, 계 등이 그것이다. 이러한 미풍양속들은 자원봉사활동의 초기단계인 상부상조활동이나 전통적 자선활동으로 이해할 수 있다. 하지만 서로 품을 팔아 상호부조하는 경제적 보상의 측면이 강하다는 점에서 현대적 의미의 자원봉사라고는 볼 수 없다.

- 품앗이: 여유가 있을 때 이웃 농가의 일을 도와주었다가 필요한 경우 이웃의 도움을 받는 것으로 품으로 주고받는 것.
- 두　레: 여러 사람이 힘을 합쳐 일을 하는 것으로 마을 주민이 연대의식을 가지고 평등한 관계로 형성되는 단체.
- 향　약: 향민을 바로 가르쳐 모든 사람들이 어질고 옳음으로 돌아가게 하는 것. 향촌의 모든 일을 주민들과 협의하여 공명정대하게 처리하고자 하는 것을 강조.

- 계: 양반에 의하여 지도되는 향약과는 달리 현실적인 이익과 친목과 공제를 위해 자발적으로 이루어진 것.

2) 도입기(1903년~1950년)

현대적 의미의 자원봉사가 도입된 것은 1903년 YMCA 창립을 시작으로 1921년 태화기독교회관에서 여성계몽과 어린이 건강을 위한 봉사활동이 전개되면서부터라고 할 수 있다. 일제강점기시대의 자원봉사활동은 두 가지 형태로 나뉘는데, 하나는 조선총독부에서 설립한 인보관을 중심으로 행해진 관 주도의 교화사업의 형태이고, 다른 하나는 일제 식민지시대의 구국운동으로 행해진 학생운동의 형태이다. 구국을 위한 학생운동은 광복 이후 사회개량적 성격으로 전환되어 문맹퇴치를 위한 야학, 농촌봉사활동, 질병구제 등의 사회봉사활동으로 전개되었다.

3) 확립기(1960년~1970년대)

1960년대에는 그동안 산발적으로 전개되었던 자원봉사활동이 인도주의와 자원봉사를 기본정신으로 하는 적십자운동을 중심으로 조직적으로 활성화되었다. 이 시대에는 약 21개의 사회복지관계법령이 제정되는 등 자원봉사활동을 보호하고 육성하기 위해 노력하였다.

1971년부터 전개된 새마을운동은 지역주민들의 생산기반과 생활능력을 개발하여 소득수준을 향상시키고 의식계발을 포함한 사회개발에 획기적인 기여를 하였을 뿐만 아니라, 자원봉사정신의 확산과 고취에 커다란 영향을 미쳤다. 1978년부터는 한국 사회복지협의회가 자원봉사자 교육훈련을 실시하고 사회복지 분야에 배치하기 시작하였으며, 각종 사회복지단체를 중심으로 자원봉사활동이 전개되었다.

4) 확대기(1980년~2007년)

1980년대 우리나라는 자원봉사활동에 대한 관심이 본격적으로 높아지기 시작한다. 1984년 한국여성개발원에 의하여 자원봉사인력은행이 설치되었고, 1985년에는 올림픽조직위원회에 의하여 자원봉사단이 구성되어 보다 조직적으로 자원봉사활동이 전개되었다. 1986년 아시아게임과 1988년 올림픽에서 거국적인 자원봉사자 활용은 전국적으로 자원봉사를 인식시키고 확산시키는 데 크게 기여하였다.

1994년에는 자원봉사 관련 전산정보체계 구축, 자원봉사자활동 지도자 교육, 자원봉사활동조사연구와 교재발간, 홍보, 정책건의를 목적으로 하는 사회복지협의회 부설 사회복지자원봉사안내센터를 설립하였고, 또한 한국자원봉사단체협의회가 조직되어 자원봉사단체를 아우르는 법정단체가 되는 기반을 마련하였다. 1995년에는 학계, 정부, 기업, 사회복지관 등 각계 자원봉사 전문가들이 모여 '한국자원봉사포럼'을 구성하였으며, 1994년 중앙일보사에 의한 자원봉사 캠페인이 전개되었다. 자원봉사활동에 있어 대중매체의 적극적 참여로 자원봉사활동의 저변확대에 크게 공헌했다고 볼 수 있다.

1995년에는 초·중·고등학교의 종합생활기록부에 사회봉사활동시간에 대한 의무적인 기록을 계기로 청소년자원봉사활동이 활발해졌고, 대학 내에도 사회봉사단의 구성으로 대학생들의 봉사활동 참여를 학점화하는 추세가 이어졌다. 대학의 사회복지학과에서도 자원봉사론이라는 과목을 개설하는 등 사회복지사의 자원봉사관리에 대한 체계적 접근과 방법에 대한 논의가 활발하게 이루어졌다.

대기업에서도 신입사원채용과 직원연수에 자원봉사 실적을 반영하기 시작하였고, 1995년부터 행정안전부 시민협력과에서 자원봉사활동 관련 업무(자원봉사센터업무)를 총괄관리하게 되었다. 또한 1997년 이후부터 지방자치단체마다 지역자원봉사센터를 조직하고 자원봉사활동을 지원하게 되었다.

2002년 한일월드컵을 계기로 자원봉사활동이 세계적으로 크게 부각되면서

2005년 6월 29일 자원봉사활동기본법이 국회를 통과하여 자원봉사자의 권익 보호와 자원봉사센터 및 단체 육성의 기초가 확립되었다.

5) 정체기(2008년~2019년)

고령화 및 경제침체로 일자리 및 사회서비스사업과 관련된 다양한 활동들이 확대되면서 그동안 사회서비스 영역에서 주로 활동하던 자원봉사자들이 일자리영역으로 넘어가면서 자원봉사자 참여율은 20%로 정체되는 상황이 놓이게 되었다. 또한 행사위주의 봉사활동 및 시간누적형 봉사활동에만 봉사자들이 집중되면서 자원봉사계는 여러 가지로 답보상태 상황을 맞이하게 되었다. 특히 마을만들기 등과 같은 시민참여형 봉사활동이 늘어나면서 봉사활동과 시민참여활동 간의 개념모호성이 늘어나게 되었다. 2010년에는 중앙자원봉사센터가 설립되었다.

2008년에는 1차 자원봉사국가기본계획이, 2013년에는 2차 자원봉사국가기본계획이, 2018년에는 3차 국가기본계획이, 2023년 4차 국가기본계획이 수립되었다. 1차 국가기본계획은 처음 작성된 기본계획인 만큼 자원봉사에 대한 기본적인 부분과 실태를 중심으로 한 내용이 상당부분 차지하였다. 즉, 자원봉사활동에 대한 개념을 다시금 정리하고, 자원봉사활동을 통한 사회적 가치와 의의를 강조한 것이다. 자원봉사의 의미를 통해 우리사회의 다양한 자원봉사활동에 대한 정의들을 통합하고, 그 필요성 및 효용가치에 대해 설명하였다. 또한 그동안의 자원봉사활동 성과고찰을 통해 자원봉사 인프라(법 및 조례, 자원봉사센터 설치 및 운영, 전산관리시스템 구축 및 운영 등)와 자원봉사활동 참여율 및 자원봉사단체 증가추이, 자원봉사관리업무 전문화, 다양한 자원봉사프로그램 개발, 인정보상, 교육 및 훈련, 홍보 및 행사 등에 대한 영역의 실적을 나열하고 문제점을 분석하였다.

2차 국가기본계획에서는 자원봉사의 동향 및 1차 국가기본계획에 대한 평가를 토대로 비전과 목표, 정책영역별 세부추진과제를 설명하였다. 명확한 현황분석에 따른 문제점 파악과 그 이유에 대한 설명이 중요하였지만, 나열식의 현황분석이 주를 이루었고, 특히 1차 국가기본계획에 대한 내용부분에서도 정확한 근거나 데이터 없이 미수행과제에 대한 내용만 정리하여 일상적 판단에 기반한 평가가 주를 이루었다. 사실 사업의 추진여부도 건수나 참여대상 등의 분석이 없다면, 정확한 평가가 제시될 수 없었기 때문이다. 단지, 각 영역별 예산집행률을 분석하여 평가한 것은 지나치게 낮은 집행률로 국가의 자원봉사활동 진흥의지 조차 발견하기 어려웠다.

구체적으로 제1차 계획의 비전은 자원봉사 국가, 행복한 사회이고, 제2차 계획의 비전은 참여와 나눔, 지속가능한 미래로 정하여, 자원봉사활동이 지속가능한 사회를 이끌어가는 데 매우 중요한 필수요건임을 강조하였다.

3·4차 기본계획의 주요 내용은 다음의 〈표 1-3〉과 같다.

표 1-3 3차 및 4차 자원봉사국가기본계획 내용

구분	제3차 기본계획	제4차 기본계획
문화·참여	▸공식·대면 자원봉사 중심 활성화	▸비공식 자원봉사 참여 지원 ▸기존(대면)+디지털 기반 융·혼합형 방식
	▸재난 대응 자원봉사 지원 기반 구축 ▸행안부 중심 자원봉사 홍보·캠페인	▸지역사회 안전 역량 강화(예방) 자원봉사 ▸범부처·민간 협력으로 지속가능한 브랜딩 추진(K-Volunteering)
인프라·관리	▸자원봉사센터 민영화, 민간 재원 확보 등 자율성 강화 중심 → 자원봉사센터의 운영 성과 제고 및 관리체계 고도화 필요	▸지역센터 평가제도 도입 ▸B/C 분석 도입(재정 효율성 분석) ▸지자체 자원봉사 조례 개정 및 자원봉사 활성화 정책 가이드 마련
	▸자원봉사 자격제도 도입(민간 차원 ▸부처 포털* 간 로그인 및 실적 연계 *1365(우리부), VMS(복지부), DOVOL(여가부)	▸국가공인 자격제도 도입 추진 ▸정부 포털과 민간 시스템의 연계 강화
국제	▸대면·방문형 국제 자원봉사 활성화 ▸외교부(WFK) 중심 국제교류 봉사	▸코로나19 등 상황에 대응한 비대면 국제봉사 ▸국제봉사 참여 주체 다양화(행안부, 지자체 등)

6) 코로나 이후 (2020년~현재)

코로나 이후 자원봉사활동 참여율은 더 급격하게 감소되는 경향을 보였다. 2021년에는 8.4%로 최근 20년 최저 참여율이었다. 코로나19에 따른 사회적 거리두기 강화로 통적 대면 방식의 자원봉사 참여 제한이 원인이었다고 볼 수 있다. 그리고 학생 자원봉사활동실적이 대입입시에 반영되지 않도록 하는 교육제도 변화로 학생 자원봉사가 대폭 감소함에 따라 참여율이 더 낮아지게 되었다. 학생 자발적 봉사활동 참여 확대를 위한 제도 개선이 필요하게 되었다.

코로나 이후 온라인봉사활동 및 비대면 봉사활동에 대한 중요성 인식이 시작되었다. SNS활동이 활발해지고, 홈페이지 홍보활동 등이 활발해지면서 온라인봉사활동에 참여하는 봉사자들이 대거 증가했다. 특히 코로나19 등으로 집합적인 봉사활동이 금지되고, 비대면 봉사활동에 참여하는 봉사자들이 늘어나면서 봉사활동 영역이 늘어나게 되었다. 하지만 실제 봉사활동 참여를 확인하기 어려운 키트제작이나 재택봉사활동 등으로 후원금 강제 및 거짓실적의 문제점이 나타나기도 했다.

7) 한국의 자원봉사 관련 경험에 대한 고찰

현재 우리나라는 자원봉사와 관련된 국민 경험에 따라 자원봉사 개념과 관심영역이 달라졌고, 이것은 자원봉사계의 혼란과 갈등을 유발하는 계기가 되었다. 그 경험에 따른 차이를 표로 나타내면 다음과 같다.

표 1-4 한국의 자원봉사 경험에 따른 자원봉사패러다임의 공존

구분	관변형	시민참여형	자선형	봉사학습형
기본가치	▸ 부족한 공공서비스 보완 및 보충 ▸ 동원 ▸ 공익성	▸ 자기 성장 ▸ 시민사회 성숙 ▸ 여가	▸ 박애 ▸ 나눔 ▸ 선행 ▸ 복지성	▸ 교육훈련적 ▸ 인성개발

역사	▸국가주도의 민간역량을 결집하는 자율경찰단, 새마을운동, 자유총연맹, 바르게 살기운동 등의 조직 경험이 자원봉사조직으로 이어짐	▸국외 자원봉사 경험이 있는 인사로부터 추진 ▸캠페인, 홍보, 시범적 사업 위주로 진행 ▸국가는 지원만 하고 간섭을 줄이는 형태의 자원봉사운영 강조	▸복지시설에서 시작한 봉사활동 ▸소규모 및 시설별로 운영 ▸종교적 성격	▸사회봉사활동 의무적 시간 및 학점 필요 ▸봉사스펙을 통한 대입 준비
특징	▸관변화 ▸봉사자 인정보상, 실적관리에 관심	▸국가의 비간섭화 ▸봉사자의 자발성 강조	▸개인 만족	▸봉사시간인증에 초점 ▸스펙관심
문제점	▸순수성 훼손 우려	▸제도화에 대한 비판	▸개인적 소극적 관리	▸비자발성
중요 기관	▸자원봉사센터	▸자원봉사협의회	▸한국 사회복지협의회	▸청소년활동진흥센터
주관부처	▸행정안전부	▸행정안전부	▸보건복지부	▸여성가족부
관리시스템	▸포털 1365	▸포털 1365	▸VMS	▸Dovol
주요이론	▸교환이론	▸욕구이론	▸동기이론	▸학습이론
미래변수	▸4차산업혁명에 의한 사회적 문제 보완형	▸사회적 경제시스템과의 연계	▸사회서비스 공공화 및 서비스인력의 유급화로 인한 혼란	▸자기주도형 봉사 ▸지역사회연계형 봉사

표 1-5 한국의 복지시스템 변천과정

구분	기간	주요재원	운영시스템	정부기조
1세대	1950~60년대	개인(사유재산) 해외원조	민간운영	위기개입 수준
2세대	1970~1980년대	개인(사유재산) 정부보조	민간운영에 국고지원	공공성 강조시작 선별적 복지
3세대	1990~2016년	정부보조	민간위탁	전문성 강화
4세대	2017년 이후	정부보조	직영체제(준공무원화)	통합성 강화 보편적 복지

표 1-6 국가의 역할 변화

	치안국가	경제국가	민주국가	복지국가1 (양적 확대)	복지국가2 (질적 확대)
경제가치	해외원조	성장주의	정의	공정	공유, 맞춤
국가가치	반공	탈빈곤	이념대립	참여	분권, 연정
정치유형	티칭	독재	투쟁	광장	스마트 정치 플랫폼 정치
리더십	양다리 리더십	독재적 리더십	투쟁적 리더십	소통의 리더십	섬김의 리더십

CHAPTER

02

자원봉사의 동기 및 필요성

1. 자원봉사활동의 참여동기
2. 자원봉사활동의 필요성
3. 자원봉사활동의 효과
4. 사회복지와 자원봉사
5. 시민사회와 자원봉사
6. 자원봉사활동 만족도 요인

VOLUNTEERISM

Chapter 02

자원봉사의 동기 및 필요성

1 자원봉사활동의 참여동기

자원봉사활동에 참여하는 봉사자들의 현장에서의 실질적인 참여동기는 매우 다양하다. 자원봉사활동에 참여하는 사람들의 동기를 알아보면 사람의 숫자만큼이나 다양하다는 것을 알 수 있다. 어떤 봉사자는 신앙적인 이유로 참여하고 지나치게 드러나는 것을 싫어하는 경향을 보인다. 어떤 봉사자는 지역사회에 기여, 불우한 이웃돕기, 성취욕구를 달성하기 위해 봉사활동에 참여하기도 한다.

또 어떤 봉사자는 현재의 능력과 기술을 취업으로 연결, 자기계발, 여가를 선용하기 위해 봉사활동을 하기도 한다. 전문지식을 활용하기 위해, 혹은 경제적인 목적을 위해, 봉사점수 또는 경력증명서의 획득을 위해 참여하기도 한다. 친구를 만나기 위해서 봉사활동을 하기도 하지만 어떤 경우에는 명예를 추구하기 위해 참여하기도 한다. 이 경우 자신에 대한 과대 선전 및 자신의 뜻에 맞지 않는 경우 비난을 일삼기 때문에 명예는 봉사활동을 통해 부수적으로 반드시 주어지는 것이 아니며, 또한 그것이 목적이 되지 않도록 하는 교육이 필요하다.

2 자원봉사활동의 필요성

현대사회에서 자원봉사는 과거에 비해 여러 가지 의미에서 그 중요성이 증대되고 있다. 현대사회가 산업화·도시화됨에 따라 사회구성원이 고립되고, 인간관계가 단절되며, 사회의 정상적 유지를 저해하는 여러 가지 사회문제가 증가함으로써 새로운 문제들이 급속하게 등장하고 있다. 그러므로 오늘날 정부가 해야 할 역할의 한계를 극복하고 지역사회의 문제들을 시민 스스로 해결해 나가기 위해서는 자원봉사가 있어야 한다. 과거의 자원봉사활동은 인간애를 바탕으로 무조건적으로 베푸는 행동에 의의가 있었다. 하지만 오늘날은 자선이나 구호 중심의 전통적 자원봉사 대신 산업화로 인한 각종 사회문제를 해결하기 위한 적극적 의미를 지닌 자원봉사활동의 필요성이 강조되고 있다. 따라서 구체적으로 자원봉사의 필요성을 제시해 보면 다음과 같다.

첫째, 현대사회에서는 물질의 풍요 속에서도 각종 비복지 요소들이 증가하여 사회문제가 급증하고 있다. 그러므로 이런 문제해결 및 예방의 기능을 담당하고 있는 공적 또는 사적 조직에서의 사회복지활동에 대한 활성화 요구가 증가된다.

둘째, 급격한 경제발달에 따른 지역 간 산업 간의 인구이동은 지역주민의 생활양식과 생활의식의 변혁을 일으켜 사회환경을 악화시키고 있다. 특히 핵가족화의 경향으로 인한 가정의 생활보장기능 축소는 민간영역 서비스를 필요로 한다.

셋째, 4차 산업기술의 발달 등으로 발생하게 된 여가를 의미 있고 건전하게 보내고자 하는 사회분위기가 자원봉사나 단체를 통한 적극적인 봉사활동으로 이어지게 되었다.

넷째, 자원봉사활동이란 사회복지를 향한 시민참여의 한 형태로 활동의 과정을 통해 공동체의식을 높이고, 다양한 계층의 폭넓은 참여를 통해 사회적 통합을 높일 수 있기 때문에 민주화에 기여하게 된다.

다섯째, 자원봉사는 거대화·관료화되어 가는 정부나 민간영리기업의 세력을 보완, 견제할 수 있는 제3의 세력으로 간주할 수 있다.

여섯째, 자원봉사자 개인으로도 필요성을 지닌다. 즉, 개인 능력을 활용하게 되어 생활의 의의나 보람을 느끼게 되며, 여가를 건전하게 이용하여 개인의 발전을 도모할 수 있다. 자원봉사자 간의 교류를 통하여 정보를 교환하고 사회의식이 고취되어 봉사자 자신의 문제를 살펴보게 되고, 자신의 문제해결에 도움이 된다. 또한 사회문제 해결에 참여하여 전문적 지식을 증가시킬 수 있고, 자원봉사자 간의 연대의식을 통해 지역사회의 소속감과 국민의식을 갖게 된다. 그리고 사회문제에 접근하고 치료하면서 사회나 국가에 대해 긍정적 견해를 갖게 된다.

일곱째, 사회복지시설, 단체, 지역사회 등 기존의 사회복지체계 변화의 개량자로서의 역할을 할 수 있다. 대규모 국내외 행사 등에서 대회 진행은 물론 통역, 안내, 경호, 경비, 의료봉사 등을 맡아 건전한 시민정신과 애국심을 배양할 수 있다. 시민의 직접 참여와 자유의지를 기반으로 하는 자원봉사활동은 민주복지사회를 형성하는 데 중추적인 역할을 하기 때문에 그 필요성이 증가하고 있다.

그러므로 현대사회의 자원봉사활동은 인간성 회복과 가정을 포함한 공동체의식(우리들의식, 역할의식, 공존의식) 회복을 통하여 이웃과 더불어 행복한 삶을 누리는 자발성과 연대성을 갖는 활동이며, 책임감을 갖고 무보수로 서비스하는 사랑의 복지활동이라는 점에 그 가치를 두고 있는 것이다.

3 자원봉사활동의 효과

성숙한 시민사회의 주요 지표로 시민의 자원봉사활동 참여율이 자주 사용되는 이유는 자원봉사활동이 갖는 의미가 인간애를 바탕으로 베푸는 자선이나 구호적 의미를 넘어, 사회적 역할과 공동체적 가치에 대한 그 중요성이 확대되었기 때문이다. 또한 주는 자와 받는 자와의 관계에서 일어나는 일시적인 자비심, 감상주의, 또는 우월주의 등과 같은 것이 아니라 한 인간으로서 타인에게 서비스를 제공하는 과정을 통해 인간성을 회복하고, 자신의 잠재능력을 실현하며 지역공동체의식을 확산하는 계기가 될 수 있기 때문이다.

현대사회는 물질의 풍요 속에서도 각종 비복지 요소들이 증가하여 사회문제가 급증하고 있다. 현대사회가 산업화·도시화됨에 따라 사회구성원이 고립되고, 인간관계가 단절되며, 사회의 정상적 유지를 저해하는 여러 가지 사회문제가 증가함으로써 새로운 문제들이 급속하게 등장하고 있다. 특히 4차산업의 발달로 인한 국민의 생활양식과 생활의식의 변화는 사회환경을 악화시키고 1인가구 증가 등 가족구조 변화로 가정의 생활보장기능을 축소시켜 민간영역의 서비스를 필요로 하게 되었다. 이러한 의미에서 최근의 자원봉사는 과거에 비해 여러 가지 의미에서 그 중요성이 강화되고 있는 것이다.

자원봉사는 우선 국가적 차원에서 볼 때, 국가와 정부가 해야 할 역할의 한계를 극복하고 지역사회의 문제들을 시민 스스로 해결해 나가는 데 중요한 가치를 갖고 있다고 볼 수 있다. 지역사회적 차원에서는 사회변화와 사회개발의 핵심적인 역할을 담당하는 일종의 사회행동으로 계획적이고 조직적인 행위로 가치를 갖고 있다고 설명할 수 있다. 특히 개인적인 차원에서는 단순한 여가활동이 아니라 자신의 삶을 보다 의미 있고 보람되게 하는 계기를 마련해 준다는 점에 자원봉사의 가치를 둘 수 있다. 즉, 인류의 공존·번영·발전을 위해서는 대규모의 공공생활이 요구되며, 이러한 활동에 생명을 불어넣는 운동으로 자원봉사는 반드시 필요하며, 국가적, 사회적, 경제적, 개인적 차원에서 핵심적인 가치를 갖고 있다.

1) 국가 차원에서의 효과

현대국가들은 정치, 경제, 사회 등 모든 분야에서 국가의 개입을 최대한 축소하려는 이른바 '작은 정부'를 지향하는 경향이 있다. 이러한 측면에서 자원봉사활동의 활성화 및 확대가 더욱 중요시되고 있다. 다양한 국가문제를 해결하기 위해서는 정부의 많은 재원과 인력이 투입되어야 하나, 한정된 자원으로는 모든 문제를 해결하는 데 한계가 있을 수밖에 없다. 한정된 정부의 재원과 인력으로는 충족될 수 없는 제반 공공서비스 영역과 국민들의 다양한 욕구를 대체 또는 보충, 보완할 수 있는 민간자원이 바로 자원봉사라고 할 수 있다. 이것은 국가의 제도주의적 서비스지원정책으로부터 소외되거나 불충분한 특수 취약계층에 대한 민간자원에 의한 적극적 개입을 의미한다. 틈새 저소득층을 발굴해 적합한 아이디어사업을 추진하고 부실한 사회안전망의 대안으로 자원봉사활동은 빈곤 사각지대를 채워 주는 역할을 담당한다. 이러한 기능과 역할은 소득재분배 효과와 문제의 예방 및 대변 기능을 통하여 사회 안정을 실현한다.

그리고 자원봉사활동은 시범적이며 융통성이 있고 전문적이라는 데 의의가 있다. 국가의 공공정책들은 법에 의하여 서비스를 제공한다는 점에서 융통성이 적고 변화에 적응하기 어려운 반면, 자원봉사활동은 수혜대상자의 요구에 따른 새로운 접근방법을 제공한다거나 새로운 전달체계를 시도하는 등 시범적인 사업을 시도하기에 훨씬 용이하다. 즉, 정부의 매뉴얼에 의한 관료적, 획일적, 하향식의 서비스가 아닌, 민간에 의한 자원봉사활동은 전문적인 서비스에 역점을 두기 때문이다.

또한, 자원봉사활동으로 제공되는 서비스는 공공인력보다 수혜대상자의 자존심을 유지시키는 데 유리하다. 공적 서비스는 수혜대상자들의 자격조건이나 취약점, 기타 개인정보를 기반으로 하기 때문에 수혜대상자를 무능력자 또는 낙오자라는 낙인을 찍을 가능성이 높다. 이에 비해 자원봉사활동은 서비스를 제공받는 수혜대상자의 자발적인 참여가 존중될 수 있으므로 불필요하게 낙인을 찍힐 소지가 별로 없게 된다.

무엇보다 자원봉사활동이 가져다주는 국가적 차원의 가치는 공공서비스를 생산해 내는 공적자금에 투입되는 예산의 절감을 가져오며, 공공복리의 증진과 국가 경쟁력 강화를 통하여 궁극적으로 선진복지국가 건설을 앞당길 수 있다는 점이다. 공공정책은 민과 관이 동반자적인 관계에서 협력관계를 구축해 가면서 운영하는 것이 바람직하다면 지역의 자원과 자원 간의 연계 활성화가 국가발전을 가름할 것이다. 국가 내 물적자원과 자원봉사로 불리는 인적자원에 대한 체계적 관리와 연계를 담당할 시스템의 필요성이 더욱 커지게 되는 것이다.

2) 지역사회 차원에서의 효과

대표적인 민간영역의 서비스 주체인 자원봉사활동은 다양한 계층의 폭넓은 참여를 통해 사회적 통합을 높여 민주화에 기여하면서, 거대화·관료화되어 가는 지방정부나 영리기업의 세력들을 보완, 견제할 수 있는 지역사회의 '제3의 세력'으로 간주되고 있다. 또한 기존의 사회체계 변화의 개량자로서의 역할을 하며, 건전한 시민정신과 애국심을 배양하도록 한다. 그리고 시민의 직접 참여와 자유의지를 기반으로 하는 자원봉사활동은 민주복지사회를 형성하는 데 중추적인 역할을 한다. 이러한 과정은 사회문제의 예방과 대변의 기능을 통하여 애향심과 응집력, 지역정체성을 갖게 하는 중요한 기제가 된다. 특히 지방자치시대에는 자원봉사를 지지환경의 확보 및 지역인지도 향상, 지방특화사업의 개발 등에 있어 전략적으로 활용되기도 한다.

이와 같이 자원봉사활동의 사회적 가치는 '지역공동체 의식' 확산에 있다. 주민의 참여에 의한 효율적인 활동을 함으로써 주민들이 복지의식을 갖게 하고, 사회적 연대의식을 통해 지역화합에 기여할 수 있기 때문이다. 또한 다양한 계층의 폭넓은 사회참여를 유도하는 자원봉사활동은 지역사회의 소속감과 국민의식, 우리들의식, 역할의식, 공존의식, 안정감의 회복을 통하여 이웃과 더불어 행복한 삶을 누리게 한다. 그리고 주민 상호 간에 서로 도우며 살아가게 만들고, 이 지역사회의 주인이 바로 자신이라는 주인의식을 갖게 만들어 사회문제에 접근하고 치료하면서 사회에 대해 긍정적 견해를 갖게 한다.

특히 다양한 사회구성원들이 빈곤, 질병, 환경오염, 범죄 등의 지역사회문제를 자원봉사활동을 통하여 해결함으로써 더불어 사는 지역사회 복지공동체를 만들어 간다. 공통된 문제해결 과정에 참여함으로써 성숙한 시민사회의 핵심적인 가치라고 할 수 있는 사회적 응집력을 조성하게 되어 더불어 사는 사회를 구축하는 철학적 기반을 조성해 주는 것이다.

뿐만 아니라, 자원봉사활동은 비숙련, 무경험의 경제활동 예비준비자들에게 노동 준비기간을 제공함으로써 전문성을 높이며, 노동력 창출 효과를 가져와 지역사회 경제활성화에도 기여하는 효과를 제공하고 있다.

3) 개인 차원에서의 효과

국가 및 사회적 측면에서의 효과보다 더 중요한 것은 봉사활동을 통해 봉사자 개인이 자신을 돌아볼 수 있는 기회를 갖게 한다는 것이다. 즉, 자신과 다른 삶을 사는 사람들을 통해 자신의 삶의 방향을 재점검하고, 자신의 삶에서 가장 중요한 것이 무엇인지를 성찰하게 되며, 더불어 살아가는 생활에 대한 만족감과 성취감을 느끼게 되기 때문이다. 또한 다양한 문제들을 자신의 손으로 해결하기 위한 기획과 실행능력을 갖게 한다. 다른 사람과의 협력 경험이 적은 경우에는 봉사활동을 통해 팀워크를 배우며 협동심을 통하여 업무를 완수하는 능력도 키우게 된다. 이러한 과정은 자기계발이나 적성계발, 전문성 개발에도 긍정성을 높인다.

또한 봉사활동은 가족의 상호작용을 촉진시켜 가족 내 존재하는 역기능을 제거하여 자신과 가족에 대한 애정이 강해지도록 하는 역할을 담당한다. 그리고 상대적으로 힘들고 어려운 수혜자들을 위한 활동이기 때문에 사람에 대한 기본적인 인권의 중요성을 인식하고 존중하는 태도를 배양시킨다. 자신의 시간과 물질, 에너지, 특기, 능력을 무보수로 내놓는 봉사자들이야말로 좋은 친구가 될 수 있으며 사회성 개발에도 도움을 준다. 또한 봉사활동은 자신감을 키우고 지도력 형성과 민주시민으로서의 책임감을 갖고 보람 있는 여가생활을 영위하도록 돕는다. 봉사활동을 통해 취업의 기회를 갖기도 하며, 지역사회에 대한 관심을 높여 지역주민과의 활발한 네트워크 시간을 늘이기도 한다. 사회적 협력과 이타성 등의 덕성을 함양할 수 있고, 전인교육의 장으로도 활용할 수 있다.

개인이 가지고 있는 지식과 기술을 나누어줌으로써 개인 능력을 활용하게 되어 생활의 의의나 보람, 가치를 느끼게 되며, 여가를 건전하게 이용하여 개인의 발전, 자신감과 성취감을 도모할 수 있다. 자원봉사자 간의 교류를 통하여 정보를 교환하고 사회의식이 고취되어 봉사자 자신의 문제를 살펴보게 되고, 자신의 문제해결에 도움이 된다. 또한 사회문제 해결에 참여하여 전문적 지식을 증가시킬 수 있고, 스트레스를 효과적으로 관리하여 정신건강에 도움을 주며, 올바른 여가선용과 자기개발의 계기를 마련하여 궁극적으로 자아실현, 자존의식을 강화할 수 있다.

4 사회복지와 자원봉사

빈민가의 아동을 위한 빈민학교와 빈민자 및 사회적 소외자들을 위한 우애방문사업 등이 자원봉사활동으로 본격화되면서 사회복지제도 발달에 촉진제가 되었다. 이와 같이 개인의 인도주의적 자선의 덕목으로 발전한 자선적 복지는 자원봉사와 거의 유사한 개념으로 시작되었다. 즉, 초기의 사회복지는 경제적 이익이나 사회적 지위를 누리려는 직업적, 명예적인 것이 아니라 인간 본연의 공동선에 기초한 자발적 가치에서 비롯된 것이다.

자선적 사회복지와 자원봉사는 인도주의와 기독교 신앙의 높은 도덕성에 근거한 공동선의 활동이었지만, 빈곤, 노동, 건강과 같은 사회문제가 심각해지면서 자선적 혹은 간헐적 의미의 복지활동은 퇴색되고 정규직 혹은 유급의 인력들에 의한 복지활동이 하나의 직업으로 자리 잡았다. 직업화된 유급인력들은 무급의 자원봉사와는 구분되게 되었고, 국가의 행정의 틀 속에서 제공되는 공공복지서비스를 전담하게 되었다.

1) 사회복지와 자원봉사와의 유사점

사회복지의 정신과 자원봉사의 정신은 다음과 같은 점에서 유사성을 갖는다. 첫째, '인간의 기본권'을 보장해야 한다는 목적과 이념 측면에서 두 개념은 유사하다. 사회복지는 인간의 안녕과 삶의 질 향상을 추구하는 사회적, 인간적인 노력과 제도를 포괄한다. 현대 사회문제들을 조직적이고 과학적으로 예방, 치료함으로써 복지사회를 구현하기 때문이다. 반면 자원봉사의 목적과 철학도 모든 인간이 인간으로서 존엄성을 유지할 수 있도록 서로 돕는 조화로운 사회를 만드는 데 있다. 이러한 측면에서 사회복지와 자원봉사는 공통의 목적과 이념에서 출발하고 있다고 볼 수 있다. 이러한 인간의 기본권이 제대로 보장받으려면 하늘이 부여한 평등과 존엄의 천부인권, 시민 개인의 소유적 자유를 보장한 시민권, 사회적 불평등과 차별을 넘어선 사회권, 세 요소를 모두 포함해야 한다. 사회복지의 철학은 인간의 존엄성, 자기결정, 기회균등, 사회적 책임에 그 근거를 두고 있다. 자원봉사자의 철학 또한 여기에 근거하고 있음은 두말할 필요도 없을 것이다. 사회복지와 자원봉사 모두 사회 속에서 서로 돕고 어려움도 함께 극복하면서 인종, 계급, 성별, 학력, 직업 신체조건에 관계없이 '인간'이란 존재를 귀하게 여기고 서로를 사랑하면서 살아가는 것이 삶에서 가장 중요한 것이다

둘째, 사회복지와 자원봉사는 모두 '이타성'을 갖는 점에서 유사하다. 자원봉사자는 사람에 대한 작은 관심과 도움에서 출발한다. 자원봉사는 사회복지의 역사가 시작되었던 그 순간부터 타인을 자발적으로 돕는 원초적 형태이면

서 현재까지 지속되어 온 사회복지서비스의 가장 중요한 한 방법이다. 사회복지도 돌봄이 필요한 독거노인, 결식아동들, 이동조차 힘든 장애인, 직업이 필요한 청년들 등에게 이타적인 복지제도와 정책을 의미하기 때문이다. 즉, 사회복지와 자원봉사 모두 시민들 간의 상호 의존성와 상부상조의 필연성과 공생의 원리를 실천하는 공동목표를 갖는다고 볼 수 있다.

셋째, 사회복지와 자원봉사 모두 '사회안전망 마련'기능을 갖고 있다. 현대사회의 변화적 특성에 따라 증가하고 있는 다양한 사회문제와 부정적인 현상들을 대처하기 위해 정부나 공공조직, 시민의 자발적이고도 적극적 참여가 극대화되고 있다. 사회복지나 자원봉사 모두 복지분야의 공공서비스를 필요로 하는 사람들뿐만 아니라, 법적 보호테두리 내에 속하지 못하는 사람들을 위한 사회적 보호안전망을 충족시키고 채우는 역할을 담당하고 있다는 것이다. 이러한 사회안전망의 확충은 건강한 복지사회를 이룩하려는 목표를 달성하는 중요한 역할이 되고 있다.

넷째, 사회복지나 자원봉사에 참여하는 인력들은 사명감을 모두 갖고 있다는 점에서 유사점으로 들 수 있다. 사회복지사는 이미 국가로부터 사회적 약자를 돌보는 역할을 담당하는 전문가로서 사명감을 부여받은 공인된 사람들이다. 자원봉사자 또한 어려움을 갖고 있는 사람들과 지역사회에 대한 애정과 숭고한 내적 가치와 존엄성, 곧 자기정체성을 갖고 있는 사람들이다. 자원봉사와 사회복지는 인권, 시민권, 사회권에 근거하여 평등한 사회 공동선의 가치를 실현하는 숭고한 소명의 일이 되어야 한다.

2) 사회복지와 자원봉사와의 차이점

이와 같이 사회복지와 자원봉사의 개념이 유사해 보이기도 하지만 몇 가지 측면에서 차이가 있다.

첫째, 사회복지는 공공서비스로 공적인 영역의 활동이고, 자원봉사는 민간

서비스로 사적 영역의 활동이다. 사회복지는 국민의 세금으로 형성된 공적 서비스로 사회적 약자와 소외자들의 문제를 해결, 치료, 예방하는 역할을 담당한다. 하지만 자원봉사는 민간 사회복지의 발달과 함께하면서 민간복지서비스를 형성하는 중요한 부분으로 자리 잡아 왔다. 시민들의 자연스런 활동으로 시작된 민간 사회복지는 복지국가에 들어서면서 국가기능의 강화로 상대적으로 그 기능이 위축되는 듯 보였지만 실제적으로는 오히려 활발한 활동을 전개해 오면서 역할이 더욱 강조되었다. 이와 같이 사회복지에 있어 공적 사회복지와 민간 사회복지는 상호보완 또는 협력의 관계로 발전되고 있으며 또한 그 영역도 명확한 구분이 어렵고 혼합된 형태를 띠고 있다.

둘째, 사회복지는 집합적 활동, 자원봉사자는 개인적 활동이라는 측면에서 차이를 갖는다. 사회복지는 가족이나 사회가 제 기능을 수행하지 못하여 발생한 사회문제나 사회적 욕구 충족의 기능을 복지다수의 국민들을 위한 제도와 정책을 통해 서비스를 제공하기 때문에 특정기준에 의해 형성된 집단적이고 집합적 성격을 갖는다. 이에 비해 자원봉사는 자발적인 개인에 의해 형성된 서비스로 개별적인 형태로 제공된다는 점에서 차이가 있다.

셋째, 사회복지는 획일적·일방적인 성격을, 자원봉사는 다양성·상호성의 성격을 띤다. 사회복지는 능률성과 경제성에 초점을 두고 규격화, 매뉴얼화된 서비스를 제공하기 때문에 국민들의 다양한 욕구에 일일이 대응하기 어려운 면이 있다. 하지만 자원봉사는 일반 시민들의 자발적인 활동으로 이루어지기 때문에 특수욕구 충족과 예방성, 상호교류성의 역할을 담당할 뿐만 아니라. 자문자의 역할, 대변자의 역할. 매개자의 역할 등을 행함으로써 민간 사회복지의 주축이 되고 있다.

넷째, 사회복지서비스는 개인의 필요와 욕구를 충족시키는 데 초점을 두지만, 자원봉사는 복지서비스의 대체기능 이외에도 자원봉사자의 자아실현과 시민의식 및 사회적 자본 향상을 통한 건강한 지역공동체를 형성하고 건강하게 지키는 데도 큰 역할을 한다.

3) 사회복지의 영역을 더 확대해 나가는 자원봉사

이와 같이 사회복지와 자원봉사는 유사점과 차이점을 동시에 갖는다는 것을 기반으로 좀 더 추가적으로 고민해야 할 것은 자원봉사의 영역에 대한 부분이다. 2005년 제정된 자원봉사활동기본법에서는 자원봉사활동의 범위를 사회복지, 지역사회개발, 환경보전, 교육, 인권과 평화, 국제행사 등 15가지로 규정하고 있으며, 최근 들어서는 사이버공간, 동물보호, 생명존중, 사회적 경제 등 봉사활동 영역을 더 넓혀야 한다는 목소리가 높아가고 있다. 이러한 측면에서 사회복지는 자원봉사활동의 한 영역으로 보는 것이 적절하며, 자원봉사와 사회복지를 동일선상에 놓고 바라보는 것은 지양해야 할 것이다.

그리고 우리나라가 더욱 인간다운 사회가 되고 진정으로 모든 국민이 행복한 복지국가로 발전하려면 인간의 인간다운 가치회복과 서로 다름을 이해하고 인정하는 관용과 포용, 사회적 약자를 배려하고 협력하는 공공심, 인권과 사회정의, 소통과 합의, 공동체 의식과 국민통합 그리고 평화의 가치를 공유하는 사회적 자본을 육성해야 한다. 이런 일이 바로 자원봉사자의 몫이 되어야 할 것이다.

5 시민사회와 자원봉사[1)]

1) 시민사회의 개념

시민사회의 개념은 유럽에서 시작되었다. 절대주의 국가의 붕괴, 산업 자본주의의 확대, 부르주아 세력의 부상 등으로 사회는 분화과정을 겪게 되었다.

1) 주성수, 시민사회와 자원봉사(http://cafe.daum.net/shemember/DmM6).

이 과정에서 국가와 시민사회의 분리라는 역사적 현상이 일어나게 되었고, 국가의 공적인 권위에 대항하는 자율성의 영역으로서 시민사회가 등장하게 되었다. OECD에서는 시민사회란, 국가와 개인·시민 사이에 존재하며, 시민들이 매우 다양한 속성을 가진 자치적, 조직적 및 집합적 활동들을 개발할 수 있는 공공영역이라고 서술하고 있다.

2) 시민사회의 역할 및 필요성

현대 민주사회에서 시민사회의 역할은 무엇보다도 국가와 시장에 대한 견제와 비판의 기능이라고 볼 수 있으며, 사회정의와 시민권리의 강화 기능과 사회문제 해결과 서비스 제공의 기능을 꼽을 수 있다. 첫째, 시민사회는 사회 공론의 장 역할을 하고, 대의민주주의의 감시자 역할을 하며, 정책결정에 직접 참여하기를 바라는 시민의 참여 매개 역할을 하는 참여민주주의를 조장한다. 시민참여의 중요성을 알리고 시민참여를 유도해서 국가와 시장으로부터 침해받지 않는 독립적인 사회영역을 구축해서 시민들이 참여의 교육을 받고 참여에 대한 만족을 갖도록 도와준다. 둘째, 국가권력과 시장횡포에 대한 견제와 비판은 중요한 시민사회의 존재이유가 된다. 국가권력으로부터 시민의 자유와 권리를 보호하는 기능이 무엇보다도 중요하다. 대표적인 사례로는 제3세계에서의 민주화 항쟁을 들 수 있을 것이다. 아울러 자본주의의 폐해가 되는 시장의 횡포로부터 소비자 시민들을 보호하는 활동 또한 중요하다. 사례들로서 소액주주운동, 기업의 환경오염, 불량상품 제조 등에 대한 소비자보호와 감시활동을 들 수 있다.

셋째는 사회정의와 정책변화를 위한 권익주창이다. 일반 시민의 인권과 재산권 침해를 감시하고 시정을 요구하는 등의 각종 권익주창 활동이 중요하다. 서구 사회에서도 이런 활동이 지금까지 주된 시민사회 활동이 되어 왔다는 것을 감안해 보면, 한국 사회도 민주화로 가는 과정에서 무수한 사회정의 실현과제와 시민권리를 회복하거나 강화시키는 과제들이 있다는 것을 알 수 있다. 특히 정부정책의 변화, 제도화, 입법화를 추진하는 정책활동이 시민사회의 주요기능이다. 넷째는 사회문제의 해결과 공공서비스 제공이다. 서구 시민사회들은 심각한 사회문제를 해결하는 일도 게을리 하지 않는다. 오히려 사회문제 해결을 위해 조직된 시민사회 단체들이 가장 높은 비중을 차지하며 점차 더 늘어나고 있는 추세이다. 자발적인 자원봉사자의 참여에 의해 각종 상담, 환경보호, 청소년 보호, 노숙자 숙식 제공, 노약자 간호 등 시민들에게 직접 서비스를 제공해 줌으로써 시민참여를 확대시키는 참여민주주의를 지향하고 있는 것이다.

마지막은 신뢰와 유대를 강화하는 사회자본의 생산 기능이다. 시민사회는 시민의 자유로운 활동과 만남을 통해 서로 신뢰하며 유대를 강화하면서 붕괴되는 공동체의 재건을 가능하게 해주는 '사회자본'을 창출한다.

3) 시민사회와 자원봉사와의 관계

자원봉사활동은 국가나 시장에서 하는 것이 아니라 시민사회에서 하는 시민사회 활동이다. 노인, 장애인, 노숙자 등의 소외층을 위한 휴먼서비스 활동, 여성, 외국인 노동자, 북한 이탈주민 등 사회적 약자의 인권옹호 활동, 나아가 환경보전, 소비자 권익, 문화와 예술 봉사활동, 정부와 기업의 횡포를 감시하는 활동, 지구촌 난민구호 등 무수하고 다양한 자원봉사 활동은 자발적인 시민들의 참여로 국가와 시장으로부터 자율적인 시민사회를 건설하는 활동이며, 민주주의의 공고화에 기여하는 민주시민 교육의 활동이다. 따라서 자원봉사 없는 시민사회는 존재하기 어려우며, 시민사회가 없는 자원봉사 활동은 무의미하다.

6 자원봉사활동 만족도 요인

봉사활동에 참여하는 봉사자들이 그 활동에 지속적으로 참여하고 만족을 느끼는 이유를 살펴보는 것은 자원봉사자에 대한 이해를 높이고, 봉사활동의 개념을 이해하는 데 도움을 준다.

1) 자원봉사자의 개인적 특성과 봉사활동 만족도

자원봉사자는 다양한 인구사회학적 배경을 가지고 있으며, 그에 따라 봉사활동의 양상이나 봉사활동 후에 느끼는 감정도 다양하다. 이는 자원봉사자 개인별 차이가 봉사활동 결과에 차이를 가져다 줄 수 있음을 보여 준다. 개인적 특성은 비교적 장기간에 걸쳐서 변하는 것도 있고 잘 변하지 않는 것도 있는데, 이러한 특성을 다양한 방법을 통해 변화시키는 것은 상당한 지식과 노력, 경비가 뒤따르는 어려운 일이다. 따라서 개인적 특성들은 자원봉사자로서 참여하게 될 때 선발, 배치과정에서 고려해야 할 요인이라 할 수 있다.

자원봉사자의 인구사회학적 배경이 봉사활동 만족도, 봉사활동 적극성, 봉사활동 지속기간에 영향을 주고 있다. 즉, 성별, 연령, 결혼 여부, 교육수준, 인종, 경제적 수준, 고용상태, 종교, 과거의 자원봉사 경험, 타 기관에서의 활동 여부, 가족의 자원봉사활동 여부, 자원봉사 수혜 여부 등이 이에 속한다.

2) 자원봉사활동 내용과 봉사활동 만족도

자원봉사활동 만족도에 영향을 미치는 요인으로는 활동에 관련된 대인관계 외에도 활동내용에 관련된 요인들이 지적되어 왔다(Gidron, 1984). 활동내용과 관련된 요인은 업무인식도, 기대합치도, 업무의 적절성으로 구성된다.

(1) 업무인식도

신들러 레인맨과 리핏(Shindller-Rainman & Lippitt, 1975)에 의하면 자원봉사자의 봉사업무인식도는 자신의 업무를 통하여 무엇인가에 공헌한다는 봉사업무의 공헌성 인식과 봉사업무를 통하여 무엇인가 새로운 것을 경험하거나 자신의 능력을 향상시키고 있다는 자아성취감 인식 정도, 소속기관의 봉사업무에 대한 평가나 배려에 따른 신임성 인식 등으로 결정된다. 봉사업무인식도에서 유의할 것은 자원봉사자는 자신이 수행하는 봉사업무를 통하여 자신의 봉사욕구를 충족하려 한다는 점이다. 그리고 자원봉사자는 수행하고 있는 봉사업무에 대한 인식도에 따라 자신의 태도를 결정하게 된다. 즉, 현재의 봉사업무가 공헌성이나 자아성취성 및 신임성 등의 욕구에 충족되지 않는다고 생각하면 만족도는 떨어지게 되고, 자원봉사자는 현재의 업무를 중단하고 곧 다른 일을 찾게 된다.

한 연구에서는 업무인식도를 자원봉사활동의 자율성, 중요성, 완결성, 다양성, 협력성으로 구성하였고 업무인식도가 자원봉사활동의 만족도에 영향을 미치는 요인 중 가장 큰 것으로 설명하였다. 대학생 자원봉사자들을 대상으로 한 연구에서는 업무인식도를 자원봉사활동의 자율성, 중요성, 완결성, 다양성, 결과 피드백으로 구성하였는데, 이 또한 마찬가지로 업무인식도가 만족도에 대해 가장 큰 영향력을 갖고 있음을 강조하였다.

(2) 기대합치도

기대합치도는 자원봉사자가 활동을 시작하기 전에 활동에 대해 가지고 있던 기대와 실제 수행하는 활동내용 간의 일치 정도를 말한다. 참여 형태에 따라서 이러한 기대합치도에 차이가 있을 수 있으며, 이것이 자원봉사자의 만족도에 영향을 줄 수 있다. 또한 개별 참여자가 스스로 활동현장을 찾을 경우에는 자원봉사활동에 대한 막연한 기대가 있을 수 있는 반면 자원봉사센터를 통해 연결된 경우에는 관리조정자의 활동에 대한 설명을 통해 보다 현실적인 기대를 가지고 있다. 노인 자원봉사자들을 대상으로 한 연구에 의하면 기대합치도와 자원봉사활동 만족도의 상관관계가 높은 것으로 나타났다.

(3) 업무의 적절성

업무의 적절성은 활동기관에서 배치한 업무에 대해 자원봉사자 자신이 적절하다고 인식하는 정도를 말한다. 모집된 자원봉사자의 특성과 욕구, 적성을 고려하여 업무에 배치했다고 하더라도 실제로 해당 업무가 자원봉사자에게 적절하지 않은 경우가 많다. 이러한 업무의 적절성 또한 자원봉사자의 만족도에 영향을 줄 수 있다. 한 연구에서는 질적 분석을 통해서 자원봉사자가 직업이나 적성에 맞는 업무를 하게 되었을 때 봉사활동의 만족도와 지속성을 높일 수 있음을 밝히고 있다. 또 다른 연구에서는 업무배치가 적절할 경우 만족도가 높아진다고 보고했다. 그리고 중도탈락자집단이 지속자집단에 비해 업무배치에 대해 훨씬 더 부적절하게 생각하고 있는 것으로 설명하였다.

한편 업무의 적절성은 자원봉사자가 자신의 업무가 적성에 맞는 것인가의 여부뿐만 아니라 업무량, 업무시간, 활동장소와의 거리, 업무준비 부담에 의해서도 결정된다.

3) 자원봉사자 관리방법과 봉사활동 만족도

자원봉사자를 활용하는 기관은 봉사자들이 만족도를 높일 수 있도록 최선을 다해야 한다. 이를 위해 기관에서는 다양한 관리방법을 활용한다. 자원봉사자를 모집하고 교육시키며, 인정하고, 보상하며, 평가하는 과정을 통해 자원봉사자의 봉사활동 만족도에 영향을 미친다.

(1) 모집 및 홍보

우선 자원봉사자 모집이란 잠재적 자원봉사자를 실제로 서비스활동에 참여하게 하는 것이다. 이때 자원봉사활동의 토대가 마련되므로 모집과정은 대단히 중요한 과정이다. 자원봉사자를 모집하는 방법은 홍보방법에 의해서 구분된다. 모집의 방법을 스스로 강한 동기를 갖고 자원봉사에 참여하는 자기 모집(self-recruitment), 기존의 자원봉사자나 기관의 직원들을 통한 비공식적 모집(informal recruitment), 지역사회 내에서의 공공광고를 통한 일반적 모집(general recruitment)으로 구분한다.

모집은 전반적으로 필요할 때에 현재 활동하고 있는 자원봉사자들에게 부탁하여 이들을 통해 자원봉사자들을 모집하는 경우가 많고, 그 외에는 홍보지나 지역신문, 포스터 부착 등을 통해 모집하고 있다. 최근에는 인터넷을 통한 모집이 활성화되고 있다. 그러나 이러한 방법들은 소극적이며, 그 효과도 떨어진다. 이에 비해 특정 기능을 담당할 자원봉사자가 필요한 경우, 그 기능을 보유한 집단을 대상으로 모집하는 표적모집이 그 양과 질적 측면에서 효과적이며 효율성이 높은 것을 알 수 있다.

(2) 교육·훈련

모집과정을 통해 기관과 관계를 맺기 시작한 자원봉사자들에 대해 기관은 조직, 서비스 수혜자, 자원봉사자 모두를 위하여 이들의 능력을 최대한 개발할 수 있는 교육·훈련을 제공할 필요가 있다. 최선의 교육·훈련은 자원봉사자들에게 주어진 업무를 성공적으로 성취하기 위해 필요한 기술과 태도를 제공하는 것이고, 또한 그들이 학습하고 동기부여를 받고 인격적 성장이 가능할 수 있도록 많은 기회를 제공하는 것이다. 자원봉사자에 대한 교육이 누구에 의해서 이루어지는가가 대단히 중요하다. 자원봉사자에 대한 교육은 기관 내부에서 자원봉사활동 담당자나 중간관리자, 기관장 등이 수행할 수 있고, 기관 외부의 강사가 수행할 수도 있는데, 누가 교육을 했건 봉사현장에 대해 잘 이해하는 사람이 교육을 했을 때 만족도가 높은 것으로 나타났다.

그러나 실제로 현장에서는 자원봉사자들이 자원봉사교육에 대한 인식이 부족하고, 기관에서도 자원봉사활동에 대한 간단한 오리엔테이션만 시행하거나 활동 중 재교육도 제대로 실시하지 않고 있어 봉사활동의 만족도와 지속성이 떨어지고 있다. 또한 교육을 실시하는 기관도 실무교육보다는 기초이론교육에 머물고 있는 경우가 대부분이며 교육프로그램을 다양하게 진행하지 못하여 자원봉사자들의 만족성이 낮아지는 요인이 되고 있다. 자원봉사를 활용하는 사회복지조직의 열악한 자원봉사교육 현실을 볼 때 새로운 교육프로그램의 마련이 시급하다고 볼 수 있다.

(3) 슈퍼비전

유급직원과 자원봉사에 있어서 슈퍼비전은 동등한 입장에서 지지해 주고 도움을 제공하는 것이어야 하며, 상하관계에 의한 감독이나 감시가 되어서는 안 된다. 자원봉사자들은 전문적으로 다루어지기를 원하며, 좀 더 전문적인 업무를 하려는 경향이 있다. 그들은 자신들을 전문팀의 일원으로 지각하고 있으며, 단순히 임금을 받지 않는 노동력으로 취급받는 것을 싫어한다.

자원봉사자의 관리에 있어서 가장 중요한 점은 자원봉사자들은 그들이 활동하는 동안 책임을 공유하고 활동을 지지해 줄 수 있는 사람과 접근할 수 있는 통로를 필요로 한다는 점이다. 많은 조직들이 자원봉사자들을 교육시켜 배치한 후에 그대로 방치하거나 획일적으로 관리하는 경우가 있는데 이는 심각한 문제를 야기할 수 있으며, 자원봉사자의 봉사활동 만족에도 영향을 미친다. 어떤 자원봉사관리자는 자원봉사자들을 개별적으로 관리하지 못하고 동일한 슈퍼비전을 제공하기도 한다. 하지만 자원봉사자들은 동일한 업무를 수행하더라도 서로 다른 특성을 가지고 있기 때문에 자원봉사자들을 슈퍼비전할 때에는 자원봉사자의 개별적인 특성을 충분히 고려해야 봉사활동 중에 생기는 문제를 해결하고 봉사활동을 중단할 가능성이 줄어들게 된다.

슈퍼바이저가 있는 경우 다양한 관리방법을 사용하고 있고, 정부 및 기관 포상, 각종 행사 제공, 최소경비 제공 등 다양한 보상방법을 시행하고 있다. 그러나 전반적으로 기관 관리자들이 자원봉사에 대한 중요성, 필요성에 대한 인식이 부족하고, 재정과 인력 부족으로 따로 자원봉사 담당자도 두지 않고 일반 복지프로그램을 담당하는 사회복지사가 자원봉사도 관리하고 있어 자원봉사프로그램에 투여할 수 있는 여력이 없다는 점이 문제점으로 지적되고 있다.

(4) 인정과 보상

자원봉사자의 만족도를 높이고 봉사활동을 중단하지 않고 꾸준히 지속하도록 하는 요인들 중의 하나로, 자원봉사자에 대한 인정(recognition)과 보상(reward)은 상당히 중요한 의미를 가지고 있다. 자원봉사자에 대한 보상방법은 다양하다. 인정과 보상은 공식적인 것과 비공식적인 것으로 구분할 수 있다. 공식적인 것으로는 활동실비 제공, 배지나 핀, 일정기간 활동 후에 주는 증서 또는 감사장, 연례 만찬 또는 파티나 식사 초대, 기관 야유회 초대, 신입 자원봉사자 훈련 참여, 시상, 표창, 기관의 소식지 게재, 지역사회 신문 게재, 장기근속 표창, 기관을 대표한 지역사회 연설 등과 같은 보다 중요한 책임 부여, 직원회의 참여 허용 등을 들고 있다. 비공식적인 것으로는 지지와 감사의 표현, 개인적인 긍정적 인정 등을 제시하고 있다. 인정과 보상의 전달에는 각 개인의 자원봉사 동기 및 욕구가 가장 우선적으로 고려되어야 하므로 자원봉사자들을 개별화하여 의미 있는 보상을 실시해야 한다.

자원봉사자에 대한 보상을 더욱 세분화하여 시설과의 일체감, 사회적 보상, 도덕적 보상, 물질적 보상 등으로 구분하기도 한다. 첫째, 시설과의 일체감을 조성하는 방법은 봉사자에게 시설자료와 증빙카드를 제공하거나 시설행사에 초대함으로써 이루어진다. 둘째, 사회적 보상의 방법은 자원봉사자실 제공, 자원봉사자조직 운영, 자원봉사자 토론 주선, 자원봉사자 친목행사 주선 등과 같이 봉사자들 간의 만남을 통해서 이루어진다. 셋째, 도덕적 보상의 방법은 자원봉사자를 외부 기관이나 정부에서 포상하도록 추천하거나 기관 자체적으로 포상하는 등의 방법을 말한다. 마지막으로 물질적 보상은 자원봉사자들에게 교통비, 식비 등의 최소한의 활동경비를 제공하는 것이다.

시설과의 일체감 조성과 사회적 보상은 자원봉사자 활용 효과와 활용도, 두 가지 모두에 영향을 미치고 있음이 확인되었고, 특히 사회적 보상은 자원봉사자 활용의 지속성에도 유의미한 영향이 있는 것으로 나타났다. 반면에 물질적 보상은 어느 경우에도 자원봉사자 활용상태에 영향을 주지 않는 것으로 나타났다. 다만 도덕적 보상은 활용도와 지속성에 유의미한 영향을 갖고 있는 것으로 확인되었다. 이는 대체적으로 자원봉사자들에 대한 보상은 물질적인 것보다는 정서적인 것이 중요함을 보여 주고 있다.

자원봉사자에 대한 보상은 몇 가지의 형식적인 보상보다 보상방법을 어떻게 질적으로 한 차원 높여 제공하느냐가 중요하다. 자원봉사자에 대한 지속적인 관심과 진정으로 환대하는 자세가 바탕이 된 보상이 봉사자들의 만족도를 높여 줄 수 있다.

(5) 평가

봉사활동에 대한 평가 또한 봉사활동의 만족도에 영향을 미칠 수 있는 변수이다. 평가의 시기를 보통 프로그램의 종결시기라고 말하기 쉬우나 평가는 프로그램 수행 중간에 정기적·비정기적으로 수행될 수 있다. 프로그램이 진행되는 동안 유급직원과 자원봉사자들에 대한 피드백, 관찰, 회의, 자원봉사자 활동일지, 통계적 기록 등을 통해 사실상 비정기적 평가를 지속적으로 실시하게 된다.

자원봉사가 활성화되는 단계에 있는 우리의 현실에서는 공식적 평가보다는 프로그램 진행 중간에 이루어지는 비공식적 평가가 봉사활동 만족도를 높이는 데 중요하다. 활동에 대한 평가는 대부분 필요할 때 가끔 하는 것으로 나타나고, 별도의 평가기준이 없어 제대로 된 평가가 이루어지지 않고 있으므로 방법에 있어서도 적합한 평가방법의 개발이 필요하다. 현재는 프로그램 담당자가 자원봉사관리까지 하고 있어 이 두 가지 과업을 함께 하고 있는 사회복지사들은 과중한 업무로 인해 자원봉사자 활동의 모니터링에 많은 에너지를 투입하지 못하고 있다.

4) 자원봉사자의 활동 관련 대인관계와 봉사활동 만족도

자원봉사자는 봉사활동을 하면서 많은 인간관계를 맺게 된다. 많은 자원봉사자들이 직접 수혜자를 대하면서 활동을 하고 있으며, 수혜자를 직접 대하지 않는 봉사자라고 할지라도 싫든 좋든 기관의 자원봉사자와 관계를 맺을 수밖에 없다. 봉사활동을 시작하기 전에는 대인관계를 전혀 고려하지 못했던 자원봉사자들도 봉사활동을 하는 과정에서 많은 사람들과 만나게 되고, 이러한 만남은 자원봉사활동에 끊임없이 영향을 미치게 된다. 동료 자원봉사자들과 긍정적인 관계를 만들어 냄으로써 봉사활동이 즐거워질 수 있고, 반면 부정적인 관계는 봉사활동의 장애요인이 될 수도 있다. 그리고 수혜자와의 갈등관계가 봉사활동을 지속하는 데 어려움을 가져다 줄 수도 있다. 자원봉사활동 만족도에 영향을 미치는 요인에 대한 연구결과에서 공통적으로 발견되는 것은 대인관계가 봉사활동 만족도에 중요한 영향을 미친다는 점이다.

(1) 관리자와의 관계

자원봉사자의 담당직원 또는 관리자와의 관계는 자원봉사자의 만족에도 크게 영향을 미친다. 업무보조 등 간접 봉사활동의 경우 자원봉사자의 업무가 대부분 활동기관의 직원들이 수행하는 업무의 보조적 역할이며, 그러한 역할도 관리자의 배치와 결정에 따라야 한다. 자원봉사자는 대부분 비전문가이기 때문에 업무수행 과정에서 끊임없이 관리자의 원조와 지지를 받아야 한다는 사실을 감안하면 관리자의 태도가 자원봉사자의 태도에 영향을 미치는 정도는 결정적인 것이다. 즉, 어떤 자원봉사자는 자신들의 창의력을 전문가가 가로막는다고 생각한다.

또 다른 자원봉사자들은 그들의 일에 필요한 오리엔테이션이나 훈련, 어려운 상황에 대처하는 상담이나 의논이 부족하다고 말한다. 가장 심각하고 빈번하게 일어나는 문제 중 하나는 직원이 자원봉사자들에게 그들의 다른 많은 취미를 무시하고 특수한 한 가지 봉사활동에 전념하기를 기대한다는 것이다. 그러나 직원이 일 자체의 중요성에 대하여 하나의 '정의로운 압력'을 가하면, 결국 이것이 자원봉사자에게 불충성심, 죄책감을 느끼게 하여 봉사활동을 포기하도록 할 수도 있다.

반대로 자원봉사자들은 그들의 아이디어와 제언이 기관에 채택되고, 기관의 계획 수립에 참여하도록 초대되고, 더 많은 책임을 지도록 신임을 받을 때 자원봉사활동을 지속하려고 할 것이며 헌신적으로 노력하게 된다. 따라서 담당직원과의 관계는 여러 활동 관련 대인관계 요인 중 자원봉사자의 만족도에 가장 결정적으로 작용할 수 있는 변수인 것이다. 담당직원의 태도는 봉사업무 인식도와 동료관계 및 활동대상자와의 관계 등 다른 요인들을 조직적으로 통제할 수 있는 가능성을 가지고 있으므로 효율적인 자원봉사자의 관리 측면에서 매우 중요하다.

(2) 동료 자원봉사자와의 관계

자원봉사자들은 그들의 집단이나 동료들과의 지지와 상호관계 유지를 소중하게 생각한다. 이들 사이에는 함께 봉사한다는 동료의식이 작용하여 사회복지사가 우호적으로 동료관계를 원조하고 지지함으로써 효과적인 봉사활동을 유도할 수 있다. 한편 자원봉사자 동료 간의 관계는 다른 요인과 마찬가지로 자원봉사활동의 만족에 영향을 미치게 된다. 관리자가 우호적 동료관계를 원조하고 지지하는 경우 소속감에 따라 효과적인 봉사활동을 유도할 수 있는 긍정적 측면이 많으나 봉사자 그룹의 이해와 기관의 입장이 상치될 때는 어려움을 겪을 수 있다. 따라서 동료 간의 관계는 자원봉사자의 만족도에 대개 긍정적 영향을 미치는 요인이지만 관리자의 태도에 따라 참여 강도나 지속성 유지에 부정적 요인으로 작용할 수 있으므로 관리자는 조직 관리 측면에서 접근하여야 한다.

(3) 수혜자와의 관계

활동대상자와의 관계는 특히 대인 접촉을 통한 직접적 봉사활동을 하는 자원봉사자들에게 중요한 영향을 미칠 수 있다. 자원봉사자는 수혜자로부터 정서적 지지나 감사하다는 반응을 받지 못할 때 자신의 적임성을 의심하는 결과를 가져오게 되며, 과도한 요구나 노력한 만큼의 변화가 나타나지 않을 때 활동에 불만족하게 된다. 재가복지 자원봉사자들을 대상으로 한 연구에서는 대인관계 요인 중 이러한 활동대상자와의 관계가 자원봉사자의 만족도에 가장 큰 영향을 미치는 것으로 나타났으며, 활동대상자와의 관계가 자원봉사자 만족도에 영향을 미치고 있는 것으로 나타났다.

5) 자원봉사자의 활동 관련 사회적 지지와 봉사활동 만족도

(1) 사회적 지지와의 관계

사회적 지지는 타인, 집단, 지역사회 등에 의한 사회적 결속을 통해 얻을 수 있는 지지로 개인의 바람직한 사회적 기능 수행을 돕는 자원이다. 사회적 지지의 개념은 다양한 차원에 의해 분석될 수 있는데 사회적 관계망(social network)에 대한 분석, 즉 사회적 지지의 구조적 분석을 통해 정의하는 방법과 지지의 기능에 대한 분석을 통해 정의하는 방법이 흔히 활용되고 있다. 가족은 사회적 관계망의 한 유형으로 간주될 수 있는데 사회적 관계망은 가족, 친척, 친구, 이웃, 동료와 같은 비공식적 집단과 공식적인 관계를 형성하는 집단을 모두 포함한다. 가족은 개인 삶의 전반에서 가장 중요한 위치를 차지하고 가장 큰 영향력을 미치는 관계망이라고 할 수 있다. 사회적 지지체계의 기능적인 측면은 그것이 어떤 종류의 사회적 지지를 얼마나 제공하느냐와 관련성이 깊다.

학자들마다 사회적 지지의 내용을 구체화하기 위해 노력해 왔는데 많은 학자들이 정서적 지지, 도구적 지지, 금전적 지지를 공통적으로 포함시키고 있으며, 학자들에 따라 정보적 지지, 평가적 지지, 사회활동적 지지 등의 중요성을 강조하고 있다.

자원봉사활동과 관련된 사회적 지지체계는 참여 형태에 따라 상이하며, 이러한 지지체계의 차이가 만족도에 영향을 줄 수 있다. 자원봉사활동에 대해 지지를 해줄 수 있는 체계 요인에는 소집단과 친구, 가족 등이 있다. 소집단은 대학봉사동아리 및 지역사회 시민단체와 종교단체 등이 있으며, 소집단을 이루어 자원봉사활동에 참여하는 경우에는 개별 참여자보다 더 지속적으로 봉사활동에 참여하게 된다. 이것은 개별 참여자의 경우보다 집단의 그룹원으로부터 받는 지지 정도가 봉사활동의 지속적인 참여에 영향을 주기 때문이다. 소그룹과 함께 봉사활동에 영향을 미치는 중요한 사회적 지지 변수로 지적되는 것이 바로 가족이다.

(2) 가족 지지와의 관계

가족의 지지란 가족이 제공하는 사회적 지지이다. 이는 다른 사람이 제공하는 자원으로 구조적 측면과 기능적 측면을 갖는 다차원적 개념이다. 사회적 지지의 구조적 측면은 사회적 관계의 크기나 다른 사람과 만나거나 모임에 참석하는 빈도 등을 측정함으로써 평가할 수 있는 관계의 틀을 의미한다. 사회적 지지의 기능적 측면은 기능적 지지로 불리기도 하는데 실제로 지지가 필요할 때 접근 가능한 지지의 정도를 측정함으로써 평가할 수 있는 관계의 질적 특성을 의미한다. 구체적으로 이러한 기능적 지지는 물질 원조, 집안일 돕기 등과 같은 도구적 지지와 중요한 일이 있을 때 의논상대나 말상대가 되어 주거나 혹은 인정을 해주는 정서적 지지의 두 차원으로 구분된다.

사회적 지지의 구조적 특성을 통해 지지의 양적 특성을 파악할 수 있다면, 기능적 측면을 통해서는 어떤 종류의 자원이 어느 정도 제공되는가를 파악할 수 있다. 사회적 지지의 기능적 특성을 평가함으로써 구조적 특성평가를 통해서는 파악할 수 없는 보다 역동적인 측면을 밝힐 수 있다. 따라서 사회적 지지의 구조적 측면뿐 아니라 사회적 지지의 기능적 측면도 함께 고려해야 한다. 자발성과 상호의존성을 특징으로 하는 친구나 이웃으로부터의 사회적 지지가 정서적 호의를 담고 있어 정서적 지지라는 측면에서 그 중요성이 부각되지만, 전반적으로는 가족의 지지가 친구로부터의 사회적 지지보다 훨씬 더 중요한 위치를 차지하는 것으로 알려져 있다.

CHAPTER

03

우리나라 자원봉사활동 현황

1. 자원봉사활동 현황
2. 자원봉사시간과 가치
3. 자원봉사활동 동인
4. 자원봉사 환경의 변화

VOLUNTEERISM

Chapter 03

우리나라 자원봉사활동 현황

1 자원봉사활동 현황[1)]

1) 자원봉사활동 참여율

2022년 통계청 사회조사자료에 의하면, 자원봉사 참여율은 2015년 18.5%에서 점차 감소하여 2017년에는 17.9%, 2019년에는 16.2%, 2021년에는 8.4%로 낮아졌다. 자원봉사활동에 참여하는 국민이 늘어나다가 2008년 이래로 참여율이 21~22% 수준에 정체되었는데, 그 이유는 자원봉사활동기본법에 의한 자원봉사활동의 내용이 규격화되고 시간인증이 되는 활동만 봉사활동이라고 생각하는 국민들이 늘어난 것에 기인한다고도 볼 수 있으며, 사회복지서비스 분야의 일자리가 확대되면서 그동안 자원봉사자로 활동하던 사람들의 유입이 증가되었기 때문으로 보인다(구혜영, 2008).

2021년 자원봉사 참여율의 급격한 감소는 코로나19의 영향으로 인한 대면활동 제약에서 기인한 것으로 추측할 수 있다.

1) 통계청 사회조사(2022).

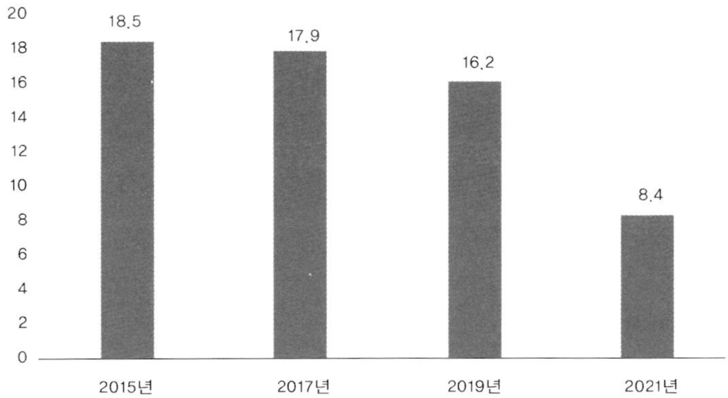

그림 3-1 **자원봉사활동 참여율**

출처: 통계청 사회조사(2022).

평균 자원봉사 참여시간은 2015년 24.61시간에서 2017년에는 25.68시간으로 증가하였으나 이후 점차 감소하여 2019년에는 24.2시간, 2021년에도 20.9시간으로 낮아졌음을 확인할 수 있다.

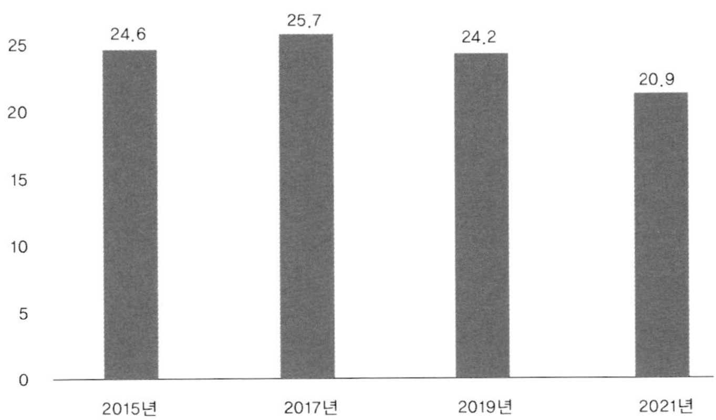

그림 3-2 **자원봉사 참여시간**

출처: 통계청 사회조사(2022).

2) 자원봉사자 성별분포

봉사활동에 참여하는 남녀 자원봉사 참여율이 다소 뚜렷한 차이를 보여주고 있다. 이것은 경기침체 등으로 기업체나 동호회를 중심의 봉사활동에 참여하는 남성들의 기회가 축소되었기 때문으로 보인다. 여성이 남성에 비해 0.7%p 높았고, 평균 참여시간 또한 여성이 남성에 비해 2.1시간 더 높은 것으로 확인되고 있다.

표 3-1 성별에 따른 자원봉사 참여율 및 평균활동시간

구분		%, 시간
남성	자원봉사 참여율	8.0
	자원봉사활동 참여 인구 1인당 평균 참여 시간	19.8
여성	자원봉사 참여율	8.7
	자원봉사활동 참여 인구 1인당 평균 참여 시간	21.9

출처: 통계청 사회조사(2022).

3) 자원봉사자 연령분포

연령별 자원봉사 참여율 및 평균 자원봉사 참여시간을 살펴보면, 13~19세의 참여율이 23.5%로 가장 높고, 다음으로 55~59세(10.2%), 45~49세(10%) 순으로 높게 나타났다. 평균 자원봉사 참여시간이 가장 높게 분석된 연령은 60~64세(30.1시간)이며, 이어서 55~59세(29.2시간), 65세 이상(23.6시간), 20~24세(22.6시간) 순으로 확인되었다.

성-연령을 조합한 교차분석의 결과, 여성 40대와 여성 50대가 가장 활동적인 특징은 2014년과 동일하지만, 남성 30대와 50대 참여가 가장 낮은 것은 새로운 변화이다.

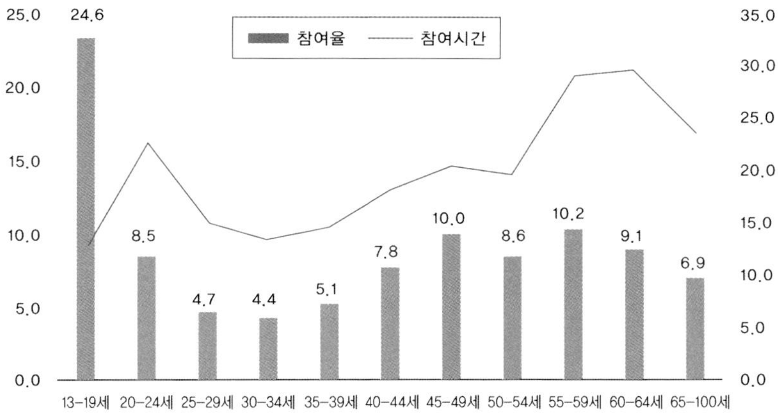

그림 3-3 연령대별 자원봉사참가율 및 참여시간

출처: 통계청 사회조사(2022).

4) 소득수준

소득에서도 고소득층 참여가 높고 저소득층 참여는 낮은 추이가 지속되고 있다. 월소득 400만 원 이상의 고소득층의 참여가 다소 줄었다. 소득 상위 집단(12.1%), 중위 집단(9.2%), 하위 집단(6.2%)의 순서로 참여율이 높은 것으로 나타났다. 평균 자원봉사시간은 참여율 추이와 반대로 소득 하위 집단(22.9시간), 소득 중위 집단(21.9시간), 소득 상위 집단(16.4시간) 순으로 분석되었다.

5) 봉사활동 장소 및 내용

2022년도 통계청 「사회조사」에서 나타난 자원봉사 활동영역은 ① 아동, 청소년, 노인, 장애인, 재소자 등과 관련(복지 시설, 병원, 개인 가정 봉사, 방과 후 교실 등), ② 환경 보건, 범죄 예방 등과 관련(마을 청소, 방범 활동 등), ③ 자녀 교육 등과 관련(일일 교사, 교통 지도 등), ④ 국가 및 지역 행사 등과 관련(스포츠, 문화 행사 등에서의 안내, 통역 등), ⑤ 재해 지역 주민 돕기 및 시설 복구 등과 관련(해외 구호 포함), ⑥ 기타 일반인을 위한 봉사 관련(관공서 업무 지원, 무료 상담 등) 등 여섯 가지로 구분되었는데, 복지시설에서의 봉사활동이 가장 높았고, 환경보호 및 안전활동에의 참여가 그 다음을 이었다.

표 3-2 **봉사활동 영역별 봉사활동 참여율 및 참여시간**

분야	복지시설		환경보전, 범죄 예방		자녀교육지원		국가 및 지역행사		재해지역 주민돕기 시설복구	
구분	연간 평균 참여 횟수	1회 평균 참여 시간	연간 평균 참여 횟수	1회 평균 참여 시간	연간 평균 참여 횟수	1회 평균 참여 시간	연간 평균 참여 횟수	1회 평균 참여 시간	연간 평균 참여 횟수	1회 평균 참여 시간
전체	7.3	3.2	5.5	2.7	4.2	1.8	4.2	4.2	3.9	4.5

출처: 통계청 사회조사(2022).

6) 자원봉사활동 참여 이유

자원봉사 활동에 참여한 이유에 대한 분석결과, '남을 돕는 것이 행복해서' 자원봉사 활동에 참여한다는 응답이 26.1%로 가장 높았고 다음으로 '학교나 직장 등에서의 단체활동에 동참하려고' 자원봉사 활동에 참여한다는 응답은 24.0%로 분석되었다. 반면, 기타 응답을 제외하고 '도움을 받은 적이 있고 이를 갚고 싶어서' 자원봉사 활동에 참여한다는 응답이 3.2%로 가장 낮았고 다음

표 3-3 **자원봉사 활동에 참여한 이유**

(단위: %)

구분	남을 돕는 것이 행복해서	어려운 사람을 돕거나 사회문제 해결	시민의 책임	도움 받은 것을 갚기 위함	종교적 신념 실천	여가 시간 의미 있게 활용	학교, 직장 기부 활동 동참	진학, 취업 등 자기 개발 도움	기타
계	26.1	14.1	7.0	3.2	8.6	7.4	24.0	9.3	0.4

출처: 통계청 사회조사(2022).

으로 '여가시간을 의미 있게 활용'하려고 자원봉사 활동에 참여한다는 응답이 8.6%로 낮게 분석되었다.

7) 봉사활동에 참여하지 않는 이유

자원봉사 활동에 참여하지 않은 이유에 대한 분석결과, '시간적 여유가 없어서' 참여하지 않는다는 응답이 46.3%로 가장 높았고 다음으로 '관심이 없다'는 응답이 31.8%로 분석되었다. 기타 응답을 제외하고 '희망하는 자원봉사 활동이 없어서'(3.5%)와 '신체적·정신적 질환이나 장애가 있어서'(4.6%) 자원봉사 활동에 참여하지 못한다는 응답은 낮게 분석되었다.

표 3-4 자원봉사활동에 참여하지 않은 이유

(단위: %)

구분	관심이 없어서	시간적 여유가 없어서	경비 부담으로 인해	참여 방법을 몰라서	신체적·정신적 질환, 장애가 있어서	희망하는 자원봉사 활동이 없어서	기타
합계	31.8	46.3	5.9	5.2	4.6	3.5	2.7

출처: 통계청 사회조사(2022).

2 자원봉사시간과 가치

2017년 자원봉사의 경제적 가치는 2014년보다는 늘었지만 2011년에 비하면 높지 않다. 금전적 가치로 8조 3,802억 원으로, 물가상승을 감안하면 2011년의 절반 수준이다.

이 수치는 살라몬(Salamon, 1999) 교수의 연구결과인 전세계 22개국 국가의 평균 GDP에 미친 효과 1.1.%에 근접한 수치이다.[2] 따라서 민간은 물론 정부에서도 자원봉사 활성화를 위해 자원봉사자로 인한 사회적·개인적 혜택과 자원봉사활동의 경제적 가치의 중요성에 관심을 가지고, 자원봉사를 권장할 수 있는 제도 마련을 위한 노력을 기울일 필요가 있다.

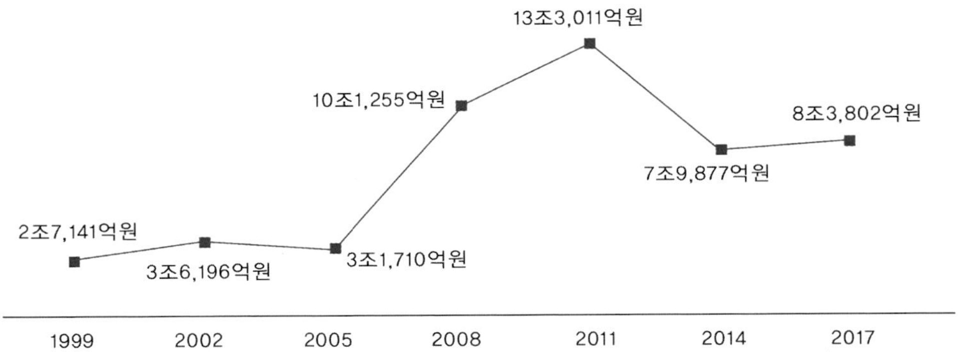

그림 3-4 자원봉사의 경제적 가치 추이(1999~2017)

출처: 한국자원봉사문화(2017).

3 자원봉사활동 동인[3)]

1) 봉사활동 참여동기

자원봉사에 참여한 동기는 비율은 '다양한 경험을 해보기 위해서'(79.5%), '사회 문제를 해결하고 사회에 필요한 사람이 되기 위해서'(78.3%), '시민으로서의 도덕적 의무와 책임이라고 생각해서'(77.8%), '여가시간을 활용하기 위해서'(74.5%) 등 순으로 높게 나타났다. '사회 문제를 해결하고 사회에 필요한 사람이 되기 위해서'의 동기는 2017년에 가장 높은 항목이었으며, '다양한 경험

2) 미국 2%, 오스트레일리아 1.4%, 일본 0.5%.

3) 한국자원봉사문화(2020).

을 해보기 위해서'는 네 번째로 높은 항목이었지만 2020년에는 가장 높은 항목으로 조사되었다.

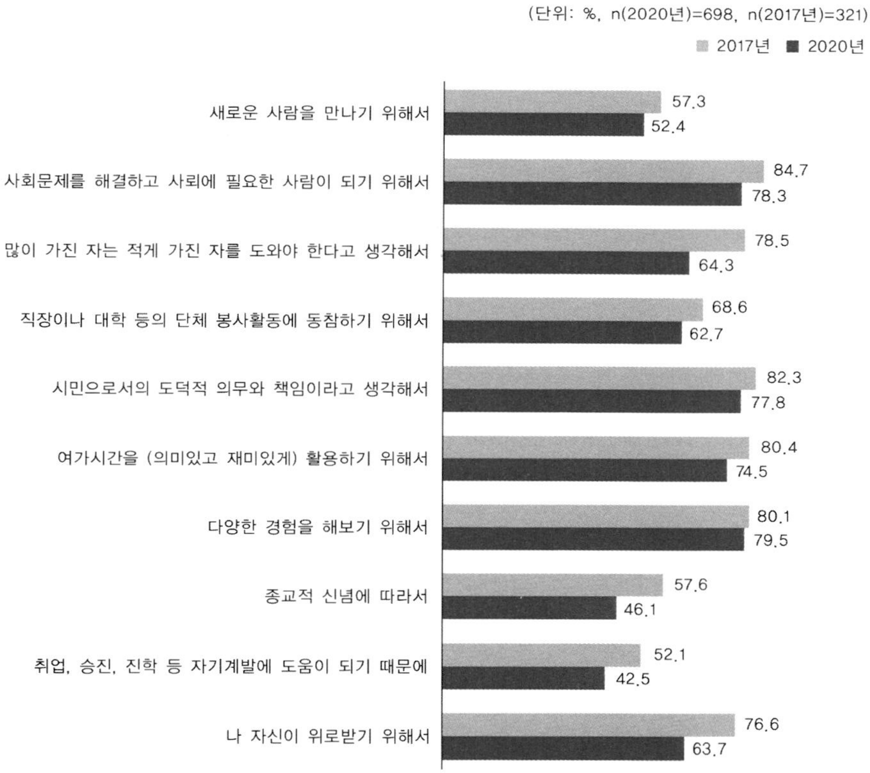

그림 3-5 **자원봉사 참여동기**

2) 자원봉사 참여 경로

지난 1년간 자원봉사활동을 처음 접하게 된 경로는 '자원봉사에 참여하도록 누군가로부터 요청이나 권유를 받았다'(45.4%), '소속된 단체나 조직, 학교 및 직장을 통해 알게 되었다'(33.4%), '자원봉사활동에 참여한 가족이나 친구들의 활동을 보고 하게 되었다'(27.9%) 등 순으로 많았으며, 이는 2017년과 동일한 경향으로 나타났다(복수응답). 반면, '자원봉사센터나 그 홍보물', '자원봉사 포털', '인터넷이나 소셜 네트워크' 및 '라디오/TV 등의 광고'를 통해 자원봉사를 접한 경우는 그 비중이 낮으나 2017년에는 합산 응답 8.9%에서 2020년에는 51%로 약 5.7배 정도 늘었다. 이는 소속된 집단이나 개인적 관계를 통해 자원봉사에 참여하는 경향이 여전히 높으면서도 공적인 홍보나 온라인, 미디어 홍보/광고를 통한 자원봉사 유입이 늘어나고 있음을 보여준다. 이들 채널에서의 홍보를 강화할 필요가 있어 보인다. 그 중에서도 '자원봉사포털을 통해 알게 되었다'의 응답 비율은 20대(25.7%), 직업이 '학생'(33.8%), '미혼'(20.2%), '단독세대'(14.8%)인 경우가 비교적 높으며, '인터넷, 소셜 네트워크를 통해 알게

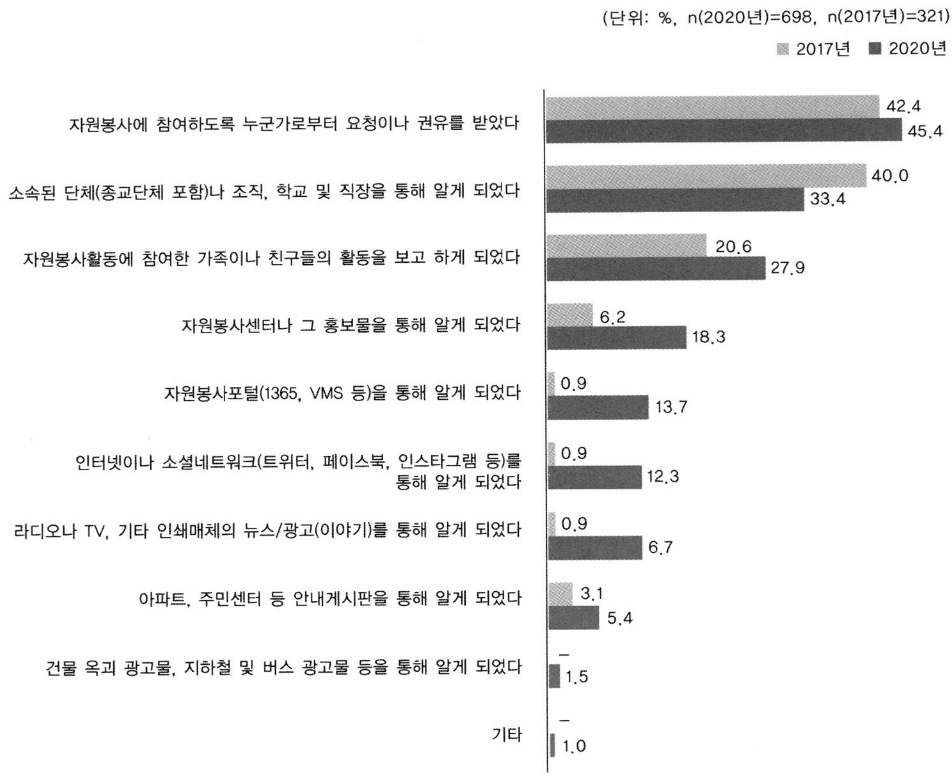

그림 3-6 **자원봉사활동 참여경로**

출처: 한국자원봉사문화(2020).

되었다'도 유사한 경향을 보이므로 향후 온라인에 익숙한 젊은 세대에 대한 홍보채널 접근법을 강화할 필요가 있어 보인다.

3) 봉사활동 지속 요인

봉사자들이 봉사활동을 지속하게 되는 이유(중복 응답)는 '새로운 시각을 갖게 됨'이 88.9%로 가장 중요하게 나타났고, '자신의 필요성을 느끼기 때문'이 87.7%, '동정심을 갖고 있어서'가 83.4%, '새로운 사람 만남'이 73.4%, '존경하는 인물의 자원봉사 참여'가 66.6%, '개인적 문제 해결에 도움'이 51.0%로 나타났다.

4) 자원봉사활동 중단 요인

봉사자들이 자원봉사활동을 중단하게 되는 이유는 '개인적으로 바빠서'가 가장 많은 66.5%를 차지하였고, 다음은 '건강상/신체적인 문제로 인해서'가 14.8%이었고, '활동 요청이 오지 않아서'가 9.2%로 나타났다.

5) 자원봉사활동에 참여하지 않는 이유

자원봉사를 하지 않는 사람들에게 비참여 이유를 확인한 결과, '개인적으로 바빠서'가 79.9%, '건강상/신체적인 문제로 인해서'가 6.1%, '어떻게 참가해야 하는지 몰라서'가 5.8%, '활동경비가 부담되어서'가 2.0% 순으로 나타났다.

6) 자원봉사활동 보람 및 만족도

자원봉사활동의 보람 중 가장 크게 동의하는 항목은 '개인적 성취감을 주었다'(94.5%), '나의 삶의 경험을 넓혀주었다'(90.8%), '봉사활동은 즐기며 할 수 있는 활동이었다'(90.7%) 등 순으로 나타났다. 2017년에는 '인간관계를 넓혀주었다'가 '개인적 성취감을 주었다', '내가 필요한 사람이라는 느낌을 주었다'와 비슷한 수준으로 높게 나타난 반면, 2020년에는 79.1%로 비교적 낮게 나타났다. 자원봉사의 참여 동기로 '다양한 경험을 해보기 위해서'(79.5%)가 1위인 것을 감안하면 이의 충족이 잘 이루어진 것으로 볼 수 있으며, '여가시간을 재미있고 의미 있게 활용하기 위하여'라는 동기도 '개인적인 성취감(90.7%)' 등으로 잘 충족되고 있는 것으로 드러났다.

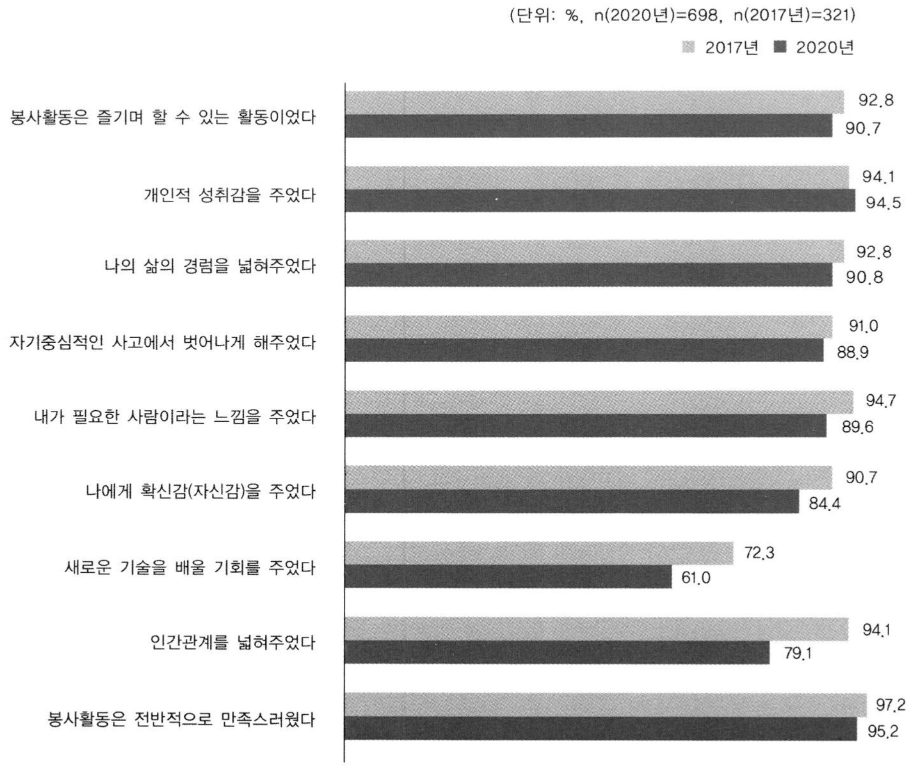

그림 3-7 봉사활동에의 보람 및 만족도

출처: 한국자원봉사문화(2020).

7) 자원봉사활동 불만족 이유

자원봉사활동의 불만족 이유(복수 응답)로는 '시간 부족, 업무 과다 등 생각했던 것과는 상이해서'가 25.0%로 가장 많았고, '내가 원해서 시작하지 않았기 때문에'가 33.3%, '자원봉사활동을 지원하는 담당자가 없거나 있어도 별로 도움을 주지 않아서'가 16.7%, '단체의 사명과 사업에 대한 회의가 들어서'가 8.3%, '원하는 활동에 배치되지 않아서'가 8.3%로 나타났다.

이러한 불만족은 자원봉사관리자에 기인하는 것으로 부적절한 배치, 업무의 조정 및 정보 안내의 부족, 봉사자의 자발성 유도의 실패, 불친절한 서비스 등에 기인한다.

8) 자원봉사교육 도움 정도

자원봉사자의 30.9%가 자원봉사교육을 받은 경험이 있는 것으로 나타났는데, 이 교육이 자원봉사활동에 있어 45.0%가 '매우 도움'이 되었다고 응답하였으며, '약간 도움'은 51.4% 등 96.4%가 도움이 된다고 응답하였다.

4 자원봉사 환경의 변화

1) 사회서비스의 확대

확대되는 예산에도 불구하고 복지에 대한 사회적 합의가 형성되어 있지 못하고 불만이 높아지고 있다. 이러한 상황에서 복지서비스의 체감도를 높이려는 사회서비스는 교육바우처, 직업훈련 및 생활보조바우처, 보육바우처, 요양서비스 등이 시행되고 있으며, 점차 그 영역을 확대해 가는 추세이다.

이러한 사회서비스의 증가는 자원봉사활동 분야의 주된 영역이었던 사회복지 분야, 의료 분야, 교육분야의 대부분이 사회서비스 일자리영역으로의 변환을 내포하고 있다. 실제로 소외계층이나 저소득 주민들에 대한 서비스지원이 전통적 자원봉사의 대상이었다는 것을 감안하면, 복지 일자리와 여성 일자리, 노인 일자리의 대부분이 과거 자원봉사활동 대상 분야라고 할 수 있는 것이다.

과거 무보수활동이 유급 사회서비스 일자리로 변환되면서 각 지역의 자원봉사단체나 센터에서는 상당한 갈등의 소지를 내포하고 있다는 실무자들의 의견에 귀를 기울여야 한다. 그러므로 다양한 자원봉사대상자와 영역, 서비스의 개발이 그 어느 때보다도 필요하다. 그뿐만 아니라 과거 자원봉사자로 활동하던 여성이나 노인들이 사회서비스 일자리로 취업을 하게 됨에 따라 전통적 사회서비스에 참여하던 자원봉사자의 수가 줄어들고 있다는 점도 자원봉사 관련 기관을 운영하는 입장에서는 상당한 어려움이 되고 있다.

그리고 이러한 사회서비스의 확대는 자원봉사의 순수한 개념을 희석시킨다. 사회서비스 인력의 값싼 노동력을 미화하기 위하여 이 인력들에 대해 자원봉사자의 개념을 혼용하고 있기 때문이다. 실제로 자원봉사센터에서는 사회서비스 인력들에 대한 봉사시간을 입력하기도 한다. 사회복지기관에서 활동하는 인력 중에는 같은 일을 하면서도 각기 다른 일자리프로그램에 참여한다는 이유로 무보수인 자원봉사자에서부터 차별적인 임금이 적용되는 유급인력까지 현장에 존재하여 봉사자들의 순수한 마음이 사라지거나 그만두는 상황도 자주 발생한다.

다음의 〈표 3-5〉는 자원봉사의 활동영역 대상이 사회서비스 인력의 활동영역 대상과 중첩되는 부분을 보여 주고 있다.

표 3-5 사회서비스 내용과 인력 현황

구분	사회서비스 바우처	사회서비스 선도기업	노인장기 요양보험	장애인요양 보험	사회적 서비스 일자리	사회적 기업
소요 인력	44만 명	구체적으로 산정되지 않음	76,854명	1.7만 명	95만 명	1천 개 기업
서비스 내용	장애인활동보조/지역사회 서비스/가사 간병 방문/장애아동재활치료/산모신생아 도우미/노인돌보미	취약지역지원 분야 돌봄사업 네트워크화·공동사업화 분야 신규·고부가가치형 사회서비스 육성 분야	방문요양 방문간호, 방문목욕	주야간보호 방문목욕, 방문간호	간병/가사 간호/목욕 노인수발 외국인주부, 저소득아동 대상 교육, 문화 환경 서비스 등	간병가사 도시락 및 급식 제조/청소세탁 방역/재활용 보육/보건의료 문화예술관광 운동 등/교육 집수리
자격	도우미교육 이수자		요양보호사	노인요양사와 대체 가능	여성 취약계층 청년	여성 취약계층 청년
담당 부처	보건복지부	보건복지부/지자체	보건복지부	보건복지부	고용노동부	고용노동부

2) 사업의 효율성을 따지는 기업과 기부자

기부의 경영마인드로 무장한 새로운 형태의 기부자들이 점차 늘어나고 있다. 미국의 경우 기부 혹은 자원봉사사업에 효과를 검증하고 효율성을 강조한, '자선기업가(philanthropreneur)', '벤처자선사업가(venture philanthropist)'들이 경영전략을 자선사업에 이식하고, 자본주의의 잣대를 내밀고 있다.

그 예로 빌 게이츠(Bill Gates)나 이베이의 초대 CEO 제프 스콜(Jeff Skoll)은, 기부는 일종의 투자라는 시각을 가지고 세계에서 가장 사회적 효율성[4]이 뛰어난 단체·사회기업을 골라 기부금을 제공하고 있다. 기업이 시장에서 이윤을 추구하는 방식으로 빈곤층의 필요를 충족시켜야, 세상의 불평등을 빠르게

4) 사회적 효율성(Social Return On Investment: SROI): 기업의 투자수익률처럼 사회공헌활동의 효과를 측정하는 지표. 창출된 일자리나 도움을 준 사람의 수, 재투자된 수익 등의 현금 가치를 투입된 투자금액으로 나누어 계산한다. 100%를 넘으면 투자금액보다 사회공헌이 더 크다는 것을 뜻한다.

줄일 수 있고 지속 가능해진다고 보기 때문이다. 이들은 카네기재단 같은 기존의 재단들이 보여 왔던 전통적인 기부방식을 거부한다. 성과를 검증하지 않는 기존 재단들은 직원 월급을 과도하게 주거나 특정 복지 분야만 편식하는 등 기부금을 비효율적으로 사용한다고 믿기 때문이다.

우리나라에서도 사회공헌이라는 이름으로 출현하는 기업이나 기부자들도 일단 기부하면 자원봉사기관이나 단체를 믿고 진행하기보다는 지속적인 효율을 강조하며, 투명하게 본래의 목적에 맞게 사용되는지에 대한 모니터링을 요구한다. 이에 따라 기관과 단체에서는 체계적인 자료정리와, 홍보와 회계시스템, 효과측정 및 조사 등의 영역을 강화할 필요가 있다.

3) 상호경쟁하는 단체 및 기관

이제 자원봉사도 경쟁하는 시대가 되어 비록 봉사단체라 할지라도 안이한 발상 속에 안주해서는 발전할 수 없다. 봉사단체는 사적인 이윤을 추구하는 기업도, 정치적 이익을 추구하는 정당도 아니다. 봉사단체의 존재 이유는 바로 시장과 국가에 의해 보장되지 못하는 공공의 이익을 추구하는 데 있다.

현재 사회복지기관이나 자원봉사단체들은 정부나 공동모금회, 기업의 사회공헌프로젝트에 참여하여 위탁사업을 받아 내거나 더 많은 지원금을 받기 위해 처절하리만큼 치열한 상호경쟁을 벌이고 있다. 그리고 정부의 지원이나 기업의 지원을 받으려는 경쟁뿐만 아니라 복지시설 이용권제도(바우처제도)의 도입으로 수요자가 직접 사회복지기관이나 자원봉사단체를 돌아다니면서 서비스를 비교하고 선택하게 함으로써 기존의 이용자 쟁탈전을 벌이고 있다.

특히 유망하다 생각되면 우후죽순처럼 시설과 단체들이 많이 생겨나 지나치게 경쟁하고 있는 상황이다. 이러한 경쟁의 상황이 사회복지계 혹은 자원봉사의 현장까지 파고들고 있다. 선의의 경쟁이라 하더라도 네트워킹이 우선되는 단체 및 기관 간의 윈윈전략이 필요하다.

4) 국제개발원조(Official Development Assistance: ODA)의 확대

국제개발협력(ODA, 공적개발원조)란, 선진국이 상대적으로 가난한 개발도상국이나 국제기관에 하는 원조를 의미한다. 공공개발원조·공적개발원조라고도 하며, 증여·차관·배상·기술원조 등의 형태를 갖는다. 개발도상국에 대한 공적자금은 정부 또는 정부의 원조기관에 의해 공여되며, 개발도상국의 경제발전과 복지향상에 기여한다. 그리고 자금 공여조건이 개발도상국에게 부담되지 않도록 무상 부분을 일정 비율 이상으로 한다는 조건을 갖고 있다.

우리나라가 선진공여국 그룹인 경제협력개발기구(OECD) 개발원조위원회(DAC)에 24번째 가입국이 되면서, 원조를 받는 수원국의 입장에서 벗어나 공여국의 위치를 갖게 되었다. 현재 우리나라 GNI(국민순소득) 대비 ODA 비율은 0.1% 수준으로 OECD 30개 가입국 중 29위이다. 스웨덴은 1.02%, 노르웨이 0.89%, 네덜란드 0.81%, 일본은 0.25%순이다. 우리나라는 2015, ODA 규모를 GNI의 0.25%(유엔 권고 비율 0.7%)까지 확대하였다.

정부는 향후 ODA 제도와 정책의 기반을 외교의 대표 브랜드로 발전시켜 전략적으로 활용할 필요가 있고, 국익과 대외전략을 종합적으로 고려해 추진해야 한다고 강조하고 있다. ODA의 목표를 인류의 보편적 가치를 실현하고, 공공외교를 전략적으로 강화하는 것으로 삼았다. 이를 위해 공공외교를 위한 정부 내외 통합조정체계 구축, 청년 일자리와 국가 경제에 기여하는 ODA 사업 추진, ODA의 체계성, 투명성, 효율성 제고 등을 내세웠다. 이러한 정책은 정치·경제·사회·문화 등 다양한 측면을 포괄하는 발전을 지향하고, 단순한 ODA를 벗어나 무역·투자·이주·기후변화·인권·거버넌스 등 다른 대외정책과 일관성 있게 연계해야 한다는 시민사회의 주장과 맥락을 같이한다.

그러나 ODA 예산은 국민의 세금으로 조성되기에 정치적 의지만큼이나 사회적 공감대도 중요한 측면이 있다. 그러므로 한국은 원조 규모로 선진국과 경쟁하기는 어려우므로 한국의 독특한 개발 경험을 토대로 우리만이 제공할 수 있는 모델을 만들어 질적으로 차별화해야 한다는 주장도 펼쳤다. 그리고 ODA의 가장 큰 문제인 분절화의 개혁을 강조하였는데, 현재 40여 개가 넘는 ODA 관련 부처와 기관의 불필요한 예산낭비를 줄이고, 통합적 사고를 위해서는 하나의 기구로 통합해야 할 것이다. 해외봉사단 파견사업도 인력양성 차원에서 단계적으로 확대해야 한다고 하였으며, 한국 ODA가 치안과 군사협력 수단으로 오용되고 있다는 문제제기보다는 파트너국이 요청할 경우 국익 관점에서 수사역량 강화 등의 치안협력 프로그램도 검토할 수 있음을 강조하였다.

이와 같이 ODA의 예산 및 사업의 확대가 추진될 것이므로, 이에 대한 자원봉사영역의 중요한 역할이 준비되어야 할 것이다. 개도국 대상 해외자원봉사로 외교부·코이카, 여성의 청소년자원봉사단, 문화관광부 및 기획재정부 등을 통해 도시기반 인프라 건설, 직업훈련 및 교육, 의료서비스, 한국 전통문화 강습 및 공연 등 다양한 프로그램이 수혜국가 맞춤형으로 실시되어야 할 것이다. 특히 퇴직전문인력 파견봉사활동은 수혜국가에 큰 기여를 하게 함으로써 국가이미지 제고와 퇴직노인들의 의미 있는 여가활동에도 큰 도움을 줄 것으로 기대하고 있다.

그리고 ODA전달체계의 효율화 및 분절화 방지 등의 변화도 해외봉사활동의 전달체계 및 서비스 내용 등에도 영향을 미칠 것으로 보인다. 수원국 입장이 아닌 수혜국의 참여와 동력 그리고 지속가능성을 확보할 수 있는 ODA프로그램을 전달함으로써 ODA의 효과성을 높이고, ODA의 본래적 의미를 살리는 것을 강조하게 될 것이다.

특히 우리나라의 ODA 사업은 청년실업 해결과 연계되어 국제청년봉사단의 확대 추세에 있으며, 개도국 원조사업에 참여한 청년봉사인력들과 유학생들은 기업이 필요로 하는 현지화된 고급인력으로 활용되고 있다. 또한 다양한 경험을 쌓고 국제화의 넓은 시각을 갖는 좋은 기회로 활용되며, 국가적 차원에서도 대외이미지 제고라는 실익이 있어 확대되고 있는 추세이다.

5) 고령화[5)]

2016년 통계청에 따르면 2015년 총인구 5,101만 명이 2065년 4,302만 명으로 감소하고 생산가능인구는 2016년을 정점(3,763만 명)으로 감소하여 2020년대부터 연평균 30만 명 이상씩 감소하여 고령화가 점차 가속되고 있다. 또한 2000년부터 기대수명 연장 등으로 2018년 고령사회(14.3%), 2026년 초고령사회(20.8%)에 도달할 것으로 전망되고 있다. 통계청의 출생아 수, 조출생률, 합계출산율, 2015~2065년 항목을 보면 고위추계에서는 출생아 수는 크게 감소하거나 증가하는 추세가 없고 합계출산율은 점차 증가한다. 중위추계에서는 출생아 수는 조금씩 감소하며 합계출산율은 미세하게 오르는 추세이다. 저위추계에서는 출생아 수는 변동이 심하되 감소하는 방향이고 합계출산율은 큰 변동이 없으나 고위추계와 중위추계에 비해 적어진다. 이렇듯 저출산·고령화의 사회현상은 점차 심해지고 있음을 알 수 있다.

이러한 고령화의 문제점은 다양한 사회문제를 야기시킨다. 첫째, 독거노인과 노인자살의 증가이다. 홀로 살던 노인이 숨진 지 보름 만에 발견되는가 하면, 잦은 병치레에 지친 나머지 스스로 목숨을 끊는 노인들이 속출하고 있다. 가족관계에서 오는 갈등과 고독감, 생활고 등에 따른 급속한 가족해체와 노인복지의 사각지대에서 더 늘어날 전망이다. 둘째, 농촌의 심각한 노동력부재 현상을 들 수 있다. 고령화의 타격을 제일 먼저 받는 곳이 농촌이다. 농민들 대부분이 60, 70대가 넘어서도 밭에 나가는데 의료시설과 지원이 턱없이 부족하여 노후의 질환에 대해 거의 무방비 상태이다. 셋째, 빈곤노인들의 급증이다. 노후 대비가 부족해 생활비를 벌기 위해 일하는 노인 등이 크게 늘면서 노년층 근로자의 취업률을 높아지고 있으나, 대부분 최저임금도 못 받는 임금 수준이며, 고용 형태는 매우 열악한 상황이다. 저임금·비정규직 근로자가 많은 탓에 노년층 가구의 빈곤율은 심각한 수준을 나타내고 있는 것이다.

---

5) 다음 Tip 사이트에서 고령화 검색.

이러한 고령화로 인한 사회문제를 완화하는 자원봉사영역의 중요한 역량은 첫째, 노인이 경제적 및 사회적으로 보호받을 수 있는 민간자원을 통한 사회적 안전망이 시급히 마련되어야 한다는 것이다. 노인들이 자살이유가 경제적요인 외에도 가족과 사회로부터 소외감을 느끼기 때문이므로, 독거노인에 대한 상담전화 자원봉사, 말벗봉사 및 차량이동봉사 등의 활동만 주기적으로 진행되어도 자살률을 크게 낮출 수 있을 것이다.

둘째, 프랑스의 노인클럽처럼 독거노인들이 서로를 돌봐주는 노노케어 자원봉사네트워크를 구축하여 사회적 고립감도 해결하고 건강함도 유지하는 모임의 공간과 프로그램 등이 필요하다. 셋째, 국민기초생활보장법에 직계 혈족의 부양에 상관없이 자녀 소득이 있으면 지원을 받지 못해 수급자에서 제외된 사각지대의 홀몸노인들에 대한 반찬서비스나 생활용품 지원(원프러스원 물품기증)과 같은 경제적 효과가 있는 자원봉사 서비스가 필요하다. 민간기업과 종교단체, 개인 등을 통한 자원봉사자와 독거노인과의 결연사업이 더욱 요구된다.

6) 가족구조의 다양화[6)]

최근 우리사회는 확대가족과 전형적 핵가족 형태가 감소하고, 무자녀 부부가구, 한부모가족, 1인가구, 독거노인가구 등이 크게 증가하여 다양한 가족형태가 등장하는 변화가 초래되고 있다. 특히 가족구조 변화에서 가장 두드러진 점은 1인가구의 증가 현상으로, 1인가구는 최근 가장 빠른 증가 추세를 보이고 있으며, 앞으로 가장 많은 비중을 차지하는 일반적인 가구형태로 자리 잡게 될 전망이다. 1인가구 및 한부모가구의 경우 월세 비중이 크고 자가 가구 비율이 낮은 취약한 주거생활 실태를 나타내고 있는데, 특히 20~30대 미혼 1인가구는 부모로부터의 경제적 지원이 없는 경우 안정적인 주거를 확보하기가 어려운 실정이다. 1인가구 및 독거노인, 한부모가족 구성원의 사회적 관계 수준을 보면, 낮은

6) 국민통합 이슈모니터링(제9호) 연구보고서(가족구조의 변화와 국민통합, 국민대통합위원회).

사회참여 및 높은 사회적 고립감을 갖는다. 청년층 1인가구의 경우 부모로부터 독립하는 청년층이 늘어나면서 오랜 시간 혼자만의 생활을 하다보면 비대면적, 활동성 외톨이 등 정서적 유대감이 약화될 가능성이 커지고, 어려움에 처했을 때 도움을 줄 수 있는 사회적 지원관계망도 상대적으로 취약하게 될 것이다. 또한 고용 및 빈곤문제, 주거빈곤, 가족의 돌봄과 양육 기능 축소 등 가족구조 변화에 따른 새로운 사회문제를 야기하고 있으므로 4인가구 중심으로 설계된 기존의 복지정책과 고용정책, 가족 중심의 돌봄과 양육 구조를 1~2인 가구 중심으로 변화시키는 과정에서 자원봉사활동의 역할이 크게 필요할 것으로 보인다. 그 이유는 가족형태의 다양화에 제대로 부응하지 못하는 서비스나 다양한 맞춤형 서비스가 민간영역의 자원봉사활동으로 이루어질 수 있기 때문이다.

이러한 가족관계의 변화는 기존의 혈연중심의 가족관계가 아닌 같은 관심사를 공유하는 사람들이 다양하고 유동적인 형태의 새로운 공동체를 형성하는 사회적 가족 형태의 증가를 의미한다. 가족중심의 가치관이 약화되고 가족관계의 유대가 약화되는 상황에서 이른바 '사회적 가족(social family)'이 새로운 사회적 결속과 유대감의 원천이 될 가능성이 있으므로 자원봉사활동을 기반으로 한, 사회문화적 관계 복원의 공동체 프로그램 확대를 꾀할 필요가 있다. 즉, 자원봉사활동을 통한 사회적 가족의 조성을 의미하는 것이다. 취약한 사회안전망을 대신하는 혈연적 가족으로서의 기능이 아니라, 가족을 대신할 수 있는 사회적인 구성원들에 의한 사회적 탄력망(trampoline)의 기능이 자원봉사활동으로 가능할 수 있기 때문이다.

새로운 가족형태의 증가에 따른 사회통합 정책의 목표는 취업, 교육, 주거, 사회적 관계망, 사회참여 등을 통해 경제적, 사회문화적으로 배제되지 않고 스스로 독립적인 삶을 영위하는 데 있고 이러한 영역을 자원봉사활동이 틈새를 연결해 줄 수 있다.

외국의 공유주거(Co-housing) 등 새로운 주거공동체 사례에 대한 벤치마킹을 통해 우리사회에 적합한 공동주거정책 발굴 및 확대 스웨덴 스톡홀름시 '페

르드크네펜' 프로그램, 영국의 노인보호주택이나 공동 주택 공급 정책, 독일의 '다세대공동주거(Mehrgenerationsh user)', 노후모텔이나 미분양주택을 1인가구용 임대주택으로 리모델링하여 공급하는 미국의 'Single Room Occupancy 프로그램' 등을 들 수 있다. 여기에도 자원봉사활동의 콘텐츠는 지역사회운동의 운동으로 자리 잡고 있다.

특히 1인가구, 독거노인, 한부모가족 등 사회참여 활동 수준이 낮고 사회적 교류나 관계 형성에서 어려움을 겪고 있으며, 어려움에 처했을 때 도움을 요청할 수 있는 사회적 지원 관계망이 취약한 가족집단의 경우 자원봉사활동을 통한 지역사회 참여 활성화 및 다양한 온·오프라인 네트워크 구축이 중요하다. 그리고 1인가구 거주자의 여가문화 활성화, 동호회 및 자조모임 참여 확대, 지역사회와 연계한 봉사활동 및 재능기부 등 다양한 나눔활동 발굴 및 지원 확대, 혼자 사는 환경에 대한 학습과 경험이 중요하다는 점에서 주변에 가까 운 문화공간 확대 및 프로그램 개발 등 여가문화 지원 확대가 필요하다. 그리고 세대 간 교류증진 프로그램 등 자원봉사를 통한 인적연결망 지원 사업 확대가 필요하다. 관심이 필요한 독거노인의 경우 민간자원봉사자와의 1:1 결연 추진, 특히 대학생 등 젊은층과 연계해 제2의 가족을 형성함으로써 사회통합을 증진할 수 있다.

7) 다문화 사회

다문화 사회는 한 사회 안에서 다른 인종, 민족, 종교, 계급, 성 등에 따른 다양한 문화가 공존하는 사회를 뜻한다. 세계화로 인해 국가 간 인구 이동이 증가하면서 다문화 시대에 돌입하게 되었는데, 우리나라도 외국인 근로자, 국제결혼 여성, 외국인 가정의 자녀에 이르기까지 국내 체류 외국인의 구성이 다양해지고 있으며 그 수도 증가하고 있다. 외국인 거주자가 전체 인구에서 차지하는 비율이 5%가 넘는 사회를 다문화사회라고 할 때, 단순히 외국인의 숫자가 많은 것이 아니라 외국인이 주류 문화에 동화되지 않고 고유의 문화적 정체성을 유지하면서 거주하는 경우를 의미한다. 또한, 한 사회 내에서도 계층, 취향, 신체적 특징 등을 매개로 기존의 문화가 분화하고 다양한 하위문화들이 등장하면서 문화적 다양성이 증가하고 있기도 하다.

이러한 다문화 현상은 문화적 다양성을 증가시켜 우리의 삶을 풍부하게 만들어 주기도 하지만, 이주민 문화에 대한 이해 부족과 편견, 차별 등으로 기존의 거주민과 이주민 사이에 문화적 갈등을 발생시키며, 외래문화가 많이 들어오면서 기존 문화의 고유성이 약화되기도 한다. 이러한 우려가 있기 때문에 사회의 새로운 구성원인 외국인 이주 노동자, 북한 이탈 주민 등에 대해서도 따뜻한 시선과 연대 의식과 관심을 가져야한다. 다문화 사회에서 발생하는 문제들을 해결하고 다양한 문화가 한국 사회에서 바람직한 방향으로 공존하도록 하려면 다양한 노력이 필요하다. 먼저 다른 문화에 대한 편견을 버리고 개방적이고 관용적인 태도를 갖춰야 한다. 또, 문화적 소수자들이 모든 생활 영역에서 동등한 대우를 받을 수 있는 사회적 여건을 마련해야 한다.

이러한 부분에서 특히 자원봉사활동의 중요한 역할이 대두된다. 그동안 외국인 이주자에 대한 한국생활 및 문화 적응, 가족생활지원, 아동학습지도 등과 같은 서비스에 자원봉사자들이 참여하여 한국생활 적응을 돕는 것에 초점을 두었다. 하지만 이제는 글로벌시티즌십의 관점에서 다문화 대상국가들에 대한 이해와 관심 그리고 존경의 입장에서 다시금 그들을 받아들이는 과정들에도 자원봉사활동이 필요하다. 다문화가족 자원봉사를 위한 사전교육에 다문화국가들에 대한 이해와 관련된 내용을 포함시켜 진정으로 그들을 대한민국의 일원으로 받아들이는 마음을 갖도록 하는 것이 우선되어야 할 것이다.

8) 제4차 산업혁명[7)]

제4차 산업혁명(Fourth Industrial Revolution: 4IR)은 빅데이터 등 정보통신 기술(ICT)의 융합으로 이루어낸 혁명 시대를 말한다. 18세기 초기 산업 혁명 이후 네 번째로 중요한 산업 시대이다. 이 혁명의 핵심은 인공지능, 로봇공학, 사물 인터넷, 무인 운송 수단(무인 항공기, 무인 자동차), 3차원 인쇄, 나노 기술 등과 같은 6대 분야에서의 새로운 기술혁신으로 생산성이 급격히 향상되고 제품과 서비스가 지능화되면서 경제·사회 전반에 혁신적인 변화와 넓은 범위에 더 빠른 속도로의 변화가 나타나는 것을 의미한다.

2016년 1월 세계경제포럼(다보스 포럼)에 언급되면서 정보통신기술 기반의 새로운 산업 시대를 대표하는 용어가 되었으며 컴퓨터, 인터넷으로 대표되는 정보화 혁명(3차 산업혁명)의 연장선상에서 한 단계 더 진화한 혁명으로도 일컬어진다. 물리적인 세계와 디지털적인 세계의 통합은 O2O를 통해 수행되고, 생물학적 세계에서는 인체의 정보를 디지털 세계에 접목하는 기술인 스마트워치나 스마트 밴드를 이용하여 모바일 헬스케어를 구현할 수 있다. 가상현실(VR)과 증강현실(AR)도 물리적 세계와 디지털 세계의 접목에 해당될 수 있다. 제4차 산업혁명은 생산성 향상 이면에 일자리 감소가 우려된다. 로봇이 저급 및 중급 기술자들의 업무를 대체하고, 언어와 이미지로 구성된 빅데이터 분석 등 인간만이 가능하다고 여겼던 업무들도 인공지능이 대체할 것으로 예상되면서, 빈곤이나 노동시장 붕괴 등의 파장이 예상된다. 또 노동시장 내에 고기술·고임금과 낮은 기술·낮은 임금 간의 격차가 커져 사회적 불평등이 확산될 것이다.

이러한 제4차 산업혁명은 자원봉사영역에서도 상당한 영향을 미치게 될 것으로 보인다. 제4차 산업혁명은 사람들 간의 관계성을 더 많이 축소시키고, 첨단 기계화 속에 인간성이 상실시키는 상황을 만들어낼 수 있다. 그러므로 자원봉사활동은 이러한 부분에 초점을 두고 기획되어야 한다. 즉, 지역사회 공동체문

---

7) 채은하. 다음 백과. 4차 산업혁명(http://100.daum.net/encyclopedia/view/47XXXXXXX185).

화의 정착을 위한 프로그램, 사람들 간의 접촉을 늘이고, 갈등을 축소하는 프로그램, 자연환경과의 자연스러운 만남을 제공하는 프로그램 등이 필요하다.

반면 제4차 산업혁명은 자원봉사프로그램뿐만 아니라 운용시스템에서 큰 영향을 미칠 것으로 보인다. 스마트상에서 자원봉사신청 및 교육, 배치, 활동실적 확인, 기타 다양한 활동 등이 이루어지기 때문에 공간적 의미의 자원봉사센터 기능이 온라인시스템으로 구현된 확률이 높아질 것이다. 특히 본인에 대한 빅데이터들은 본인에게 적합한 자원봉사일감으로 안내할 것이며, 봉사활동에 필요한 다양한 교육들을 선택할 수 있도록 할 것이다.

특히 코로나19와 같은 세계적 유행의 전염병에 따른 방역정책으로 사회적 거리두기가 실시되면서 사람들의 일상생활이 급격하게 변화하였다. 자원봉사서비스도 뉴노멀로 사회에 자리 잡게 되자 사회서비스 기능을 회복하려는 노력은 디지털 사회혁신을 수용해 새로운 사회서비스 전달체계로 변화되었다. 대면에서 비대면, 집합적 서비스에서 개인화된 서비스로 전환이 변화의 예에 해당한다.

비대면 디지털 기기 확산 상황 속에서 급변하는 환경에 따른 다양한 사회적 격차는 더욱 확대되었고, 사회경제적 불평등과 양극화가 심화되고 있다. 불확실한 미래와 사회적 고립에 따른 정신적 스트레스, 집단별 갈등, 혐오와 차별 등 다양한 위험이 확대되고 일상화되었다. 이를 대응하는 자원봉사활동의 적극적 개입이 필요하게 되었다.

CHAPTER

04

우리나라 자원봉사 행정시스템

VOLUNTEERISM

Chapter 04

우리나라 자원봉사 행정시스템

1 우리나라 자원봉사 인프라

한국의 자원봉사활동의 가장 큰 특징은 그 대상이 사회복지서비스 분야에 치중하여 발달했다는 점에 있다. 또한 봉사방법의 측면에서 본다면 장기적이고 근본적인 자원봉사의 목적을 달성하기 위한 자원봉사프로그램에 입각하여 봉사활동이 이루어지지 못하고 당면한 문제를 응급적으로 대응하는 치료적 방법으로 행해져 왔다는 것을 들 수 있다. 외국 자원봉사의 경우는 정부나 기존의 기관이 제대로 기능하지 못하는 분야에 민간의 자발적 노력이 참여하여 그 사회의 개량과 생활의 질을 높이며, 더불어 사는 사회를 만드는 근본적인 자원봉사활동의 방법이 행해지고 있다.

1) 인프라의 개념

인프라(infra)라는 말은 인프라스트럭처(infrastructure)의 줄인 말로 하부구조·하부조직 등의 일반적 용어이지만 오늘날에는 경제활동의 기반을 형성하는 시설·제도 등의 의미로 사용된다. 즉, 생산이나 생활의 기반을 형성하는 중요한 구조물인 동력, 발전소 등 에너지관계시설, 도로, 수로, 공항, 항만, 철도 등의 교통시설, 상하수도·관개·배수시설, 전신 및 전화 등의 통신시설 따위의 산업 기반과 학교, 병원, 박물관 등의 교육·문화시설, 보건·의료·복지 등의 시설, 국토보전·도시계획관계 등 모든 시설의 일반적 경제활동의 기초 조건을 구성하는 자본시설을 뜻한다. 최근에는 경제활동의 기반을 형성하는 시설뿐만 아니라 제도나 법 등의 의미가 포함되어 사용되기도 한다. 이렇듯 인프라 개념은 조직, 국가, 경제, 학문 등에서 광범위하고 널리 사용되는 보통명사의 개념이라 할 수 있다.

2) 자원봉사 인프라의 개념

자원봉사분야에서는 국가 5개년 계획을 중심으로 자원봉사 지원 인프라의 개념이 등장하고 있다. 여기서는 소프트웨어 인프라로 법과 제도 등을 설명하고 있으며, 하드웨어 인프라로는 자원봉사센터 및 단체 등의 조직과 물적지원체계인 자원봉사 종합관리시스템, 재정운용시스템 등으로 설명하고 있다.

(1) 자원봉사 소프트웨어 인프라

자원봉사와 관련된 법적 논의가 본격 시작된 것은 1999년 추미애 국회의원이 자원봉사활동지원법을 발의하면서 시작되었다. 이후 자원봉사활동과 관련해서 가장 근간이 되는 소프트웨어 인프라는 2005년 8월에 국회의 심의 및 의결을 거쳐 법률 제7669호로 공포된 자원봉사활동기본법과 2006년 2월에 발표된 동법시행령이라 할 수 있다. 이 법은 전체 20개의 조문 부칙으로 구성되어 무보수성, 자발성, 공익성, 비영리성 및 민관 협력의 기본정신을 강조하는 자원봉사진흥시책의 기본방향을 설정하고 있다. 이를 위한 자원봉사활동의 진흥과 바람직한 시민운동으로 자원봉사활동 정착에 국가의 책무에 대해 규정하면서 국무총리 소속의 자원봉사진흥위원회 설치를 제시하고 있다. 또한 자원봉사활동의 범위에 대한 규정과 아울러 참여 촉진을 위한 자원봉사자의 날과 자원봉사주간을 설정하였다. 자원봉사센터의 설치 및 운영, 센터장의 자격요건에 대한 명시와 센터장 및 단체장의 정치적 참여 금지에 대한 조항도 포함하고 있으며, 자원봉사자들의 안전을 위한 국가 및 지방자치단체의 역할 중 상해보험 가입 등의 보호조치사항도 설명하고 있다. 그리고 한국자원봉사협의회의 설치 및 사업규정을 통해 중앙 차원의 자원봉사 행정서비스 전달체계의 구심적 역할을 강조하고자 하였다.

동법시행령에도 자원봉사진흥위원회 및 실무위원회의 구성에 관한 사항과 5년마다 국가기본계획과 연도별 시행계획 수립 및 시행, 관계 중앙행정기관 및 지방자치단체의 연도별 시행계획수립, 범국민적 자원봉사활동 참여 분위기 조성을 위한 자원봉사 주간 행사의 시행, 한국자원봉사센터협회 회원 및 자원봉사센터장의 자격요건을 구체적으로 명시하고 있다.

자원봉사활동 관련법(대통령령, 시행규칙 등)으로는 우선 여성·가족 관련된 법령으로 여성발전기본법과 건강가정기본법을 들 수 있다. 여성발전기본법과 그 시행령에는 여성자원봉사활동에 대한 지원과 여성자원활동센터의 설치 및 운영에 관한 조항을 통해 여성들의 자원봉사활동과 관련된 다양한 지원이 이루어지고 있다. 건강가정기본법과 그 시행령에는 가정봉사원 혹은 자원봉사활동의 지원에 대한 조항을 통해 건강가정지원센터에서 자원봉사자 활용의 근거를 명시하였다.

사회복지와 관련된 법령으로는 사회복지사업법, 노인복지법 등을 들 수 있다. 사회복지사업법과 그 시행령에는 사회복지 자원봉사활동의 지원 및 육성, 한국 사회복지협의회 등의 업무에 자원봉사인증센터 등의 역할을 명시함으로써 사회복지 분야의 자원봉사자에 대한 지원의 책무를 제시하였다. 노인복지법과 그 시행령에는 노인의 사회참여지원과 지역봉사지도원의 위촉 및 업무, 활동지원의 내용을 밝힘으로써 노인의 자원봉사활동에 대한 지원의 기초를 두게 하였다. 청소년과 관련된 법으로는 청소년활동진흥법 및 시행령을 들 수 있는데 청소년자원봉사활동의 활성화, 청소년활동진흥센터의 설치 및 운영, 위탁기준 등의 조항을 통해 청소년자원봉사자들의 지원에 대한 중요성을 강조하였다. 이밖에도 한국국제협력단법을 통한 해외자원봉사활동 관련 사항이 민간기금 조성과 기부금품의 모집 등록에 관한 사회복지공동모금회법과 대한적십자사조직법, 공직선거법 등에서 자원봉사활동과 관련된 내용을 다루고 있다.

법과 시행령 이외에도 지방자치단체에서 마련한 자원봉사활동 관련 조례도 소프트웨어 인프라에 속하게 되는데, 이 조례들은 자원봉사활동기본법 제정에 따른 후속 조치로 지방자치단체에서는 자원봉사활동 조례의 제·개정을 추진하였다.

(2) 자원봉사 하드웨어 인프라

자원봉사 하드웨어 인프라로 볼 수 있는 것은 자원봉사센터 및 단체 등을 포함하는 조직과 물적자원봉사 지원체계인 자원봉사 종합관리시스템, 재정운용시스템으로 나누어 볼 수 있다. 우선 자원봉사센터를 보면 행정안전부는 자원봉사활동기본법을 근간으로 전국 광역시도 및 기초자치단체에 자원봉사센터를 설치하고 특히 중앙자원봉사센터 재단법인화하여 관주도의 자원봉사활동에의 주도적인 역할을 담당하고 있다. 중앙에는 한국자원봉사진흥위원회와 한국자원봉사협의회가 자원봉사활동의 정책 총괄 및 자원봉사센터 지원, 교육, 진흥행사 등을 주관하고 있다.

보건복지부는 사회복지사업법을 근거로 자원봉사 행정서비스체계인 한국 사회복지협의회를 1978년에 창립하여 '한국봉사안내소'를 설치하였다. 그 뒤 광역시도 사회복지협의회에 사회복지자원봉사관리본부 17개소를 통해 지속적으로 자원봉사자 모집, 양성, 교육, 배치, 사후관리를 하고 있으며, 홍보 및 업무협조 등의 자원봉사활동사업을 사회복지시설과 기관 중심의 사회복지자원봉사관리센터(15,000여 개소, 관리요원 22,000명)를 설치하여 운영하고 있다. 또한 여성가족부에서는 여성발전기본법을 근간으로 한국여성개발원이 1984년부터 1992년까지 여성자원활동인력은행을 운영해 왔고, 1993년부터는 전국 여성자원활동센터를 설치하여 여성들의 자원봉사활동에 관한 조사연구, 자원봉사활동 관련 자료와 교육프로그램을 개발하여 관련 기관과 일선 활동자들을 지원하였다.

또한 여성가족부에서는 청소년활동진흥법을 근간으로 중앙에 한국청소년활동진흥원과 전국 시·도에 청소년활동진흥센터를 두고 청소년들의 사회봉사활동의 지원, 청소년봉사단 육성 등의 업무를 담당하고 있다. 또한 교육부는 학생봉사활동 정보안내센터와 한국대학사회봉사협의회 등을 통해 학생봉사활동에 대한 정보제공과 담당교사 연수 및 지도, 프로그램 개발 및 보급 등의 사업을 주관하고 있다.

자원봉사와 관련한 민간단체도 하드웨어 인프라의 중요한 요소가 되고 있다. 자원봉사단체들의 협의체 형식을 갖는 단체, 연구정책단체, 교육훈련단체, 관리자조직단체, 기업봉사단, 재해구호단체, 해외봉사단체, 풀뿌리 자원봉사단체들과 단체들의 연합체도 활발하게 움직이고 있다. 그리고 자원봉사 종합관리시스템도 하드웨어 인프라로 볼 수 있다.

3) 우리나라 자원봉사 인프라의 문제점

(1) 자원봉사 소프트웨어 인프라의 문제점

자원봉사활동기본법과 그 시행령, 2007년과 2012년, 2018년, 2023년에 수립된 자원봉사진흥 국가기본계획 등의 소프트웨어 인프라의 구축에도 불구하고 국가기본계획에서는 소프트웨어 인프라 확충에 대한 중요성을 강조하고 있다. 그 이유는 각 정부부처의 자원봉사진흥제도와 정책이 달라 지역에서 활동하는 자원봉사자 혹은 단체들의 혼선이 발생하고 있기 때문이다. 이것은 자원봉사활동의 가장 우선적인 법적 지위를 갖는 자원봉사활동기본법이 시행되고 있음에도 불구하고 관련법 개정이 후속적으로 이루어지지 않고 있다는 것에 기인한다. 즉, 타 법령과 자원봉사활동기본법 간의 상하관계가 분명하지 않고 자원봉사활동의 진흥과 지원에 관한 내용들이 관련 법령에 너무 복잡하게 분산되어 있으므로 이를 체계화하는 작업이 필요한 상황이다.

법의 중복성은 주무부처 간의 중복된 업무수행으로 이어지게 되는데 이때 업무기준이 부처별로 상이한 경우가 발생하여 지역현장에서 혼란이 발생하게 되고, 자원봉사자의 실적과 인적관리에도 중복 및 누락 현상이 빚어지고 있다.

(2) 자원봉사 하드웨어 인프라의 문제점

국무총리 산하에 자원봉사진흥위원회의 설치로 부처 간 자원봉사업무에 대한 연계 및 협력체계의 기반은 조성되었으나 업무를 체계적으로 연계하고 협력하는 시스템을 갖추고 있지 못한 상황이다. 또한 자원봉사활동기본법에는 자원봉사센터 및 단체에 대한 국가 차원의 지원 근거 규정이 미약하여 재정적 열악성을 가질 수밖에 없으며, 특히 법정단체인 한국자원봉사협의회와 중앙자원봉사센터가 사업 추진을 원활히 할 수 있도록 하기 위한 사무실 무상임대 및 조직 구성을 위한 최소한의 인건비 등이 지원되어야 한다.

소프트웨어 인프라가 결국 하드웨어 인프라를 구축하기 위한 기본 전제 역할을 담당한다면 하드웨어 인프라로서 가장 먼저 관심을 가져야 할 영역은 지역자원봉사센터의 경영의 열악성과 관변화의 탈피 및 정치적 독립성 유지에 관한 부분이라 할 수 있다. 관 직영의 경우에는 센터 운영과 관련된 경제적 여력은 감안되나 공무원에 의한 행정의 시녀 역할에 초점을 둔 운영으로 주민 자발적 참여라는 자원봉사의 기본정신에 위배되고 있다. 위탁이나 민간 운영, 혼합 직영의 경우에는 부족한 예산으로 인한 직원의 비전문성, 사업의 연속성과 활성화 부재로 이어지고 있다. 그뿐만 아니라 광역시도 자원봉사센터에서는 자체적인 시도센터로서의 정체성을 찾지 못하고 지역자원봉사센터와 중복 혹은 유사 사업을 진행하고 있는 경우도 있다. 중앙 차원에서는 현재 법적기구로 설치되어 있는 한국자원봉사협의회의 경영도 열악한 상황이다. 그리고 한국중앙자원봉사센터는 법적인 위치를 갖지 못한 채 행정안전부 소속 재단법인으로 행정안전부의 역할을 대행하고 있는 수준이다. 특히 각 정부 부처별로 진행되는 봉사활동으로 인해 체계성을 결여한 시스템을 양산하는 결과를 초래하고 있다.

중앙뿐만 아니라 지방자치단체에서도 지방자치단체의 실정에 맞는 조례를 마련하여 운영하다 보니 조례의 내용과 성격 등이 법에 맞지 않는 경우도 있으며, 지방자치단체마다 상이한 제도를 자체적으로 만들어 활용하는 등 부작용이 많은 상황이다. 따라서 이러한 조례에 대한 제·개정 등의 정비가 필요하다.

무엇보다 중요한 것은 자원봉사 진흥에 소요되는 재정을 어떻게 마련하는가이다. 국가기본계획의 경우 이 계획에서 다루고 있는 재정의 대부분은 해당부처 주로 행정안전부에서 마련하도록 되어 있다. 그러나 행정안전부에서 자원봉사 활성화와 관련된 철저한 의지가 있다 하더라도 엄청난 액수를 국고로 지원받는 것은 무리일 수 있다. 예산확보가 해결되지 않은 계획은 그저 방향만 정해진 뜬구름과 같을 수밖에 없다. 예산확보를 위한 좀더 구체적인 방안이 모색되어야 할 것이다.

자원봉사활동을 효과적으로 수행하기 위한 예산확보를 위해서는 국가나 지방자치단체가 보조금을 지급하고, 자원봉사단체 등이 직접 기부금품 또는 후원금을 모집할 수 있도록 관계법령을 정비하고 다각도로 재원 마련의 방법을 모색할 필요가 있다. 자원봉사활동의 재원 마련을 위해서는 주민회비, 회원회비, 모금에 의한 정부의 지원금, 기부금 등의 방법이 있다. 우리나라의 경우 자원봉사활동기관의 예산은 매우 저조하며, 일부 기관에서는 예산확보를 하지 못하고 있는 실정이다. 또한 예산을 확보한 기관이라도 대부분 정부나 지방자치단체의 보조금에 의존하는 경향이 크다. 정부에 의한 지원금 지급은 정도의 차이는 있지만 자원봉사기관의 자율성을 침해할 수 있는 가능성이 있다는 것도 고려해야 할 것이다.

2 자원봉사 행정지원체계

우리나라 자원봉사활동 행정지원조직으로는 공공부문의 중앙정부 및 지방정부가 있다. 중앙정부의 경우 자원봉사에 대한 전체적인 정책적 심의와 자문의 역할을 담당하는 국무총리실 산하 자원봉사진흥위원회가 있으며, 자원봉사활동을 담당하는 부서로는 자원봉사 주무부처인 행정안전부, 보건복지부, 여성가족부, 교육부, 외교부, 법무부, 문화체육관광부 등의 관련부처가 있다.

1) 공공행정 지원체계

(1) 국무총리실 산하 자원봉사진흥위원회

자원봉사진흥위원회는 자원봉사활동에 관한 주요 정책을 심의하기 위하여 자원봉사활동기본법 제8조에 의해 구성된 국무총리실 산하 조직이다. 위원장은 국무총리이며, 민간인 전문가들과 자원봉사 관련부처의 차관들이 당연직 위원 등 20여 명의 위원들로 구성되어 있다. 주된 역할은 자원봉사활동의 진흥을 위한 정책방향의 설정 및 협력·조정, 자원봉사활동의 진흥을 위한 국가기본계획과 연도별 시행계획에 관한 사항, 자원봉사활동의 진흥을 위한 제도개선에 관한 사항, 그밖에 자원봉사활동의 진흥에 관하여 필요한 사항 등을 심의하는 것이다.

연 1회 자원봉사진흥위원회 회의를 통해 금년도 자원봉사 예산 및 사업에 대한 심의를 하고, 전년도 사업실적을 보고하고 있다. 그뿐만 아니라 자원봉사와 관련된 최근 이슈나 사회적 변화에 대응하는 대안 등을 논의하며 각 부처별로 진행되는 중복 및 누락사항에 대한 부분도 논의한다. 회의 주관은 행정안전부에서 하며, 각 부처별 및 지방자치단체별로 취합된 내용들을 정리하고 보고하는 역할을 담당하고 있다.

자원봉사진흥위원회가 상위격의 회의형 조직구조라면, 심의사항을 미리 검토하고 관계기관 간의 협의사항을 정리하기 위하여 자원봉사진흥위원회에 실무위원회를 두고 있다. 이곳에서는 자원봉사계의 전반적인 정책의 방향과 비전을 사전 논의하며, 행정안전부의 업무효율화에 자문하는 역할도 담당하고 있다.

(2) 행정안전부

행정안전부는 현재 자원봉사진흥 국가계획수립을 총괄하는 자원봉사활동의 주무부서로서 민간협력과에서 자원봉사활동을 담당하고 있으며 시도 및 시군구의 시민협력과, 자치행정과, 복지정책과를 통해 자원봉사 지원업무를 총괄하고 있다. 구체적으로는 한국자원봉사협의회 및 중앙자원봉사센터 및 자원봉사단체에 운영비 및 사업비를 지원하고 있으며 재해복구 예산지원, 전국자원봉사대회와 국제행사 개최 및 참가 등 포상과 홍보사업, 교육사업 등을 주로 수행하고 있다. 뿐만 아니라 자원봉사 전산관리시스템을 구축하고 자원봉사활동 관리표준매뉴얼을 제작하며 자원봉사관리자 교육 및 훈련, 자원봉사센터 평가 등의 행정적 지원도 함께 하고 있다. 그리고 기부금품의 모집 및 사용에 관한 법률에 의거하여 기부와 자원봉사사업과의 연계를 강조하고 있다. 또한 재난 및 안전관리기본법에 의거하여 재난참여 자원봉사자 관리, 자원봉사자의 물품파손 등에 대한 보상, 재난 참여 자원봉사자의 활동상황 기록관리, 안전관련 자원봉사기관의 육성지원 등을 명시하고 있다. 특히 재해구호법에 의거하여 재해구호에 참여하는 자원봉사자의 교육 및 급식에 대한 규정을 명시하고 있으며, 전국재해구호협회를 통해 자원봉사자를 관리할 수 있도록 운영지원을 강조하고 있다. 또한, 대한적십자사 조직법에 의거하여 적십자봉사원 및 활동을 지원하고 있다.

(3) 보건복지부

행정안전부가 주무부서가 되기 이전까지 자원봉사를 담당했던 보건복지부는

1978년, 사회복지사업법을 근거로 자원봉사 행정서비스체계인 한국 사회복지협의회에 '한국봉사안내소'를 설치하고, 광역시도 사회복지협의회에 사회복지자원봉사관리본부 17개소를 설치하였고, 시설기관별로 사회복지자원봉사관리센터(15,000여 개소)를 설치하여 복지 분야 봉사자들에 대한 인력관리 및 시간마일리지, 보험 등의 지원을 주도하고 있다.

그리고 한국 사회복지관협회는 사회복지사업법에 의거하여 전국 사회복지관의 육성과 균형 발전을 위한 제반사업과 사업 수행에 따른 지식, 기술, 정보교류 및 시범사업 개발을 통해 전체 사회복지관 운영의 내실을 기하고자 구성한 조직체이다. 복지관은 저소득층 및 지역사회주민의 복지증진에 기여하고자 1989년에 설립된 기관으로, 1992년에 사회복지관 부설 재가복지봉사센터 관리업무를 보건복지부로부터 위탁받았고, 자원봉사활용에 대한 필요성을 인식하여 자원봉사알선센터를 개설, 예산지원과 행정지도가 이루어지도록 하였다.

또한 사회복시사업법에 자원봉사 조항을 삽입, 복지 분야 자원봉사를 활성화하려는 의지를 강하게 표출하고 있으며, 자원봉사자 인증제도를 도입 실시하고 있고, 자원봉사자 포상 및 봉사자와 수요처 전산망 구축, 상해보험 가입, 교육프로그램, 전문봉사단 운영 등의 사업을 추진하고 있다. 또한, 노인복지법에 의해 대한노인회에서는 지역봉사지도원 위촉 및 활동지원을 통해 노인자원봉사활동과 관련된 역할을 담당하고 있다. 또한 사회보장기본법에서는 사회보장행정에 필요한 자원봉사 인력활용 및 민간자원 활용과 관련된 사업을 활성화하는 지원 근거를 마련하고 있다.

(4) 여성가족부

여성 및 청소년의 자원봉사활동 활성화를 지원하는 부서로는 여성가족부가 있다. 여성자원활동의 활성화를 위해서 여성발전기본법을 근간으로 한국여성개발원이 1984년부터 1992년까지 여성자원활동인력은행을 운영해 왔다. 1993년부터 시군구 가정복지과를 중심으로 여성자원활동센터를 설립하여 지도감독하였으며, 여성들의 자원봉사활동에 관한 조사연구, 자원봉사활동 관련 자료 및 교육프로그램을 개발하여 관련 기관과 일선 여성활동자들을 지원하였다. 그리고 자원봉사단체의 프로그램 공모 및 예산지원과 상해보험도 지원하였다. 그리고 건강가정기본법에서는 가족단위의 시민적 역할의 강조 및 건강가정 관련 자원봉사활동 사업육성 장려 등을 강조하고 있다.

또한 여성가족부에서는 청소년에 대한 봉사활동도 담당하고 있다. 1995년 7월, 청소년 자원봉사 활성화를 위해 한국청소년개발원에 청소년자원봉사센터를 부설하였다가 청소년기본법과 청소년활동진흥법을 근간으로 한국청소년활동진흥원을 두고, 각 광역시도에 청소년활동진흥센터를 통해 청소년들의 사회봉사활동의 지원, 청소년봉사단 육성 등의 업무를 담당하고 있다.

(5) 교육부

교육부는 학교교육체계의 자원봉사교육 확립과 지원을 위해 학생봉사활동정보안내센터와 각 대학교의 봉사활동을 주도하는 사회봉사단인 한국대학사회봉사협의회 등을 설치하였다. 이곳에서는 학생봉사활동에 대한 정보제공 및 담당교사 연수 및 지도, 프로그램 개발 및 보급 등의 사업을 주관하고 있다. 그리고 각 학교의 학부모 봉사단인 한국시민봉사회도 중요한 자원봉사조직이다.

(6) 외교부

외교부에서는 한국국제협력단법에 의거하여 제3세계 저개발국가들에 대한 해외원조를 위해 2,000명의 자원봉사자를 파견하는 KOICA(국제협력단)나 해외원조단체협의회 등의 기관과 단체를 지원하고 있다.

(7) 법무부

법무부에서는 청소년과 출소자 등 범법자 재범방지를 위한 민간자원봉사자 조직인 범죄예방위원회 및 갱생보호후원회, 범죄피해자지원협회, 범죄자가족

지원협회 등의 조직을 지원하고, '자녀 안심하고 학교보내기' 운동본부도 자원봉사조직으로 운영하고 있다.

(8) 문화체육관광부

문화체육관광부에서는 한국 BBB운동 지원, 문화관광해설 봉사분야 육성, 국제공연예술단(글로벌프렌즈) 운영, 전문문화자원봉사단(Docent: 국립중앙박물관, 국립민속박물관, 도서관, 국립현대미술관) 운영, 종교인 평화봉사활동 지원, 예술인 자원봉사단 운영, 대학생 해외봉사단인 한국알리미지원, 국제문화행사 및 체육행사지원 등의 사업을 지원하고 있다.

(9) 광역시도 및 기초 시군구

광역시도 및 기초자치단체에는 자원봉사활동기본법을 근간으로 전국 광역시도 및 기초자치단체 자원봉사센터를 설치하였으며, 이 자원봉사센터를 중심으로 자원봉사활동의 활성화를 위한 주도적인 역할이 진행되고 있다.

표 4-1 자원봉사 지원체계 및 주요 기능

부처명			행정 안전부	보건복지부	여성가족부	문화관광 체육부/ 문화재정	교육부	법무부/ 외교부
전달체계	중앙	관리 시스템	자원봉사 포털 1365 시스템	VMS 사회복지자원 봉사인증관리 시스템	DOVOL 청소년 자원봉사 포털	LVMS 도서관자원 봉사관리 시스템	NEIS 교육행정 정보시스템	▸법무부 (각 지청 및 지원별 '자녀 안심하고 학교 보내기' 운동 본부 및 청소년 선도위원 봉사단 운영) ▸국제협력단 활동지원 및 해외원 단체 지원
		센터 운영 형태	한국자원봉사 협의회 /중앙자원 봉사센터	사회복지 정보센터 (한국사회 복지협의회)	한국청소년 활동진흥원	–	–	
		수	2개소	1개소	1개소	–	–	
	광역	담당 부서	자치행정과/ 시민협력과	사회복지과	청소년과	도서관 및 문화재과	–	
		센터 운영	관직영/ 민간위탁,	광역시도 사회복지	민간위탁 (광역시도	–	광역교육청	

		형태	법인설립	협의회 위탁 (사회복지자원 봉사관리 본부)	청소년 활동진흥센터)		
		수	17개	17개소	17개소	–	–
	기초	담당 부서	자치행정과/ 복지정책과	사회복지과	청소년계	문화과	기초 교육청
	기초	센터 운영 형태	관직영/민간 위탁법인 (시군구 자원봉사센터)	복지기관 및 시설의 사회복지자원 봉사관리센터	–	기초 도서관	학교별 시민봉사회/ 대학봉사단
	기초	수	228개소	–	–	–	–
근 거 법			자원봉사활동 기본법	사회복지 사업법	청소년기본법		
주요활동 영역			제반 사회 분야	복지 분야	청소년대상	문화재 및 도서관 분야	제반 사회분야
부처별 지원 주요내용			▸ 기초센터 인건비 지원(교육·전산 코디) ▸ 봉사자 상해보험료 지원 ▸ 재해복구 예산지원 ▸ 전국자원봉사대회 등 포상 및 홍보사업 ▸ 자원봉사자 의해지원	▸ 자원봉사자 인증제도(DB 구축 및 시간 누적) ▸ 자원봉사자 포상 ▸ 전문봉사단 운영 ▸ 사회공헌 기부은행(노인돌봄) ▸ 나눔활성화 지원	▸ 청소년 봉사동아리 육성발전 ▸ 청소년 봉사 프로그램 개발	▸ 문화유적지 및 박물관의 문화재지킴이 활동지원 ▸ 도서관지원 서비스제공	▸ 청소년 사회봉사 시간 입력 ▸ 학교별 봉사동아리 운영 ▸ 학부모봉사단인 시민봉사회 지원 ▸ 대학봉사단 활동지원

2) 민간지원체계

공적영역의 행정지원체계 이외에 민간영역에서도 자원봉사단체 및 조직이 활발하게 활동하고 있는데, 자원봉사단체들의 협의체 형식을 갖는 단체로는 한국자원봉사협의회, 한국자원봉사센터협회, 한국사회복지협의회, 한국대학사회봉사협의회 등을 들 수 있다. 연구정책단체로는 한국자원봉사학회, 한국

자원봉사포럼 등이 있다. 교육훈련단체로는 한국자원봉사문화, 한국자원봉사연합회, 각당복지재단 등이 있고, 관리자조직으로는 한국자원봉사관리협회(이음), 한국사회복지사협회 등이 있다. 기업봉사단으로는 삼성, SKT, SG, 포스코, LG 등의 주요 기업에 복지재단이나 사회공헌본부가 있으며, 재해구호단체로는 전국재해구호협회(희망브릿지), 대한적십자사, 안전생활시민연합, 재해극복범시민연합(인추협) 등이 있다. 해외봉사단체로는 세계청년봉사단, 한국해외원조단체협의회, KOICA, 국제개발협력민간협의회, 유니세프, 굿네이버스 등이 있다. 그뿐만 아니라 지역마다 풀뿌리 자원봉사단체들이 활동하고 있으며, 이러한 단체들의 연합체도 활발하게 움직이고 있다.

3) 자원봉사 종합관리시스템

자원봉사의 종합관리시스템은 자원봉사에 대한 대국민 홍보 및 접근성 강화, 유용한 정보의 체계적 제공, 협력체계 구축의 용이성 제고, 자원봉사자 모집과 배치 등 관리업무의 효율성 증대에 중요한 기초 인프라라고 할 수 있다. 행정안전부에서는 포털 1365 자원봉사관리시스템을 전국에서 사용하도록 설치하였다. 보건복지부에서는 보건복지분야 자원봉사자들의 활동이 이루어지고 있는 사회복지시설 및 기관을 중심으로 사회복지자원봉사관리센터을 설치하여 복지 분야 자원봉사자들에 대한 전체적인 인력관리 및 봉사시간 마일리지, 보험 가입 등의 관리를 담당하고 있다. 즉, 전국 사회복지활동 인증관리 DB시스템을 운용하면서 전국의 사회복지기관 및 시설과 연계하여 자원봉사활동 실적과 인증을 관리하고 있는 것이다. 현재 행정안전부와 보건복지부, 청소년 및 청소년적십자 등 자원봉사관리시스템은 호환이 가능하여 자원봉사활동 인증을 어디서나 받을 수 있도록 하였다. 여성가족부도 전국 청소년자원봉사 온라인 포털사이트를 운영하면서 유관기관 및 활동처와의 연계, 실적관리, 확인서 발급 등 청소년들에게 자원봉사에 대한 콘텐츠를 제공하고 있다.

4) 자원봉사관리 전문인력 활용 실태

자원봉사관리자는 서비스와 욕구를 조정하는 조정자(coordinator)로서의 역할, 직무활동을 지휘·통제하는 감독자(director)로서의 역할, 훈련을 담당하는 훈련자(trainer)로서의 역할, 자원봉사자의 자유로운 활동을 촉진하는 리더(leader)로서의 역할, 동료이자 친구로서의 역할, 조직 내외의 컨설턴트로서의 역할 등 수없이 많은 역할이 요구되며 그때마다 적절한 기능을 해야 한다.

현재 우리나라에서 자원봉사관리자가 가장 핵심적으로 근무하고 있는 곳은 전국적으로 설립 운영되고 있는 자원봉사센터, 청소년 관련 자원봉사센터, 사회복지계의 관련 시설 및 기관, 자원봉사기관 및 단체, 학교, NGO 등이라 할 수 있다.

우선 자원봉사센터의 인력운용에서, 광역자치단체는 평균 8.5명의 인력이 근무하고 있는데, 이 중 공무원은 14%, 민간인은 86%로 나타났으며, 기초자치단체는 평균 4.8명이 근무하는 구조를 갖고 있는데, 공무원 18%, 민간인 82%로 나타났다. 자원봉사센터의 운영 형태가 직영이면서도 민간인을 채용하여 운영하는 혼합직영센터가 있는 것으로 조사되었으며, 법인설립 운영의 경우도 몇몇 센터에서는 공무원이 파견되고 있는 것으로 나타났다. 센터를 운영함에 있어 운영 형태보다는 지역별 실정에 맞는 인력으로 운영하고 있다.

5) 연구기반

연구기반조성영역은 정책 조사를 통해 자원봉사자에 대한 지원방안, 국가 또는 민간영역에서의 자원봉사프로그램의 개발, 자원봉사센터에 대한 평가 및 효율적 운영의 모델 제시 등 수많은 정책과제 개발과 선정에 기반과 토대를 마련한다는 점에서 관심을 갖고 추진해야 할 분야이다.

사실, 미국이나 오스트레일리아, 캐나다 등 선진국은 자원봉사와 관련된 전국적인 조사자료들이 축적되어 공식적인 국가통계로서 대외적으로 공표하고 있으며, 국가프로그램 시행 및 자원봉사 지원을 위한 정책자료로도 활용되고 있다. 또한 비영리섹터의 중요한 구성요소로서 자원봉사에 대한 연구 및 학문적 토대를 제공하는 근거가 되고 있다. 그러나 아직 우리나라의 경우는 통계청의 사회지표를 통해 실시되는 자원봉사자의 기본적인 현황 정도만이 파악되고 있을 뿐이며, 민간전문단체에서 실시된 표본조사도 국가적 차원의 대표성을 갖는 결과로 보기는 어려운 상황에 놓여 있어 종단적·횡단적 조사연구의 필요성이 매우 크게 부각되고 있다. 그리고 자원봉사프로그램의 품질관리를 위한 매뉴얼과 자원봉사센터 및 단체에 대한 평가시스템 등에 대한 보완도 필요하다.

3 외국의 자원봉사 행정지원체계

1) 미국

(1) 관련법

미국의 자원봉사관련법으로는 전국지역사회봉사법(The National and Community Service Act, 1990)과 전국자원봉사활동법(The National and Community Service Trust Act, 1993)이 있다. 미국은 세계에서 자원봉사진흥법을 위한 단일법(單一法)을 갖고 있는 유일한 국가로 그 법을 통해 자원봉사에 대한 연방정부의 각종 지원활동을 규정하고 정부주관의 자원봉사프로그램을 실시해 오고 있다. 자원봉사법에는 자원봉사에 대한 체계적인 보상제도, 봉사 중에 발생한 사고에 대한 보험 관련 조항, 자원봉사저축제도 등이 포함되어 있다.

미국의 자원봉사지원법의 제정 과정을 보면 1969년 사회보장법안에 전국자원봉사활동프로그램법을 제정하였으며, 1973년 국내자원봉사법(The Domestic Volunteer Service Act)이 제정되어 자원봉사에 대한 정부의 지원이 본격화되었다. 1990년에는 전국지역사회봉사법(The National and Community Service Act)이 제정되어 법적으로 자원봉사활동을 활성화할 수 있게 되었으며, 1993년에는 전국봉사활동법(The National Service Trust Act)이 제정되었다. 국가 및 지역사회봉사법은 부시(Bush) 대통령 시절 케네디(Kennedy) 상원의원의 발의·제정을 통해 입법화되었으며, 클린턴(Clinton) 정부는 국가 및 지역사회봉사지원법을 선거공약으로 제시하여 당선 직후 이 법을 제정하고, 대통령 직속의 국가봉사단(CNS)을 설립, 기존의 연방정부지원하에 있던 ACTION청과 국가지역사회봉사위원회(Commission on National and Community Service)를 통합하여 국립자원봉사협력기구(Coorporation for National Service)를 창설하였다.

(2) 행정전달체계

미국의 자원봉사지원체계는 크게 정부지원과 민간지원으로 나눌 수 있다. 정부지원체계로는 ACTION청, 전국봉사연합(全國奉仕聯合, Corporation for National Service)이 있고, 민간단체의 가장 대표적인 기관으로는 촛불재단과 자원봉사센터를 들 수 있다. 촛불재단을 통해서 자원봉사센터는 민간단체들을 재정적, 기술적으로 지원하고 있다(여갑숙, 2003에서 재인용). 미국의 자원봉사활동 영역 중에서 공공 부문은 연방정부 내의 자원봉사프로그램을 직접 운영하면서 촛불재단을 포함한 비영리민간단체들을 재정적으로 지원하고 있는 '국가·지역사회봉사공단(Corporation for National and Community Service)' 주도하에 조직되어 왔고, 민간 부문은 촛불재단을 중심으로 조직되어 왔으며 이 촛불재단은 지역자원봉사센터를 포함한 민간 부문의 자원봉사활동에 대한 재정적·기술적 지원을 통해 미국 자원봉사활동 운영 및 관리에 큰 영향을 미치고 있다.

미국의 경우 중요한 자원봉사프로그램 중 상당 부분이 공공기관과 직접적으로 관계를 맺고 있어 조직적으로 행해지는 자원봉사프로그램 중 약 20~30%가 정부기관에 의해서 실시되고 있으며, 나머지의 20~30%의 프로그램들도 공공영역(public sector)들과 관계를 가지고 있다. 이는 정부가 주도적인 위치에 서서 민간기관과 효율적으로 분업하여 체계적인 자원봉사체계를 수립하고 있기 때문이다. 그러나 미국의 경우 정부는 민간의 자발적인 활동과 움직임을 통제하거나 압력을 가하는 것이 아니라 자원봉사활동이 민간에 의해 적극적으로 발전될 수 있도록 지원, 육성하고 있다. 미국의 자원봉사는 22만 개가 넘는 비영리단체들과 800개가 넘는 전국의 자원봉사센터를 중심으로 활성화되어 있으며, 이러한 단체들이 자원봉사활동을 다양하게 개발하고 확산시킬 수 있었던 것은 정부의 제도적 뒷받침이 있었기 때문이다(김영신, 2002).

(3) 재정

미국의 자원봉사 추진체계를 형성하는 기관이나 조직들의 재원은 연방·지방정부의 보조금, 회원들의 회비, 기부금, 정부와의 계약프로젝트 수입금, 각종 재단이나 공동모금의 후원금, 기업의 기부금, 자체 수익금 등으로 이루어진다. 촛불재단의 재원은 크게 국가의 지원과 개인의 기부금으로 충당되고, 창립 초기부터 국회에서 독립적인 예산편성을 받는 정부출연기관으로 대폭적인 재정지원을 받았다. 그러나 최근에는 기업의 기부도 활발해져 정부출연금과 기업의 기부금이 각각 50%씩을 이루며 세금공제 혜택을 받고 있다.

지역의 자원봉사센터 역시 모두 세금공제 대상이다. 미국자원봉사센터의 재원은 공동모금으로부터 지원금, 촛불재단, 연방정부와 지방자치단체의 보조금, 모금행사, 기부금, 사업 수입, 수수료, 회원의 회비 등으로 충당된다. 전체 자원봉사센터의 90%는 지역공동모금으로부터 일부 자금을 지원받고 있으며, 공동모금회 보조금은 많은 자원봉사센터에게 있어 수입의 주요 출처이다. 그 외에 중요한 재정수입원으로 지역에 있는 민간재단에 신청하는 보조금이나 정부와의 계약프로젝트 수입(사회봉사명령관리, 보호관찰, 노인대상 직업훈련, 자원봉사활동을 활용한 사업들)이 큰 부분을 차지하는 곳도 많다. 최근에는 기업체들과의 협력관계를 형성하여 기업으로부터 현금과 현물, 그리고 인적자원 등의 재정지원을 받고 있다.

(4) 조직

대표적인 자원봉사조직으로 정부조직의 ACTION청, 자원봉사사무소, 지방자원봉사사무국의회 등이 있으며, 민간조직에는 촛불재단, 자원봉사센터, 기업자원봉사협의회 등이 있다. 특히 현재 미국의 자원봉사 추진체계를 이루는 대표적 기관으로는 촛불재단과 지역의 자원봉사센터, 자원봉사기관, 기업 등이 있다. 이들 조직 중 ACTION청은 1971년 7월에 만들어진 것으로 50개의 주정부에 각각의 지부를 두고 자원봉사자들과 12년씩 계약을 맺고 지정된 장소에서 자원봉사활동을 하게 되었다. 정부조직 중 하나인 자원봉사사무소는 부서나 주지사에 의해 움직이는 조정단체로 주 차원의 자원봉사프로젝트 활동에 대한 지지 메커니즘의 기능을 수행하고 있다. 일반적으로 시정부의 자원봉사지원체계는 지역사회의 자원봉사에 간접적으로 개입하고 있지만 뉴욕시의 경우에는 자원봉사센터를 시에서 직접 운영하고 있다. 미국에서는 800여 개의 지역자원봉사센터를 중심으로 각종 지역사회문제를 해결하기 위해 노력하고 있다. 미국의 자원봉사기관은 전국적 조직에서 지방 조직까지 다양한 목적과 형태를 취하고 있다. 자원봉사센터의 경우 지방 차원에서는 지역자원봉사센터가 조직, 설치되어 있고, 중앙에 이들 센터를 지원하고 추진하는 중심 조직인 촛불재단이 설치되어 있으며, 이 두 기관의 관계는 상하수직적인 관계가 아닌 상호독립적이고 협력적인 관계를 유지하고 있다.

이외에도 전국자원봉사협의회(National Council of Volunteer Centers)는 독립적인 운영체제를 갖춘 자원봉사센터들이 회원으로 가입하는 곳으로 현재 400여 개의 회원센터가 가입되어 있으며, 촛불재단의 자원봉사센터를 위한 프로그램 개발에 자문을 주고 있다.

1980년대 이후 미국의 자원봉사 역사상 획기적인 계기가 된 것은 기업의 자원봉사 참여이다. 92%가 종업원들의 자원봉사활동 참여를 권장한다고 밝혔으며, 50%는 지역사회봉사를 기업의 사명으로 생각하며, 19%는 그들 사업계획 시에 자원봉사프로그램을 반영한다고 밝혔다. 촛불재단이 기업의 자원봉사를 지원하기 위해 만든 기업자원봉사협의회(Corporation Volunteer Council)가 전국에 있는데, 이곳에서는 기업의 사원에게 지역사회의 자원과 욕구를 배울 수 있는 포럼을 제공하고, 자원봉사프로그램을 지원하고 교육·훈련한다.

(5) 인력

미국의 자원봉사관리사자격증협회(CCVA)에 따르면, 자원봉사관리자는 자원봉사자의 참여를 지원하고 동원하는 책임을 주요 역할로 하며, 'Administrator of Volunteers'로 부른다. 이 자격증은 실무전문가로서 자신의 가치와 윤리관을 확립하고 자신의 부족한 또는 강화해야 할 면을 정확히 인식하게 하는 역할을 담당한다. 그리고 자긍심과 동료로부터의 인정을 도모하고, 문제해결 기술에 대한 자신감과 개인 및 프로로서의 신뢰를 증진하게 한다. 또한 전달 가능한 지식과 기술, 능력을 표출하고, 전문직업인으로서의 결의를 갖게 한다. 그래서 자격증을 가진 단체나 조직이 지역사회 내에서 일정한 위치와 이미지를 제고하게 하고, 자원봉사 자원 운용에 대한 신뢰감과 리더십의 잠재력 확인 등을 갖게 하는 효과가 있다.

미국의 CCVA는 자원봉사관리사를 사회변화, 건강한 지역사회, 조직의 미션 달성을 위한 특별한 인적자원으로 보고 윤리, 조직관리, 인적자원관리, 책무성, 리더십과 옹호 등 다섯 가지의 핵심관리 분야를 설정하여 교육한다. 이러한 교육과정은 미국뿐만 아니라 캐나다와 오스트레일리아에서도 통용되며, 이스라엘, 싱가폴, 일본 등에서도 유사한 단체와 제도를 도입하려는 움직임이 있다.

미국의 CCVA 자격증 취득과정은 매년 1회(5월) 선다형 80문제들을 2시간 동안 답하는 시험을 실시하고 연말까지 포트폴리오 작성 요구 등 두 파트로 나뉘어져 있다. 시험을 볼 수 있는 자격은 현직 자원봉사관리자로서 3년 이상의 관리경력자이어야 하고, 관리경력을 증명할 수 있는 2명으로부터 추천서를 첨부하여 3월 1일까지 등록하면 된다. 합격자에게는 CCVA 타이틀을 수여하고 타이틀 보유자는 관리전문가로 국제적으로 인정받고 있다.

한국에서는 부산의 한국자원봉사연합회가 자체개발한 자원봉사관리자 자격증과정프로그램을 CCVA의 지지를 받아 시행해 왔지만, 실제 CCVA프로그램과는 전혀 다르다.

2) 영국

(1) 관련법

자원봉사의 역사가 가장 오래된 영국은 1960년 자선법을 제정하여 민간사회복지기관, 단체들을 보호·육성하기 시작했다. 영국은 불문법 국가답게 자원봉사와 관련된 별도의 법률은 없다. 영국에서는 직접적인 자원봉사관련법은 존재하지 않고 있으나 다만 개별법인 인권법(Human Right Act, 1998)과 자선법(Charities Act, 1992)이 간접적인 근거법이 되고 있다. 개별법 중 자선법은 민간사회사업기관과 단체의 보호·육성을 목적으로 자선위원회(Charity Committee)에 등록된 단체에 대하여 필요한 감독과 모금허가 및 조세감면을 규정하고 있다. 인권법은 자원봉사자들이 차별받지 않도록 보호하고 상해보험에 가입하도록 하고 있으며, 특수전문가는 손해보험까지 들어주도록 규정하고 있다. 이외에도 신상자료보호법(Data Protection Law, 1998)에서는 자원봉사자의 신상자료가 본인의 동의 없이 활용되지 않도록 함으로써 사생활을 보호하고 있으며, 직장안전관리법(1974)에서는 자원봉사자들이 위험한 환경에서 작업하지 않도록 하고 있다. 그리고 자원단체법에서는 자선단체위원회에서 자선단체를 규율하고 있다.

(2) 행정전달체계

영국 내 자원봉사활동 지원조직으로는 크게 공공 부문과 민간 부문이 있다. 공공 부문은 중앙과 지방정부이며, 민간 부문은 사회복지협의회, 기업, 각종 재단으로 정부는 민간단체를 지원해 주는 업무를 수행하고 있다. 1973년에 민간 부문과의 관계를 합리화하려는 시도로 정부 차원에서 내무성 내에 '자원봉사과'를 설치하여 민간조직의 자원봉사활동 업무를 담당하고 책임을 질 각료를 임명하였다. 이러한 민간복지담당의 창설은 중앙 차원에서 전국 민간단체와 정부 사이를 조정하기 위한 것이었으며 민간단체의 역할을 축소시키기 위한 것은 아니었다. 이곳에서 지원하는 자원봉사는 단순히 사회복지 분야 외에도 환경, 의료, 문화, 예술 등 모든 분야를 포함하고 있으며, 대처 정권 이후 국가경쟁력을 키우고 만성 재정적자를 줄인다는 목표를 추구하고, 사회보장비를 대폭 삭감하면서 자원봉사를 적극 활용하는 정책을 쓰게 되었다. 자원봉사활동을 간접적으로 적극 지원해 주고 있는 영국은 기업이나 다른 사회단체를 막론하고 자원봉사분야에 후원금을 낼 경우 세제상의 각종 혜택을 주고 있다.

지방자치제 수준에서 자원봉사활동을 지원하는 조직이 정비되기 시작한 것은 1971년 사회복지부의 출현 이후부터이다. 이 조직 안에는 자원봉사자나 민간그룹과 협력하기 위한 민간서비스연락관을 전문직 스태프로 임명해 배치하였다. 오늘날에는 영국 정부 내에 있는 지역사회활성화부처(Active Community Unit: ACU)에서 자원봉사활동에 대한 정책을 마련하고, 자원봉사 부문에 대해 정부부서들 사이에서 조정 역할을 하며, 자원봉사단체들에게 핵심적인 정부시책에 대한 자문을 제공한다. 동시에 ACU는 국가의 자원봉사 인프라 구조에 재정을 지원하는 데 중요한 역할을 한다. 또한 정부와 자원 부문 간에 맺은 협정을 통해 자원봉사기관 및 단체들과 우호적인 관계를 촉진시키고자 노력한다.

(3) 재정

영국의 자원봉사기관과 자원봉사센터의 재원은 중앙과 지방정부의 보조금, 정부사업의 지원금, 기부금, 회원의 회비, 상품판매, 대여사업 및 투자로 인한 수익금, 재단과 공동모금회로부터의 후원금 등으로 이루어진다. 전통적으로 이들 자원봉사기관의 운영은 회비, 민간인들의 기부금 등에 의한 자체 수입에 크게 의존해 왔으나 근래에 와서는 정부의 지원금, 자체 판매사업 등의 수입에 크게 의존하고 있다. 이러한 경향은 새로 만들어진 조직에서 더욱 뚜렷이 나타난다. 이는 정부가 재정 압박으로 인해 보조금을 삭감하고, 정부가 민간기관과 계약을 체결한 프로젝트에만 지원금을 제공하는 경향이 있기 때문이다.

자원봉사센터의 경우 이 센터의 수입원은 기부금(47%), 자체예산(34.6%), 이벤트 사업 등이며, 기타 수입으로 상품판매, 중앙 및 지방정부 보조, 대여사업 및 투자 등이며, 주요 지출대상은 자선기부(82%), 자금형성(8%), 일반경비(2.5%), 재산관리(6.5%) 등이다. 전국사회복지협의회의 경우 내무성 자원봉사과의 특별 프로젝트에 의해 지원된 예산과 각종 공동모금회나 재단의 지원으로 운영되고 있다.

(4) 조직

영국의 자원봉사활동을 육성, 추진하는 기관으로는 전국이나 지역별로 운영되고 있는 각종 단체 중 민간조직인 전국자원봉사센터(National Centre for Volunteering)가 있다. 이곳에서는 자원봉사 진흥과 모델사업 개발, 여러 부문의 연계를 위한 사업들이 진행되고 있다. 지역단위로는 지역자원봉사센터(Volunteer Bureaux)와 같은 지역자원봉사개발기관의 네트워크가 형성되어 있는데 이곳에서는 지역자원봉사센터 자원봉사자들과 활동처를 조정하며, 지역의 자원봉사 관련 단체에 지원, 상담, 훈련 등을 제공한다. 이외에도 대표적인 민간단체인 사회복지협의회와 같은 조직은 민간부문 간의 조정에만 관계하고 있는 것이 아니라 민간과 행정의 사회복지 조정에도 관여하고 있다. 영국도 미국과 마찬가지로 기업이 지원하는 자원봉사활동은 재정적 지원과 활동지원이 주를 이룬다.

(5) 인력

영국에서는 UK Volunteering Forum(영국의 4개 광역센터들의 모임)이 인정하는 표준화개발(Investing in Volunteers: IiV)[1]이 2003년부터 이루어지고 있

1) 2010년 1월 자원봉사자 참여 기획, 모집, 선발과 배치, 자원봉사자 지원과 유지 등 4개 영역에 기반한

고, 자발적섹터전국훈련기구(VSNTO)가 주축이 되어 전국자원단체협회의(NCVO)와 협력하여 직업전문성 표준으로서의 자원봉사관리자 표준틀을 제정하였다.

그러나 이러한 표준화틀은 미국처럼 자격증을 주는 과정이 아니라 여러 자원봉사단체나 기관에 근무하는 인력들에 대한 다양한 훈련과정을 제공하고 있다. 자기관리, 인간관리, 지역사회에서의 관리 등 총 45시간으로 구성되어 개별 자원봉사관리자들이 자신의 학습스타일이나 필요욕구에 따라 학습할 수 있도록 되어 있다. 특히 온라인상에서도 교육받을 수 있는 시스템을 갖추고 있다.

영국의 IiV 진행과정은 현직 자원봉사관리자로서의 자기평가를 거쳐 포트폴리오 작성을 요구한다. 그후 평가자에게 피드백을 받고, 지적된 부족함을 보충하는 지원과 지도를 받으며 3개월(평균) 동안 노력해야 한다. 그리고 심사위원단의 심사를 거쳐 합격하면 상패와 함께 3년 유효의 합격증을 영국자원봉사포럼(UK Volunteering Forum)으로부터 받고 이 사실이 지역사회에 널리 알려진다.

반면, 민간영역에서는 교육전문기업인 란트라어워드(Lantra Awards)에서 국가직업표준에 기반하여 자원봉사활동 기획, 자원봉사자의 자원조직, 모니터 자원봉사활동, 자원봉사자와 효과적인 의사소통, 자원봉사자 지원, 피드백 등 6개 단위로 60시간을 이수해야 자격증을 제공하고 있다.

3) 일본

일본의 자원봉사는 '도덕공동체' 또는 '세속적인 인륜의 기본적 공동체'에서 찾아볼 수 있다. 즉, 일본 자원봉사의 역사적 발전과정의 근원은 동양의 관습적인 이웃돕기생활에서 출발한 한국의 이웃사촌 형식의 상부상조생활 의식과 같은 맥락이라 할 수 있다. 일본 자원봉사활동의 특징은 첫째, 전국적인 네트워크의 정비를 들 수 있다. 전국사회복지협의회가 전국 3,414개의 지역협의회

자원봉사관리의 실천지표 9개와 46개의 실습으로 구성되어 있음.

를 통해 자원봉사활동을 조직화하고 있다. 둘째, 정년퇴직한 장년층을 중심으로 한 자원봉사활동이 눈부시다. 그리고 셋째, 공공자원봉사의 성격을 가진 민생위원제도를 들 수 있다. 민생위원제도는 시급히 복지서비스를 필요로 하는 대상자를 파악하여 공공서비스기관과 연계시키는 데 자원봉사자를 활용하는 제도이다. 넷째, 학생자원봉사자의 참여가 증가 추세에 있다. 다섯째, 자원봉사보험이 제도화되어 있고, 여섯째, 기업들이 자원봉사 지원에 적극 나서고 있다는 점을 들 수 있다.

(1) 관련법

일본의 자원봉사활동에 관한 관련법은 특정비영리활동촉진법(NPO법, 1998)으로 일본 국회는 시민단체들의 캠페인에 힘입어 자원봉사단체에 대한 법적·행정적체제를 용이하게 하는 이 법안을 통과시켰다. 특정비영리활동촉진법은 특정비영리활동을 하는 단체에 합법적인 지위(법인격)를 부여하여 특정비영리활동의 건전한 발전을 촉진하고, 공익의 증진에 기여(자원봉사단체의 법인화 촉진)하고 있으며, 특정비영리활동법인 설립기준을 정하고 있다. 이 법에 의하면 자원봉사단체가 보건복지, 교육, 문화, 환경보호, 예술, 스포츠, 재난구호, 인권옹호, 평화 캠페인, 국제협력, 남녀평등 등을 위한 활동을 할 경우 공식적인 NPO로 인정받을 수 있다. 현(縣)의 지사는 이 법에 따라 활동하겠다는 현 내의 자원봉사단체를 허가해야 한다. 이 법은 자원봉사단체들이 사회문제들을 제기함으로써 일본의 시민사회에 기여하는 '제3부문'의 중요한 역할을 다할 수 있도록 힘을 실어 주고 있다.

(2) 행정전달체계

일본 자원봉사조직의 구조는 사회복지협의회의 조직구조를 따르고 있다. 이는 자원봉사조직을 갖추면서 사회복지협의회의 조직에 자원봉사조직을 심는 방식으로 조직되었다. 1970년대 중반에 본격적으로 시행된 사회복지협의회 중심의 자원봉사활동 추진체제는 80년대를 거치면서 체계적으로 정비되었다. 시·구·정·촌(市·區·町·村) 사회복지협의회가 설치한 자원봉사센터는 2,544개소에 달하고 있다. 즉, 사회복지협의회 안에 전국을 관할하는 전국자원봉사활동진흥센터가 있고, 중간에 우리나라의 특별시와 광역시도와 같은 행정단위인 시·구·정·촌의 자원봉사센터가 위치해 있다.

이러한 조직구조는 위계적인 성격을 가지고 있지 않으며, 각각의 단위에서는 서로 독립적으로 운영되고, 서로 긴밀한 협조관계를 가진다. 사회복지협의회는 전후 1951년에 민간의 사회복지활동을 강화하기 위해 전국 도·도·부·현(都·道·府·縣) 단위로 조직되었으며, 이후 조직이 확대되어 시·구·정·촌에까지 설치되었다. 민간 부문 중 기업의 지원 내용은 지역사회의 다른 자원봉사기관이나 단체에 대한 재정적·인적·기술적 지원과 더불어 사원들의 자원봉사활동 지원으로 나누어 볼 수 있다. 이와 같이 일본에서의 자원봉사활동은 국민들이 자원봉사활동에 참여하도록 정부가 기반 조성에 역점을 두고 있으며, 지방자치단체의 자원봉사활동에 대한 관심 여부에 따라 지원의 내용이 다르다는 것을 알 수 있다.

일본의 자원봉사체제는 미국과 마찬가지로 처음부터 정부에 의해 육성되어 왔다. 1890년경 사회적 혼란 수습을 국가 공권력에 의존할 수밖에 없는 배경으로부터 자원봉사활동의 계기가 자생하고, 자발적 지역생활복구의 일환으로 시작되었다. 일반적으로 도입된 것은 1917년에 민생위원이 구성된 위원제도가 그 시초라고 할 수 있다. 1980년대 후반부터 정부주도하에 범국민 자원봉사활동 육성을 위해 21세기 계획을 짜고 전국에서 자원봉사자들을 교육, 관리할 수 있는 전문조정관(coordinator) 30만 명을 양성하는 작업에 주력하고 있다.

자원봉사를 처음부터 정부가 주도하여 육성한 것과는 달리 자원봉사 담당기구는 일원화되어 있는 것이 아니고 각 성에서 분리되어 행해지고 있다. 그중에서도 대표적인 활동은 후생성지원의 복지교육 차원과 문부성지원의 생애학습과 학교교육이다. 이외에 환경청은 환경자원봉사자 구상, 건설성에서는 하천

정비에 자원봉사자를 도입하는 love-liver제도 등이 있다. 외무성은 90년 이후 ODA의 예산을 비영리기관(NGO)으로 갹출하고 있다.

우정성은 국제자원봉사기금, 노동성은 근로청소년센터에 자원봉사 코너를 설치했다. 이외 지원조직으로는 기업, 자원봉사재단, 사회복지협의회, 공동모금회, 광역자원봉사자범주연락회의 등이 있다. 일본에서는 자원봉사활동 중에 발생하는 사고재해를 미연에 방지하기 위해 사고방지대책에 관한 지침을 마련하고, 만약 사고가 발생했을 경우에는 '자원봉사보험'에서 제반 경비를 충당하고 있다.

(3) 재정

일본 자원봉사활동의 재정은 공적보조금, 기부금, 사업수입 등으로 구성된다. 일본에서는 1973년부터 자원봉사센터에 국고보조가 행해지고 있으며, 대부분의 재원은 회비와 기업 또는 일반 시민으로부터의 기부금 및 사업수입에 의해 조달하고, 나머지는 공적기관에서의 재정지원에 의해 운영되고 있다. 특히 재정적 기반의 안정성을 도모하기 위해서 1983년부터 자원봉사육성기금제도를 발족시키고 있다. 자원봉사기금은 자원봉사단체원조비, 연수양성사업비, 자원봉사보험요금, 자원봉사활동비 조성사업에 사용된다. 도·도·부·현 자원봉사센터의 재정을 살펴보면 중앙정부의 지원보다 지방자치단체가 지원하는 비율이 훨씬 많은 것으로 보인다. 즉, 동경도 자원봉사센터의 경우 동경도에서의 지원이 전체 예산의 90%를 차지하고 있으며, 나머지는 정부와 민간 및 자체 조달로 충당하고 있다. 시·구·정·촌 자원봉사센터의 기업 자원봉사활동 지원을 위한 재정은 도·도·부·현에 비해 시·구·정·촌 지방자치단체로부터 지원받는 비율이 훨씬 더 높다.

일본의 자원봉사활동은 각 분야에서 병목현상을 보이고 있다. 자원봉사활동을 보다 더 활성화시키기 위해서는 더 많은 자금지원이 필요하다. 정부에서 지원하지 않는 단체들은 자체적으로 자금을 조달해야 하는데 일본에는 기부금에 대한 세금감면제도가 없어서 어려움을 겪고 있다. 그러므로 단체들은 비영리활동촉진법(Law to Promote Specified nonprofit Activities)을 개정하여 기부금에 대한 세금감면과 NPO에 대한 세금을 면제하도록 전개하고 있다.

(4) 조직

사회복지협의회는 1959년 협의회 내에 자원봉사연구회가 조직되어 처음에는 '선의은행'으로 불리다가 후에 자원봉사센터로 이름이 바뀌었으며, 후생성이 1973년부터 자원봉사프로그램 지원비를 지급하고 있다. 1975년 협의회의 부설기관으로 전국자원봉사활동진흥센터를 설립하여 오늘에 이르고 있다. 자원봉사진흥센터의 역할은 자원봉사센터 기능을 수행하는 지방사회복지협의회들을 위한 연락·조정하는 기관으로 봉사하며, 직원개발훈련, 정보제공, 자원봉사 인식제고프로그램 운영, 그리고 현재 일본 내 자원봉사의 일반적 상태에 대한 연구보고서를 발간한다.

사회복지협의회는 1977년 이래 초·중·고등학교들을 '자원봉사협력교'로 지정하여 학생들의 자원봉사운동을 펴 왔으며, '복지마을 만들기' 사업도 펴고 있다. 1970년대 자원봉사의 특징이 사회복지시설이나 기관 중심의 자원봉사였다면, 1980년대 이후부터 재가복지 분야 중심으로 활동이 바뀌면서 '복지마을 만들기' 사업이 전개되고 있다. 그중의 하나가 자원봉사자(volunteer)와 이상향(utopia)의 합성어인 볼런토피아(voluntopia)사업이다.

1985년에 시작된 볼런토피아는 지역사회복지를 목표로 한 자원봉사활동이며, 정부에서 2년 계약으로 보조금을 지급하고 있다. 1993년까지 612개 시·구·정·촌에서 '만남의 마을 만들기' 사업을 전개했고, '만남의 복지터'를 설치하여 주민들의 다양한 요구에 응하고 있으며, 지역복지기금도 설치하고 있다. 현재 일본에는 도·도·부·현, 시·구·정·촌까지 4천 개의 사회복지협의회가 있으며, 그 중 2,500개소의 자원봉사센터가 있는데 자원봉사자들의 75%가 여성이고 40~50대 남성들의 참여가 저조한 반면 정년을 앞둔 남성들이 자원봉사활동에 참여하기 시작하는 것으로 나타나고 있다.

사회복지협의회의 전국적인 조직인 전국자원봉사활동진흥센터는 1975년 사회복지사업법에 의해 전국사회복지협의회 내에 설치되었던 중앙볼런티어센터가 1977년에 전국자원봉사활동진흥센터로 개칭된 것이다. 이러한 전국자원봉사활동진흥센터의 주요 기능은 전국적인 홍보와 정보제공 및 자원봉사센터 담당자 양성(연수)이다. 따라서 자원봉사자와 자원봉사자를 필요로 하는 수요처와의 연결이나 자원봉사자를 교육하는 기능은 수행하지 않고 있다.

도·도·부·현 자원봉사센터는 중간 단위의 자원봉사센터로서 도·도·부·현 단위의 홍보와 정보제공 및 시·구·정·촌 자원봉사센터에 대한 상담 및 자원봉사 스태프의 교육과 훈련을 실시하고 자원봉사와 관련된 조사와 연구를 수행한다. 이밖에도 시·구·정·촌의 특색에 따라 업무지역에 위치한 자원봉사센터는 기업의 자원봉사활동 참여를 위한 연계망을 구축하는 등 그 지역의 특성에 적합한 자원봉사활동을 벌이고 있다. 1990년 10월부터 자원봉사활동에 참여하는 사원을 위한 유급휴가제를 마련해 놓고 있으며 이러한 분위기는 전국적으로 확산되고 있다.

4) 오스트레일리아

(1) 관련법

오스트레일리아의 자원봉사활동은 민주양당체제를 배경으로 시작되었다. 군소정당들은 지배적인 두 당 중 하나를 선택하고 있다. 현재 집권한 자유/국민연립당은 보수우익이며, 야당인 노동당은 좀더 평등하고 좌익 성향인 것으로 알려져 있다. 중앙정부 외에도 (준)주 정부, 시 차원에서 운영되는 지방정부 네트워크가 있고 자원봉사 관련법이 마련되어 있지 않은 실정이다.

(2) 행정전달체계

오스트레일리아는 영국의 식민지였으므로 자원봉사에 있어서도 영국의 영향을 많이 받았다. 오스트레일리아에서의 자원봉사활동은 지역사회와 자원봉사자에게 이익을 주는 NPO나 프로젝트를 통해 발생하며, 자발적으로 금전적 보상 없이 수행되는 활동이라고 정의할 수 있다. 이 정의는 오스트레일리아 자원봉사단체의 대표격인 '호주자원봉사회(Volunteering Australia)'의 '자원봉사활동의 원칙(Principles of Volunteering)'에 기초한 것이다. 이는 자원봉사활동이 금전적인 면에서는 무급이지만 자원봉사자와 자원봉사활동이 수행되는 기관, 그 기관을 이용하는 고객에게는 부가가치를 지닌다는 것이다. 자원봉사활동은 유급활동을 보충하는 것일 수는 있지만 유급활동을 대신해서는 안 된다. 자원봉사센터들은 한 단체를 위한 주당 최고 활동시간을 16시간 이하로 권장하고 있는데 이것은 서로에 대한 의무나 의존의 가능성을 피하기 위한 것이다.

오스트레일리아 전역에는 농촌소방대(Rural Fire Brigades), 국가응급구호서비스(State First Aid Services), 사랑의 도시락(Meals on Weels), 해변감시와 인명구조서핑단(Coast Guard & Surf Lifesaving), 적십자, 세인트존스 응급구조단(St. John's Ambulance), 구세군, 미션 호주(Mission Australia) 등 많은 자원봉사자들을 모집하는 단체들이 있다. 공식적으로 인정되지는 않았지만 정치적으로 자원봉사시간은 국가예산에 큰 영향을 끼친다. 유급·무급직원을 고용하는 3만 2천 개의 단체에서 활동한 자원봉사자들은 연간 3억 7천 4백만 시간을 기여하여 최소한 40억 달러(US$)를 절약하였다. 정치인들은 정부지원사업만으로 자원봉사자들의 지역사회 기여를 대신할 수 없다는 것을 잘 알고 있다. 사회경제적 관점에서 자원봉사활동은 필수적인 시설과 서비스의 질을 유지하는 데 드는 비용을 절감해 주고 있다. 자원봉사자들은 사회의 보건의료나 사회복지비용 혹은 개인적 재가보호비용들을 절감해 주고 있어 사실상 자원봉사자들은 지역사회의 복지뿐만 아니라 자신의 복지에도 기여하고 있는 셈이다.

(3) 재정

복지 분야에서 활동하는 자원봉사활동 부문들은 실질적인 수입을 만들어 낼 수 없으므로 대부분의 단체들은 50% 이상의 재정을 정부에 의존하고 있다. 현재 오스트레일리아 정부의 정책은 강력한 지역사회 형성을 지원하며, 이런 점에서 정부, 기업, 지역사회단체들 간의 성공적인 파트너십 형성을 강조하고 있다.

(4) 조직

오스트레일리아에는 지역사회생활의 모든 방면에 기여하는 40만 개 이상의 단체들이 있다. 자원봉사자들은 지역사회를 위한 봉사활동에 집중하는 정부기관뿐만 아니라 NGO에서도 활동하고 있다. 자원봉사활동의 전통은 수천 년 동안 상호부조의 정신에 따른 사회 네트워크 내에서 전통적으로 서로를 도와 온 오스트레일리아 원주민들에 의해 시작되었다. 그보다 좀더 형식을 갖춘 자원봉사활동은 1788년 초 백인 정착 시절에 나타난 이웃돕기활동에서 시작되었으며, 이후 1813년 '뉴사우스웨일스 자선회(Benevolent Society of New South wales)'가 탄생하게 되었다. 이 단체의 목적은 여성과 아동의 빈곤을 퇴치하는 것이었다. 작고 외딴 지역사회에서 낮은 수입과 낯선 환경을 극복하고 살아남아야 했던 초기 이주민들에게 가난한 이웃을 위한 자원봉사활동은 꼭 필요한 것이었다.

점차 사회체제가 확립되고 정부의 역할이 증가하면서 오스트레일리아의 자원봉사활동은 종교와 자선단체의 지원을 받는 '보호모델(care model)'에 기초를 두었다. 그러나 이제는 불우한 이웃에 대한 동정만이 아닌 공익(common interest)에 대한 관심이 자조단체들과 사회개혁 및 행동주의단체, 문화보존단체 등을 포함한 오스트레일리아의 많은 자원봉사활동을 이끄는 원동력이 되고 있다. 그 결과 자원봉사를 하고자 하는 사람들에게 다양한 자원봉사활동을 선택할 기회를 열어 주게 되었다.

오스트레일리아에서 전국자원봉사센터격인 자원봉사활동의 대표기구는 '호주자원봉사회'이다. 이 단체는 각 주와 준주의 자원봉사센터들을 회원으로 두고 있다. 1996년 이 단체는 10년의 역사를 거쳐 전국적인 자원봉사기구로 변모하였다. 이 단체의 주요 역할은 자원봉사를 위한 정책 개발과 자원봉사관리를 위한 기준을 관리 감독하는 것이다. 또한 이 단체는 주 자원봉사센터들이 제안하는 자원봉사프로그램을 수행하며, 전국적인 중심기지로서의 역할을 담당한다.

각 주(혹은 준주)는 그들이 지역 내 자원봉사센터 및 회원단체를 아우르는 서비스를 제공하는 주(혹은 준주) 차원의 중앙기구를 가지고 있다. 예를 들어 뉴사우스웨일스에 있는 'NSW자원봉사회(Volunteering NSW: VNSW)'는 자원봉사자들을 배치하고, 자원봉사서비스를 사용하는 단체들에게 자문을 제공하며, 자원봉사자들의 이익을 보호, 자원봉사프로그램 관리자들과 조정자들을 위한 훈련과 교육을 제공하기 위해 세워졌다. VNSW는 주 전체를 위한 광범위한 자원봉사 진흥프로그램을 가지고 있는 한편 지역사회 차원의 자원봉사활동을 위한 구심점 역할을 하는 자원봉사센터와도 독특한 파트너십 관계를 맺고 있다.

오스트레일리아의 자원봉사활동의 성과라 할 수 있는 것으로 자원봉사관리학교(School of Volunteer Management)의 설립과 자원봉사관리에 관하여 인정받은 교육과정 개발을 들 수 있다. VNSW에 의해 운영되는 이 교육과정은 자원봉사관리자와 조정자들에게 수료증을 주고 학점을 인정받는 훈련을 제공함으로써 자원봉사관리에 관한 체계적인 교육과 훈련의 기초를 마련하는 계기가 되었다. VNSW는 '아시아·태평양 자원봉사관리학교(Asia Pacific School of Volunteer Management: APSVM)'를 세워 자원봉사관리 국제 수료증을 수여하고, 이 교육을 아시아와 태평양 지역으로 확대했다. 아시아·태평양 자원봉사관리학교는 정부단체와는 독립적으로 활동하고 있으며, 각 나라에 있는 '자원봉사관리실습(Diplome of Volunteer Management Practise)'과 연계하여 각 나라별 환경에 맞는 교육과정을 개발하고 있다. 2000년 6월 리스본에서 열린 '유럽-아시아 시민사회회의(Europe-Asia Civil Society Summit)'에서는 아시아·태평양 자원봉사관리학교의 모델을 더욱 개발하여 '자원봉사관리연구소(Institute of

Volunteer Management)'로 성장할 수 있도록 요청받기도 하였다. 이것이 추진된다면 이 연구소는 자원봉사에 관한 연구활동을 하고, 정보를 제공하며, 아시아와 유럽 지역에서 자원봉사와 관련한 자문, 교육, 훈련 등의 역할을 담당하게 됨으로써 국내 및 국제적 서비스를 감당할 수 있게 될 것이다.

(5) 인력

오스트레일리아 자원봉사전국센터는 2001년 자원봉사자들이 참여하는 비영리단체의 국가표준을 개발하였는데, 정책과 과정, 관리책임, 모집, 활동과 활동장소, 훈련과 개발, 서비스 전달, 문서화 및 기록, 지속적인 개선 등 8개 분야로 구분하였다. 이 매뉴얼은 일선 실무자들이 표준과 얼마나 유사하게 일하는지, 표준보다 부족한 부분이 어떤 분야이고 얼마나 부족한지를 스스로 측정할 수 있도록 되어 있다. 그리고 실무자들이 기존의 관리방법을 버리고 표준을 쉽게 도입 실행할 수 있도록 2년여에 걸친 홍보와 활용교육을 실시하였다.

오스트레일리아에서는 호주자원봉사관리자협회(AAVA)와 아시아·태평양 자원봉사관리학교에서 자격증 과정을 운영하고 있었으나, 최근 호주자원봉사전국센터는 전국자원봉사기술센터를 개설하고 자원봉사관리자 자격증과정을 시행하고 있다.

이와는 별도로 자원봉사관리자 자격과정은 Onkaparinga Institute of TAFE에서 개발하였으며, 일반 수료증과정은 870시간, 자격증과정은 505시간, 고급 수료증과정은 1,025시간 이상 등으로 구성되어 있다.

5) 국가별 행정지원체계 비교

이상에서 살펴본 바와 같이 각 국가의 자원봉사제도 및 법규를 다시금 정리해 보면 다음의 〈표 4-2〉와 같다.

표 4-2 각국의 자원봉사제도 및 법규

구분		영국	미국	일본	오스트레일리아
자원봉사체제	개관	▸각 지방정부가 독자성을 갖고 자원봉사 진흥 추진 ▸정부와 단체 간 계약에 따라 지원	▸정부가 앞장서 자원봉사활동육성지원 ▸각 단위의 정부는 단체들의 프로젝트에 따라 공개경쟁 지원 ▸국가와 민간, 기업이 모두 적극적으로 참여	▸처음부터 정부주도 육성 ▸사회복지, 자원봉사 단체의 조직, 재정 지원 ▸자금은 조직지원 방식 – 정부지원에 지방자치단체 예산부담 지원	▸지역사회와 자원봉사자에게 이익을 주는 NPO나 프로젝트를 통해 발생 ▸강력한 지역사회형성을 지원하기 위해 정부, 기업, 지역사회단체들 간의 성공적인 파트너십 형성 강조
자원봉사체제	정부지원체계	▸ACU(내무성 산하) ▸내무부 내 자원봉사과(Volunteer Service Unit) ▸PIU(내각 사무처 산하) ▸보조금, 계약, 조세감면	▸CNS(국가 및 지역사회봉사단) – Ameri Corps 등 ▸각 주 자원봉사국 전국자원봉사연합	▸후생성의 사회·원호국 지역복지과 문부성 ▸보조금, 조세감면 (재정적 지원) ▸민생위원제도 (제도적 지원)	
자원봉사체제	민간추진체계	▸NCV (국가자원봉사센터) ▸NAVB (자원봉사센터연합회) – 지역센터: 400개소 ▸NCVO (자원봉사단체협의회) – 회원단체: 2,700개	▸POLF(촛불재단) – 자원봉사센터 지원 – United Way of America(전미공동모금회) – 2,600회원 단체 ▸V.C.(지역센터) – 500개소	▸전국사회복지협의회 ▸전국자원봉사활동진흥센터 – 도·도·부·현 자원봉사센터 – 시·구·정·촌 자원봉사센터 3,400개소 ▸JYVA (일본청년봉사협회)	▸호주자원봉사회 (Volunteering Australia) – 각 주(준주)의 자원봉사센터를 회원으로 둠 ▸NSW 자원봉사회 (Volunteering NSW: VNSW) – 자원봉사자 배치, 자문, 봉사자 이익 보호, 프로그램 관리 등 – 자원봉사관리학교의 설립 및 교육과정 개발
자원봉사 관련법		▸직접적인 자원봉사관련법은 존재하지 않음. 단, 개별법(Human Right Act, Charities Act) 등이 간접적인 근거법임. ▸자선법: 자선위원회	▸NCS Act, 1990 – POLF 설치 – 학생, 청소년 봉사 초점 – 재정지원, 생계수당, 학자금 지급 ▸NCST Act, 1993	▸특정비영리활동촉진법 – 자원봉사단체의 법인화 촉진 – 특정비영리활동법인 설립기준 제시 수익사업, 조세감면 ▸자원봉사 관련법을	▸자원봉사활동 촉진제도(Voluntary Work Initiative: VWI, 1997) – 실직자들을 자원봉사 활동에 참여 ▸자원봉사활동지원법(안) ▸지방자치단체의 자원

	▸ 등록 단체 감독 및 모금허가와 조세감면 규정 ▸ 인권법: 자원봉사자 상해보험, 손해보험 규정 ▸ 신상자료보호법: 자원봉사자 사생활 보호 ▸ 직장안전관리법, 자원단체법 등	– CNS 설립 Ameri Corps, National Senior Service Corps, Learning and Service America	추진 중이나 사회복지사업법을 통해서 국가는 주민의 자원봉사활동에 대해 재정적 지원을 함	봉사 관련 조례
예산	▸ 연방지방정부의 보조금, 회원들의 회비, 기부금, 정부와의 계약 프로젝트 수입금, 각종 재단이나 공동모금에서의 후원금, 기업의 기부금, 자체 수익금 등 ▸ 정부, 기업 50%씩	▸ 중앙 및 지방정부의 보조금, 정부사업의 지원금, 기부금, 회원의 회비, 상품판매, 대여사업 및 투자로 인한 수익금, 재단과 공동모금회로부터의 후원금 등	▸ 공적보조금, 기부금, 사업수입 등 ▸ 정부보조금 30% 정도	▸ 50% 이상을 정부에 의존
가치	▸ 상부상조	▸ 이타주의에 의한 남을 위한 헌신이나 희생이 아니라 시민의 책임이고 의무라는 사상이 지배적		▸ 상호부조

6) 외국과 우리나라 행정지원체계 비교 분석

우리나라 자원봉사 인프라의 강점과 선진국들이 가지고 있는 강점들을 비교하면 〈표 4-3〉과 같이 정리할 수 있다.

표 4-3 외국과 우리나라 행정지원체계 비교 분석

<table>
<tr><th colspan="3">구분</th><th>미국</th><th>영국</th><th>일본</th><th>한국</th></tr>
<tr><td colspan="3">자원봉사활동기본법</td><td>O</td><td>X</td><td>X</td><td>O</td></tr>
<tr><td colspan="3">국가기본계획</td><td>X</td><td>X</td><td>O</td><td>O</td></tr>
<tr><td colspan="3">전국자원봉사(단체)협의회</td><td>X</td><td>O
(NCVO)</td><td>O
(전사협)</td><td>O
(한봉협)</td></tr>
<tr><td colspan="3">전국자원봉사센터(협회)</td><td>O
(POLF)</td><td>O
(VE)</td><td>O
(전사협)</td><td>O
(중앙센터)</td></tr>
<tr><td rowspan="8">중앙
부처
지원</td><td colspan="2">총리실</td><td>O</td><td>O</td><td>X</td><td>O</td></tr>
<tr><td colspan="2">행정안전부</td><td>O</td><td>O</td><td>X</td><td>O</td></tr>
<tr><td colspan="2">보건복지부</td><td>O</td><td>O</td><td>O</td><td>O</td></tr>
<tr><td rowspan="2">교육부</td><td>대학</td><td>O
(캠퍼스 컴팩/
국가봉사)</td><td>X</td><td>X</td><td>O
(대사협)</td></tr>
<tr><td>중등</td><td>O</td><td>X</td><td>O</td><td>O</td></tr>
<tr><td colspan="2">여성가족부 (청소년)</td><td>O</td><td>O</td><td>O</td><td>O</td></tr>
<tr><td colspan="2">외교부</td><td>O</td><td>O</td><td>O</td><td>O</td></tr>
<tr><td colspan="2">문광부/법무부</td><td>X</td><td>X</td><td>X</td><td>개별지원</td></tr>
</table>

출처: 이창호 외(2011).

CHAPTER

05

자원봉사 참여자별 특성

1. 청소년 봉사자
2. 대학생 봉사자
3. 청년세대 봉사자
4. 중년여성세대 봉사자
5. 베이비붐세대 봉사자
6. 노인세대 봉사자
7. 가족 봉사자
8. 종교단체 봉사자
9. 기업 및 직장인 봉사자
10. 기타

VOLUNTEERISM

Chapter 05

자원봉사 참여자별 특성

1 청소년 봉사자

1995년 봉사활동시간이 종합생활기록부에 기록되면서 청소년에 대한 봉사활동의 관심이 높아지게 되었으며, 자원봉사활동을 통해 어려운 이웃을 돌아보는 성숙한 시민의식과 더불어 사는 공동체의식을 심는 계기가 마련되었다. 특히 청소년기에는 가치관과 인성이 형성되는 시기인 만큼 봉사활동을 통한 인성교육이 가능하다. 마치 가정이나 가사 과목이 그저 지식에서 그치지 않고 실생활에 접목되도록 하기 위해 실습시간을 두는 것처럼 도덕 혹은 윤리교육의 실습시간이 봉사활동이라고 보면 되는 것이다.

그러나 청소년 사회봉사활동의 의무화는 아직도 봉사의식이 부족한 상황에서 제도가 실시되어 상당한 문제점을 가지고 있다. 그 이유는 입시위주의 교육환경에서 의무적·형식적 활동으로 치우치는 경향이 점점 더 강해지고 있기 때문이다. 제대로 봉사할 수 있는 기관이 적은 데 비해 학생 수가 너무 많고, 학생들 또한 시간을 채운다는 의식 속에서 봉사활동에 참여하고 있다.

또한 자원봉사 수요기관에서도 청소년들에 대한 통제가 쉽지 않고 업무수행능력이 떨어지기 때문에 봉사활동 참여를 원하지 않는 경우가 많으며, 대충 봉사활동시간만 채워 주려는 형식적인 인식으로 청소년들의 봉사활동은 아직도 정착되지 못하고 있다.

최근 들어 입학사정관제에 의한 대입시험이 치러지면서 봉사활동에 대한 중요성과 필요성은 증대되었지만 거짓 봉사활동확인증을 걸러낼 수 있는 정확한 제도적 장치와 의식변화를 위한 시스템은 제대로 갖추어지지 못한 상황이다. 청소년봉사활동에 참여하는 학생들은 크게 세 부류로 나누어볼 수 있는데, 첫째, 종합생활기록부에 기입되어야 하는, 그래서 봉사시간확인증이 필요한, 다소 강제적 청소년, 둘째, 고입 혹은 대입(입학사정관제)에 필요한 일종의 스펙을 쌓는데 봉사활동이 필요한 청소년, 셋째, 봉사활동에 대한 관심과 이타적인 욕구를 가지고 적극적으로 참여하는 청소년으로 나누어볼 수 있다.

청소년들의 봉사활동은 아직 책임감이 부족하고, 클라이언트에 대한 이해가 제대로 형성되어 있지 못하며, 시간 때우기식의 봉사활동이 되고 있어 봉사 수요기관에서도 상당한 부담을 가지고 있는 경우가 많다. 하지만 청소년들에 대한 봉사활동은 단순히 그 활동에 대한 효과성 여부를 떠나 미래의 성숙한 사회인을 양성한다는 의미의 장기적인 안목이 필요하며, 단순 소비의 개념을 떠나 투자의 개념으로 보아야 할 것이다. 자원봉사활동을 통한 리더십과 추진력, 사회성을 계발할 수도 있으며, 의사결정과정에의 참여를 통한 민주성을 함양할 수 있다. 청소년의 욕구와 태도, 이슈에 대한 정확한 이해에 대한 노력은 청소년 자원봉사자를 가치 있는 자원으로 인식함과 동시에 무능한 존재가 아님을 인식하는 것에서부터 출발한다. 그러므로 청소년들의 봉사활동은 그 활동 자체보다도 봉사교육에 초점을 두어야 하며, 청소년기의 특성과 청소년 봉사활동의 특성을 살린 다양한 프로그램을 개발하여 청소년들의 참여를 독려할 필요가 있다.

또한, 중·고교-대학-기업 연계망을 구축할 필요가 있다. 대학이 앞장서서 사회봉사 교양교육을 실시하여 중·고교 사회봉사활동을 대학입시전형에 반영할 수 있는 길을 열었다. 이어 기업은 대학사회봉사 경력을 입사전형에서 우대하고 사회봉사에 적극 참여하는 모습을 보임으로써 대학생 및 시민들의 자원봉사 확산에 기여하였다. 이렇게 형성된 중·고교-대학-기업의 연계망이 흐트러지지 않고 튼튼한 제도화로 정착되도록 각 부문의 내실화 작업이 이루어져야 할 것이다.

그러므로 청소년봉사활동에 대한 관점을 제공자적 시각에서 수요자적 시각으로 바꾸어볼 필요가 있다. 강제적 시간이수의 양적평가를 주로 수행해 왔던 학생관점에서 인성개발과 자기성장이라는 청소년의 발달과업적 봉사활동활동으로 변화해야 한다는 것이다.

표 5-1 청소년봉사활동의 관점의 변화

제공자적 시각	수요자적 시각
▪ 학생적 관점 ▪ 봉사활동에 대한 시민적 의무 혹은 윤리적 책무 강조 ▪ 직접봉사 ▪ 강제적 필수 수행과정 ▪ 양적평가	▪ 청소년적 관점 ▪ 청소년의 발달과업 성취(자아정체성, 진로성숙, 사회성증진 등) ▪ 인성교육 ▪ 간접봉사 및 시민행동: 자기주도적 봉사활동 ▪ 자발성 강조 ▪ 질적평가
▪ 자발성문제 ▪ 교육문제 ▪ 동아리 활성화문제 ▪ 지역사회연계문제 ▪ 지원인프라문제	▪ 입시위주의 틀 속에서 봉사시간의 부재 ▪ 봉사활동 가능기관 및 프로그램의 부재(일회성 봉사활동 위주) ▪ 봉사활동의 의미에 대한 제한적 인식, 구체적 실천방법 및 기술의 부족

또한 봉사학습으로서의 청소년봉사활동은 준비(계획 및 사전학습) ⇒ 활동(봉사실천) ⇒ 평가(반성 및 피드백) ⇒ 칭찬(격려, 축하)의 절차를 갖추어야 한다. 학교 교육과정에 의한 봉사활동은 사전교육(강사지원) ⇒ 봉사활동 연계 및 프로그램 구성 ⇒ 현장배치 및 봉사실행 ⇒ 반성 및 평가(소감문 및 활동일지, 토론) ⇒ 칭찬 및 축하(만족감 공유, 우수봉사자 선정 등)으로, 학교 교육과정 이외의 봉사활동(심화과정)은 다양한 봉사활동 정보 확보 및 제공(학생봉사활동정보센터, 청소년자원봉사활동정보서비스, 유스내비 및 지역사회기관 제공) ⇒ 준비 및

계획(사전계획서 제출, 주말 혹은 방학봉사활동) ⇒ 봉사활동 참여 ⇒ 평가(소감문, 활동일지, 평가회 및 피드백, 슈퍼비전) ⇒ 칭찬 및 격려(우수봉사자 시상 및 우수사례발표 등) ⇒ 자원봉사자로 성장할 수 있는 절차를 갖추어야 한다.

이를 위해서는 지역사회와 연계하는 '자원봉사진흥위원회' 구성을 통해 지역사회의 정부 및 민간에서 운영되는 자원봉사관련 단체 시설 기관 등을 협력기관으로 체결, 지역사회 자원개발, 홍보 및 네트워크 구축 등을 담당해야 하며, 학교 내에서 진행될 수 있는 봉사활동인 학교안전지킴이, 급식 및 우유배식활동, 환경도우미, 분리수거도우미, 교과목 도우미, 정화활동, 학교홍보도우미 등의 프로그램 개발도 필요하다.

자기주도적 봉사활동을 위하여, 간접봉사(저소득 및 이재민, 국제구호를 위한 모금 및 생활용품 지원, 바자회 및 벼룩시장운영, 도서수집, 위문편지쓰기, 온라인봉사, 음식만들어 도시락배달 등)와 시민참여 행동형태의 봉사활동(캠페인(교통, 안전, 인식개선, 공공질서, 인권, 에너지절약), 연구조사 및 모니터링, 시정요구 및 고발(환경, 청소년유해환경, 매체광고, 소비자보호), 청소년정책 건의 등)의 봉사활동이 활성화되어야 한다.

그리고 청소년들에게는 온·오프라인 활동공유를 통한 다양한 인정보상이 필요한데, 예를 들면 영국의 청소년봉사활동 사례인 Vinspired의 V프로젝트[1]를 들 수 있다. 한국의 Dovol시스템은 신청 및 관리의 편리성 강조한 것이라면 영국의 V프로젝트는 지속성과 질적인 봉사활동을 강조하는 것이라 할 수 있다.

청소년봉사활동에는 부모들의 관심이 무엇보다 필요하며, 청소년봉사활동 지원 전문인력을 배치하여 전문적으로 봉사활동을 계획, 안내, 지원할 수 있는

1) ■ 2006년 영국의 러셀위원회 권고사항으로, 자원봉사협의체 성격으로 설립
■ 16세~25세 청소년들의 봉사활동을 지원하기 위해 전국적인 청소년자원봉사서비스를 구축하여 자발적 참여로 개인적 성장발달 및 사회참여 기회 제공
■ 2백만 명 이상의 청소년이 500여 개가 넘는 자선단체 및 기업과 연계해 봉사활동의 기술과 경험을 습득, 1만 2천 명의 청소년자문위원들이 함께 봉사활동을 지원
■ 열정과 목표의식을 갖고 활동 가능한 포상제도 도입: 50시간 이상의 봉사활동에 도전하는 Vfifty award와 150시간 이상의 봉사활동에 도전하는 Vimpact award

전담요원이 확보되어야 한다.

2 대학생 봉사자

우리나라의 대학생활을 캠퍼스라이프(campus life)라고 부른다. 이것은 중·고등학교의 단일화된 교육시스템에서 벗어나서 스스로 선택한 진로에 맞추어 자신에게 필요한 과목과 다양한 활동을 새롭게 시도한다는 의미를 담고 있다. 최근 이러한 캠퍼스라이프에 첨가된 것이 바로 봉사활동이 아닌가 싶다. 봉사활동을 통해 자신의 자그마한 능력과 시간을 어려운 이웃과 나누는 삶을 경험하면서 가치관을 정립하고, 구체적이면서도 확실한 직업을 선택하게 되는 중요한 계기가 마련되었기 때문이다. 그래서 어떤 대학교는 이를 시간제로 학점화하여 운영하기도 하고, 봉사동아리를 양성화하여 봉사활동의 기회를 학생들이 많이 가질 수 있도록 지원하기도 한다.

대학생들이 봉사활동에 참여하는 동기는 다양하다. 어려운 다른 사람을 돕기 위한 것에서부터 자신의 발전이나 신앙적인 이유, 혹은 학점을 위해서이기도 하다. 여기서 중요한 것은 동기의 순수성을 논하기보다 직접적인 봉사활동 참여로 자신의 이기적 동기들이 어떻게 이타적 동기로 전환될 수 있는가 하는 것이다. 그러기 위해서는 봉사활동과정에 대한 명확한 이해가 필요하며, 그 속에서 올바른 봉사자로서의 자세를 갖추는 것이 필요하다.

봉사활동을 처음 하는 경우에는, 우선 어떠한 자원봉사활동을 선택하는 것이 좋을까를 결정해야 한다. 그동안 자신의 경험과 능력을 살려 선택하는 것도 좋고, 새로운 것을 선택해도 좋다. 새로운 봉사활동을 하고자 한다면 이에 대한 사전지식과 훈련을 습득해야 한다. 어떠한 봉사활동을 하는 것이 좋을지 궁금하다면 학교나 거주지 근처에 있는 자원봉사센터를 통해 안내를 받을 수 있다. 전국 기초지방자치단체에 자원봉사센터가 설치, 운영되고 있기 때문에 전화나 직접 방문, 홈페이지 등을 통해 자세한 정보를 얻을 수 있다. 봉사활동 내용이 선정되면 어떠한 봉사활동지에서 활동할 것인지를 결정해야 한다. 이 또한 자원봉사센터에서 자원봉사기관이나 단체의 리스트를 받을 수 있으며, 선택이 곤란한 경우는 담당직원을 통해 추천받을 수 있다. 활동지가 정해지면 우선 활동기관을 직접 방문하여 자원봉사활동 신청서를 작성하고, 신청상담을 받아야 한다. 신청상담에서는 본인의 기본적인 인적사항과 희망사항, 욕구 등을 설명하고 기관으로부터 필요한 사항에 대한 내용을 들을 수 있다.

신청 후 일정한 선발기준에 의해 봉사자로서 활동이 가능하다는 통보가 있으면 오리엔테이션에 참여해야 한다. 봉사활동에 처음 참여하는 자원봉사자에게는 필수과정이며, 자원봉사활동의 기본 개념과 봉사활동내용 소개, 봉사자의 자세, 봉사활동 시의 유의사항, 봉사조직의 운영방법 등의 내용을 포함한다. 오리엔테이션 이후 구체적인 봉사활동에 필요한 직무교육이 이어지며, 이어서 활동배치에 임하게 된다. 활동배치는 주로 봉사자의 욕구와 희망, 여건 및 일정에 따라 이루어지며, 활동배치에 불만이 있다면 언제든지 관리자와 상담할 수 있다. 활동에 참여하면서 봉사자는 기쁨과 보람, 긍지를 느끼게 되고, 자신의 작은 정성이 도움을 필요로 하는 수혜자나 지역사회에 얼마나 큰 보탬이 되는지 느낄 수 있게 된다. 이러한 봉사활동은 자원봉사기관이나 단체에 의해 활동 실적으로 누적되며, 언제든지 인증을 받을 수 있다. 그리고 주기적인 슈퍼비전을 통해 본인의 봉사활동에 대한 평가를 받게 되며, 보다 나은 봉사활동이 될 수 있도록 지원받게 된다. 이러한 과정을 통해 봉사활동은 손쉽게 우리의 어려운 이웃을 돌보는 값진 활동으로 자리 잡게 되는 것이다.

3 청년세대 봉사자

청년기는 30~40세 전후의 직장인의 개념으로 이야기할 수 있는데 현재의 상황에 충실하며, 합리적인 판단과 자신의 관심과 능력에 관심을 갖는다. 30~40대의 대부분은 가장이며 생계를 책임지는 생활인이다. 가정과 자녀교육을 고민하고 있으며, 직장과 사회에서는 중추세력의 몫을 하고 있다. 효율적인 인적 네트워크의 교류가 가장 활발한 연령층으로 가족의 생계유지, 사회적 관계의 유지뿐만 아니라 자신의 생활 전반에 영향을 미치고 있다. 직업적 성취도가 최고조에 이르며 직업 전환을 해야 하는 가능성 또한 함께 공존하는 시기이다. 즉, 직업적 성공의 기회이기도 하지만 직업을 바꾸어야 하는 위기상황에 직면하기도 한다는 것이다.

따라서 전문성을 강조하거나 합리성을 원하는 이들을 자원봉사활동으로 끌어들이는 것이 매우 어려운 일처럼 보이나 각종 제도적인 유인책을 통하여 자원봉사활동을 수행할 수 있는 길을 열어 준다면 합리적으로 대응할 것이다. 즉, 자원봉사활동 경력에 대한 인사고가의 반영, 시간의 합산을 통한 각종 세금과 편의제공 등이 이루어진다면 청년세대의 적극적인 참여를 이끌어 낼 수 있을 것이다. 이를 위해서는 이들의 욕구를 이해하고 이에 대한 자극이 필요하며, 자기지향을 타인지향으로 바꿀 수 있는 기회를 제공, 참여기회를 확대할 필요가 있다.

4 중년여성세대 봉사자

중년세대의 여성은 자신의 삶을 회고하는 시간을 가지면서 허무감을 느낀다. 인생의 의미를 살릴 수 있는 기회를 필요로 하며, 건전한 여가활용을 위한 관심이 증가하는 시기로, 현재 가장 많은 자원봉사자로 활동하고 있는 대상이다. 중년여성의 시기는 쇠퇴해 가는 시기가 아니라 새로 시작하는 시기로 지금까지 어떠한 삶을 살았든 앞으로의 삶에 초점을 맞출 필요가 있다. 지금까지는 가족과 주변 사람을 위해 헌신한 삶을 살았다면 이제부터는 나를 위해 헌신하고자 한다. 다른 사람의 눈치를 보지 않고 나를 위해 시간과 노력과 돈을 투자할 필요가 있는 것이다.

이러한 이유로 자신에게 맞는 일을 찾고자 하는 여성들이 모이는 곳이 자원봉사활동이다. 내세울 수 있는 일은 아니지만 큰 어려움 없이 시작하는 데 자원봉사활동이 최적이라고 할 수 있기 때문이다. 봉사활동을 통해 삶에 새로운 방향을 설정하고, 자신의 존재를 가족에서 벗어나 사회 속의 존재로 넓혀감으로써 자신의 손길을 기다리는 이웃과 지역사회가 있다는 것에 만족을 느낀다. 이러한 과정은 지역사회의 문제를 찾아 해결하는 대변자의 역할뿐만 아니라 지역의 자원을 연결하는 중개자, 지역 내 대상 간의 갈등을 조정하는 중재자의 역할도 담당하게 한다.

5 베이비붐세대 봉사자

베이비부머는 1955년에서 1963년에 출생한 인구집단으로, 인구 수는 720만 명이고 전 인구의 14.7%를 차지하고 있다. 베이비부머라는 용어가 등장하게 된 이유는 향후 10년 이내에 이 인구집단이 대량의 노인인구로 진입하여 국가의 고령화 추세를 강화하고, 복지수혜 대상자를 증가시키기 때문이다. 즉, 복지지출비용의 증가이자, 국민의 복지재정 부담의 악화를 의미하게 된다.

베이비붐세대들은 유년기(1950년대)에는 절대빈곤의 시대를 경험했고, 10대와 20대(1960~1970년대)에는 권위주의 정치체계하에서 생활 및 부족한 고등교육 기회로 격심한 경쟁을 치렀다. 30대와 40대(1980~1990년대)에는 경제성장의 주역이었으나 IMF와 경기침체 등으로 경제활동의 타격을 받았고, 50대 이후(2000년 이후)에는 명예퇴직 및 젊은 예비노인으로 생활하는 삶을 살아가고 있다.

삼성경제연구소에서 제시하고 있는 베이붐세대들의 특징은 우선 일 중심의 삶을 살고 있다는 점이다. 휴일 근무와 초과 근무를 당연하게 여기며, 여가생활이 거의 없는 삶을 살았던 세대이다. 그리고 윗세대와 아랫세대에 대한 경제적 책임을 가지고 있다. 소비지출 내역 중 부모의 생활비와 자녀의 교육비가 큰 부분(자녀의 결혼비용까지 부담)을 차지하며, 부모는 부양했지만 자식에게는 덜 의존하는 상황이다. 또한, 30~40대부터 건강보험을 실시하고 50대부터는 의무건강검진 실시, 그리고 의료기술의 발달 등으로 인해 평균수명이 늘어나 건강한 노인상태로 20~30년 이상 생활이 가능하게 되었다. 따라서 건강에 대한 많은 관심이 많아 육체적 건강뿐만 아니라 정신적 건강도 중요하게 인식한다.

이 베이비붐세대는 노인에 대한 복지서비스의 다양화로 복지혜택의 범위가 확대됨에 따라 향후 노인돌봄서비스에 대한 기대가 높은 편이다. 동시에 소득보장에 대한 관심이 높아 스스로를 중간층 이하라고 인식하는 등 향후 미래에 대한 불안감을 가지고 있다. 노후준비는 주로 연금에 의존하지만 불입하지 못하는 경우가 12.3%이자 미가입율이 35.8%으로 저소득 노인들이 많아지고 있는 상황이다.

베이비붐세대들은 2모작 인생에 대한 기대가 큰 편인데, 1모작은 경제활동 및 자녀양육, 부양을 의미하고, 2모작은 봉사 혹은 자기생활에 초점을 두는 생활을 의미한다. 자녀동거보다는 단독가구로 살기를 희망하는 비율이 높으므로, 식사준비, 청소 및 빨래 등의 가사를 직접 수행하지 않고 관련 서비스를 구매할 확률이 높아진다고 볼 수 있다.

베이비붐세대의 자원봉사활동 참여실태에 대한 연구에서, 현재 자원봉사활동 참여 인구는 7.3%로 교육수준이 높을수록, 소득수준이 높을수록 봉사활동 참여가 높아지는 경향을 보이고 있다. 500만 원 이상의 고소득자 중 10.8%가 봉사활동에 참여하며, 봉사활동 참여자 중 38.3%가 1년에서 5년 미만의 기간 동안 참여, 5~10년 사이의 기간 동안에 참여한 비율이 23.9%, 10년 이상 참여해 온 비율이 27.9%를 차지하고 있다. 봉사 참여율은 낮지만 일단 참여하면 일시적이 아니라 오랫동안 지속적으로 참여하고 있으며 이는 봉사활동 행위가 노후로도 지속될 가능성이 높음을 시사한다.

봉사활동 참여 빈도는 월 1회가 36.8%, 주 1회도 22.4%를 차지하고 있으며, 봉사활동에 참여하게 된 계기는 자발적으로 참여하게 된 경우가 52.3%, 주변인의 권유로 참여한 경우는 45%이다. 봉사활동 참여동기로는 여가를 보람 있게 보내기 위해서가 28.6%, 사회적 책임감과 의무감은 19.2%, 나의 능력활용이 13.8%, 자신의 성숙은 12.9%, 대인관계의 폭을 넓히기 위함은 11.2%, 새로운 경험이 10.3%로 주로 개인적인 이유에서 참여하고 있다. 향후 봉사활동 참여의사에 대한 조사에서는 56%가 자원봉사에 참여할 의사를 가지고 있으며, 남성보다는 여성의 참여의향이 높은 것으로 나타났다.

베이비부머에게 자원봉사활동이 필요한 이유는 고령자 혹은 노인이 아닌 장년으로서의 인식변화를 가져올 수 있으며, 사회공헌의 기회 확대를 통한 복지예산의 감소와 더불어 사는 사회분위기의 확대, 정신적 삶의 질 향상에 도움을 주기 때문이다.

그러므로 베이비붐세대의 봉사활동은 생활에 활력을 주고 의미 있는 삶을 살도록 해주는 원동력이 되도록 시스템을 구축해야 하며, 자원봉사활동이 노후로도 연결될 수 있도록 자원봉사활동을 독려하는 다양한 인센티브 및 사회적 시스템을 구축할 필요가 있다.

개인별 맞춤형 체계적인 노후설계(경제적인 측면뿐만 아니라 여가 취미, 자원봉사활동 참여 등)와 병행하여 전생애적인 봉사활동프로그램이 되어야 한다. 기업의 사회공헌 참여, 직장동호회 봉사활동 참여 경험이 은퇴 이후에도 계속될 수 있도록 연계하는 시스템도 필요하다. 또한, 베이비부머들은 대다수가 자녀와의 동거가 아닌 단독가구 형성을 희망하고 있기 때문에 친구 혹은 봉사단체회원들 간의 네트워크와 재미, 친목이 포함된 봉사활동이 필요하다. 여가를 재미있고 유익하게 보낸다는 느낌이 들 수 있는 자원봉사프로그램이 개발되어야 한다.

6 노인세대 봉사자

평균수명의 연장으로 노인인구가 가파르게 증가하고 있다. 2025년에는 평균수명이 84.2세로 연장되고, 65세 이상 노인인구가 20.3%로 초고령사회가, 2036년에는 30%, 2051년에는 40%를 초과할 것으로 예상된다. 본격적인 초고령사회로 접어들게 되면서 우리는 노인에 대한 개념을 다시금 생각해 보아야 한다. 특히 건강한 노인들의 수가 증가됨에 따라 사회적 참여의 요구를 수용하는 시스템이 더욱 필요하게 되고 바로 여기에 자원봉사영역의 중요성이 부각된다.

노인은 자원봉사서비스의 수혜자이면서 동시에 자원봉사자라고 할 수 있다. 산업화, 도시화, 핵가족화의 진전으로 노인을 돌보는 전통적 가족부양체계는 점차 허물어지고 있고, 노인단독세대가 크게 증가함에 따라 노인을 제대로 보호하기 어려운 가정이 늘어나고 있다. 이러한 시대적 배경에서 노인에 대한 자원봉사서비스를 필요로 하는 영역이 늘어나게 되고, 노인은 자원봉사서비스의 수혜자가 된다. 이와 반대로 활동적인 노인은 사회의 어두운 부분을 밝혀 주는 자원봉사자로서의 역할을 담당한다. 따라서 노인은 자원봉사 수혜자인 동시에 자원봉사자가 되는 것이다.

노인들은 자원봉사활동을 통해 더욱 건강해질 수 있다. 의료기술의 발달과 건강에 대한 관심이 커지면서 건강한 노인들이 더욱 건강해지는 방법으로 종교, 자원봉사, 동호회 등의 활동을 선호하고 있다. 정신적으로 건강한 삶이 신체적으로 건강한 삶을 영위할 수 있다는 명제를 몸으로 실천하는 것이 바로 자원봉사활동이다. 몸과 마음을 활발하게 움직임으로써 더욱 건강을 유지할 수 있고 노인들의 여가시간 또한 자원봉사활동으로 건전해질 수 있다. 사회생활에서 은퇴한 노인들은 가정과 사회로부터 역할이 줄어듦에 따라 여가시간이 늘어났다. 이러한 여가시간을 긍정적이고 생산적으로 활용할 수 있는 장이 마련되어야 하는데 이것이 바로 자원봉사활동이다. 자원봉사야말로 노인의 여가시간을 풍요로움으로 채우게 하는 영역이다.

노인들이 일생을 살아오면서 얻어진 다양한 사회경험과 전문적인 능력을 사회에 다시 환원할 수 있는 영역이 바로 자원봉사이다. 기술, 교육, 외국어, 문화 등의 분야에서 활동할 수 있으며, 젊은 시절 여유가 없어 시도하지 못한 부분 또한 자원봉사활동을 통해 전문성을 쌓아갈 수도 있다. 즉, 끊임없는 자기계발의 장으로서의 자원봉사영역은 더욱 넓어질 수 있다.

7 가족 봉사자

함께 살아가며 생활하는 사회의 가장 작은 단위인 가족은 인간이 접하는 최초의 사회적 환경이고, 인간에게 가장 친밀한 혈연집단으로 동거동재(同居同在)하며 생활을 영위한다. 오늘날 사회는 급격하게 변화되고 있으며, 그 변화 속에서 가족의 기능이 약화되고 있다. 가족의 기능 약화로 많은 가족이 병들어 가고, 병든 가족이 살아가고 있는 사회 또한 함께 병들어 가고 있다. 따라서 사회를 구성하는 최소 단위인 가족이 먼저 건강해지면 그 사회 또한 건강한 사회를 이룰 수 있다.

현대의 가정에서 발생하는 문제들은 가족 간의 대화시간이 부족해지면서 서로를 이해하지 못하기 때문에 발생한다. 대화의 부족은 가족구성원을 자기중심적으로 변하게 하고 가족 간의 유대감을 저하시킨다. 따라서 가족구성원 간에 자연스러운 의사소통과 유대를 강화시킬 수 있으며 결속도 다질 수 있는 시간이 필요하다. 바로 이러한 계기를 마련해 주는 것이 가족 봉사활동이다. 가족 자원봉사활동을 통해 자녀들은 누군가에게 필요한 사람이 된다는 책임감을 가질 수 있게 되고, 가족은 그 무엇보다도 값진 다양한 경험과 보람된 추억을 함께 만들어 갈 수 있다.

가족 전체가 봉사활동에 참여하려면 우선 가족구성원이 스스로 자원봉사를 해야 한다는 자발성과 봉사심을 갖는 것이 중요하다. 자원봉사의 동기에도 여러 유형이 있지만 가족 자원봉사의 경우에는 대가를 바라기보다 이타적 동기와 사회적 책임의식을 가지고 접근하는 자세가 절실히 필요하다. 어려운 이웃과 바람직한 지역사회를 만들기 위해 봉사활동에 참여한다는 것을 가족구성원 서로가 부각시켜 나가며 동기를 유발해야 한다.

가족구성원들이 봉사활동의 필요성을 논의하고 대상을 선정하여 일정과 구체적인 프로그램을 마련하는 과정에서 상호이해의 폭을 넓힐 수 있는 대화의 과정이 필요하다. 이러한 대화의 과정에서 다른 구성원들의 생각과 가치관을 이해할 수 있으며, 부모의 입장에서는 바람직한 인성교육 효과를 누릴 수 있다는 점을 부각시켜야 한다. 또한 이웃과 함께 하는 아이디어도 요구된다.

8 종교단체 봉사자

한국자원봉사문화의 연구조사에 의하면 자원봉사자의 69.2%가 종교를 가지고 있다고 한다. 이는 종교가 있는 사람들이 자원봉사에 훨씬 많이 참여하는 경향을 보여 준다(그림 5-1). 이것은 종교 자체가 더불어 사는 사회를 강조하는 교리를 가지고 있고, 종교단체를 통한 봉사활동 참여가 접근성을 쉽게 하기 때문으로 보인다. 구체적으로 개신교 35.5%, 불교 20.2%, 가톨릭 12.5%, 기타 1%, 종교 없음이 30.8%로 나타났다.

그러나 이 수치는 선진국 종교단체 소속자들의 활동 참여율보다 낮은 수치이다. 그리고 종교계 활동을 담당하는 전문인력이 부족해 종교적인 수단으로서의 자원봉사 영역에 머물러 있는 상황이다. 즉, 수혜자의 변화와 욕구충족을 위한 서비스제공이라는 차원이 아닌 제공자 측면에서의 만족과 종교적 전도에 초점이 맞추어져 있다는 뜻이다. 또한 각 종단 내 활동을 위한 수직적 조직체계는 마련되어 있으나 각 종단의 기초단위 조직 간 상호연계 및 통합을 위한 수평적 조직시스템 구축이 미약한 실정이다. 특히 자원조직과 단체, 수요처와의 연계가 잘 되어 있지 않고 종교계 안에서 관리자 양성이 되지 않는 것이 문제점으로 지적되고 있다.

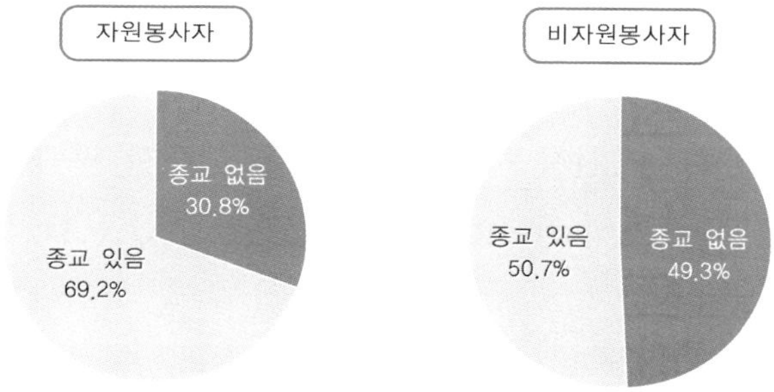

그림 5-1 자원봉사자의 종교분포

9 기업 및 직장인 봉사자

기업은 이익의 극대화를 지상목표로 삼고 경영한다. 이러한 기업이 사회에 대하여 책임을 져야 하는가 그렇지 않은가에 대해서는 여러 이론이 존재하고 있다. 기업은 이윤을 획득하기 위해 제품이나 서비스를 생산하고 판매하지만 그것이 어디까지나 법의 테두리를 벗어나지 않아야 하며, 한걸음 더 나아가 공정하고 합리적이며 도덕적인 바탕 위에서 영업활동을 전개해야 한다. 이것이 기업윤리이다. 또한 최근 들어 기업이 사회적 책임의 이름으로 봉사활동에 참여하는 경우가 있는데 기업의 사회적 책임을 어디까지로 규정하느냐 하는 것은 오랜 논쟁이 되어 왔다. 기업의 임무는 경제적 효율성에 있으므로 사회에서 요구하는 법과 윤리의 테두리 내에서 '이윤의 극대화'라는 것을 사회적 책임으로 정의하는 관점이 있는가 하면 본연의 임무인 이윤 추구 이외에도 사회의 여러 문제에 관심을 갖고 해결하는 데 참여하는 것이 사회적 책임이라고 보는 관점이 있다.

사회적 책임을 4단계로 구분하였을 때 1단계는 경제적 책임으로 기업은 사회의 기본적인 경제단위로서 재화와 서비스를 생산할 책임을 지고 있다는 것이다. 2단계는 법적 책임으로 사회는 기업이 법적 요구사항의 구조 내에서 경제적 임무를 수행할 것을 요구한다는 것이다. 3단계는 윤리적 책임으로 법으로 규정하지는 못하지만 기업에게 사회의 일원으로서 기대하는 행동과 활동들을 의미하며, 4단계는 자선적 책임으로 기업에 대해서 명백한 메시지를 갖고 있지 않지만 기업의 개별적 판단이나 선택에 맡겨져 있는 책임을 말한다. 사회적 기부행위, 약물남용방지 프로그램, 보육시설 운영, 사회복지시설 운영 등이 자발적 영역에 속하는 것이다.

우리나라에서는 기업이 자원봉사활동을 사회공헌이라는 이름으로 참여한다. 사회공헌활동이란 기업과 지역사회 간의 상호작용으로 기업이 지역주민과 지역의 여러 조직으로부터 좋은 이미지를 확보하고, 지역사회의 복지에 기여함으로써 명성을 얻게 되는 지역사회활동이라고 할 수 있다. 처음에는 사회의 산업화 과정에서 발생한 빈곤층의 사람들에 대해 '자선적 기부활동'을 전개하였고, 최근에는 기부활동영역이 교육, 환경, 복지 그리고 문화적 활동을 지원하는 활동으로까지 그 범위가 점차 확대되고 있는 추세이다. 이는 기업의 사회공헌활동이 경영 외적 활동이 아니라 경영의 중추적 기능으로 인식되고 있음을 반영하는 것이다. 특히 최근에 들어서는 재정적 기부활동뿐만 아니라 지역사회의 문제들을 해결하기 위하여 직접적으로 지역사회단체들과 관련을 맺으며 활동하는 경향이 많아지고 있다.

기업이 자원봉사활동 등 사회공익활동에 참여하는 이유는 여러 가지가 있을 수 있다. 기업의 이미지 제고라는 목적에서 행할 수도 있고, 직원들의 인성계발과 좋은 조직문화의 형성과 같은 인력 및 조직 개발의 차원에서 이루어질 수도 있다. 또한 자원봉사는 사회구성원이면 누구나 참여해야 한다는 도덕적이고 자선적인 차원에서 이루어질 수도 있으며, 지역사회와의 관계 증진 및 우호관계의 형성이라는 장기적인 경영 전략적 차원에서 이루어질 수도 있다.

이처럼 기업이 사회공익활동에 참여하는 이유는 매우 다양하지만 기업의 자원봉사가 기업에 주는 여러 가지 혜택에 대해 기업들이 긍정적으로 인식하게 되었다. 그에 따라 기업의 자원봉사활동의 중요성에 대한 공감대도 크게 확산되고 있으므로 기업 차원의 자원봉사활동은 점차 확대될 것으로 예상된다. 기업의 사회공헌활동은 기업의 이미지를 높이고, 소비자의 신뢰를 구축하며, 지역사회와의 유대강화에 도움을 준다. "기왕이면 사회공헌활동을 많이 하는 기업의 제품을 구매하겠다."는 소비자의 응답이 대다수인 것을 보더라도 기업의 사회공헌활동이 얼마나 중요한지 알 수 있다.

기업이 자원봉사활동에 참여하는 구체적인 이유를 정리해 보면, 우선 봉사활동이 소비자들에게 우호적인 기업이미지를 갖게 하고, 그 기업의 상품을 선호하게 하여 직접적으로 이윤 확대에 기여하기 때문이다. 또한 봉사활동은 직원 간 인화 및 인적자원을 개발하는 데 도움을 준다. 팀의 필요성을 깨닫고 '우리'라는 대상 가운데 '나' 자신의 역할을 찾는 기회를 가지며, 나아가 지도력과 자기계발의 훈련 기회를 갖도록 하기 때문이다. 그리고 기업의 자원봉사활동 참여는 직원들의 사기진작과 스트레스 해소 및 새로운 생활체험을 통해 자신 스스로에 대해 성찰의 계기를 갖게 하며, 임직원들의 자기가치감 향상에 도움을 준다. 임직원들에게 새로운 삶의 기술을 습득하게 하고, 새로운 사람들과 접촉하게 함으로써 성장의 기회를 제공한다. 그리고 기업의 봉사활동은 사회적 측면에서 기업이 가진 풍부한 자원들을 지역사회에 제공하여 지역사회의 발전에 기여한다.

기업은 풍부한 물적자원뿐만 아니라 다양한 기능을 가진 많은 우수한 인적자원을 가지고 있다. 따라서 기업의 자원봉사 참여는 다양한 인적자원과 물적자원을 지역사회에 제공하는 것이고, 그 결과 지역사회 발전에 이바지하게 된다. 복지사회의 욕구가 높아지고 있는 가운데 기업 또한 사회의 일원으로서 기업과 사회의 공동이익을 도모하기 위해, 사회에서 받은 이익의 일부를 다양한 방법으로 사회에 환원함으로써 기업의 사회적 책임을 다하고 보다 좋은 사회 환경을 만드는 데 기여한다.

기업의 자원봉사활동은 기업 또는 기업가가 직접적으로 사회참여활동을 수행하거나 기업재단을 통해 수행하는 등 다양한 형태의 기업연합단체를 통해 간접적으로 사회참여활동을 수행하게 된다. 이와 같이 기업의 역할에 대한 사회의 인식이 달라지면서 사회가 기업에 기대하는 책임의 범위는 점차 넓어지고 있으며, 나아가서 보다 적극적으로는 긍정적인 사회적 영향을 위해 재원을 사용하는 것을 요구하고 있다. 이러한 기업의 사회공헌활동은 기업과 사회가 이득을 얻는 상생의 효과가 있다.

국내 기업 사회공헌활동은 1960년대에는 자선적인 성격이 강조되었고, 1970년대에는 일부 기업재단이 설립되어 준조세 성격의 비자발적 기부는 증가하였으나 두드러진 발전은 없었다. 1980년대에는 민주화 시기를 거치면서 과거 장학재단 중심에서 사회복지에 중점을 둔 기업재단이 설립되기 시작하였다. 1990년대에 들어서는 지역사회문제에 대한 관심이 증대되었는데, 특히 1994년 이래 일부 언론사와 교육현장에서 이루어진 활동참여와 제도화 노력, 그리고 재해 시 구호 및 복구활동, 사회복지시설에서의 노력봉사 등이 활발하게 진행되었다. 이때 대기업을 중심으로 자원봉사단을 발족하고 사회공헌활동에 참여하기 시작하였다. 기업의 사회공헌활동에 대한 체계적이고 구체적인 실천은 1997년 IMF 경제위기 이후부터 시작되었고, 2000년대에는 공익연계마케팅, NGO 파트너십 등의 사회공헌 선진화 노력이 추진되고 있다. 특히 최근에는 중견기업으로까지 사회공헌활동이 확대되고 있는 추세이다.

최근에는 기업들은 사회적 가치, 공유가치, ESG의 이름으로 사회적 책임에 관심을 갖는다. 특히 ESG는 환경(Environmental), 사회(Social), 지배구조(Governance)를 함께 일컫는 말로, 환경은 기업이 환경 문제에 대해 적극적으로 대처할 수 있도록 하여 기업의 지속가능성을 높이고, 비즈니스의 장기적인 성장을 가능하게 하는 것이다. 사회는 기업이 사회 문제에 대해 적극적으로 대처할 수 있도록 하여 사회적 책임을 다하고, 고객의 신뢰와 지지를 얻을 수 있도록 하는 것이다. 지배구조는 기업의 지배구조가 투명하고 공정하게 운영되도록 하여 기업의 신뢰도와 존경도를 높이는 것을 가능하게 하는 것이다.

10 기타

1) 조기은퇴자

45세 정년이라는 말의 줄임말로 암울한 직장인들의 미래를 단적으로 표현하고 있는 '사오정'이나, 56세까지 직장에 있으면 도둑이라는 뜻으로 정년을 채우지 못하고 직장에서 내몰리는 직장인의 처지를 비유적으로 이르는 말인 '오륙도'는 노동시장의 유연화로 명예퇴직제에 의해 직장을 그만두어야 하는 사람들의 현실을 풍자한 용어들이다. 이들의 직업 상실에서 오는 외로움과 미래에 대한 막막함을 채워 줄 수 있는 기회로 자원봉사활동을 활용할 수 있도록 지원해야 한다. 그동안의 능력과 기술을 지속적으로 활용하게 함으로써 재취업으로 연결하려는 욕구에도 반응해야 한다. 또한 직업 단절에서 오는 생계의 어려움이 있을 수 있으므로 다양한 인센티브를 제공하여 경제적인 지원과 아울러 그동안 사회에서 받던 사회적 지위를 유지할 수 있는 활동에 참여하게 할 필요가 있다.

2) 사회봉사명령처분자

사회봉사명령(Community Service Order)은 유죄가 인정된 범죄자와 비행소년에게 형의 선고, 보호처분 또는 이에 수반하는 조건으로 일정한 기간 내에 지정된 시간 동안 무보수로 봉사활동이나 근로에 종사하도록 하는 것이다. 사회봉사명령은 단순한 집행유예보다 처벌효과가 크고, 범죄자에게 속죄의 기회를 줄 뿐 아니라 근로정신을 함양시키고 자존감을 회복시켜 건전한 사회복귀에 도움을 준다. 또 사회적으로 무보수 봉사로 공공의 이익을 증진시킬 수 있고, 국가적으로는 범죄자 구금에 따르는 예산을 절감할 수 있는 효과가 있다. 사회봉사명령이 비행 내지는 범죄자에게 가지는 교정효과는 첫째, 사회적 책임성의 고취, 둘째, 다른 봉사자들과의 접촉, 셋째, 여가의 선용, 넷째, 새로운 경력(New Careers), 다섯째, 근로 습관의 회복 등으로 볼 수 있다.

우리나라 보호관찰에 있어서 사회봉사명령은 소년법 적용을 받아 소년법원의 보호처분으로 보호관찰을 결정할 때 동시에 부가적으로 명령하는 것이다. 사회봉사명령은 보호관찰대상자가 스스로 땀 흘려 노력하는 사회봉사활동을 통하여 사회참여의 보람을 찾게 하고, 자신의 사회적 위치와 가치를 재인식시켜 재범을 하지 않도록 유도하고, 건전한 시민으로의 복귀를 도모하려는 것이다. 사회봉사명령은 보호관찰대상자들의 특성과 환경에 적합하고 현실적이며 거부감 없이 긍지를 가지고 사회봉사활동을 할 수 있는 봉사환경을 선택, 실시하여야 하며, 사회봉사활동 프로그램에는 정신교육, 레크리에이션, 단체게임, 자유토론 및 평가, 소감문 작성 등도 포함하여 실시하는 것이 효과적이다.

사회봉사활동은 보호관찰대상자의 특성을 감안하여 정서 함양이 필요한 자에게는 화초, 정원수, 관상수 등의 손질이나 정리 등을 실시하고, 근로정신 함양이 필요한 자에게는 도서관의 책상 수리, 눈 치우기 등 힘을 요하는 봉사활동을 실시하여 사회봉사활동의 효과를 제고하도록 하여야 한다.

CHAPTER

06

자원봉사 서비스대상별 특성

1. 봉사대상으로서의 아동
2. 봉사대상으로서의 청소년
3. 봉사대상으로서의 노인
4. 봉사대상으로서의 장애인
5. 봉사대상으로서의 다문화가족
6. 봉사대상으로서의 지역사회
7. 봉사대상으로서의 저개발국가 및 국제사회

VOLUNTEERISM

Chapter 06

자원봉사 서비스대상별 특성

1 봉사대상으로서의 아동

가정의 역할이 변화하면서 아동은 생존과 신체적·지적·사회적 발달을 위해 타인들의 사랑, 관심, 보호에 의존하게 된다. 아동은 자신이 안전하고 사랑을 받고 있으며, 누군가에게 소속되어 보호받고 있다는 감정을 지니고 싶어 한다. 그리고 그의 욕구나 희망에 대한 만족을 즉각적으로 얻기를 원하며, 정신적·심리적·인간적 욕구인 인격적 욕구가 필요하다. 아동은 이러한 신체적 발달과 정신적 발달을 통하여 사회생활에 적응할 수 있도록 보호할 책임이 가족과 사회에 있는 대상인 것이다.

특히 정상적인 가정에서 부모의 보호를 받지 못하고 자란 시설아동, 소년소녀가장아동, 영세가정아동과 결손가정아동, 실직가정아동 등 요보호가정의 아동은 자원봉사활동의 중요한 대상이 되고 있다. 이 중에서 시설가정아동은 게으름, 주의산만, 발표력 부족, 정서불안, 파괴적 행동, 도벽 등의 습관과 부적절한 대인관계 형성, 자신감 결여 등의 문제를 안고 있는 경우가 많다. 또한 영세가정아동과 결손가정아동, 실직가정아동 등은 가정의 안정된 분위기나 따뜻한 보살핌, 세심한 배려, 관심을 받을 수 있는 기회를 제공받기 어렵기 때문에 학습장애 및 정서장애의 문제를 갖고 있다. 이를 위해서는 여가, 놀이지도, 특별활동지도, 자매결연과 같은 상담과 심리적 지지가 필요하며, 학과지도, 생활지도, 컴퓨터지도, 예·체능지도, 학습지도 등의 교육지원과 후원결연, 생활용품, 학습용품 지원 등을 통한 경제적 지원도 요구된다. 또한 청소, 취사, 세탁, 수선, 가계관리, 위생지도 등을 통한 자율성 강화와 건전한 여가선용지도, 사회성 향상을 위한 사회활동 지원, 보호활동 등의 자원봉사활동도 필요하다.

이러한 요보호아동에 대한 봉사활동에는 무엇보다 아동에 대한 지속적인 관심과 이해가 우선이다. 일시적인 봉사활동보다는 신뢰감과 안정감을 줄 수 있는 지속적인 봉사활동이 필요하며, 아동의 심리·정서적 변화와 주위 환경의 변화를 관찰할 수 있도록 하여야 한다. 또한 자원봉사자가 대상아동과의 약속시간을 지킴으로써 봉사활동의 효과성을 높이고 아동에게 신뢰감을 주어야 한다. 그리고 아동의 욕구를 세심히 관찰하고 그들의 수준에서 원하는 방향과 방법을 선택해 그들과 함께 하여야 진정한 자원봉사의 의미를 찾을 수 있다. 아동의 솔직한 자기감정 표현과 긍정적인 감정을 유도하고, 원만한 대인관계 기술 및 일상생활지도가 가능하도록 해야 할 것이다.

2 봉사대상으로서의 청소년

청소년기는 또래집단과의 동일시, 사회와의 통합시도, 신념체계 확립을 하고자 하는 시기이며, 신체적·정서적 성숙에서 오는 기존 질서에 대한 반항성을 갖는 시기이기도 하다. 따라서 이 시기를 잘 이겨 나가게 하기 위해서는 성인의 도움이 절실히 필요한데, 청소년을 제대로 돕기 위해서는 무엇보다도 청소년기의 특성에 대한 올바른 이해가 우선되어야 한다. 청소년은 독립적이고 통합된 인격체로서 개별적이고 다양한 요구를 인정받고 존엄성이 유지될 수 있어야 한다. 성장과정 중에 있으므로 보호와 지지를 필요로 하고, 친구를 선택하고 진로를 정하는 등의 다양한 발달과업을 수행해야 되기 때문에 타 세대에 비해 외적자원이 더 절실하게 필요하다. 이러한 청소년에 대한 봉사활동 시에는 우선 청소년에 대한 문제들을 파악해야 하는데 입시 스트레스, 소비 지향, 자기중심, 영상매체의 홍수에서 오는 유해환경의 존재, 청소년 규범문화의 부재, 동조성, 감각적 쾌락주의, 인기인의 모방과 집착, 현실감각의 결여 등으로 인한 것이 그것이다.

청소년에 대한 봉사 분야로는 건강한 가정생활을 위해 부모역할지도, 상담, 가정 내 역할지도활동 등이 있으며, 특수보호 분야에서는 상담과 교정치료, 특수교육, 생활지도, 무료진료 등이 있을 수 있다. 또한 여가생활 분야에서는 정서지도, 오락, 사교, 종교활동 등이 있으며 교육분야에서는 학습지도, 특기교육, 사회교육, 성교육 등의 활동이 필요하다. 노동 분야에서는 취업훈련, 상담활동 등이 있고, 건강생활 분야에서는 의료봉사, 보건진료활동, 경제생활 분야에서는 후원금 지원, 고충상담지도활동, 바른청소년육성 분야에서는 효 실천, 청소년 유해환경 모니터, 청소년 안심하고 학교보내기운동, 청소년 보호선도 등의 봉사활동에 참여할 수 있다.

청소년과의 봉사활동에서 유의할 점은 청소년과의 격의 없는 관계 형성을 위한 노력이 필요하기 때문에 욕구와 특성, 청소년이 처한 상황, 발달단계 등을 고려하고, 수용적이며 비심판적 태도를 갖는 것이 필요하다. 또한 청소년의 서비스에 대한 욕구와 현재 감정에 대해 검토하여 청소년이 서비스를 받는 것에 대해 어떻게 생각하고 있는지 또 자원봉사활동을 통해 기대하거나 원하는 것은 무엇인지를 알아야 한다. 그리고 자원봉사자와 서비스를 받는 청소년은 일방적인 관계가 아닌 수평적인 관계이며 협력적인 관계임을 알고 의사결정 과정에 청소년을 함께 참여시키는 것이 필요하다. 그리고 청소년을 둘러싼 환경과의 협력체제(가족, 학교, 친구, 학원, 종교단체 등)를 구축하여 안전하고 성숙한 생활이 되도록 지원해야 한다.

3 봉사대상으로서의 노인

노인은 노인 특유의 신체적·심리적·사회적 변화 때문에 그들만이 지닌 성격 특징이 나타난다고 보는 것이 일반적인 견해이다. 이러한 성격이 나타나는 원인은 질병, 빈곤, 고독의 3고(苦)에서 유래하는 것이라 볼 수 있다. 노년이 되어 신체적·심리적·사회적 변화로 많은 장애가 증가하고, 적응능력의 저하와 함께 자주 그리고 쉽게 욕구불만에 이르며, 이러한 욕구불만으로 인해 성격 특성이 나타난다는 것을 주의해야 한다. 세대 간 갈등은 깊어가고 경로사상은 실종 위기에 있지만 노인들이 경제적 자립을 꾀할 수 있는 토대는 너무도 빈약해 노년기 삶의 질이 급격하게 떨어질 수밖에 없는 것이다.

노인의 소득보장을 위해 연금, 공적부조, 노인요양보험, 경로우대, 의료보장 등이 정책적으로 실시되고, 사회적 서비스를 위해 이용시설서비스, 가정봉사원서비스 등이 활용되고 있는데 노인을 위해서는 말벗, 책 읽어주기, 외출 동행, 신상상담, 가정에의 초대와 같은 정서적 서비스, 청소, 취사, 세탁, 수선 및 심부름과 같은 가사적 서비스, 밑반찬 제공, 후원, 결연, 캠페인, 바자회와 같은 경제적 서비스, 병원 동행, 수속, 수령대행 및 병문안, 간호 등과 같은 의료적 서비스 등의 봉사활동에 참여할 수 있다.

노인에 대한 자원봉사 시에는 우선 노인의 신체적·정신적·사회적 특성을 구체적으로 이해해야 한다. 노년기의 신체적 변화와 이에 따른 문제들, 정신적 변화와 사회적 관계의 변화에 대한 이해의 폭을 넓혀야지만 보다 효율적인 서비스를 할 수 있고, 노인의 독특한 행동이나 상황에 잘 대처할 수 있다. 노인에 대한 존경과 예의에 어긋나지 않는 차림과 태도를 갖추는 것이 필요하다. 노인을 도울 때는 관심과 욕구, 요구를 고려해서 활동해야 하며, 그 한계를 분명히 하여 지나치게 무리한 행동은 하지 않도록 한다. 또한 노인의 프라이버시를 존중하여 자존심이 상하지 않도록 각별히 유의해야 한다.

4 봉사대상으로서의 장애인

장애인은 장애 자체에 의한 문제보다는 그 장애로 인해 사회적 기능을 제대로 수행하지 못한다는 것에 초점을 두어야 하기 때문에 장애인에 대한 봉사활동은 장애인의 사회적 기능수행의 지원과 자립에 핵심이 있다고 할 수 있다. 장애의 유형에는 신체적 장애로 지체장애, 뇌병변장애, 시각장애, 청각장애, 언어장애, 안면장애, 내부기관의 장애, 신장장애, 간장애, 호흡기장애, 장루, 요루장애, 간질장애 등이 있으며, 정신적 장애로는 지적장애, 정신장애, 자폐성장애, 학습장애 등이 있다. 이러한 장애인들에 대한 자원봉사서비스 분야로는 의료재활서비스, 교육재활서비스, 직업재활 대책 및 서비스, 사회적 재활서비스, 심리적 재활서비스, 장애인가족서비스, 장애인복지 분위기 조성 등을 들 수 있으며, 세부 활동내용으로 재활정보제공, 재활과정의 지원, 재가장애인 방문노력봉사, 재활기관 업무지원, 장애인후원봉사, 장애인 인식변화 캠페인, 조사연구활동 등을 들 수 있다.

장애인 봉사활동에 참여하기 위해서는 상대방을 이해하고, 관심을 갖고 경청하며, 언제든 도울 수 있는 준비가 되어야 한다. 그리고 치료·교육 등 재활의 조력자로서 활동할 준비도 되어 있어야 한다. 또한 장애인의 장애 특성과 그 수준에 따라 필요한 생활용품과 보장구에 대한 사전지식이 필요하며, 대신한다는 생각보다 장애인이 혼자 힘으로는 할 수 없는 부분을 자립하도록 도와준다는 생각이 필요하다. 장애인을 도울 때는 그가 무엇을 원하는지 잘 듣고 행동하는 것이 좋으며, 과잉보호나 과잉염려, 과잉친절은 금물이다. 보행이나 대화 시에 장애인 자신의 보조대로 안내하는 것이 좋다. 장애인이 장애를 가졌다는 특수한 제한점을 제외하고는 다른 사람들과 같은 존재라는 것을 명심하고 봉사활동에 참여해야 한다.

5 봉사대상으로서의 다문화가족

다문화가정 또는 다문화가족은 서로 다른 국적, 인종, 문화를 가진 남녀가 이룬 가정이나 그런 사람들이 포함된 가족을 의미한다. 다문화가족은 우리와 다른 민족 또는 다른 문화적 배경을 가진 사람들이 포함된 가족을 총칭하는 용어이다. 대한민국은 단일민족국가라는 민족주의, 순혈주의가 타 국가에 비해 강하여, 다문화가족은 오랜 세월 동안 혼혈가정, 혼혈인 등으로 불리며 소외되었다.

그러나 최근 국제결혼의 빈도가 높아져 다문화가족이 증가함에 따라 점차적으로 국민의 부정적인 시각과 정서가 해소되기 시작하면서 2000년대부터 국가적으로 새로운 정책이 대두되어 다문화가족이라는 표현으로 변경되었다. 이 용어는 '국제결혼가정', '혼혈아' 등 인종차별적인 이미지와 그로 인해 유발되는 정서를 해소하기 위해 2003년 건강시민연대가 제안하여 현재까지 사용되고 있다.

이들 그룹의 구성원들은 각각 성장한 문화적 배경에 따라 각각 1세대와 2세대로 나뉜다. 1세대는 한국 내 거주 이전 단계에서 유아기와 성년기를 보내 자국의 문화적 배경을 가진 세대들이고, 2세대는 한국 내에서 출생하고 성장한 세대이다. 그리고 그 중간단계로서 1.5세대를 들 수 있는데, 한국 외에서 출생하여 유아기를 보내고 한국 내에서 초중등학교의 학령기를 보내고 있는 구성원들이다.

최근 국제결혼에 따른 이주여성 및 외국인 노동자의 유입, 탈북자 출신의 새터민의 증가 등 한국 사회 내에 대한민국(남한)이 아닌 다른 문화권으로 이루어진 가족이 많아져 한국 사회는 다민족·다문화 사회로 빠르게 나아가고 있다. 이러한 다문화가정의 증가로 우리 사회에서는 다문화가정에 관한 정책이 국가적 중요 과제로 떠올라 그들이 한국 사회의 구성원으로 살아가도록 지원하기 위한 다양한 복지정책들이 쏟아지고 있다. 특히 정부의 각 부처별로 다문화가족에 대한 관심이 높아져 이들을 지원하기 위한 다양한 업무를 시행하고 그와 관련된 복지정책도 빠르게 확산되고 있다. 이러한 다문화정책의 수행에 바탕이 되는 법, 제도적 기반들을 위하여 법무부에서는 2007년에 '재한외국인 처우기본법'(법률 제8442호)을 여성가족부에서는 2008년 '다문화가족지원법'(법률 제8937호)을 제정하였다.

다문화가족의 문제로는 언어 및 의사소통의 문제, 문화의 이질성에서 오는 부적응의 문제, 가족관계의 불만, 아동교육 및 관리의 문제, 가정폭력 등을 들 수 있다. 이러한 다문화가족의 문제를 예방 및 해결하는 데에는 자원봉사자의 역할이 매우 중요하다. 대표적인 자원봉사프로그램으로는 다문화국가에 대한 존중, 한국문화 알리고 배우기, 서로의 문화이해하기, 언어 배우기, 한국음식 배우기, 한국생활 적응하기, 가족관계 개선을 위한 가족상담 및 사회적 역할 담당하기 등을 들 수 있다.

특히 다문화가족의 외국이주민들을 외국어강사나 같은 국가 산모를 위한 산모도우미, 다문화상담자 등의 자원봉사자로 활용할 수 있다.

6 봉사대상으로서의 지역사회

지역사회는 주민들이 살아가는 삶의 공간이며, 지역사회문제는 주민들의 갈등과 경쟁의 결과로 발생한 것이다. 즉 지역사회의 문제는 역사성·정치성·사회성과 같은 문제의 뿌리를 가지고 있다. 주민들은 이러한 사회문제로부터 고통받고 있으며, 해결되기를 바라는 가장 근본적이며 최종적인 책임을 지고 있는 존재이다. 지역주민들의 자발적이고 주체적인 참여는 주민조직의 응집력을 강화하여 소속감을 느끼게 하고 조직의 효율성을 강화하여 지역사회의 역할 구조를 민주적인 체계로 전환하는 데 기여한다.

그러므로 지역사회복지는 지역사회를 대상으로 주민들의 주체성과 자발성

그리고 협동성을 강조하여 이상적인 지역사회를 건설하는 것을 궁극적인 목적으로 삼고 있다. 지역사회복지는 이러한 목적을 추구하는 포괄적인 개념으로서 전문가와 다양한 분야에서 활동하는 비전문가가 지역사회의 문제와 욕구에 개입하여 지역사회문제를 예방하고 해결하는 일체의 사회적 노력을 의미한다. 또한 지역사회복지란 시설복지에 반대되는 개념으로 사회복지전문가에 의해서 수행되는 문제해결 과정으로 파악하기도 하고 공사에 의해서 수행되는 다양한 사회복지활동을 의미하기도 한다.

지방자치 실시와 함께 지역사회복지 증진을 위한 지역사회 자원동원의 문제가 초미의 관심으로 대두되고 있다. 지방자치는 주민복지의 확대 강화라는 측면에서, 지역복지실현을 위한 지역주민의 주체적·자발적 참여를 통해 지방자치의 참다운 의미를 살릴 수 있다. 즉, 지방자치가 지니고 있는 중심적인 이념과 핵심적 기능은 지역복지 또는 지역사회복지 실현에 있는 것이다. 지방자치의 본질적 요소는 주민참여에 있는 것이고, 이러한 주민참여는 주로 자원봉사활동에 의해 이루어지는 것으로 파악할 수 있다.

지역사회복지의 대상자인 지역주민은 사회복지의 수혜자인 동시에 자원이며, 서비스공급자로서의 역할을 수행해야 한다. 자원봉사는 참여하는 사람에게 자신의 능력을 계발하고 자아를 실현하는 기회가 되며, 사회적으로는 공동체의식의 회복과 사회문제의 치료 및 예방에 기여할 수 있다. 자원봉사는 민주주의 훈련의 장이 되어 각 개인의 자치능력을 제고할 수 있으며, 국가적으로는 국민이 복지서비스 향상에 기여하게 된다. 특히 현대사회의 복잡다양한 문제들을 정부 차원에서만 해결하는 데는 한계가 있다는 인식이 고조되고 있고, 시민의식의 성장을 통한 지역주민들의 지역공동체의식에 기초한 연대의식과 책임의식에 바탕을 둔 자원봉사활동이 강조되고 있다(이계완, 2001).

7 봉사대상으로서의 저개발국가 및 국제사회

국제사회 차원에서의 봉사활동이란 언어·종교·정치·사회경제적 장애를 뛰어넘어 자신의 시간, 능력, 에너지를 사용하여 사회변화, 경제발전, 환경보존 등을 실천하는 것을 의미한다. 일반적으로 국제자원봉사활동이라고 하면 외국에서의 활동을 우선적으로 생각하게 되는데 활동장소가 국내일 경우, 국제적 문제나 프로젝트에 참여하는 것도 국제자원봉사활동에 포함된다.

구체적인 영역으로는 현대적 생활양식을 위한 계몽·교육, 빈곤문제 해결을 위한 기부, 영농기술 지원, 주거, 교육시설 건설을 위한 활동지원, 각종 질병의 예방치료를 위한 의료활동 등 다양하다. 또한 국제적 구호를 통한 난민과 이재민 및 빈민의 생활보호, 개발도상국 낙후지역 주민들의 생활개선, 국내외 외국인근로자의 후원 및 보호, 국제적 친선도모 등의 영역으로도 나눌 수 있다.

NGO와 NPO의 국제봉사활동은 인도주의적 차원에서뿐만 아니라 국위선양의 측면에서도 중요한 역할을 한다. 대표적인 봉사활동인 워크캠프는 국제자원봉사활동의 시초라고 볼 수 있는데 보통 2~3주 동안 구체적인 프로젝트에 참가하는 형태이다. 활동 분야는 환경보호, 문화재보호, 고고학 조사, 농업, 건축, 수리 등 매우 다양하며 주로 여름에 세계 각지에서 실시된다. 10~30명 정도의 국적이 다른 젊은이들이 모여 공동생활을 하며 식사, 숙박은 제공받지만 기본적으로 참가비를 낸다. 워크캠프는 자원봉사활동의 의미를 이해하는데 매우 중요한 현장활동을 기본으로 하고 있으며, 이후 보다 전문적인 활동을 위한 교육·훈련의 기회로 활용되기도 하기 때문에 오늘날까지 전세계적으로 매우 활발하게 개최되고 있다. 특히 유럽과 아프리카에서 많이 열리고 있다. 아시아지역에서는 이러한 국제적인 워크캠프활동이 점차 보편화되고 있는 추세이며 지역사회 개발, 복지시설활동, 환경보전활동, 문화재복원활동 등을 전개하고 있다.

또한 최저 1년 이상 현지에 체류하면서 개발 활동(환경, 교육, 농촌개발활동,

기술지도 등을 포함)에 종사하는 형태로 개발도상국의 활동이 주를 이루는 장기형 봉사활동도 있다. 전문가로 활동해야 하기 때문에 이에 필요한 전문지식이나 경험이 필요한 경우가 대부분이다. 대개 생활비 정도의 수당과 항공료를 지급받으며, 국제기관을 통하는 경우에는 상당한 어학 실력과 전문지식이 반드시 필요하다.

그리고 재난에 따른 긴급사태에 대한 원조 형태로 긴급원조형 봉사활동이 있다. 예를 들면 홍수나 지진발생 시 인명구조, 생활원조, 난민원조, 분쟁 시 인권보호활동, 인도적 원조·활동 등이 있으며, 일반적으로 의료 관계, 난민원조 관계가 대부분을 차지하고 있다. 최근 들어 외국에 나가 자신이 흥미를 가지고 있는 분야의 NGO, 기업 등에서 재학 중 인턴을 하면서 귀중한 현장체험을 쌓는 인턴십형 봉사활동이 증가하고 있다. 방학을 이용해서 일정기간 일하는 경우가 대부분인데, 이러한 활동이 자신의 지식과 경험을 축적하는 데 도움이 되는 것은 물론, 후에 직원으로 취직하는 것으로 연계되는 경우도 있다.

이밖에 한국국제협력단에서 파견하는 해외봉사단이나 여러 민간단체에서 파견하는 형태의 국제자원봉사활동도 있다. 일정기간 외국, 특히 저개발국가에서 거주하며 지역사회개발, 교육, 의료활동 등을 통해 지역사회의 발전에 참여하고, 한편으로는 자신의 경험을 확대할 수 있다. 이와 같은 정부와 기업의 후원과 시민단체-대학-언론계 등의 연계를 통한 국제자원봉사활동이 앞으로는 더욱 적극적으로 이루어져야 한다.

CHAPTER

07

자원봉사활동 현장별 특성

1. 사회복지시설분야 봉사활동
2. 재가복지분야 봉사활동
3. 환경분야 봉사활동
4. 안전분야 봉사활동
5. 의료분야 봉사활동
6. 교육분야 봉사활동
7. 상담분야 봉사활동
8. 재해재난구호분야 봉사활동
9. 문화 · 스포츠분야 봉사활동
10. 정치 · 경제 · 행정분야 봉사활동
11. 국제행사분야 봉사활동
12. 모금분야 봉사활동
13. 온라인분야 봉사활동
14. 사회적 경제분야 봉사활동

VOLUNTEERISM

Chapter 07

자원봉사활동 현장별 특성

1 사회복지시설분야 봉사활동

자원봉사활동이 가장 활발하게 이루어지고 있는 현장은 사회복지시설이라고 할 수 있다. 사회복지시설은 우리나라 사회복지사업법 제2조에 "사회복지사업을 행할 목적으로 설치된 시설"이라고 규정되어 있다. 사회복지시설의 주된 대상은 아동이나 장애인, 노인, 부랑인, 정신질환자 등 다양한 사회적 약자 가운데서 요보호상태에 있는 사람이다. 그러나 점차 그 대상이 요보호상태에 있는 사람뿐만 아니라 그렇게 될 위험이 있는 사람에게까지 확대되고 있다. 즉, 사후치료적 접근방식에서 한걸음 더 나아가 사전예방적 접근방식으로 대상을 확대해 나가고 있는 것이다. 요보호자가 가정에서 생활하며 필요한 서비스를 사회복지시설로부터 제공받는 방식이 점차 확대되고 있다. 또한 사회복지시설과 가정과의 중간 형태인 중간시설(half-way house)도 등장하고 있다.

사회복지시설에서 봉사활동을 하고자 할 때는 그 시설의 목적과 사업내용에 대한 올바른 이해 후에 봉사활동을 시작하는 것이 좋다. 자원봉사자의 지식과 경험에 맞는 활동도 중요하지만 그 시설에서 필요한 내용이 무엇인지를 파악하여 그 시설의 여건에 맞추어 활동에 참여하는 자세가 요구되기 때문이다.

사회복지시설의 대부분은 지역사회와 일정한 거리를 두고 있으며, 시설에는 생활집단으로서의 필연적 폐쇄성이 있으므로 시설과 지역사회와의 거리를 좁히는 교량 역할이 필요하다. 성급하고 즉흥적이며 일방적인 약속은 의타심 형성 등의 문제를 야기시킨다. 봉사활동 과정에는 생활정보, 취업정보, 건강유지에 관한 정보 등 많은 정보가 필요하나 이때에 제공되는 정보는 반드시 재점검하고 신빙성이 있어야 한다. 봉사활동을 중단하고자 할 때에는 정중한 인사가 필요하며, 다음 봉사활동 참여자에게 지금까지의 내용에 관한 상세한 인수인계가 필요하다.

2 재가복지분야 봉사활동

복지시설에 입소하지 않은 경우에는 대부분 가정방문을 통해 복지서비스를 제공받게 된다. 그러므로 복지기관이나 시설에서는 가정에서 생활하고 있는 요보호대상자들을 적극적으로 찾아 서비스 요구를 발굴하여 이에 대응하는 자원을 효율적으로 운영해야 한다. 그리고 관련 기관과 수시연계체계를 갖추고 알선, 의뢰를 통해 자립 및 자활을 행하는 데 중점을 두어야 한다. 또한 대상자 및 가정의 욕구조사와 문제를 진단하여 직·간접 서비스를 제공하고 지역사회 자원을 동원, 활용하여 그 효과에 대한 사업평가를 행해야 한다. 그리고 자원봉사자 및 지역주민에게 교육을 제공하여 지역사회 내의 연대의식을 고취시키는 기능을 수행해야 한다.

이러한 재가복지서비스 운영은 전문적인 기술, 인력이 필요하지만 우리나라의 실정과 여건상 대부분 자원봉사인력의 투입으로 이루어지고 있다. 이로 인해 재가복지영역에서의 자원봉사에 대한 중요성과 필요성이 대두되고 있다. 구체적인 재가복지 봉사활동 내용으로는 청소, 식사준비, 시장보기, 설거지, 세탁 등의 가사보조와 우애방문, 말벗, 생활정보 제공, 독서 등과 같은 대인보호활동, 후원금 대신 수령, 약 배달, 외출보조, 은행업무과 같은 사회적 지원활동, 사회적응 지원과 같은 훈련적 활동 등이 포함된다.

3 환경분야 봉사활동

1) 환경봉사활동의 개념

환경봉사활동은 지구의 환경위기 심각성을 공론화하고, 지구온난화 방지를 위한 정부의 적극적인 노력을 촉구하는 한편, 일반 시민들에게 문제의 심각성을 알려 환경보호활동에 동참하도록 하는 활동을 의미한다. 이러한 환경봉사활동은 자신이 속한 정부의 이해와 관계없이 인류의 복지증진과 '지속가능한 사회의 건설'이라는 목표 실현을 위해 노력하기 때문에 때로는 정부와 기업, 개개인의 이해관계와 상충할 수 있다. 환경봉사활동에 참여하는 봉사자들의 조직은 실제로 각 나라 시민사회의 발전 정도와 시민단체의 활성화 정도에 따라 커다란 차이를 보이고 있다. 현재 소수 환경봉사활동가들이 다양한 분야의 사업을 동시에 수행하면서 전문성을 갖추기 위해 노력하는 한편, 그들의 봉사활동과 환경보호사업이 언론매체를 통해 공론화되어 많은 시민들이 관심을 갖고 참여해 주기를 기대하고 있다.

2) 환경봉사활동의 중요성

21세기에 사는 인류에게 가장 심각한 문제는 환경문제이다. 환경문제는 인류의 생존에 결정적인 영향을 미칠 요인으로 떠오르고 있다. 이를 극복하기 위한 노력이 인류의 가장 중요한 과제가 될 것이다. 최근에 발생하는 지진과 기상이변의 대참사는 과거의 자연재해와는 성격을 달리한다. 환경전문가들은 천연재해라 불리는 것의 80% 정도를 자연발생적이기보다는 인위적인 것으로 추정하고 있다. 그리고 그것이 비록 자연발생적이라 할지라도 인위적인 요인으로 인해 피해가 더욱 커진다고 한다. 급격한 도시화와 과밀인구, 날림과 부실 건축공사가 피해를 증폭시키는 것이다.

인류의 생존이 달린 환경문제를 해결하기 위한 다양한 연구와 방법이 강구되고 있다. 그중에서도 가장 중요한 것은 지구 차원의 환경문제에 대한 계몽과 교육이다. 생산자와 소비자 모두에게 더 적절한 환경교육을 실시할 수 있도록 사회 전 분야에서 다양한 노력을 해야 환경보호와 생태계 보존을 통한 지속 가능한 발전을 이룩할 수 있을 것이다. 그리고 유엔과 같은 초국가적 기구를 비롯하여 국가와 기업 그리고 시민단체를 포함한 사회 모든 대상과 개인의 노력이 전제되어야만 한다. 환경위기 극복에 시민단체의 역할은 특히 중요한 의미를 갖는다. 그러나 시민단체가 나름의 역할을 하기 위해서는 역시 시민단체의 근간인 시민의 참여가 필요하다. 이 참여의 첫 단계는 이들 활동에 대한 관심이다. 일반 시민들의 관심과 참여를 위해서는 시민단체의 환경교육이 중요한 역할을 한다. 환경교육을 통해 환경위기의 문제점을 공부하고 대안도 토론하는 과정에서 자연스럽게 시민들의 네트워크가 만들어지기 때문이다. 최근에는 기후위기를 넘어 기후정의의 입장에서 탄소중립을 위한 봉사활동에 적극참여하고 있다.

3) 환경봉사활동의 원칙

환경문제에 관하여 많은 사람들이 이야기하는 것은 '전 지구적으로 사고하고 지역적으로 행동하라'는 명제이다. 환경문제는 전 지구적인 문제다. 따라서 전 지구적인 대응과 전략이 필요한 것이 사실이다. 해결방법은 삶의 현장에서 구체적으로 실천하는 것이다. 다양한 사람들이 다양한 현장에서 실천 가능한 방법을 모색하고 노력하는 것은 평생교육의 특징과 일맥상통하는 것이다. 어린이부터 노인까지 학교와 학교 외 가정을 포함한 사회 곳곳에서 평생교육의 관점에서 환경교육을 바라보고 구체적 실천을 모색해야 한다.

• 행동원칙 1	환경친화적 사업을 구상하고 실천한다.
• 행동원칙 2	환경을 고려한 도시기반 시설을 정비해 간다.
• 행동원칙 3	도심 속에 녹지공간을 늘려 간다.
• 행동원칙 4	에너지 절약을 생활화한다.
• 행동원칙 5	녹색교통운동에 참여한다.
• 행동원칙 6	쓰레기를 줄이고 자원화한다.
• 행동원칙 7	환경 친화적인 상품을 사용한다.
• 행동원칙 8	맑은 공기를 보전하고 조용한 도시를 만든다.
• 행동원칙 9	물을 맑고 깨끗하게 보전한다.
• 행동원칙 10	자연생태계 보호에 힘쓴다.
• 행동원칙 11	환경교육을 강화한다.
• 행동원칙 12	환경정보시대를 열어 간다.
• 행동원칙 13	환경보전활동을 자율적으로 실천한다.
• 행동원칙 14	지구환경보호를 위한 국제협력에 참여한다.
• 행동원칙 15	국내외 도시 간의 환경협력을 갖는다.

4) 환경영역별 봉사활동 내용

최근 환경문제에 대한 시민들의 의식이 높아지면서 이 분야에서 활동하는 자원봉사자들이 현격히 증가하고 있다. 그러나 아직 조직적이고 체계적이지는 못한 실정이다. 환경오염의 문제는 자신이 심각한 피해자이면서도 동시에 가해자이기 때문에 조직적인 자원봉사활동으로 뿌리를 내리기 위해서는 상당한 자기결단이 필요하다. 환경보호 캠페인에 참가하여 쓰레기를 줍지만 결국 그 쓰레기는 자신이 버린 것이라는 사실과, 가정에서 배출되는 생활폐수가 식수를 오염시키는 주범이라는 사실을 망각한 채 공장만 손가락질하는 의식수준, 그리고 오염이 되어도 생수를 사 먹으면 된다고 생각하는 이기적이고 무지한 사고들이 이 분야 자원봉사활동의 확대를 가로막고 있다.

환경보전을 위한 자원봉사분야에는 산, 강, 공원, 도로의 쓰레기 줍기, 벽의 낙서나 벽보 없애기, 쓰레기 분리수거, 환경 캠페인에 참가하여 환경보전의 중요성을 알리는 일, 환경감시원으로서 대기오염이나 수질오염을 측정하고 감시하는 일, 매연차량 감시활동과 신고, 환경모임을 조직하고 이끌어 가는 일 등이 있다. 그리고 합성세제 쓰지 않기, 재활용활동, 물 아껴 쓰기, 에너지 절약, 쓰레기 줄이기 등을 생활 속에서 환경보전실천활동으로 할 수 있으며, 환경비누를 만들어 사회복지시설이나 이웃들에게 나누어 주는 활동도 매우 의미 있는 활동이 될 수 있다. 그리고 거리 청소, 화단 만들기, 소공원 가꾸기, 가로수 가꾸기 등의 활동을 통해 '우리 동네 아름답게 운동'을 전개할 수 있을 것이다.

4 안전분야 봉사활동

먼저 안전분야 자원봉사자의 중요한 역할 중 하나는 교통질서 감시활동이다. 교통사고는 결국 교통법규 위반차량이 일으킨다는 통계를 전제로 법규위반 차량을 감시, 고발하는 활동을 적극적으로 수행할 필요가 있다. 교통문제 개선을 위한 자원봉사자의 역할은 혼잡시간 교통정리 및 행사 교통정리, 교통안전 캠페인 등과 같은 교통안전을 위한 활동과 카풀운동 및 긴급구조봉사대, 장애인, 노약자를 위한 교통봉사단 결성·지원 등과 같은 수송활동 등이 있다. 또한 교통환경 개선활동과 제도개선 및 개발 참여, 그리고 교통모니터 활동 등 보다 전문적인 역할을 할 수도 있다.

안전예방 자원봉사자의 역할은 생활 주변 재난 위험요소를 발견하고 신고하는 활동이다. 자원봉사자는 생활 주변에서 사고 발생 취약점에 항상 관심을 가지며 사고유발 요인을 발견하거나 청취하였을 경우에는 즉시 행정관청이나 관할지역 담당공무원에게 신고한다. 재난예방을 위해서는 안전의식의 함양이 무엇보다 중요함을 인식하고 자원봉사자는 안전의식을 고취하기 위한 계도 및 홍보활동을 전개하며 시민들에게 안전의 중요성을 인식시키는 역할을 수행한다. 지역사회 내 사회복지시설, 특히 미신고시설과 독거노인, 소년소녀가장 등 생활이 어려운 가정의 대부분은 경제적인 어려움과 안전에 대한 인식 부족으로 노후불량한 전기·가스·보일러 등 일상생활이 위험에 방치되어 있는 실정이다. 따라서 시민안전문화 자원봉사자는 시군구청과 함께 어려운 가정의 안전위험시설에 대한 무료안전점검활동을 통하여 재난을 예방하는 역할을 한다.

5 의료분야 봉사활동

최근 병원을 둘러싼 외적 환경이 공급자 우위에서 소비자 우위의 시장구조로 바뀜에 따라 과거와 달리 병원의 생존을 위해 요구되는 다양한 방법 중 하나로 그 활성화에 대한 필요성이 증대하고 있다. 즉, 전통적으로 의료는 공급자 중심의 대표적인 예로 설명되어 왔으나 의료에 대한 지식의 증가, 소비자보호운동의 확대, 그리고 사회경제적인 여건변화로 국민들의 의료에 대한 욕구가 다양화됨에 따라 의료도 점차 소비자 중심의 시장으로 변모되어 가고 있다. 이를 위한 대비책으로 그동안 우리나라의 병원들은 병상의 증설, 새로운 고가장비의 도입, 특수클리닉 개설, 응급실의 확장 등을 통한 전략을 시도해 왔다. 하지만 이러한 전략들은 경쟁에 의해 쉽게 모방됨에 따라 병원들은 자신들만의 독특함을 개발하기 위한 수단으로 또 다른 전략이 필요하게 되었다.

병원 이용자들은 병원에 대한 여러 가지 정보와 병원진료 경험을 근거로 병원 이미지를 형성하기 때문에, 강하고 명백한 병원의 이미지는 병원의 경영합리화 및 활성화의 중요 요인이다. 이러한 병원의 이미지를 향상할 수 있는 좋은 대안으로 자원봉사자의 활동을 들 수 있다. 질병의 고통에 놓인 환자와 그 가족에게 보이는 친절한 자원봉사자의 활동은 병원의 이미지를 좋게 하고 이러한 이미지는 결국 병원의 경제적 이익으로까지 이어질 수 있다는 사실에 주목할 필요가 있다. 또한 사람은 누구나 기본적으로 지역사회 내에서 생활해야 하기 때문에 어쩔 수 없이 병원에서 생활하게 되는 경우에도 지역사회에 포함되어 지지받게 되므로 지역사회와 교류할 수 있는 형태의 서비스가 필요한 것은 당연한 것이다.

병원에서는 식사 보조, 환자이동 시 부축, 환자복 교환, 환자의 외출 돕기, 도서대여 반납, 두발손질, 입원아동을 위한 놀이방 운영 및 학습보조, 병문안, 말벗, 책 읽어주기, 환자의 종교에 맞는 기도와 대화 나눔, 임종을 앞둔 환자와 가족의 정서적 지지, 신생아실·중환자실·물리치료실 보조, 정신과 환자대상 활동프로그램 보조 등의 병실봉사와 진료와 상담, 위치안내, 보험안내, 대필서비스, 질서유지, 불편사항 처리, 거동 불편환자 부축, 약국투약대기환자 안내, 검사 및 진료업무 보조 등의 외래봉사, 응급실 질서유지, 환자 보조, 간호업무 보조, 전화안내 등의 응급실봉사, 차트 정리 등 업무 보조, 진료에 필요한 거즈나 솜 등 의료소모품 정리, 수술에 필요한 거즈나 면봉 등 의료소모품 정리, 포장, 제약 보조 등의 의료서비스지원 봉사가 있다.

의료 분야에서 중요한 것은 호스피스 자원봉사영역이다. 임종단계에 있는 환자가 남은 생애를 평안하게 인간의 품위를 유지하며 보내고, 평화로운 죽음을 맞이할 수 있게 환자와 그의 가족을 위하여 신체적·정신적·사회적·영적 돌봄을 제공하는 지지적 프로그램이 호스피스이다. 이는 의료전문가와 자원봉사자들로 구성된 팀에 의해 제공되며 병원, 가정, 호스피스센터 등 어디에서나 가능하다. 여기에서 자원봉사자의 역할은 대단히 중요한데 소정의 호스피스 교육을 받은 자원봉사자는 병원이나 가정관리프로그램 어디에서나 일할 수 있고, 환자와 그의 가족에게 호스피스 봉사를 제공한다. 자원봉사자는 개별적인 간호를 할 수 있으며 환자에게 책을 읽어 주거나 대화를 나누는 정서적 서비스 제공과 잔심부름이나 목욕서비스를 하고 있다. 병원이나 가정에서 홀로 죽음을 맞이할 수도 있는 외로운 환자와 지쳐 있는 환자의 가족들을 위해서 많은 도움을 주고 있다.

환자나 그의 가족들은 의사나 간호사가 바쁘다는 인식을 가지고 있어 이들과 충분한 대화를 하지 못하는 경우가 많다. 그렇기 때문에 자신들이 진정으로 걱정하는 문제를 이해해 주고 마음을 털어 놓을 수 있는 상대로 자원봉사자를 원한다. 호스피스자원봉사자들은 환자의 사망 후, 가정방문을 통한 가족관리에 있어서도 중요한 역할을 한다. 그들은 환자와 가족에게 직접 봉사하거나 행정적 지원, 지역사회교육, 전문적인 일(상담, 고문)을 담당하는 등 다양한 역할을 하고 있다.

6 교육분야 봉사활동

교육분야에서의 자원봉사자는 서예, 에어로빅과 같은 예체능 분야나 특별활동의 자원교사 역할을 할 수 있으며, 도서관의 사서보조로 도서대출이나 도서관리를 도와주는 일, 혹은 학생검사 지원, 급식이나 청소를 도와주고 학교행사에 참여하여 도와주는 일 등을 흔히 요청받는다. 최근에는 진로상담, 개인문제상담 및 성장을 위한 상담 등 카운슬러로 자원봉사자들이 광범위하게 활용되고 있다. 특히 자원봉사자는 턱없이 부족한 학교상담서비스를 제공하는 데 큰 의의를 가진다. 즉, 학생들에게 개별화된 카운슬링이 보다 중요하기 때문에 자원봉사자의 역할은 아주 크다고 볼 수 있다. 따라서 학교에서 활동하는 자원봉사자들은 이러한 종류의 서비스를 효과적으로 수행할 수 있도록 전문가에게 계속적인 훈련과 지도감독을 받게 된다. 교육분야의 봉사자들은 자원봉사자를 위한 지도, 컴퓨터·외국어 등의 기능훈련지도, 어린이공부방 학습지도, 어르신 한글학교 학습지도, 장애아동 학습지도, 저소득층 자녀 학습지도 등에 참여하게 된다.

7 상담분야 봉사활동

우리는 문제가 생겼을 때 누군가에게 털어놓는 것만으로도 속이 시원해지는 경우가 있다. 조언을 해주지 않고 상대방이 들어주는 것만으로도 고민이 풀리는 것을 느낀다. 이러한 이야기를 들어주는 사람을 '상담자'라고 하며, 사전에 문제를 예방하거나 위기를 넘길 수 있도록 도와주는 자원봉사활동을 상담분야 봉사활동이라고 한다. 상담은 인간의 정서적·신체적 발달단계, 그 단계마다 해야 하는 과업, 인간관계 등을 익히고 다양한 사회문제와 그에 따른 정서적 문제발생의 원인과 극복방법을 배워야 하므로 전문상담기관에서 교육을 받고 상담활동을 하는 것이 좋다.

8 재해재난구호분야 봉사활동

재난으로 인한 재해는 발생 원인에 따라 자연재해(천재)와 인위재해(인재)로 나뉜다. 자연재해는 자연현상에 기인한 것을 말하며 그 원인과 결과의 다양성에 따라 여러 가지로 나눌 수 있다. 자연재해를 크게 분류하면 기상요인에 의해 발생하는 기상재해와 지반의 운동, 즉 지진 및 화산활동으로 인한 지질재해로 나눌 수 있다. 지질재해는 직접적인 피해를 발생시키기도 하고, 간접적으로는 기상이변을 초래하여 기상재해도 발생시킨다. 우리나라에서 발생하는 대부분의 자연재해는 이상기상현상이 원인이 되어서 발생하는 기상재해에 해당한다. 자연재해는 인위적으로 완전히 근절시킬 수 없는 불가항력적인 요소를 지니고 있다. 그러나 자연재해를 대비한 시설물의 설계와 시공, 방어시설물의 구축, 재해발생의 사전예측에 따른 예방조치, 재해발생 시의 신속한 복구대책 수립 등으로 재해를 막거나 최소화할 수 있다.

한편 인위재해란 인간의 부주의로 발생하는 사고성 재해와 고의적으로 자행되는 범죄성 재해 그리고 산업의 발달에 따라 수반되는 공해피해 등을 비롯한 여러 가지의 재난을 총칭한다. 인간의 부주의, 기술상의 하자로 인해 발생하는 재해는 인간의 고의나 과실이 개입되어 야기되는 것으로 교통사고, 위험물 폭발, 원자력 발전소의 방사능 누출사고 등이 있다. 또한 기술과 산업발달을 추구하기 위해 필연적으로 부작용을 감내해야 하는 불가피한 재해로는 핵발전소, 화학공장의 가동, 농약의 개발과정에서 자연적으로 나타나는 오염과 자연파괴, 생태계파괴 등이 있다.

재해방지대책이라는 측면에서 인위재해는 근본적으로 발생 자체를 줄이는 대책이 가능하지만 자연재해는 발생 자체를 줄이기에는 현재의 과학기술로도 어렵기 때문에 이로 인하여 발생하는 피해를 최대한 경감시키는 방향으로 대책이 마련되어야 한다. 재난의 특성은 실질적인 위험이 크더라도 그것을 체감하지 못하거나 방심하게 되며, 본인과 가족의 직접적인 재난피해 외에는 무관심하게 되고, 시간과 기술, 산업발전에 따라 발생 빈도나 피해 규모가 다르다. 그러나 재난은 인간의 면밀한 노력이나 철저한 관리에 의해 상당 부분 근절시킬 수 있다. 같은 유형의 재난피해라도 형태나 규모, 영향 범위가 다르며, 재난발생 가능성과 상황변화를 예측하기 어렵고, 고의나 과실로 타인에게 끼친 손해는 배상의 책임을 가진다는 특성을 갖는다.

재해재난구호 봉사활동 내용으로는 재해난민돌봄서비스(식사, 세탁, 청소, 소독 등), 비상식량 제공 및 의식주 구호물품 제공서비스, 태안기름유출사건과 같은 재난 시 기름제거활동, 위기개입 및 정서적 상담 등을 들 수 있다.

9 문화 · 스포츠분야 봉사활동

문화자원봉사의 활동방향을 설정하기 위해 먼저 생각해야 할 것은 '문화를 어떻게 이해할 것인가?'라는 것인데, 여기서의 문화는 문화유적이나 예술만을 가리키는 것이 아니다. 물론 문화유적과 예술은 매우 중요한 문화의 일부이지만 그것만을 문화로 봐서는 안 된다. 문화는 지식·신앙·예술·법률·관습 및 사회 구성원으로서의 인간에 의해 획득된 기타 모든 능력과 습관들을 포함하는 복합적 총체로 인간의 삶의 방식 전체를 가리키는 것이 일반적이다. 즉 문화는 삶의 방식이요, 다양한 상황에 대응하는 인간적 역량과 관련된 것이라 하겠다.

문화자원봉사자의 역할로는 문화환경 개선활동으로 의식계몽 및 편익 제공, 아파트 공동체 실천활동, 지역사회 문화행사 참여활동, 소비감소운동, 여성차별 개선활동, 유해문화 추방활동, 상업주의방송 감시활동 등이 있으며, 문화생활 제공서비스로 박물관, 미술관 등 문화예술시설을 찾아오는 시민들에게 제공하는 가이드활동, 현실적으로 여러 가지 사회적 조건 때문에 문화생활에서 소외된 사람들을 위한 공연서비스활동 등을 들 수 있다. 문화재 보전활동은 무형문화재 전승, 유형문화재 문화시설 보호, 문화재 발굴 등 세 가지 체계로 분류해 볼 수 있으며, 구체적인 자원봉사프로그램으로는 무형문화재 공연과 전시·강습, 유형문화재 보호·감시·계도, 유형문화재 안전점검, 문화재지역 환경정화, 문화재보호 캠페인, 박물관 자료정리, 향토문화 조사·연구·문화재 발굴 보조활동 등을 들 수 있다.

현대인들은 복잡한 생활 속에서 스트레스를 해소하고 여가선용을 위해 다양한 스포츠·취미활동을 하고 있다. 여가선용 분야에서 자원봉사자는 레크리에이션 지도자, 게임·취미·무용 등의 자원교사로서 활동한다. 이들은 전문직과 준전문직 직원들이 갖지 못하는 재능을 발휘하고 있다. 스포츠·취미 분야의 자원봉사활동으로는 심판관, 레크리에이션 지도, 수공예, 게임, 무용 등의 자원교사, 놀이지도, 일일캠프나 숙박 캠프의 지도, 청소년 스포츠 그룹의 자문위원활동 등이 있다.

10 정치 · 경제 · 행정분야 봉사활동

주로 공명선거 캠페인과 투표소 보조자로서 활동하고 있는 정치 분야의 자원봉사자들은 차츰 지역사회를 관리하는 일에도 활동 범위를 넓혀가고 있다. 지역사회 발전을 위해 의견을 제시하는 지역사회 소집단활동이 바로 그 예가 된다. 지역사회의 정치지도자들을 위한 자원봉사활동은 정치지도자들을 지역사회와 밀접하게 연결하는 데 중요한 역할을 한다. 정치 분야에서의 자원봉사활동으로는 공명선거 계몽·홍보, 부정선거 감시활동, 선거관리업무 지원, 사무보조 등이 있다.

경제 분야에서의 자원봉사란 취업의사를 가진 실업자나 중고령 은퇴자의 직업알선을 위해 정보를 제공해 주거나 활동이나 훈련을 받을 수 있도록 제공해 주는 것을 말한다. 이러한 활동은 최근 들어 더욱 많이 요청되고 있는 분야로서 지역사회 발전을 위한 시민의 자발적 참여와 자발적 연대력이 요구된다. 경제 분야에서의 자원봉사활동에는 실업자와 기술이 없는 사람을 모집, 훈련시켜 직업을 알선해 주는 활동이 있는데, 청소년과 성인들에게 산업 분야의 각종 업무를 보고 배울 수 있는 기회를 제공한다. 구직자를 위한 상담자, 소비자보호운동 등 경제정의를 위한 시민운동, 지역특성에 따른 관광가이드 등이 있다.

우리나라 공공기관서비스에 대한 문제는 이미 지적되고 있는 상황이다. 대민업무창구의 경우 민원인을 위한 활동들이 이루어지고 있는 등 많은 변화가 있지만, 이는 앞으로 더 지속적으로 많은 기관에서 이루어질 필요가 있다. 관공서에서 자원봉사자를 활용한다면 예산도 절감될 뿐 아니라 나아가서는 행정서비스의 질을 높이는 데 크게 기여할 것이다. 행정 분야에서의 자원봉사활동 내용으로는 업무보조, 민원안내·상담, 행사 보조, 서류정리 등이 포함되며 공공도서관에서의 도서정리 및 안내가 있다.

11 국제행사분야 봉사활동

국제행사는 행사 차원을 넘어 국가경제도약의 중요한 계기가 되며, 대회 준비과정에서부터 경기 이후의 파급효과까지 감안하면 경제에 엄청난 영향을 미친다. 개최국가의 관광산업발전에 기여하고, 경제적·사회적·문화적인 부분들에 막대한 영향을 주기 때문이다. 그래서 많은 국가들은 국제행사를 유치하기 위해 개최위원회가 요구하는 다양한 도시기반시설을 구축하기 위해 노력한다.

1) 국제행사의 효과

국제행사의 효과를 살펴보면, 첫째, 사회문화적 효과를 들 수 있다. 큰 국가적인 국제대회는 해당 국가의 이미지 제고와 사회문화적 패러다임의 변화, 즉 인간관계의 구조와 기능, 집단적·개인적 가치구조의 의식 수준, 라이프스타일 및 삶의 질 등에 영향을 미치며 국가 및 지역의 일체감과 연대의식을 높이는 효과를 준다. 실제로 국제행사는 개최지역의 자부심과 국제감 및 의식 수준의 향상, 국민의 귀속감 제고 및 지역활동 참여촉진을 가져온다. 1988년 서울올림픽을 계기로 쓰레기 무단투기 습관이 변화되었으며, 2002년 한일월드컵을 계기로 냄새나던 한국의 화장실 문화가 바뀌고 줄서기 문화가 생긴 것이 그것이다.

둘째, 국제행사는 사회적 자본을 확충하게 되는 효과를 가져온다. 국제적 스포츠 이벤트를 유치한 개최지는 경기장 및 기타 유관설비를 건설하고, 필요한 장비와 소비재 구매에 대대적인 자금을 투자한다. 이러한 도시사회기반시설과 문화공간 및 공공인프라는 자본축적 효과를 통해 국민의 삶의 질 향상에 기여한다. 셋째, 경제적 효과를 들 수 있는데, 국제행사 운영에 따른 고용창출과 세수증대를 가져온다.

넷째, 개최 국가의 기업이미지 홍보 효과를 극대화하게 된다. 신나몬(Sinnamon, 2001)은 스포츠 이벤트의 상품화와 상징적 소비를 스폰서 관점에서 분석하며

1984년 LA올림픽을 '햄버거 올림픽', 1996년 애틀란타올림픽을 '코카콜라 올림픽'으로 표현하기도 하였다. 한국은 2002년 한일월드컵을 통해 기업이미지 제고 측면에서 14조 7,600억 원의 경제적 파급효과를 얻은 것으로 보고하였다(현대경제연구소, 2006). 또한 2018년 평창동계올림픽에서도 자원봉사자들의 적극적 자원활동은 한국의 국제적 이미지 재고에 크게 기여했다는 평가를 받았다. 그러므로 국제행사는 세계 여러 도시들과의 학술, 문화·예술교류의 확대는 물론 지역사회와 세계 주요국가와의 국제교류가 확대될 수 있는 계기를 마련하게 되는 것이다. 또한 행사기간 동안 직접적인 관광객 유치는 물론, 이로 인한 대외홍보 효과를 통하여 향후 지속적인 관광객의 증대에 영향을 미치게 된다.

2) 국제행사 자원봉사활동의 개념과 역할

국제행사의 긍정적인 영향을 극대화하고 그 결과를 지속적으로 공유하기 위해서는 지역정체성을 바탕으로 한 시민참여가 기반이 되어야 하며, 시민 모두가 한마음이 되어 국제행사에 참여할 준비를 해야 한다. 질서 지키기와 같은 성숙한 문화시민활동, 쓰레기 버리지 않기와 같은 환경활동, 자가용 안 타기와 같은 교통문화활동 등 시간을 굳이 내지 않고도 스스로의 삶에서 국제행사에 참여할 수 있다.

이러한 시민참여 중 일정한 시간과 에너지를 국제행사에 내놓고 활동하는 것을 자원봉사활동이라 한다. 국제행사에서 자원봉사는 행사의 성공적 개최를 위하여 행사의 홍보, 안전한 행사 운영을 위한 질서, 응급구조, 환경, 문화, 교통, 통번역, 안내서비스 등 다양한 분야에서 이루어진다. 자원봉사야말로 시민들이 국제스포츠대회에 직접 참여할 수 있는 유일한 방법이고, 남녀노소를 막론하고 자신의 능력 내에서 자발적인 대회 참여를 통한 자기실현의 욕구를 충족시킬 수 있는 기회이다.

대규모 국제행사 운영의 최대인력인 자원봉사자는 대회 성공의 중심적인 자원으로 성공의 기반 역할을 한다. 자발적 참여에 의한 시민참여의 극대화 및 무보수에 따른 경제적 파급효과를 얻을 수 있을 뿐만 아니라 행사 분위기의 조성과 홍보에 주요한 수단이 된다. 또한 통역·번역 등 전문성을 가진 다양한 인력을 일시적으로 대거 활용함으로써 정부나 지방자치단체가 담당하지 못하는 몫을 자원봉사자들이 수행할 수 있다. 이와 같이 국제행사 자원봉사는 다수의 시민들이 국제행사에 직접 참여하도록 하는 창구가 되며, 행사 성공의 지원자이자 주인공이라고 할 수 있다.

3) 국제행사 자원봉사의 필요성

(1) 개최기관의 욕구

국제행사를 주관하는 기관에서는 성공적인 국제행사를 개최하기 위해 자원봉사자를 통한 예산절감과 시민 홍보를 기대하게 된다. 또한 자원봉사로 참여하는 시민들에 의해 성숙된 시민사회로서의 의식을 한 단계 드높이고, 시민들을 하나의 큰 이벤트로 소속감과 자긍심을 드높이고자 한다.

이러한 자원봉사를 통한 시민참여의 국제행사는 그 지역과 지역주민, 그리고 지방자치단체의 이미지를 격상시키고 브랜드화하여 전국적인 혹은 세계적인 명소로서의 가치를 갖게 한다. 국제행사의 성공은 물론이고 국제행사를 찾는 관광객에게 지역문화를 느끼게 해줄 수 있는 자원봉사활동의 역할이 매우 중요하다.

(2) 자원봉사자의 욕구

국제행사 자원봉사활동은 그 봉사활동에 참여하는 자원봉사자에게도 커다란 의미를 준다. 우선 스스로의 활동이 국가와 지역발전에 크게 기여하는 기회가 된다고 믿고 최선을 다해 노력한다. 그리고 자신이 가지고 있는 외국어 능력이나 행사 진행 관련 기술이 시간과 에너지를 발휘할 수 있는 계기가 된다는 것에 행복을 느낀다. 희생을 강조하던 과거 자원봉사와는 달리 재미와 보람이 함께하는 볼런테인먼트를 느껴 볼 수 있는 것이 국제행사 자원봉사라고 할 수 있다.

4) 국제행사 자원봉사활동의 영역

국제행사 자원봉사의 활동영역은 첫째, 국제행사를 주관하는 조직(예: 조직위원회)의 업무지원을 위한 자원봉사활동(국제행사를 앞둔 1년 전 시점에서 업무분석에 따른 봉사활동), 둘째, 행사 개최 도시의 업무지원을 위한 자원봉사활동(각 시군구에서 관광 및 숙박, 교통, 질서, 환경, 홍보 등에 필요한 활동지원), 셋째, 참가선수단 혹은 참가국가를 위한 서포터즈활동(국제행사에 참가하는 국가들에 대한 응원, 홍보, 훌리건, 그 해당 국가의 민속의상이나 그 국가의 국기가 새겨진 옷을 입고 문화 안내 및 지원) 넷째, 기타 민간참여 자원봉사활동(시군구 별로 실시되는 전 주민 차원의 캠페인활동, 인사하기, 미소 짓기, 간단한 영어회화 외우기, 화장실문화 업그레이드, 한줄서기운동, 양보하기운동, 자동차 홀짝제 실시, 쓰레기무단투기 하지 않기, 큰소리 내지 않기 등, 질서 및 환경보호활동, 시민문화의식 향상 이벤트, 붐조성 활동, 홍보활동 등)으로 구분할 수 있다.

자원봉사활동은 대규모 자원봉사자가 일정기간에 집약적으로 봉사활동을 전개해야 하므로 활동영역에 대한 명확한 구분과 실제로 참여하는 분야에 대한 정확한 이해, 이를 수행할 수 있는 자원봉사자의 능력과 기술, 시간과 신체적 조건 등이 필요하다.

5) 국제행사 자원봉사활동 사례

그동안 우리나라에서는 86년 아시아대회, 88년 올림픽대회, 2002년 월드컵대회와 2002년 부산아시아대회, 2010년 대구세계육상대회, 2012년 여수엑스포 등 수없이 많은 국제행사가 있었으며, 이러한 국제스포츠행사에서 자원봉사자의 역할은 성공적 대회의 절대적 요인이 되었다. 즉, 자원봉사자는 대회의 얼굴, 그라운드 밖의 국가대표, 국민외교관으로서의 역할뿐만 아니라 대회기간 중 대회의 임직원이나 선수단, 미디어진 등 외국인들이 모인 곳에서 가장 빈번하게 만나게 되는 존재인 것이다. 실제로 대규모 국제행사에 참여한 경험이 있는 사람들은 행사기간 중 많은 자원봉사자를 만나게 되고 그들의 열정과 친절로서 그 대회와 그 나라의 위상을 결정한다.

구체적으로 우리나라의 국제스포츠행사에 참여했던 자원봉사인력 현황을 살펴보면 다음과 같다.

표 7-1 국제스포츠행사 참여 자원봉사자 활동 현황

단위: 명(%)

국제행사 대회명	대회 운영 인력 수	자원봉사자 수	비율(%)
1986 아시아대회	28,433 (행사요원, 용역요원 제외)	17,411	61.2
1988 올림픽대회	50,276	27,072	53.8
1997 무주동계U대회	2,575	1,110	43.1
2002 월드컵대회	4,089	1,397	34.2
2002 부산아시아대회	23,175	14,603	63.0
2003 대구하계U대회	15,614	10,420 (조직위, 개최도시포함)	66.7
2011 대구세계육상선수권대회	4,424	6,000	135.6
2018 평창동계올림픽	51,130	14,523	28.4

12 모금분야 봉사활동

모금활동에 참여하는 자원봉사자(fundraising volunteer)란, 지역사회의 필요에 부응하기 위해 조직한 비영리단체의 모금활동 역량의 기본적 구성요소를 담당하는 인력이다. 모금자원봉사자가 없다면 많은 단체와 기관들이 금전개발 전문직원들을 고용해야 할 것이고 이는 모금활동 비용의 증가를 가져와 기관이나 단체에서 기존에 제공하던 서비스나 프로그램을 줄이는 결과를 가져올 것이다(CFRE, 2011). 또한 모금자원봉사자들은 지역사회와 공동체를 대표하는 만큼 기관이나 단체에서 제공하는 프로그램에 대한 통찰력 있는 관점을 제공한다.

1) 모금봉사자의 참여동기

모금자원봉사자로서 모금활동에 참여하는 동기 유형을 살펴보면, 다음과 같다. 첫째, 다른 사람을 도울 수 있다는 사실만으로 순수하게 기부 또는 자원봉사를 하는 유형(altruist)이다. 둘째, 지역사회나 자신이 속한 공동체를 매우 아끼며, 보다 나은 지역사회, 공동체를 만들어 나가기 위해 자신의 시간, 재능, 소유를 기여하기 원하는 유형이다(communitarian). 셋째, 종교적 신념에 따라 헌금하거나 봉사를 하는 유형이다(devout). 넷째, 자신이나 다른 사람들에게 어떠한 보상이 있을 것으로 예상하고 기부하거나 자원봉사를 하는 유형이다(investor). 다섯째, 자신과 비슷한 생각을 가진 사람들과 어울릴 수 있는 자선행사에 자주 나타나는 기부자 유형이다(socialite). 여섯째, 자신이나 친구, 가족을 도와주었던 기관이나 사회에게 자신의 시간과 돈으로 되갚아야 한다고 생각하는 유형이다(repayer). 일곱째, 가족적인 전통에 따라 기부하고 봉사활동을 하는 유형(dynast) 등이 있다.

위와 같은 다양한 유형의 동기와는 상관없이 사람들이 기부와 자원봉사를 결심하는 가장 중요한 이유는 기관의 사명에 대한 신뢰이다. 기관의 사명은 기관에서 제공하는 프로그램과 활동 등을 밀고 나가는 힘이라고 볼 수 있으며, 기관의 사명이 자원봉사자들에게도 분명하게 이해되어야 모금자원봉사활동이 보다 적극적으로 행해질 수 있다. 효과적인 모금자원봉사자란 그들을 통해서만 닿을 수 있는 사람들과 많은 연결점을 가진 사람들이기 때문에, 자원봉사자는 단체의 사명을 이해하고 깊이 공감하며 모금활동을 통해 자신의 신념을 표현하게 되는 것이다(Sargeant, 2001).

2) 모금자원봉사 활동 내용

모금자원봉사자들이 모금현장에서 활동하게 되는 업무 내용은 첫째, 현재의 기부자들과 잠재적 기부자들에 대한 정보를 수집하는 일이다. 현재의 기부자들과 잠재적 기부자들에 대한 인구학적 정보와 기본정보가 담긴 데이터베이스를 업데이트하는 것을 지원하며, 기부자들의 연고, 소속과 사회활동, 생활방식 등을 체계적으로 기록하는 일을 수행한다.

둘째, 다양한 기부프로그램들마다 기부자들의 세부적인 특성을 파악하는 활동을 지원한다. 기부자들의 인구학적 정보를 수집하며(나이, 소득, 재산, 이름, 자녀의 수 등) 기부의 지속도와 빈도 수, 지난 5년간 기부액수의 동향을 통해 기부자들의 충성도[1]를 살펴본다. 이러한 부분은 모금전문가에 의해 교육받고 훈련되는 과정에서 습득된다.

셋째, 지속적이고 집중적인 의사소통을 통해 오래된 기부자들과의 관계를 진작시키는 업무를 지원한다. 모금전문가와 기부자들의 관계는 업무적인 관계라고 할 수 있으나 모금자원봉사자와 기부자들의 관계는 같은 무대가성을 갖는 활동을 한다는 점에서 상호신뢰를 경험할 수 있는 관계가 된다. 기부자들과의 의사소통의 질과 빈도수를 높임으로써 기부자들이 충성도를 가질 수 있도록 한다. 기부자들의 특성에 맞는, 모금활동의 특성에 맞는 마케팅 자료들을 개발하는 것을 돕기도 한다.

그리고 모금자원봉사자는 기부자에게 보내는 편지 발송을 지원하기도 하는

---

1) 예를 들면 1) Loyal(기부자는 지난 5년간 4~5회의 기부를 하였음), 2) Supportive(기부자는 지난 5년간 2~3회의 기부를 하였음), 3) Erratic(기부자는 지난 5년간 0~1회의 기부를 하였음) 등으로 유목화하여 점수를 매기거나 다음과 같은 질문을 한다. 기부자의 기부액이 감소하였는가, 증가하였는가, 혹은 변화하지 않았는가? 기부자는 매년 기부를 권유받았는가? 기부자는 어떤 방법으로 기부를 권유받았는가(편지, 전화, 개인적인 방문)? 기부자는 매년 기부를 하였는가 아니면 1년에 여러 번 기부를 하였는가? 이러한 질문을 던짐으로써 기부자들의 다양한 기부 특성을 파악할 수 있다.

데, 기부자의 이름을 구분하여 적는 등 기부자들에게 보다 개인적인 관심을 나타내어 신뢰도를 높이고, 기관의 홈페이지를 사용하여 잠재적 기부자들이 기관에 대해 알 수 있도록 가능성을 높이는 활동도 한다.

넷째, 체계적인 통계 분석을 통해 실적을 추적하는 데 도움을 주는 역할을 한다. 기부자들에게 보낸 편지, 전화 연락, 일대일 만남 등의 회답률을 조사하고, 기부자들에게 보낸 선물 액수의 평균값을 계산하며, 기부 참여 정도를 기록하고 기부의 증감 및 동향을 파악하는 업무를 수행한다.

다섯째, 결과와 정보를 공유하는 역할을 담당하는데, 기관에서 가장 성공적인 모금 사례발표를 통해 교육받으며 모금활동을 하는 직원들이 각자의 목표를 달성할 수 있도록 돕는 역할을 수행한다.

3) 모금자원봉사 활동처

이러한 역할을 하는 모금자원봉사자들이 주로 활동하고 있는 곳은 대부분 비영리단체이다. 복지, 환경, 문화, 교통 등 다양한 영역의 비영리단체에서는 모금자원봉사자들을 직접 모집하여 교육 후 직접 모금활동에 투입하기도 하고, 일반 시민들을 대상으로 기부프로그램에 참여하게 하여 모금봉사자로 활동하게 만들기도 한다. 모금봉사자는 직접 모금뿐만 아니라, 홍보, 문화이벤트, 기획, 공연 참여 등 다양한 방법으로 모금활동에 간접적으로 참여한다.

4) 모금자원봉사자의 자격

모금자원봉사자가 되기 위해서는 단체의 사명에 개인적 헌신을 드러내어 목소리에 설득력을 더할 수 있는 자세가 필요하다(Eisner, Grimm, Maynard, & Washburn, 2009). 기존에 각 단체에서 자원봉사를 하고 있던 사람들이 모금자원봉사활동을 시작하게 되는 이유는 자연스럽게 지인들에게 단체를 소개하고 모금에 대한 간접적인 권유를 하게 되면서이다. 일반 자원봉사활동을 하면서 단체에 대하여 얻게 된 지식과 경험은 모금자원봉사자들이 모금과정에서 효과적으로 사용할 수 있는 수단이 된다.

모금자원봉사자에는 크게 두 가지 부류가 있다. 하나는 비영리단체나 기관의 이사회 구성원이며, 다른 한 그룹은 봉사활동의 일환으로 모금활동을 하는 사람들이다. 이사회 구성원의 경우, 모금활동을 기관의 재정적 안정성을 보장하기 위한 그들의 의무로 생각하기 때문에 모금자원봉사자 대열에서 적극적으로 참여한다. 반면 자원봉사의 한 유형으로 모금활동에 참여하는 모금자원봉사자들은 기관과 관련이 있기 때문에 모금활동에 참여한다. 예를 들면 기관의 직원이나 이사가 가까운 친척인 경우이거나, 자신이나 친구, 혹은 가족이 기관의 서비스를 받았던 경험이 있거나, 다른 자원봉사자들의 권유가 있던 경우에 모금자원봉사자로 활동하게 될 가능성이 높다(Hager, Rooney, & Pollak, 2002).

그러므로 모금자원봉사활동을 효과적으로 수행하기 위해서는 기관의 사명이나 대의에 동의해야 하며, 기관 직원과의 의사소통과 정보제공 등이 잘 이루어져야 한다. 또한 그들에 대한 인정과 감사 표시가 뒤따라야 한다. 모금자원봉사자들을 대상으로 이루어진 연구에 따르면 자원봉사자들이 바라는 것은 큰 선물이나 행사보다도 그들에 대한 기대 수준이 분명하게 전달되는 것, 그들이 성공적으로 활동을 수행하는 데 필요한 도구, 그들의 역할이 기관에 매우 중요하다는 것을 인정받는 것이었다. 즉, 눈에 보이는 선물보다는 보다 개인적인 방법으로 그들의 헌신과 공헌을 인정해 주는 방법을 고안해 내어야 한다.

그리고 모금자원봉사자들에게는 영감(inspiration), 동기(motivation), 정보(information)를 아우르는 교육이 필요하다. 영감이 결여되어 있는 상태에서 지식과 정보 전달을 하려는 것은 소기의 목적을 달성하기 힘들다. 즉, 모금활동과 다른 사람들을 돕는 일에 대한 의식이 고취된 후에야 모금교육의 내용이 설명되고 이해될 수 있다는 것이다. 그 다음으로 필요한 것은 모금교육을 받는 사람들에게 내면적으로 동기를 부여하는 것이다(Lindahl & Conley, 2002).

결국 훌륭한 모금자원봉사자가 되기 위해서는 다음과 같은 자격을 갖추어야 한다. 첫째, 흠잡을 데 없는 도덕성을 지니고 있어야 한다. 잠재적 기부자의 신뢰를 얻기 위해서는 진실성을 띄어야 하며 잠재적 기부자의 정보를 다룸에 있어서 결부될 수 있는 윤리적 문제에 대해 분명하게 이해하고 있어야 한다. 지역사회나 공동체에서 존경받는 자원봉사자의 경우 자신이 봉사활동을 하는 기관으로 자신이 받고 있는 존경과 신뢰를 그대로 가져올 수 있다는 이점이 있다.

둘째, 좋은 청취자이어야 한다. 잠재적 기부자와의 대화에 있어서 80%는 듣는 것이다. 물론 기부의 필요성에 대해서는 조리 있게 설명할 수 있어야 하지만 오히려 듣는 중에 잠재적 기부자의 욕구와 바람에 대한 통찰을 얻을 수 있다.

셋째, 다른 사람들에게 동기를 부여하는 능력을 가지고 있어야 한다. 특히 리더의 자리에 있는 자원봉사자의 경우 다른 사람들이 행동하도록 영감을 주고 동기부여를 할 수 있어야 한다. 이들은 자신의 직업이나 속해 있는 종교단체에서 이미 리더의 역할을 하고 있는 사람들일 수도 있고, 이제야 자신이 진정으로 열정을 가지고 일하고 싶은 대의를 발견한 새로운 리더들일 수도 있다.

넷째, 근면해야 한다. 모금자원봉사자들은 기꺼이 새로운 기술을 배우려 하고, 자신들만의 안전지대에서 빠져나오는 것을 두려워하지 않으며 새로운 책임을 수용할 수 있어야 한다.

다섯째, 기본적으로 다른 사람들에 대한 염려와 관심이 있어야 한다. 서비스를 제공하는 사람들에 대한 진정한 관심이 있는 모금자원봉사자라면 잠재적 기부자들에게 기부의 필요성을 열정적으로 역설할 수 있을 것이다. 모금자원봉사자들은 다른 직원, 다른 자원봉사자들, 기관의 이용자들, 그리고 무엇보다 기부자들의 필요에 예민해야 한다.

여섯째, 돈을 모금활동의 대가로 바라지 않아야 한다. 모금봉사활동에 참여하는 자원봉사자들은 물질적 대가 이상의 정신적 만족과 자긍심과 기쁨을 모금봉사활동을 통해 느낄 수 있어야 한다.

일곱째, 기관의 사명을 깊이 이해하고 그 실현을 위해 전념해야 한다. 자신의 본업이 아님에도 불구하고 시간을 내어 모금활동에 참여할 만큼 모금자원봉사자는 이것이 중요한 일이라고 생각해야 한다.

여덟째, 모금 요청 시 함께 제공하는 정보와 요청 의도에 신뢰감을 줄 수 있어야 하며, 자신이 가지고 있는 열정이 잠재적 기부자의 결정을 이끌어 내는 데 중요한 요소가 된다는 것에 확신을 가져야 한다.

모금전문가와 모금자원봉사자의 역할과 내용을 비교해 보면 다음의 〈표 7-2〉와 같다.

표 7-2 모금전문가와 모금자원봉사자와의 비교

구분	모금전문가	모금자원봉사자
자격	엄격한 교육과 훈련 이수자 CFRE의 인증 Indiana University의 The Center on Philanthropy의 Fundraising School	모금활동이 진행되는 비영리단체에서 실시하는 교육 및 훈련 이수자
활동처	비영리단체, 학교, 박물관, 종교시설	모금기관
역할	기부자 발굴, 기부자 관리, 모금봉사자 관리, 홍보 및 감사표시	모금전문가 활동 지원 및 모금기관 행정업무 지원
인정보상	전문가로서의 인정, 취업 혹은 프리랜서로 활동	활동인증 및 확인, 비물질적 인센티브
사례	현 한국에는 모금전문가는 별도의 자격제도 없이 수료증으로 활동하고 있음.	원주천사나눔운동에서는 사회복지협의회의 자원봉사자들이 1,004원을 후원하는 개미천사 모집을 담당함.

출처: 구혜영 외(2011).

13 온라인분야 봉사활동

1) 개념

온라인(online)자원봉사는 인터넷을 매개로 지역사회를 변화시키는 서비스를 무보수로 제공하는 활동이다. 사이버자원봉사(Cyber Volunteering)이라고도 하며, Online Mentoring, e-Mentoring, e-Volunteering, Cyber Service, Tele-mentoring 등으로 부르기도 한다. Virtual Volunteering Project(가상자원봉사 활동 프로젝트)와 UN의 온라인 자원봉사활동 서비스(United Nation's Online Volunteering Service)에 의해 시작되었다. 온라인자원봉사활동은 자원봉사 업무의 전체 혹은 일부를 인터넷을 통해 집에서 하거나 혹은 직장에서 하는 것을 의미한다. 온라인자원봉사는 기관에서 부족한 전문 기술과 필요한 자원들과 연결을 시켜준다. 인터넷을 통해 필요에 따라 얼마든지 개발이 가능한 것이다. 온라인 자원봉사활동은 자원봉사 기관(단체)에 보다 많은 자원봉사자를 참가할 수 있게 하고 그리고 기관은 새로운 영역의 자원봉사자를 활용함으로써 자원봉사 프로그램을 확장하고 있다. 앞으로 인터넷을 통한 자원봉사 프로그램 개발에 많은 관심을 가지게 되었으며, 사람들에게 인터넷을 통해 자원봉사활동에 참가하는 기회를 제공하는 것은 대단히 중요하게 다루어지고 있다.

2) 온라인 자원봉사활동 영역

(1) 비영리기관 및 공익사업 홍보, 사이버기자단 활동

인터넷을 통해 온라인 기관홍보를 할 자원봉사자는 인터넷을 자유롭게 활용할 줄 알아야 한다. 해당 지역에 일어나는 자원봉사활동 등을 중점적으로 취재·홍보하여 다양한 인터넷 매체인 트위터, 유투브, 블로그, 카페, 페이스북, 인스타그램, 홈페이지, 카카오스토리, 카카오톡 등에 그 내용을 올리는 것이다.

사이버기자단은 공지사항이나 각 지역에서 일어나는 크고 작은 아름다운 삶의 이야기를 기사형식으로 작성해 홈페이지에 게시하여 미담을 전파해 타 지역에 확산시키는 역할을 한다. 이를 통해 지역별·마을별 홍보 및 봉사활동을 체계적으로 관리할 뿐만 아니라 자원봉사의 역사를 기록·보존하는 또 하나의 봉사활동을 전개하는 것이다.

(2) 온라인상담, 사이버가족결연사업, 모바일친구맺기 등

사이버상담실 자원봉사자는 상담자의 답변이 필요한 게시판상담과 e-mail 상담이나 실시간 사이버상담활동에 참여하게 된다. 사이버상담은 청소년들의 가장 절실한 문제들을 숨김없이 접할 수 있고, 다른 상담과는 달리 즉석에서 답변을 해야 하는 봉사활동이 아니기 때문에 준비할 시간도 있으며, 자료도 찾아볼 수 있는 장점도 있다.

교육부와 한국교육개발원은 공동으로 '학교생활 컨설턴트-네이버 지식 iN 지식파트너' 사이버상담실을 상담재능기부 전문봉사활동으로 시작하면서, 학교폭력, 교우관계 등 청소년들의 다양한 학생생활 전반에 대한 사이버상담을 전개하고 있다.

또한 Family in Internet에서는 웹사이트 lovers를 통하여 청소년과 사이버가족을 맺어 청소년이 가족의 안정된 순기능을 느끼게 해주고 고민이나 문제의 상담을 통하여 청소년이 스스로 바르게 성장할 수 있도록 인도하는 역할을 수행하기 위한 온라인자원봉사활동을 진행하고 있다. 사이버상담자원봉사자는 일정한 교육[2]을 이수한 후 사이트에서 자신이 원하는 시간대에 접속하여 청소년에게 사이버상담서비스를 제공할 수 있다. 그리고 온라인상에서 가족결연사

2) ■ 사이버상담: 사이버상담의 특성과 필요한 기술
■ 인터넷과 청소년: 청소년이 다루는 인터넷과 유해환경 차단 등에 관한 내용
■ 청소년의 특성: 청소년의 신체·심리·정서·사회적 특성에 관한 내용
■ 청소년과 환경Ⅰ: 청소년과 사회문제
■ 청소년과 환경Ⅱ: 학교 내 청소년의 문제
■ 청소년이 말하는 청소년: 청소년 스스로가 말하는 자신들에 대한 이야기

업을 추진하여 가족구성원으로서 청소년의 고민과 문제를 상담하기도 한다.

최근 (사)동서남북모바일커뮤니티에서 운영하는 '청소년모바일친구 M1388'이라는 사업은 청소년을 대상으로 휴대폰 문자나 채팅을 통해 상담서비스를 제공하고 있다. 대부분 상담전문봉사자들에 의해 이루어지며, 청소년들은 휴대폰으로 문자를 보내지만 상담사들은 인터넷 시스템을 통해 답변상담내용을 보내며 청소년들에게 힘이 되어주고 있다.

(3) 온라인 선플달기운동

건전한 사이버 문화 조성을 위한 선플달기 운동캠페인 참가 및 실제 선플달기활동을 봉사활동으로 인정하고 있다. 선플 작성은 학년도 단위로 최대 12시간 인정(초 40자 이상, 중 50자 이상, 고 60자 이상으로 20건당 일주일 최대 1시간 인정)하고 있다.

(4) 사이버 폭력 및 유해 콘텐츠, 사이트 신고

대부분의 청소년 활동은 SNS 사이버 공간에서 이루어지고 있는 현실에서, 인터넷은 매력적인 커뮤니케이션 수단으로 각광받는 것에 비해 명예훼손, 사이버모욕, 스토킹, 사이버성희롱 및 폭력, 사이버음란물 등 타인의 명예나 권익 침해 등 부정적인 측면이 크게 드러나고 있다. 인터넷상의 사이버 폭력을 예방하고, 대부분 타인의 게시판의 글이나 댓글을 허락 없이 자신의 블로그나 카페, 미니홈피, 포털사이트 등에 퍼 나르는 것을 막기 위한 다양한 봉사활동을 할 수 있다. 사이버폭력을 하지 않겠다는 동참동의서와 온라인 리플렛 배포 및 유해사이트를 온라인 신고하는 것도 봉사활동이 될 수 있다. 또한 학교폭력 예방교육, 사이버폭력 예방교육, 인권 교육 등의 홍보도 온라인 봉사활동으로 인정될 수 있다. 사이버수호천사라는 다음카페는 사이버범죄상담, 불건전사이트의 신고를 담당하고 봉사활동으로 인정하고 있다. 갖가지 모니터링 및 설문조사를 통하여 사이버범죄의 심각성과 해결방법을 언론에 배포하고 있다.

(5) 온라인용 콘텐츠 개발

자원봉사자들을 활용하여 홈페이지 구축 및 관리, UCC제작, 어플리케이션 제작, 그래픽디자인, 웹디자인, 동영상, 팟캐스트, e신문 혹은 e뉴스레터 및 e 매거진 제작, 팜플렛 제작, 웹진제작, 팝업창 디자인, 배너제작, 홈페이지 업로드 등의 봉사활동이 기관별로 이루어지고 있다.

(6) 사이버문화공동체 프로그램 참여

학교 내 사이버 봉사활동동아리 지원, 청소년사이버문화공동체 안에서의 정보동아리(감시, 탐사대) 운영, 사이버상의 문화예술관련 동아리 운영, 사이버 청소년문화동아리 NETWORK 모델 개발, 문화 WORKSHOP 모델 개발(청소년사이버문화강좌 지원), on/off-line에서 동시에 만들어 가는 새로운 사이버축제 프로그램 개발, 사이버클럽을 통해 자신의 역할을 찾을 수 있는 프로그램 개발, 사이버지역사회 조직(NETWORK) 모델 개발(지역사회의 자원을 활용할 수 있는 프로그램개발)에 참여할 수 있다.

(7) SNS분야 봉사활동

모바일분야에서 많은 자원봉사활동이 이루어지는 영역이 소셜 네트워크(SNS) 분야이다. 이 SNS는 사람들 간의 관계망을 통해서 어떤 정보나 소식, 자신의 주장이나 생각을 전달하고 전파하는 의사소통 수단이 되고 있다. 페이스북, 트위터, 인스타그램 등이 대표적인 소셜 네트워크 서비스이다. 이들 서비스 모두는 개인 블로그처럼 개인 공간이 제공되어 있으며, 그곳을 통해 개인들이 정보를 올리고 공유함으로써 다른 사람들과 의사소통할 수 있다. 스마트폰의 발달로 사람들이 만나서 하는 일은 전보다 줄어들었지만, 컴퓨터와 인터넷의 발달로 발전하게 된 소셜 네트워크로 사람들은 관계를 계속 이어 나가고 있다.

SNS가 급격한 성장에 따라 출처가 확실하지 않은 유언비어가 인터넷상에서 난무하게 된다. 범죄를 예방하고, 경각심을 일깨워 주는 차원에서는 좋은 현상이나 근거 없는 괴담이 퍼지면 사회불안을 조성하는 폐해를 낳게 된다. 또한 SNS의 발달은 의제설정 주체가 급속하게 시민단체에서 개인으로 넘어간 것도 시민단체의 영향력을 크게 감소시킨 원인 중 하나로 분석되고 있다. 그러므로 SNS의 발달에서 오는 부정적인 요소들을 감소시키기 위한 자원봉사영역의 준비가 필요하다. 온라인상에서 선플달기운동이나, 유언비어나 비방형의 가짜뉴스 배포에 대한 고발활동 등과 같은 온라인패트롤영역의 봉사활동 인정 등이 새롭게 요구된다고 할 수 있다.

또한 SNS를 기반으로 한 다양한 시민사회 플랫폼이 만들어지면서 또 다른 정보격차로 인한 소외나 차별이 발생할 수 있으므로 이러한 영역의 자원봉사활동이 포함되어야 하며, 자원봉사자들의 역량이 시민사회 역량으로 성장할 수 있도록 하는 프로그램도 강조되어야 할 것이다.

(8) 기타 사이버봉사활동

번역, 자료입력, 보조금 신청 및 자료준비, 원고 교정, 전문기술에 의한 자문, 온라인토론 그룹 지원 및 관리 온라인 조사활동, 온라인 자원봉사 상담 및 조직관리 등도 사이버봉사활동이 될 수 있다.

14 사회적 경제분야 봉사활동

사회적 경제란, 이윤창출이 최고의 목표인 자본주의 경제의 대안적 개념으로, 사람중심의 사회적 가치 실현을 우선으로 하며, 공동체의 보편적 이익 실현, 다양한 이해관계자에 의한 민주적 의사결정, 건전한 일자리 창출에 기반한 노동 중심의 수익 분배, 그리고 이러한 생태계의 지속가능성 등의 가치를 추구하는 경제시스템을 의미한다. 즉, 사회적 목적과 민주적 운영 원리를 가진 호혜적 경제 활동 조직의 집합으로 볼 수 있다.

이러한 사회적 경제시스템이 안착하려면, 이웃과 공감할 수 있는 능력을 갖춘 자원봉사자들의 역할이 매우 하며, 자원봉사자활동이 사회적 경제발전 선순환구조의 기본이 되어야 한다. 특히 자원봉사센터는 시민들에게 사회적 경제를 위한 사회적 이슈를 알리는 중간지원조직 역할을 할 수 있고, 공동체 기반의 나눔과 공생인 자원봉사를 통해 키워진 시민의식으로 사회적 경제조직이 활성화될 수 있는 것이다.

사회적 경제시스템에서 활동할 수 있는 봉사활동으로는 마을 만들기, 사회적 기업, 사회적 협동조합, 마을기업, 자활법인, 농어촌공동체회사, 생활협동조합, 사회적 경제 시민사회단체 및 비영리기관 등에서의 다양한 활동이 이에 속한다.

CHAPTER

08

자원봉사자의 역할과 자세

1. 자원봉사자의 자세
2. 자원봉사자의 권리
3. 자원봉사자의 윤리 및 가치관
4. 자원봉사자의 활동수칙
5. 자원봉사활동 사례

VOLUNTEERISM

Chapter 08

자원봉사자의 역할과 자세

1 자원봉사자의 자세

봉사활동에 참여하는 봉사자들이 갖추어야 할 자세는 크게 두 가지로 나눌 수 있다. 첫째는 자원봉사자의 정신적(내면적) 자세로 자신에 대한 이해와 성찰에서 시작된다. 자신의 성격, 행동유형, 장점과 단점을 객관적으로 이해하고, 타인의 행동을 유심히 살펴볼 필요가 있다. 이러한 과정을 통해 올바른 행동을 찾아 자신의 행동변화 및 내면화가 이루어지면 이를 가족이나 친구, 이웃에게 먼저 실천해야 한다. 그리고 봉사자 자신이 자원봉사를 통해 얻고 싶은 것이 무엇인지에 대한 통찰이 필요하며, 하고 싶은 것과 할 수 있는 것에 대한 통찰도 필요하다.

또한 사람에 대한 적절한 관심이 요구되는데, 관심이 필요 이상인 경우에는 사람들과 이야기를 나누느라 봉사활동은 뒷전이 되는 경우가 많다. 반대로 관심이 너무 없는 경우에는 로봇처럼 경직된 봉사활동만 하는 사람이 되고 만다. 봉사자는 겸손한 태도와 감사한 마음을 가져야 하며 가족과 친구들의 지원과 배려가 있어야 한다. 봉사활동에 대한 부정적인 관점을 가지고 있는 가족이 있는 경우에는 봉사활동 참여가 또 다른 가정불화의 계기가 되므로 자신의 여건을 고려한 가족의 배려가 그 무엇보다 필요하다.

봉사활동 시에는 항상 긍정적인 생각이 필요하다. 무조건 힘들 것이라는 사고방식으로는 봉사활동에 적극적으로 참여할 수 없다. 또한 이제는 봉사시간에 대한 개념도 변화되어야 한다. 남는 시간에 하는 것이 봉사활동이라는 생각은 늘 바쁨에 허덕이는 현실에서 봉사활동이 늘 뒤로 밀릴 수밖에 없는 상황을 만든다. 따라서 봉사활동 시간은 정해 두어야 한다. 매주 월요일 오전이나 매주 금요일 오후, 이렇게 시간을 정해 두어 주변에서 봉사활동시간을 방해하는 일들이 없도록 해야 한다.

둘째는 자원봉사활동 및 프로그램에 대한 이해가 필요하다. 이를 위해서는 자원봉사프로그램에 대한 정확한 이해가 요구되는데 몸으로 때우는 것(육체적인 것)만이 봉사라는 생각은 버려야 하며, 자신의 재능이나 기술을 활용하거나 머리를 써서 돕는 활동도 봉사활동이라는 인식이 필요하다. 예를 들면 프로그램 개발, 리포트 작성, 수혜자 발굴 등의 행정적 지원업무, 자문활동 등도 봉사활동이 될 수 있는 것이다. 또한 프로그램에서 자신이 할 수 있는 역할을 제대로 찾는 것이 중요한데 이때는 경험을 살릴 수 있는 것, 관심이 있는 것, 가까이에 있는 것, 즉 가정에서부터 시작하는 것이 좋다. 특히 봉사활동은 꾸준히 공부하며 배우는 자세가 요구되며 자원봉사 교육프로그램은 평생교육의 차원에서도 활용 가능하다.

자원봉사자에게 있어 약속은 생명이다. 이 말의 뜻은 봉사활동 시 시간을 엄수해야 한다는 뜻이다. 무보수활동이라는 이유로 약속을 쉽게 어기거나 지각하는 경우를 종종 보게 된다. 보수를 받는 활동의 경우에는 이러한 상황에 놓이면 책임 추궁을 받지만 무보수활동은 그런 경우가 많지 않기 때문에 편한대로 행동하는 경우가 많으므로 가장 조심해야 할 사항이다. 또한 봉사자는 책임감과 적극성을 가져야 한다. 먼저 밝은 표정으로 인사하고 할 일을 찾는 모습은 참으로 아름다운 모습이라 할 수 있다. 반면 봉사활동의 대가를 바라는 듯한 모습은 봉사기관의 담당자나 수혜자에게 부담만 느끼게 할 뿐이므로, 무보수활동이라는 정신으로 물질적 대가를 거절할 줄 아는 자세를 갖추어야 한다.

자신에게 맡겨진 봉사활동은 항상 한계가 있다는 것을 명심해야 한다. 수혜자가 원한다는 이유로 이것저것 관여하다 보면 자신의 생활이나 에너지가 고갈되고 만다. 또한 봉사활동에서 얻어진 다양한 인적사항이나 개인적인 정보는 비밀을 유지해야 하며, 활동 중에는 항상 기관 및 단체의 지침이 우선되어야 한다. 그리고 봉사자 자신의 입장이 아닌 수혜자의 입장에서 활동해야 하며, 그룹활동 시에는 사전의논 및 평가의 시간을 가져야 한다. 봉사자로서의 권리보다는 의무에 관심을 두어야 하며 전화, 면담, 서신, 이메일 등을 통한 자원봉사지도자나 관리자와의 원활한 의사소통은 에너지가 소진되는 것을 막아준다. 자원봉사활동이나 행사에 관심을 갖고 스크랩하거나 친구나 가족에게 홍보할 수 있어야 하며 사진첩을 만들어 자신의 삶을 회고할 때를 대비하는 것도 좋다. 특히 기관이나 단체에 누가 되는 행동과 말을 삼가하여 봉사자로서의 품위를 지키는 것이 중요하다.

2 자원봉사자의 권리

자원봉사자는 다른 누군가를 위해 봉사활동만 해야 하는 존재가 아니다. 봉사활동을 통해 스스로의 권리를 찾고 그 권리에 대한 요구도 할 수 있어야 한다. 우선 자원봉사자는 자원봉사활동에 대한 정확한 시간을 인정받을 수 있다. 또한 자원봉사활동에 대한 인센티브 및 포상을 향유할 수 있으며, 자원봉사 상해보험이나 경력증명서, 활동실비 제공과 같은 자원봉사활동에 대한 제도적 지원과 자원봉사자 교육내용이나 교육프로그램에 대한 요구도 할 수 있다. 그리고 이러한 교육의 지도자(강사)에 대한 요구도 가능하며, 지역사회에 필요한 틈새계층에 대한 자원봉사프로그램도 요구할 수 있다. 그뿐만 아니라 자원봉사활동에 대한 슈퍼비전을 받을 수 있으며, 자원봉사자를 위한 간담회 및 평가회를 요청할 수 있다. 자원봉사활동 전반에 대한 평가와 제안에 대한 추적(follow up)을 요구할 수 있으며, 활동관리대장이나 소식지를 통해 봉사활동에 대한 공개 혹은 투명 운영을 위한 요구가 가능하다. 또한 자원봉사서비스를 받고 있는 수혜자들의 만족도를 요구할 수 있다. 이처럼 자원봉사자는 봉사활동에 참여한 것에 대한 권리를 가지고 있으며 이러한 권리는 국가적 뒷받침에 의해 가능하다.

자원봉사자의 권리

1. 자원봉사자는 한 사람의 인간으로서 인정받고, 존중받을 권리가 있다.
2. 자원봉사자는 기관에 대한 오리엔테이션이나 봉사활동에 필요한 교육을 제공받을 권리가 있다.
3. 자원봉사자는 적합한 자원봉사업무를 배치 받고, 해야 할 활동에 대해 명확한 직무설명과 훈련을 제공받을 권리가 있다.
4. 자원봉사자는 자원봉사 관리자 및 직원으로부터 활동에 필요한 지지와 지원(도움), 지도(슈퍼비전)를 받을 제공받을 권리가 있다.
5. 자원봉사자는 본인이 하고 있는 봉사활동 관련하여 불만이나 더 좋은 의견이 있는 경우, 자원봉사 관리자 및 직원에게 의견을 개진할 수 있는 권리가 있다.
6. 자원봉사자는 자신이 수행한 활동에 대해 객관적이고 공평한 평가 및 만족결과를 받을 권리가 있으며, 그 평가에 대해 의견을 제시할 권리가 있다.
7. 자원봉사자는 본인의 성실한 봉사활동에 대해 적절한 인정(봉사시간 인정 및 인센티브 등)을 받을 권리가 있다.
8. 자원봉사자는 수요기관 및 봉사활동에 대한 최신의 정보를 제공받을 권리가 있다.
9. 자원봉사자는 자원봉사기관 및 센터 관리자로부터 본인의 개인정보 및 평가 등에 관한 개인적 상황에 대한 비밀을 보장받을 권리가 있다.
10. 자원봉사자는 활동관련 사고에 대비한 보험가입을 제공받을 권리가 있다.
11. 자원봉사자는 봉사활동 및 봉사자들에게 필요한 공간, 장비 기재 등을 제공받을 권리가 있다.
12. 자원봉사자는 자원봉사와 관련된 간담회 및 평가회 등에 참가할 권리가 있다.
13. 자원봉사자는 자신에게 적절하지 않는 활동에 대해 거절할 권리가 있다.
14. 자원봉사자는 동료 자원봉사자로부터 지지와 협조, 인정을 받을 권리가 있다.
15. 자원봉사자는 봉사활동을 통해 개인적 성장발달 및 만족을 도모할 수 있는 권리가 있다.
16. 자원봉사자는 본인의 봉사활동에 대해 수혜자들이 느끼는 만족결과를 알 권리가 있다.

17. 자원봉사자는 자원봉사센터 및 수요기관의 자원봉사활동 성과에 대한 결과를 주기적으로 알 권리가 있다.
18. 자원봉사자는 본인의 여건과 상황을 고려하여 봉사활동을 언제든지 그만둘 수 있는 권리가 있으며, 기관의 요청에 의한 활동중지요청을 받아들이거나 의견을 제시할 권리가 있다.

3 자원봉사자의 윤리 및 가치관

자원봉사자는 인간의 존엄성을 믿어야 하며 개인과 관계를 맺음에 있어서도 그 존엄성을 바탕으로 해야 한다. 그리고 개인과 사회는 상호 간의 책임을 지고 보살펴야 할 사회적 연대책임이 있다는 것을 받아들여야 한다.

또한 인간은 자아실현능력을 지니고 있으며 개인의 자주성, 독립성을 주장해야 한다. 모든 사람은 평등하고 존중받아야 하며, 인간은 자신의 문제를 해결할 잠재능력이 있으며 이러한 잠재력을 계발하여 자신의 문제를 해결하도록 해야 한다는 것을 이해해야 한다. 특히 비밀보장은 기본적인 인간행동원리에 기초를 두고 있으며 타인의 사생활을 존중한다는 의미도 있다는 것을 명심해야 한다.

4 자원봉사자의 활동수칙

〈봉사자 자신의 마음가짐〉

1. 자원봉사는 개인생활에 지장을 주지 않는 범위에서 이루어져야 하며, 일

방적인 희생이 아니라 서로 도움을 주고받는 관계입니다.

2. 언제나 나를 기준으로 삼지 말고 상대방의 잣대로 재보며 생각하고 활동해야 합니다.
3. 모든 인간은 나이, 성별, 종교, 인종, 신체적·사회적·경제적 조건에 관계없이 공평하며, 존엄성을 가진 같은 인격체라는 것을 명심해야 합니다.
4. 봉사활동을 통해 항상 배우는 자세를 가져야 하며, 자신의 성장과 개발, 자기만족을 위해 지속적인 노력을 해야 합니다.
5. 자원봉사활동은 원칙적으로 무보수 활동이며, 실비도 수요기관의 여건에 의해 다르게 제공되는 것이므로 어떠한 경우에도 금품수수 및 요구행위를 하지 말아야 합니다.

〈봉사활동 중의 마음가짐〉

6. 봉사활동을 시작하기 전에 활동시간, 장소와 활동내용, 필요지식과 훈련 등 준비를 철저히 해야 하며, 지속적인 활동을 할 각오로 성실하게 최선을 다합니다.
7. 봉사자로서의 품위를 손상치 않는 옷차림과 외모를 갖추어야 하며, 지나친 사치성을 배제하고, 활동복을 깨끗이 손질하여 단정하게 착용하고 봉사에 임해야 합니다.
8. 자원봉사자는 봉사활동 시간을 철저히 지키며, 약속을 지키지 못할 때에는 운용부서 담당자나 자원봉사관리자와 그 이유를 사유서(증빙서류) 및 전화로 설명하고 사전에 양해를 구하며, 다음 일정에 대한 약속을 명확히 합니다.
9. 자원봉사자는 항상 말과 행동을 겸손히 하고, 밝은 얼굴로 인사하며, 친절하고 편안한 음성으로 발음을 정확히 해야 하며, 항상 일관된 행동을 취하고 개인감정을 개입하지 않음으로써 성실하고 책임감 있는 모습으로

활동해야 합니다.

10. 봉사활동에 본인의 책임과 한계를 분명히 하고, 모르는 부분에 대해서는 본인판단의 말이나 행동을 삼가며, 자신이 답하기 어려운 경우에는 운용부서 담당자나 슈퍼바이저에게 질의 후 수혜자들에게 정확한 정보로 실질적 혜택을 주어야 합니다.
11. 봉사활동 중에는 항상 안전에 유의하여 사고예방에 힘써야 하고, 위기상황에서는 대처매뉴얼에 따라 활동합니다.

〈동료 봉사자와의 마음가짐〉

12. 함께 봉사하는 봉사자들과는 신뢰와 협력을 바탕으로 맡은 책임을 다하며, 봉사자들의 단점보다는 장점을 찾아 긍정적인 봉사활동을 유도하고, 봉사자들의 의견을 경청하며, 일방적인 지시 또는 강요를 하지 말아야 합니다.
13. 봉사활동 중에는 지나친 개인의 업적이나 잡담, 위화감을 조장하는 말을 삼가며, 남에게 방해를 주는 행동을 하지 않고, 봉사자간에도 존대어를 씁니다.
14. 봉사활동 중에는 무리지어 이동하지 않고 조용한 가운데, 업무를 수행해야 하며, 사적인 전화 시에는 짧게 별도의 공간에서 하는 모습이 필요합니다.
15. 자원봉사조직에서 진행되는 자원봉사 기본교육, 심화교육, 재교육 및 현장교육, 각종 훈련프로그램, 간담회 및 평가회 등에 적극적으로 참여해야 합니다.
16. 봉사활동이 끝나고 돌아가면서 스스로 평가의 시간을 갖도록 하며, 더 나은 봉사활동이 되도록 서로 격려하고 권면합니다.

〈자원봉사조직 및 자원봉사관리자와의 관계에서의 마음가짐〉

17. 개인의 생각이 옳다고 독단적으로 판단하거나 행동하지 말아야 하며, 자원봉사조직의 운영목적이나 미션, 규정 등이 우선적으로 준수되어야 하고 새로운 해결방법이 필요하다고 생각될 때는 자원봉사관리자와 먼저 상의해야 합니다.
18. 봉사자의 여건과 희망사항을 고려하여 자원봉사조직에서 결정한 배치업무를 수용하며 이를 성실히 수행하고, 의견이 있을 때는 관리자에게 의견을 제시할 수 있습니다.
19. 직원과는 업무수행체계 상 지시를 받아야 하는 관계임을 인식하고, 조화로운 봉사활동이 되도록 노력해야 하며, 기관정책에 비평하지 않고 간섭하지 않도록 해야 합니다.
20. 봉사활동을 통해 알게 된 사실이나 개인정보, 직원 및 동료봉사자에 대한 개인적 상항에 대해서는 비밀을 유지해야 하며, 기관이나 다른 사람의 사생활을 침해하는 행동을 하지 말아야 합니다.
21. 봉사활동 중에는 사적인 영업활동이나 개인의 이익을 위한 활동, 정치활동 및 종교선교활동을 일절 할 수 없으며, 수요기관의 목적에 부합하고, 기관에서 요구하는 사항의 범위에서만 활동합니다.
21. 자원봉사자는 결코 자신의 신분을 나타내는 수단이나 직업이 될 수 없으며 봉사활동 시에만 봉사자로서의 자격을 갖습니다.
22. 봉사활동에 대한 시간을 양심적으로 명확히 기록해야 하며, 수요기관 담당자의 확인을 득해야 합니다.
23. 수요기관의 시설물과 비품을 아끼고, 수요기관의 관리자의 허락 없이 외부 유출을 하지 말아야 합니다.

5 자원봉사활동 사례

1) 봉사기관에서 반기는 봉사자가 되세요

"거기 자원봉사센터죠?" 다급한 목소리다. 얼마 전 수술을 마친 수급자의 퇴원을 도와주기로 한 차량지원봉사자가 도착하지 않아 두 시간째 기다리다 병원 원무과에서 걸려 온 전화였다. 차량지원봉사자에게 전화를 걸어 확인을 하니 시골에 볼일이 있어 내려가는 중이라 하였다. 무보수활동인 자원봉사가 뭐가 그리 중요하냐는 대답도 함께 보태졌다. 부랴부랴 다시 병원에 전화를 걸어 택시를 타고 올 수 있도록 조치를 취했다. 봉사자의 무책임함을 또다시 느낄 수밖에 없는 순간이었다.

자원봉사의 생명은 약속인데 그 봉사자는 자원봉사의 생명을 저버린 것이다. 자원봉사를 쉽게 생각한 결과이다. 시간과 의지가 있다고 무조건 자원봉사를 잘할 수 있는 것은 아니다. 봉사에 대한 올바른 마음가짐으로 행동을 실천해야지만 진정한 봉사활동이라고 할 수 있다.

자원봉사는 개인생활에 지장을 주지 않는 범위에서 이루어져야 하기 때문에 사전에 본인이 할 수 있는 범위를 설정하여 시작하는 것이 좋다. '자신이 하고 싶은 일'과 '할 수 있는 일'을 구분해서 첫발을 내딛는 것이 지속적인 봉사활동을 가능하게 한다. 그리고 봉사활동은 일방적인 희생이 아니라 서로 도움을 주고받는 관계라는 것을 잊어서는 안 된다. 봉사자와 수혜자와의 관계는 평등한 것이며, 서비스를 제공하는 것을 권력적 관계로 이해해서는 곤란하다. 또한 언제나 내가 아닌 상대방의 기준에서 생각하고 활동해야 한다. 모든 인간은 나이, 성별, 종교, 신체적·사회적·경제적 조건에 관계없이 공평하며, 모두 같은 인격체라는 것을 명심해야 한다. 또한 자원봉사활동은 원칙적으로 무보수활동이고, 활동실비(식사비, 교통비, 재료비, 활동비 등)도 수요기관의 여건에 따라 다르게 제공되는 것이므로 금품 요구행위는 하지 않도록 해야 하며, 봉사활동을 통해 기쁨과 보람, 긍지를 가질 수 있도록 노력해야 한다. 특히 개인의 생각이 옳다고 독단적으로 판단하거나 행동하는 것은 금물이며, 항상 수요기관 및 단체의 지침을 우선해야 한다. 만약 새로운 해결방법이 필요하다고 생각될 때에는 수요기관 담당자나 센터관리자와 먼저 상의하는 것이 좋다.

봉사활동을 통해 알게 된 봉사기관 및 수혜자, 봉사자의 공적인 혹은 사적인 사실에 대해서는 비밀을 유지해야 하며, 기관이나 다른 사람의 사생활을 침해하는 행동을 하지 않도록 해야 한다. 봉사활동 중에는 지나친 개인의 업적이나 잡담, 위화감을 조장하는 말을 삼가며, 남에게 방해를 주는 행동을 하지 않고, 봉사자 간에도 존대어를 쓰는 것이 봉사자의 품위를 지켜 주는 좋은 방법이다. 또한 봉사활동을 시작하기 전에는 활동시간과 장소, 활동내용, 필요지식과 훈련 등을 철저히 준비하여 봉사활동 중에 당황하는 일이 없도록 하는 것이 바람직하다. 특히 봉사활동은 적어도 1년 이상 지속적이고 주기적인 활동을 할 각오로 최선을 다하는 모습이 필요하다.

봉사자로서의 품위를 손상하는 옷차림과 지나친 사치성은 배제하고, 활동복을 깨끗이 손질하여 단정하게 착용하고 봉사에 임하는 것이 좋다. 자원봉사자는 봉사활동 시간을 철저히 지키며, 약속을 지키지 못할 때에는 수요기관 담당자나 다른 봉사자에게 그 이유를 전화로 설명하여 양해를 구하고 다음 일정에 대한 약속을 명확히 해야 한다. 특히 자원봉사자는 항상 말과 행동을 겸손히 하고 밝은 얼굴로 인사하며, 성실하고 책임감 있는 모습으로 활동하는 것이 좋다. 또한 함께 봉사하는 봉사자들과 협력하여 맡은 일에 책임을 다하며, 봉사자들의 단점보다는 장점을 찾아 긍정적인 봉사활동을 유도하고, 일방적인 지시나 강요를 하지 않도록 한다.

봉사활동이 끝나면 돌아가며 개인 또는 팀, 단체 회원 간에 평가의 시간을 반드시 갖도록 하여 더 나은 봉사활동이 되도록 서로 격려하고 권면할 필요가 있다. 봉사활동 중에는 사적인 영업활동이나 개인의 이익을 위한 활동을 일제히 할 수 없으며, 수요기관의 목적에 부합하고, 기관에서 요구하는 사항의 범위에서만 활동해야 한다. 자원봉사자는 결코 자신의 신분을 나타내는 수단이나 직업이 될 수 없으며, 봉사자로서의 자격을 가지는 것이다. 봉사활동에 대한 시간을 양심적으로 명확히 기록해야 하며, 수요기관 담당자의 확인을 받는다. 수요기관의 시설물과 비품을 아끼고, 수요기관 관리자의 허락 없이 외부유출을 하지 않도록 한다. 봉사자의 여건과 희망사항을 고려하여 결정한 활동배치에 따라 활동하며, 변경 혹은 추가 활동을 하고자 할 때에는 항상 관리자에게 의견을 공식적으로 제시하는 것이 좋다.

이와 같은 활동수칙을 통해 우리는 누구나 자원봉사자가 될 수 있지만 아무나 할 수 있는 것은 아니라는 점을 깨달을 수 있다. 활동수칙을 잘 지켜 봉사기관에서도 환영받는 봉사자가 되어야 한다. "자원봉사자라 어쩔 수 없어."가 아닌 "자원봉사자라 다르구나."라는 칭찬을 듣는 봉사자가 되도록 노력해야 한다.

2) 수혜자가 고마워하는 봉사자가 되세요

자원봉사자는 자신의 입장에서 봉사활동을 하기 때문에 수혜자들이 무엇을 필요로 하는지, 무엇을 원하는지 그들의 목소리에 귀를 기울이지 않는 경향이 있다. 현재 자신이 하는 일은 누가 시켜서도, 돈을 받고 하는 일도 아니므로 지금이 가장 최선일 것이라는 생각 때문이다. 그러나 수혜자들은 진정 수혜자들을 위해서 봉사활동에 참여하고 있는 것인지 아니면 봉사자 스스로의 만족을 위해 자신이 이용당하고 있는 것인지를 느낄 수 있다. 따라서 수혜자들로부터 진심으로 감사하는 감정을 이끌어 내는 것은 힘든 일이다. 수혜자들이 감사함을 느끼는 봉사활동이 되려면 자신을 더욱 낮추고 수혜자의 목소리에 귀 기울여야 한다.

수혜자들의 욕구와 목소리에 더 민감해져야 한다. 봉사활동현장에서는 봉사자가 아니라 수혜자들이 중심이 되어야 한다. "수해복구현장의 주인공은 봉사자가 아닙니다."라는 글을 기고한 적이 있다. 매스컴에서 수해복구봉사단체와 봉사자들을 앞다투어 취재하는 행동은 집과 가족을 잃고 실의에 빠져 있는 수재민들을 두 번 죽이는 일이다. 한두 번 왔다 가는 자원봉사자들이 마이크 앞에서 생색내는 동안 수해현장은 드라마의 세트현장으로 전락하며, 수혜자들도 결코 그런 봉사자들에게 감사함을 느끼지 못한다. 위기상황에 접근하는 봉사활동은 더 조심스러워야 한다는 원칙을 자원봉사자뿐만 아니라 자원봉사관리자들마저 잊고 있는 것 같아 걱정스럽다. 실제로 취재팀과 함께 오는 봉사단체는 사양한다는 자원봉사기관과 시설이 있는 것을 보면 수혜자들의 입장을 고려하지 않는 봉사활동이 얼마나 많은가를 새삼 느끼게 된다.

또한 수혜자들이 감사함을 느끼는 봉사활동이 되려면 수혜자에 대한 개별적인 정확한 이해가 전제되어야 한다. 공익성을 가진 무보수활동이면 무조건 봉사활동이 되는 것이 아니라 서비스를 받을 수혜대상의 상태에 대한 정확한 정보와 사전지식이 전제되어야 진정한 봉사라 할 수 있다. 장애인의 원조활동은 '자립'이 원칙이 되는 활동이므로 무조건 대신해 주는 것이 아닌 인내를 가지고 도와야 하는 지원서비스이다. 아동복지서비스는 '신뢰'를 바탕으로 하는 활동이므로 재정 후원만이 아닌 함께 시간을 나누는 활동이어야 한다는 것이다. 이와 같이 봉사자의 자기만족이 아닌 봉사서비스를 받는 수혜자가 진정으로 감사하게 받아들이는 서비스가 되기 위해서는 봉사자의 기본자세가 매우 중요하다. 물질적으로는 많은 것을 나누지 못해도 마음만은 많은 것을 나누려는 자세가 필요하다.

3) 봉사자들이 감동하는 봉사자가 되세요

자원봉사 신청 후 10년 이상 오랫동안 활동하는 자원봉사자는 처음 신청자의 10~15% 내외이다. 사회의 미담사례나 어려운 이웃에 대한 매스컴 홍보를 접하고 뭉클해진 마음으로 첫발을 내딛는 자원봉사활동이 그 초심을 잃지 않고 지속되게 하기 위해서는 남다른 노력이 필요하다. 이렇게 장시간 봉사활동을 하는 봉사자 옆에는 항상 더 열심히 하는 봉사자가 있다. 본인이 힘들어도 다른 봉사자의 도시락을 챙겨 오는 봉사자, 각 가정을 돌며 차를 태워 주는 봉사자, 더럽고 힘든 일일수록 더 앞장서서 일하는 봉사자, 언제나 미소와 친절로 참여하는 봉사자 등 보기만 해도 가슴 뭉클해지는 봉사자들이 많다. 이런 봉사자들은 서로가 서로에게 감동을 주면서 인연을 맺어 간다.

이와는 반대로 봉사활동을 중단하게 된 이유의 30~40%는 함께 봉사활동에 참여하는 봉사자들과의 갈등으로 인한 것이다. 이것은 봉사자들이 서로가 서로에게 감동을 주고받지 못했다는 것을 의미하며, 이러한 감동이 없는 봉사활동은 수혜자들에게서도 감동을 얻지 못한다. 봉사활동에는 관심이 없으며 봉사자들의 단점을 찾아 흉을 보고 위화감을 조장하는 봉사자, 봉사기관이나 관리자에 대한 불만만 늘어놓는 봉사자, 편한 일만 하려는 봉사자, 왜 자원봉사를 하는지 모를 정도로 불친절하고 짜증만 내는 봉사자들도 우리 주변에서 많이 볼 수 있다. 이런 봉사자들은 오히려 봉사활동에 참여하지 않는 것이 바람직하다. 열심히 봉사활동하려는 봉사자들까지 방해하기 때문이다.

무료급식소, 밑반찬서비스, 도시락배달서비스를 봉사하는 자원봉사관리자들의 가장 큰 고충은 남은 음식에 대한 봉사자들의 모습이라고 한다. 마치 남은 음식을 가져가기 위해 봉사활동에 참여하는 것처럼 배식을 마치면 서로 음식을 가져가겠다고 한바탕 야단이 일어난다고 한다. 오랫동안 관습처럼 이어져 온 일이라 지금에 와서 "남은 반찬은 노인정에 갖다 드릴 겁니다."라는 말도 할 수 없는 상황이라 한다. 봉사자가 모두 그만둘 것 같아 그런 말도 하지 못할 정도라고 하니 이러한 모습이 함께 하는 봉사자들에게 감동은커녕 불만만 주게 되는 것도 당연한 이치인 것이다.

처음 자원봉사자관리 업무를 시작할 때 봉사자에 대한 호칭으로는 무엇이 좋을까 고민한 적이 있다. 주부가 대부분인 자원봉사자들에게 자신의 정체성도 심어 주고, 함께 하는 봉사자들 간에도 서로 존경하는 표현을 찾고자 했다. 그래서 ○○○ 선생님으로 부르게 되었다. 호칭 하나로도 봉사자들 사이에서 감동을 줄 수 있어야 하고, 이는 말과 행동 또한 마찬가지이다. 그러기 위해서는 자신보다는 함께 하는 다른 봉사자의 입장에서 행동할 줄 알아야 한다. 다른 봉사자들을 존중하고 존경하는 마음으로 대해야 한다. 봉사자들에게 사랑받고 감동을 줄 수 있는 봉사자야말로 진정한 봉사자가 아닐까?

4) 가족들에게 사랑받는 봉사자가 되세요

자원봉사센터 소장으로 일할 때의 일이다. 본인의 신원을 밝히기를 꺼리는 나이 지긋한 남자분의 전화를 받았다. 이번에 선정된 우수봉사자 중 어느 한 분에게 문제가 있다는 것이다. 사진과 함께 봉사활동 실적이 미담사례로 신문지상에 언론보도되었는데 전화의 주인공은 조금 격앙된 목소리로 그 봉사자에 대한 실상을 알려 주겠다고 하였다. 사실 그 봉사자는 자원봉사활동에 무척 적극적이어서 많은 봉사자들의 귀감이 되고 있었던 터라 의아해하지 않을 수 없었다. 내용은 이러했다. 그 봉사자의 집에는 몇 년 전 중풍으로 쓰러진 시어머니가 계시는데 자신이 병수발을 맡게 되자 집을 탈출하는 명분으로 자원봉사를 선택하게 되었고, 한번 집을 나서면 밤늦게까지 집에 들어가지 않기 위해 봉사현장을 배회한다는 것이다. 집은 엉망이 되어 갔고, 가족과 친척들은 '자원봉사가 도대체 뭐길래?'라는 생각과 불만이 높아졌다고 한다. 하지만 그 봉사자는 자원봉사가 시어머니보다 더 중요하기 때문에 도저히 그만둘 수 없다고 했다는 것이다. 그래서 친척이 이런 사람이 우수자원봉사자라는 것은 이치에 맞지 않다며 항의전화를 한 것이다.

자원봉사활동의 시작은 가족의 이해에서부터 시작된다. 봉사활동을 한다고 가정이나 생업을 소홀히 하면 봉사활동이 도리어 해가 될 수도 있다. 자신의 가정에 먼저 돌보아야 하는 사람이 있음에도 불구하고 다른 불우이웃을 돌본다는 이유로 가족을 방치하는 것은 이치에 맞지 않는다. 또한 집안일이 산더미처럼 쌓여 있는데 봉사활동을 한다며 집을 비운다면 가족들이 봉사활동에 불만을 품는 것도 당연한 결과이다. 따라서 봉사자는 부지런해야 하고 봉사활동이 있는 날이면 집안일을 잘 마무리한 후 봉사활동에 참여해야 한다. 봉사활동을 한다는 이유로 가족에게 피해를 주어서는 안 된다. 만약 8개월 된 아기를 보육시설에 맡기고 봉사하고 싶다는 엄마가 있다면 엄마를 떠나 잘 지낼 수 있을 때까지 아기를 잘 키우는 것이 그 신청자에게는 더 보람된 일일 것이다.

자원봉사자의 가정에 전화를 걸어 보면 봉사자가 가정에서 어떻게 지내는지 알 수 있다. 봉사활동을 나간 시어머니를 찾는 전화에 며느리가 봉사활동지와 돌아오는 시간을 친절히 알려 준다면 그 시어머니는 집에서도 존경받는 봉사자이자 가족에게 사랑받는 봉사자인 것이다. 반대로 자원봉사라는 개념조차 없는 무뚝뚝한 목소리로 불친절하게 응대한다면 그 봉사자는 가족에게 더 많이 봉사해야 하는 사람인 것이다. 봉사의 시작은 먼 곳에 있는 것이 아니라 바로 가족에서부터 시작되어야 하며, 가족에서부터 이웃, 지역사회, 국가 이렇게 점점 영역을 넓혀 가야 한다.

〈가족의 지지가 봉사활동 만족도에 미치는 영향 연구〉에서는 봉사자들이 봉사활동을 지속적으로 만족하면서 활동할 수 있는 데에는 가족의 칭찬이나 지지가 매우 중요한 요인이 된다고 설명한다. 또한 봉사활동 이후 봉사자들의 가정 내 위치가 높아졌다는 데 공감했다(구혜영, 2003).

가족 내에 봉사활동을 통해 긍정적인 영향을 미친 구성원이 있다면 그 한 명의 봉사자를 통해 가족 전체가 봉사활동에 참여하는 사례가 많다. 우울증을 앓고 있던 미술을 전공한 한 가정주부가 지역 내 장애인 공동체에서 힘겹게 살아가는 장애아동들에게 그림을 지도하는 봉사활동을 시작하게 된 사례가 있었다. 그림지도를 통해 자신의 어두운 마음이 밝고 감사하는 마음으로 바뀌게 되었고, 엄마의 우울증을 낫게 한 봉사활동이 무엇인가 하는 호기심에서 엄마를 따라 자녀들도 봉사활동에 참여하게 되었다. 자녀들은 책 읽어주기와 컴퓨터 지도 봉사활동을 담당하였고, 처음에는 가족에게 차량만 지원하던 남편도 이런저런 일을 돕기 시작하면서 청소와 세탁을 전담하는 봉사자로 변신했다. 보기 좋은 가족봉사단이 된 것이다.

자원봉사자 중에는 자원봉사기관이나 시설, 수혜자, 봉사자들에게는 좋은 봉사자이지만 가정에서는 인정받지 못하는 봉사자가 의외로 많다. 가까이에 있기 때문에 인정받지 못할 수도 있지만, 가족에서부터 봉사활동이 출발한다는 것을 잊고 있기 때문일 수도 있다. 하지만 가족들이 좋아하는 봉사자가 결국 모든 사람들이 좋아하는 봉사자가 될 수 있다는 평범한 이치에 주목해야 할 것이다.

5) 봉사현장의 주인공은 봉사자가 아닙니다

재난·재해로 인한 전 국민의 아픔은 매우 심각하다. 치워도 끝이 없는 수해복구현장은 마치 전쟁으로 인해 폐허가 된 분위기이며, 수재민들은 삶의 의욕을 잃고 어디서부터 어떻게 해결해야 할지 막막하다. 이러한 수해복구현장을 돕기 위해 달려가는 사람들이 자원봉사자들이다. 재해로 인해 가족과 삶의 터전, 땅과 집을 잃은 사람들에게 용기를 주고 도움을 주기 위해 앞장선다. 그래서 늘 수해복구현장에는 이재민의 사연과 함께 봉사자들의 사연도 보도되고 있다.

반면에 언론기관의 지나친 보도 때문에 자원봉사를 하러 온 것인지 아니면 홍보활동을 하러 온 것인지 도저히 알 수 없는 경우가 허다하다. 카메라가 주목하는 상황에서 무슨 자원봉사를 할 수 있을지 궁금하다. 아마도 영화 촬영으로 착각하며 봉사활동 흉내만 내게 되지 않을까? 재해현장의 주인공은 절대 자원봉사자가 아니다. 삶의 의욕을 잃은 이재민들이 주인공이며 그들의 용기를 북돋아 주는 것이 필요하다. 또한 이런 상황을 부추기는 대중매체의 취재경쟁도 문제이다. 봉사활동의 저변의식 확대를 위해 자원봉사자를 취재하는 것도 중요하지만 그것은 수해복구 후에 미담사례로 처리하는 것이 바람직하다. 수재민들 앞에서 연출하는 봉사활동이 그들을 한 번 더 아프게 하는 것은 아닌

지, 수해복구현장에 진정으로 필요한 것은 무엇인지 생각해 볼 필요가 있다.

6) 서울 월드컵 자원봉사활동

서울시는 1999년부터 2002년까지 한일월드컵의 성공적 개최를 위해 서울시에 새서울자원봉사센터를 설치하여 월드컵 자원봉사자를 모집하고, 다양한 교육과정을 거쳐 봉사자를 배치, 봉사의 기회를 제공하였다. 이 조직을 통해 자원봉사자로서의 소속감을 강화하며, 지속적인 봉사활동이 이루어질 수 있도록 봉사단을 조직화하는 역할을 담당하였다. 또한 개인의 봉사 실적을 전산프로그램으로 누적관리하였으며, 자원봉사의식의 저변확대를 위하여 홍보활동과 연구조사활동, 서울 시내 자원봉사정보망(네트워크)를 구축하는 업무도 이곳에서 함께 병행하였다. 서울시에서는 2002년 월드컵을 경제월드컵, 환경월드컵, 문화월드컵, 시민월드컵을 목표로 추진하였다. 이 중 시민월드컵이란 전 서울시민이 월드컵을 위해 다양한 형태로 직접 참여한다는 것을 의미하는데 바로 새서울자원봉사자들이 시민월드컵을 이끌어 가는 견인차 역할을 수행하였다. 새서울자원봉사센터는 봉사자들의 조직체로 1999년 11월 1일 그 문을 활짝 열었다.

2002년 새서울자원봉사센터에 등록된 봉사자 수가 무려 53,000명에 육박하였으며, 이 중에 10,000여 명이 월드컵을 준비하는 실제 봉사활동에 참여하였다. 봉사자들은 홍보, 질서, 환경, 교통, 문화관광, 문화이벤트, 민박 등 월드컵 7대 활동 분야에서 활동하였으며, 개별적으로 자원봉사를 신청한 개인봉사자를 비롯하여 단체회원의 자격으로 가입한 봉사자도 있었다. 이 중 약 51.5%는 청결질서교통 분야에서 활동하였으며, 28%는 외국인 안내서비스, 문화이벤트 안내와 행정지원에는 20%, 민박봉사는 0.5%였다. 새서울자원봉사자는 서울을 사랑하고 서울 월드컵을 성공적으로 개최하고자 하는 마음을 가진 시민에 걸맞게 무보수로 활동하였으며, 책임성과 지속성, 주기성을 가지고 최선을 다해 봉사활동에 참여하였다.

새서울자원봉사센터는 이러한 소중한 봉사자들의 동기가 퇴색되지 않고 봉사현장에 제대로 반영되도록 하기 위하여 집합교육이나 사이버교육으로 진행되는 기본교육을 정기적으로 실시하였으며, 외국어봉사자를 위하여 전문교육(외국인 안내 현장형 외국어교육과 서울관광안내교육)과 합숙훈련 등의 과정을 실시하였다. 또한 청결질서교통봉사자를 위하여 직무교육과 지도자교육 과정을 운영하였으며, 봉사자의 정신적인 충전을 위하여 월드컵자원봉사학교를 실시하기도 하였다.

새서울자원봉사센터의 운영 특징은 첫째, 자원봉사 인적자원을 pool의 개념으로 관리하였다는 것이다. 외국어봉사단, 청결질서친절봉사단, 문화행사지원봉사단, 행정지원봉사단, 민박봉사단 등 다섯 개 영역으로 구분, 이와 관련된 상세정보를 봉사자로부터 받아 해당 활동 일감에 따라 적절히 배치하였다. 즉, 한 봉사자를 고정적인 봉사 일감에 배치하는 것이 아니라 일감별로 봉사자의 여건과 능력을 고려하여 순환적으로 배치하였다. 둘째, 새서울자원봉사센터에서는 위계나 서열 없이 모든 봉사자가 평등하게 운영하였다. 그래서 모든 봉사자들은 '선생님'으로 통했다. 센터에는 봉사활동 활성화를 지원하는 시스템으로 공무원인 소장과 직원이 있을 뿐, 봉사자 중 센터를 대표하는 직책은 없었다. 셋째, 자원봉사활동은 개인적인 실적으로 철저하게 관리되었다. 봉사활동 실적은 봉사자의 수첩과 활동일지에 의해 기록되었고, 다시 센터의 전산프로그램에 누적되어 언제든지 활동을 인증받을 수 있도록 하였으며 단체실적이 아닌 개인의 활동으로 인정되도록 하였다. 넷째, 센터는 투명하고 공평하게 운영되었다. 깨끗하고 투명한 예산집행뿐만 아니라 열심히 봉사하는 봉사자가 대우받으며, 모든 자원봉사자가 공평한 권리를 받을 수 있도록 노력하였다. 다섯째, 새서울자원봉사자는 철저히 무보수로 활동하였다. 실비보상 차원의 지원을 받기도 했지만 대부분이 자원봉사의 본래의 의미를 희석시키지 않는 무보수활동에 적극 참여하였다.

7) 자원봉사를 시작하는 이들을 위한 권고

현대사회가 산업화·도시화됨에 따라 사회구성원이 고립되고 인간관계가 단절되며, 사회의 정상적 유지를 저해하는 여러 가지 사회문제가 증가하는 등 새로운 문제들이 급속하게 등장하고 있다. 이러한 문제들을 해결하기 위해서는 정부가 해야 할 공적 서비스의 역할 한계를 극복하고 지역사회의 문제들을 시민 스스로 해결해 나가는 데 자원봉사활동이 필요하다. 자원봉사활동이 과거에는 인간애를 기본으로 무조건적으로 베푸는 것이었지만 오늘날은 자선이나 구호 중심의 산업화로 인한 각종 사회문제를 해결하기 위한 적극적 의미로 그 필요성이 강조되고 있다.

그러므로 현대의 자원봉사활동은 주는 자와 받는 자와의 관계에서 일어나는 일시적인 동정심, 일방적 이타심, 또는 한시적 감상주의 같은 것이 아니다. 한 인간으로서 스스로 타인에게 서비스하며 자신의 잠재능력을 실현하기 위한 하나의 기회가 되는 것이다. 또한 인간성을 회복하고 주장하며, 가정을 포함한 공동체의식의 회복, 특히 맥키버(Maclver)가 말하는 공동체의식(우리들의식, 역할의식, 의존의식)의 형성에 의하여 이웃과 더불어 행복한 삶을 누리기 위하여 자발성과 연대성을 갖는 활동이다. 아울러 책임감을 가지고 무보수로 서비스하는 사랑의 복지활동이라는 점에 그 가치를 두고 있는 것이다.

우리는 텔레비전이나 신문을 통해 어려운 이웃을 만나고 그들을 도울 수 있는 방법이 없을까 마음을 먹다가도 바쁜 일상으로 인해 그 마음이 사라져 버리게 되는 경험을 자주 한다. 자원봉사활동이 쉽지 않을 것이라는 생각은 물론, 제대로 된 정보를 얻는 것 또한 쉽지 않아서일 것이다. 주 5일제 근무와 아울러 아이들의 주 5일 학교생활이 본격화되면 여가생활을 뜻 깊고 의미 있게 보내고자 하는 가족이 늘어나게 될 것이다. 자원봉사활동도 이러한 사회변화와 더불어 직장인과 가족 사이에 긍정적인 활동으로 자리 잡게 될 것으로 기대하고 있다.

CHAPTER

09

자원봉사활동 과정

1. 사업기획 및 직무설계
2. 모집
3. 선발 및 검증
4. 교육 및 훈련
5. 배치
6. 활동관리
7. 평가
8. 슈퍼비전
9. 인정 · 보상
10. 자원봉사 홍보
11. 사후관리

VOLUNTEERISM

Chapter 09

자원봉사활동 과정

지금까지는 자원봉사활동을 '오른손이 한 일은 왼손도 모르게 해야 하는 활동'으로 인식해 왔다. 그래서 대부분의 자원봉사활동을 관리하는 사회복지사나 자원봉사 코디네이터들은 자원봉사를 원하는 사람과 자원봉사서비스를 필요로 하는 수혜자들을 연계하는 수준에서 자원봉사활동을 이끌어 왔다. 그로 인해 조직의 효율성과 효과성은 떨어지고, 자원봉사자 등록자 수는 늘어나지만 실제로 자원봉사활동에 참여하는 봉사자 수는 점차 줄어드는 결과를 초래하게 되었다. 이러한 조직 운영을 탈피할 수 있는 방법 중 하나가 바로 경영 분야에서 활용되고 있는 마케팅의 개념과 전략을 활용하는 것이다.

과거에는 자원봉사자를 모집할 때 주로 포괄적인 의미의 자원봉사자를 찾는다는 문구가 들어간 현수막, 안내문, 광고 등의 방법으로 막연한 모집이 이루어졌다. 그렇기 때문에 자원봉사 신청자도 많지 않았고, 신청 후 즉각적인 봉사활동 연계가 이루어지지 않아 실제 참여율 또한 떨어지는 상황이었다. 그러나 마케팅전략을 개입하면 이러한 일반모집의 개념이 표적(target)모집의 방법으로 바뀐다. 특정 자원봉사서비스를 제공할 수 있는 집단에 대한 정보를 획득하여 그 집단에 대해 집중적으로 자원봉사자를 모집하는 것이다. 예를 들어, 이미용봉사자를 원한다면 이미용단체회원 혹은 학원 수강생을 대상으로 집중적으로 모집하는 것을 의미한다.

모집방법에 있어서도 단체나 조직을 통해 필요한 봉사자에 대한 참여를 요구할 수 있고, 회원들의 개인정보를 통해 DM 발송, 전화 접촉 등으로 개별적인 참여를 유도할 수 있다. 이러한 자원봉사자 모집에 있어 우선적으로 고려되어야 하는 것이 자원봉사 수요분석을 통한 적정한 자원봉사자 수와 직무수행력 등의 양을 측정하는 것이다. 마치 마케팅에 있어 시장분석을 통해 수요량을 측정하고 공급량을 결정하여 이윤을 극대화하는 것과 같은 이치이다.

자원봉사자가 모집되면 이들에 대한 검증이나 선발을 통해 자원봉사자로서의 적합성 여부를 가름하는 단계를 거친다. 이를 위해서는 각 업무에 대한 직무 매뉴얼을 만들어 이에 적합한 봉사자의 자격기준을 설정해 놓는 작업이 필요하다. 자원봉사는 누구나 할 수 있지만 아무나 할 수 있는 것이 아니다. 예를 들어 외국어봉사를 신청한 사람의 경우, 외국어 구사능력에 따라 배치될 수 있는 분야가 다양하다. 국제행사지원과 관광안내소에서 요구하는 능력이 다르고, 같은 행사라도 외국인 직접수행과 행정보조 등 업무별로도 요구하는 능력이 다르기 때문이다. 마케팅에서는 특정 수요영역이나 수요자의 욕구에 적합한 상품을 개발하는 것이 판매량 극대화에 기본이 되는 전략인데, 이러한 전략이 자원봉사 영역에도 필요함을 알 수 있다. 이러한 엄격한 자원봉사자 검증 및 선발단계는 자원봉사활동에 참여하는 것 자체로도 봉사자 자신의 자존감을 높이는 계기가 될 수 있으며 월드컵에서의 자원봉사활동 등이 그 좋은 예가 된다.

교육단계에서는 자원봉사자의 욕구에 적합하고 수혜자의 서비스 질 향상에 도움이 되는 교육프로그램을 개발하는 것이 마케팅 전략적 개입의 예가 된다. 지금까지 대부분의 자원봉사교육이 기본교육, 재교육 등 정신교육에 초점을 두고 있었다면 자원봉사자의 특정 활동영역의 전문성을 업그레이드시켜 줄 수 있는 전문기술훈련이 포함되어야 한다. 또한 자원봉사활동과는 직접 연관은 없더라도 자원봉사자 스스로 성장할 수 있는 기회를 주는 사회교육프로그램(올바른 대화법, 재테크, 노후설계법, 건강유지법)이나 리더십과 소속감을 증진시키는 합숙교육이나 지도자교육 등이 필요하다.

자원봉사 배치 및 활동단계에 있어 마케팅전략은 적재적소의 원칙을 의미한다. 개개인 봉사자가 가지고 있는 능력과 성향, 시간과 에너지 등을 잘 분석하여 적합한 영역에서 활동하게 함으로써 봉사자는 만족감을 얻고 수혜자는 질 좋은 서비스, 편안한 서비스를 받게 된다. 그뿐만 아니라 자원봉사조직의 효율성과 효과성을 높이는 결과를 갖게 된다.

자원봉사자 관리단계에서 마케팅전략은 봉사자들의 소속감과 활동력을 증진시키기 위한 봉사자에 대한 조직화를 의미한다. 지역별, 연령별, 활동영역별, 기타 특성별로 조직화할 수 있으며, 조직화를 통해 자체적인 관리가 가능하게 되어 봉사자 스스로 만들어 가는 자원봉사조직으로 성장해 나가는 것이다. 또한 관리단계에서 중요한 부분은 봉사자의 봉사실적관리를 전산프로그램을 통해 철저히 관리해 주는 것이며, 봉사자에 대한 인센티브(보험가입, 활동실비 제공, 활동복 제공, 회보 제공, 포상, 활동시간 인증 등)를 적절히 제공해 주는 것이다. 마케팅에 있어 판매자의 실적에 따른 보너스지급이 이윤극대화 추구에 있어 가장 중요한 유인책이며, 구매자에게는 구매실적에 따라 사은품 및 경품과 같은 유인책을 제공하여 지속적인 상품구매를 확보하는 것과 같은 원리이다.

평가단계에서는 자원봉사자 혹은 수혜자에 대한 만족도를 측정하여 효과성을 검토하는 것, 그리고 지역사회에 대한 영향평가를 검토하는 것 등도 마케팅전략을 활용한 예이다. 자원봉사활동을 새로운 방법으로 홍보하여 많은 잠재적 자원봉사자들을 실제 자원봉사자로 만드는 계기를 만드는 것이 필요하다. 또한 지역사회 자원봉사 네트워크 구축 및 연구조사활동을 통하여 자원봉사의식에 대한 저변확대를 추구하는 것도 중요하다.

자원봉사활동 과정에서 무엇보다 가장 중요한 부분은 바로 자원봉사관리자의 역할이다. 자원봉사관리자들은 자원봉사조직에 대한 전문성과 효율성, 효과성의 마인드를 가지고 업무수행을 하는 것뿐만 아니라 조직 운영에 있어서도 투명성 확보가 매우 중요하다. 그리고 마지막으로 자원봉사자에 대한 존중과 감사하는 마음이 바탕이 되어야 하는 것은 무엇보다 가장 중요한 요소이다.

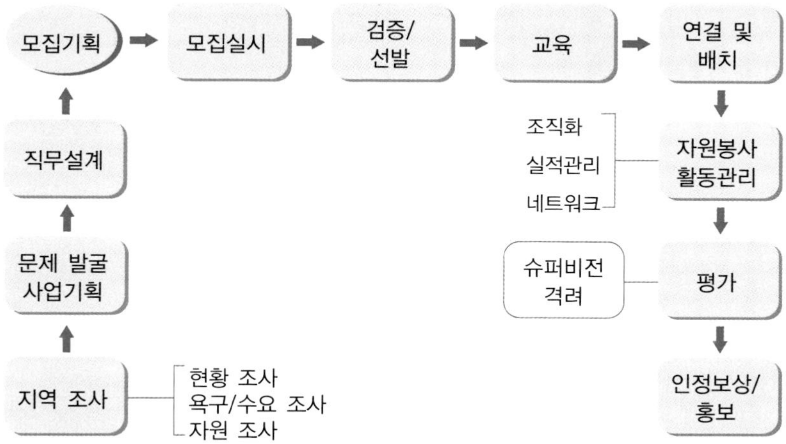

그림 9-1 자원봉사활동 과정

1 사업기획 및 직무설계

1) 직무설계의 개념

직무설계란 자원봉사기관 및 수요처에서 자원봉사활동이 필요한 분야 혹은 자원봉사자들을 필요로 하는 업무에 대해 자원봉사자들의 욕구 및 자원봉사활동의 성과를 고려, 세분화하여 계획하는 과정을 말한다.

2) 직무설계의 절차

직무설계의 절차는 다음과 같이 볼 수 있다.

- 자원봉사활동이 필요한 업무에 대한 조사
- 업무에 대해 세분화하여 나열
- 업무 내용 및 시간, 자격, 능력에 따라 업무 유목화

- 유목화된 업무에 대한 봉사활동 적합여부 검증
- 봉사자들의 수행가능성 검토
- 직무설계서 작성(업무 수행에 필요한 정보 및 상황, 여건 등을 포함)

3) 직무설계서

- 자원봉사자의 직무를 서면으로 정리하여 자원봉사활동에 적합한 봉사자를 모집하여 배치할 수 있도록 함.
- 자원봉사자들의 담당 업무와 역할을 명확히 제시해 주어 봉사활동 중 업무 혼란을 방지
- 자원봉사활동에 대한 관리 및 평가의 기초가 되게 함.
- 업무명, 활동목적, 활동내용, 활동시간, 활동기간, 활동종료 조건, 자원봉사자 자격조건, 관리체계, 훈련제공, 인센티브, 평가, 자원봉사관리자의 인적사항, 확인서명란 등을 구체적으로 서술함.

4) 직무설계 예시

봉사활동명/ 봉사활동처명	
활동 목적	
세부 활동내용	
자격	
관리체계	
훈련제공	
혜택	
소요시간	
활동기간	
활동종료조건	

평가	
자원봉사 관리자 확인서명란	

2 모집

자원봉사자 모집이란 사회복지시설이나 해당기관이 복지서비스를 제공하기 위해 필요한 자원봉사자를 발굴하는 제반활동이자 자원봉사자를 발견하는 과정이며, 자원봉사자가 관심을 가지고 계속해서 참여할 수 있도록 유도하는 과정이다. 모집의 가장 중요한 것은 수요처와 자원봉사자와의 수급체계를 정확히 파악하는 것이며, 모집과정에서 자원봉사 신청자의 개인적인 관심이나 욕구를 파악하고 외부사정과 내부사정의 파악, 기관의 목적 및 철학의 고려, 자원봉사자의 업무 및 역할의 구체적 명시, 기관 및 지역사회를 고려한 프로그램 목표의 이해 등이 전제되어야 한다.

자원봉사자 모집과 관련하여 사회복지시설이 당면한 문제점은 자원봉사자의 공급과 수요의 불일치인데 이는 앞으로 상당기간 심각한 문제로 남아 있을 것으로 예상된다. 자원봉사자를 확보하는 일은 하나의 기관이나 시설에서 수행하기에 벅찬 경우가 많다. 따라서 자원봉사 지원자의 입장에서는 적절한 장소, 시간, 업무를 찾을 수 있도록 하고, 시설의 입장에서는 자원봉사자들을 필요로 하는 각 분야와 수요를 정확히 추정하여 자원봉사 지원자를 적절히 배치시킬 수 있는 총괄적인 조직이 지역사회 내에 필요하다.

시설에는 30~40대 남성 자원봉사자가 부족한 실정인데, 이는 전문인력의 부족과도 연관되어 있다. 그 연령층의 남성은 사실상 다른 부문에서도 가장 수요가 많다. 그들을 자원봉사활동에 참여시키기 위해서는 기업이나 기관에서

피고용자들이 근무시간의 일정한 부분을 자원봉사활동에 공식적으로 사용할 수 있도록 제도화하는 것이 바람직하다. 또한 남성들의 사회적 욕구를 충족시켜 줄 수 있는 조직이나 사회적 네트워크를 이용해 참여하게 하는 방식을 장려하고 그에 따른 다양한 사회적 보상을 활용하는 것이 효과적이다. 이와 관련하여 자원봉사활동이 경력에 포함되어 취업이나 승진에서 유리한 혜택을 받을 수 있도록 하는 제도화가 추진되고 있다. 또한 최근 학생들의 자원봉사활동이 성적의 일부가 되면서 청소년들이 많은 관심과 참여를 보이고 있다. 이러한 청소년 자원봉사자들을 잘 교육하고 사회적 의미를 심어 주어 좋은 자원으로 이용해야 할 것이다.

자원봉사자 모집방법 측면에서 중요한 것은 불특정 다수를 광범위하게 모집하는 일반모집보다는 구체적인 기술을 가진 사람들이 모여 있는 곳을 겨냥한 표적모집이 더욱 효과적이라는 것이다.

경로당의 노인들에게 이미용서비스를 제공할 때에는 이미용봉사자를 모집한다는 현수막을 통해 봉사자를 모집하는 것보다 이미용봉사자들의 정보가 모여 있는 곳, 즉 기초자치단체의 위생업무를 담당하는 부서 혹은 이미용연합회에서 관리하고 있는 이미용업소 명단을 받아 집중적으로 홍보하면 적은 노력으로 많은 봉사자를 끌어들일 수 있다. 또한 저소득아동에 대한 학습지도 봉사활동을 연계할 계획이라면 관내의 학원 정보가 있는 학원연합회, 교육청의 자료 혹은 인터넷을 이용한 학원 명단을 통해 홍보할 수 있다. 이러한 전략이 바로 표적모집이다.

자원봉사자 모집에서 유의할 점은 수급체계를 염두해 두지 않고 양적으로 확대하는 경우, 적절한 배치가 이루어지지 않아 인적·물적·시간의 손실을 초래할 수 있다는 것이다. 그러므로 표적집단이 들어 있는 대상을 찾아내는 것이 중요하고, 자원봉사자가 참여하게 될 업무를 규정하고 업무에 맞는 봉사자집단을 구성해야 한다. 자원봉사프로그램에 대한 목적, 진행 계획, 기타 관련사항에 대한 이해가 필요하며 다양한 계층을 수용할 준비도 되어 있어야 한다. 자원봉사자 모집에는 자료수집, 자원 파악, 정보처리, 자료의 가치, 행정관리자들과의 만남 등의 과정을 거친다. 그 구체적인 과정을 살펴보면 다음과 같다.

1) 사전준비

모집을 하기 전에 자원봉사기관이나 조직에서는 계획적이고 체계적인 업무설계가 전제되어야 한다. 업무명칭, 업무목적, 업무책임 분야, 업무수행기간, 책임계통, 자원봉사자의 자격조건, 선발 방법, 업무수행에 소요되는 교육 및 기간, 업무수행에 부수적으로 따르는 요구나 행사, 업무수행이 종료된 후에도 지속적으로 자원봉사에 참여할 수 있는 방법과 절차, 보상과 관련된 내용을 담은 업무설계가 필요하다. 또한 자원봉사활동에 대한 기관의 규정이 마련되어 그 규정을 직원들이 수용할 수 있도록 교육을 실시하고, 자원봉사활동 규정의 일관된 개념에 따라 기관에 소속된 직원들이 자원봉사활동에 대한 개념을 습득할 수 있도록 해야 한다. 그리고 자원봉사자의 역할에 대한 이해가 선행되어야 한다.

2) 모집활동

모집활동을 위해 우선 수요집단의 필요와 우선순위에 의한 표적집단을 선택하고, 활용 가능한 집단 목록을 작성한 후 집단과 그 구성원에 대한 지속적인 관계 설정과 유지가 필요하다. 표적집단에 따른 차별화된 간단명료한 홍보문구를 사용하여 관심을 유발해야 하며, 봉사활동에 참여하고자 하는 잠재적 욕구를 자극할 수 있도록 시각적 효과가 있어야 한다. 모집계획은 1년 단위로 세우는 것이 바람직하며, 대중모집과 개별모집(안내문 발송와 유선모집), 자기모집(개별 신청), 비공식적 모집(기존의 자원봉사자에 의한 모집방법으로 봉사자의 지속성을 높이는 방법), 일반적 모집 등에서 모집률을 높이기 위한 창조적이고 모집

대상에 맞는 방법을 선택해야 한다. 신문, 잡지, 라디오, 텔레비전, 포스터, 스티커, 연설, 팸플릿, 기타 인쇄물, 전시, 인적자원 활용, 기관 방문, 기관 개방, 기관의 정기간행물 등을 활용한다.

3 선발 및 검증

1) 자원봉사자 선발기준

자원봉사활동 배치가 예상되는 업무 및 필요인력 분석으로 적정인원을 파악하고, 업무에 적합한 능력 및 시간 등 기타 여건에 적합한 자원봉사자를 검토하여야 한다.

2) 자원봉사자의 조건

자원봉사자 선발될 수 있는 조건으로는 자원봉사자로서의 서약(협약), 자원봉사자증 발급 및 패용하고, 자원봉사활동 일정표 및 업무매뉴얼 숙지, 자원봉사 자치조직에의 참여, 자원봉사활동 관리대상으로서의 인정 및 피드백 수용, 각종 실적관리 및 민원처리과정에 대해 수용하는 자여야 한다.

3) 자원봉사신청서 작성 및 자격서류 제출

봉사자로서 검증하기 위해서는 자원봉사신청 및 자격에 필요한 서류를 제출하게 하고, 서류 사실여부 확인 및 봉사활동 수요처에서 필요로 하는 업무수행 가능여부를 파악해야 한다. 자원봉사로 필요한 인력 및 교육 중 탈락예정율 등을 감안하여 면접대상자를 선발할 필요가 있다.

4) 면접

잠재적인 자원봉사자가 자원봉사자 모집에 반응을 나타낼 때 그들의 자질과 개인적인 재능, 프로그램으로부터 얻고자 하는 것에 대한 면접을 주의 깊게 보아야 한다. 모집자가 잠재적인 자원봉사자의 욕구, 기대, 업무에 대한 필요조건, 목적에 대한 정보를 공유할 때만이 적합한 업무보조가 이루어질 수 있다. 면접을 통해 기관과 잠재적인 자원봉사자는 업무배치가 의미 있고 만족할 만한 것인지의 여부를 결정하게 된다. 면접은 신청양식에 따른 정보에서 누락된 정보, 즉 지원자의 태도, 신념, 동기 등에 대한 정보를 알 수 있기 때문에 매우 중요하다. 그뿐만 아니라 인터뷰가 기관의 조직에 대해 알 수 있는 기회이기도 하므로 기관의 정책과 절차, 규칙 등을 알게 되기도 하며 새로운 업무를 개발하거나 업무를 확장하는 데 아이디어를 제공하기도 한다.

자원봉사자를 확보하기 위한 과업을 수행하는 데 잠재적 자원봉사자에 대한 자발성과 욕구 검토와 과업수행기술 능력을 검증하지 않고 자원봉사자의 자격을 아무런 고민 없이 승인하는 경향이 있다. 예컨대 편집기획 능력을 가진 봉사자라고 해서 뉴스레터편집 과업을 일방적으로 부여한다면 자원봉사자로부터 거절을 당할 수도 있다. 자원봉사자가 원한다고 하여 수행능력을 판단하지 않고 희망과업에서 쉽게 일하도록 하는 것 또한 매우 위험한 일이다. 그것은 자원봉사활동의 지속성과 참여 강도에 부정적 영향을 미치는 원인이 된다. 따라서 자원봉사 역시 한 인간으로서 욕구와 갈등을 가지고 참여하는 것이기 때문에 관리자는 자원봉사자의 욕구에 유의해야 할 의무가 있다.

특히 청소년 자원봉사자의 경우는 점수라고 하는 타율적인 상태에서 활동을 하게 되기 때문에 이들에게 동기를 부여하고 사회적으로 의미 있는 적합한 자원봉사업무를 배치하는 것은 매우 중요한 일이다. 인터뷰 기술은 성공적인 인터뷰를 위한 중요한 요소가 되는데 지원자에 대한 지나친 편견과 조직에 대한 집착은 부정적인 인터뷰 결과를 가져온다.

(1) 면접 준비

자원봉사자를 위한 면접에 적합한 장소는 교통이 편리하고 찾기 편한 곳, 사생활 비밀이 보장되고, 친밀하고 편안하며 노출이 적은 공간이어야 한다. 다른 사람의 전화나 방문으로 면접이 방해받지 않도록 해야 한다. 면접자가 갖추어야 할 사항으로는 기관의 성격이나 조직 내 프로그램과 목표 그리고 추진방향에 대한 지식이 있어야 하며 선발할 봉사자의 임무배치에 대한 이해, 다양한 계층의 사람들과 충분히 듣고 말하는 효율적인 의사소통기술, 동기부여능력, 질문에 답할 수 있는 순발력, 자원봉사 신청자에 대한 통찰력 등이 있어야 한다. 면접자는 자원봉사자에게 무조건적인 지지와 수용, 어떤 경우에는 직면을 활용한 상담기법이 필요하다. 면접에서는 첫인상이 중요하다. 면접자는 자원봉사자를 면접하면서 봉사자를 판단하지만, 반면 봉사자도 면접자의 첫인상을 통해 자원봉사조직을 판단한다는 것을 명심해야 한다.

자원봉사자에 대한 신원증명, 의료검증, 복장의 착용, 활동보고서 제출 등과 같은 요구는 절차가 까다롭기 때문에 자원봉사에 대한 심리적 접근성을 떨어뜨릴 수도 있다. 그러므로 면접에서는 일방적인 정보 획득을 벗어나서 상호정보교환의 장으로 활용하도록 해야 한다.

(2) 면접의 실제

성공적인 면접은 조직과 봉사자들 사이에 이상적 결합을 창출하는 것으로 양자 편익의 가능성 속에서 상호이익의 영역을 결정짓는 합의의 장을 의미한다. 면접에서 다루어져야 할 내용은 봉사활동 동기에 대한 탐색(왜 그들은 자원봉사활동을 하고자 하는가?), 신청자의 관심과 능력 탐색 및 선호하는 작업환경의 형태, 가족이나 환경의 여건을 탐색하고 봉사자가 하고 싶은 일과 할 수 있는 것을 구분할 줄 알아야 한다. 신청서 양식을 준비하여 기록지에 빠진 내용을 중심으로 면접에 임하면 시간을 절약할 수 있다. 항상 감사한 마음과 태도로 모든 지원자에게 공정한 기준을 적용해야 한다. 혹시 봉사자가 희망하는 분야의 활동이 없거나 수요처가 없다면 다음 기회에 참여할 수 있도록 유도하고, 무작정 기다리지 않도록 다음 과정에 대한 자세한 소개를 해주어야 한다. 구체적인 설명으로 흥미를 유발하고 긍정적인 접근이 가능하도록 해야 할 것이다. 성공적인 면접은 조직과 자원제공자들 사이에 이상적 결합을 창출하는 것으로 양자 편익의 가능성 속에서 상호이익의 영역을 결정짓는 합의의 장이 되는 것이다.

5) 동의와 검증

일단 자원봉사자가 되기로 받아들였다면 그 동의는 일정한 기대를 형성한다. 그리고 상호이익이 되는 경험은 자원봉사자와 기관의 성공과 연결된다. 그러므로 동의는 자원봉사활동의 조건, 부수적인 혜택, 훈련조건 등을 포함할 뿐 아니라 일의 시간과 모임의 횟수, 서비스의 내용 등도 포함한다. 사실, 이러한 동의는 우리가 직장을 선택할 때와 마찬가지로 자원봉사자가 다양한 만큼 다양한 동의가 요구되고, 기관은 각 기관의 목적을 수행한다는 큰 틀 속에서 개인마다 각자에게 적합한 동의를 이끌어 내야 한다.

4 교육 및 훈련

봉사활동에 대한 교육 및 훈련과정 동안 자원봉사자는 기관의 정책과 절차 그리고 철학을 알게 된다. 자신의 역할과 자원봉사자를 위한 프로그램의 역사와 전통 등이 그것이다. 부가적으로 말하면 자원봉사자는 기관에서 유급직원과 자원봉사자의 역할과 기능을 알게 되고, 기관이 발전해 나가고자 하는 목표도 알게 된다. 교육 및 훈련과정은 자원봉사자의 욕구와 기관의 수요 사이의 불분명한 것을 알게 해주거나 기관의 각종 활동을 추구하면서 가장 좋은 해결방법을 찾을 수 있게 해주는 기능을 한다. 이러한 상호작용은 교육과정의 중요한 요소이다. 자원봉사관리자는 자원봉사자의 관심에 귀를 기울이고, 기관의 목적과 이용 가능한 자원, 다른 자원봉사자나 유급직원의 요구 등에 민감하게 어떻게 만족할 수 있도록 할 것인가를 고민해야 한다. 마지막으로 교육 및 훈련과정은 자원봉사자의 적합한 배치를 위한 폭넓은 이해를 제공한다.

자원봉사자를 위한 교육은 개인과 기관의 잠재력 실현을 증진시킬 수 있도록 도와주는 모든 노력을 내포하는 개념이다. 봉사에 필요한 적절한 정신적 자극과 기술을 개발하고, 인간 내부의 발전가능성을 파악하고 훈련하여 그 행위의 계획적 변화를 추구하는 과정이 되는 것이다. 이 교육은 기관의 의무이자 봉사자의 권리라는 시각을 가지고, 어떤 자세로 봉사해야 하는지를 알려 준다. 또한 교육은 타 봉사자와 직원과의 관계, 활동현장의 규칙, 수혜자를 대하는 자세, 기술적 숙련성 보충 등의 내용을 담고 있어야 한다.

또한 자원봉사자가 아무리 교육을 잘 받아도 이들의 서비스를 받는 수혜자의 태도와 요구 측면에 무리가 된다면 서비스의 효과가 감소하게 되므로 수혜대상자의 교육도 상당히 중요하다.

5 배치

모집된 자원봉사자들에게 적절한 업무를 부여하기 위해서는 다양한 봉사활동영역이 마련되어야 한다. 현실적으로 단위시설에서 봉사활동영역을 개발하는 일은 매우 어려운 과제이다. 봉사활동영역은 시설의 사업 분야에 따라 매우 상이하므로 해당 분야의 자원봉사지원기관에서 자체적으로 개발할 수 있도록 지원할 수도 있고, 일괄적으로 작성하여 해당기관에서 필요한 영역만을 활용할 수도 있다.

자원봉사 지원자와 자원봉사관리자가 자원봉사자의 업무배치에 고려해야 할 사항을 고찰하면 다음과 같다.

1) 배치상담

배치상담은 자원봉사 신청자 개인의 동기, 관심, 원하는 활동 분야, 개인의 목표와 봉사를 필요로 하는 기관이나 사업의 목표를 일치시키는 과정이다. 그러므로 배치상담에 있어 유의할 점은 자원봉사 참여동기를 명확히 하고, 간단하고 비형식적이며 함축적인 질문 목록을 준비해야 한다는 것이다. 기관의 업무에 대한 신청자의 느낌을 탐색하고, 기관의 모든 정보를 제공함으로써 압박감을 갖지 않고 생각할 수 있는 충분한 시간을 제공해야 한다. 봉사자에 대한 수용적 태도를 갖고 자신의 느낌과 생각을 정리하는 기술을 가져야 한다. 다양한 프로그램을 준비하여 어느 한 가지라도 추천할 수 있도록 하고, 기록양식을 준비하여 면접내용을 정리한다.

2) 배치

자원봉사자의 활동배치는 자원봉사자의 흥미, 기술, 개인적 특성을 고려하여 기관의 구체적인 자원봉사활동 분야와 조화롭게 연결하는 것을 의미한다. 자원봉사자들의 성별, 연령, 취미, 인간관계, 봉사장소와 집과의 거리 등의 요소와 가치, 동기를 충분히 고려하여 배치와 업무 부여가 이루어지도록 해야 한다. 이를 위해서는 업무설계가 선행되어야 하며, 개인적 경력, 동기, 책임 수준을 고려한 배치기준이 있어야 한다.

3) 자원봉사자의 배치조건

- 자원봉사자의 욕구와 수요기관의 욕구가 맞을 경우: 자원봉사 활동 개시일자 및 활동수칙, 유의사항 등에 대한 안내

- 자원봉사자의 욕구와 수요기관의 욕구가 맞지 않을 경우: 다른 부서와의 협의를 통한 배치업무의 조정 및 다른 활동에 대한 제의
- 자원봉사자가 업무를 해낼 수 있는 시간과 능력을 측정, 자원봉사자가 성취할 수 있는 임무를 할당

4) 배치과정

- 자원봉사자 배치부서에서 진행하게 될 자원봉사업무 안내(직무오리엔테이션)
- 자원봉사자들의 권한과 책임에 대한 설명, 부여 및 공유
- 자원봉사자 활동지침 및 업무설명서에 대한 숙지여부 확인
- 업무성과를 평가할 기준에 대한 결정
- 업무가 제대로 수행되고 있는지 점검할 시기 및 의사소통 방법 등에 대한 안내
- 자원봉사활동 일정표 및 팀리더 안내
- 부서별 자원봉사관리자 및 직원 안내 및 라운딩
- 자원봉사자 대장 관리 및 입력

5) 후속관리

- 활동 여부 점검: 배치된 활동이 제대로 이루어지고 있는지 확인
- 재배치: 배치된 자원봉사자가 활동을 시작하지 않은 경우, 활동 중인 자원봉사자가 수요기관의 업무내용이나 부서를 변경하고 싶은 경우, 자원봉사자가 활동을 종료하는 경우 재배치가 필요

6) 배치의 기술

- 자원봉사자가 원하는 것을 모두 충족할 수 없다는 상황에 대한 상세한 설명
- 1명 단독활동보다는 2명씩 짝을 지어 배치하여 참여자들 간의 팀워크 형성 및 상호 보완적 활동 유도
- 혼자서 하는 업무를 희망하는 경우, 최대한 존중
- 기존 자원봉사자와 예비자원봉사자, 신규자원봉사가 함께 할 수 있도록 배치하여 경험에서 오는 노하우 상호 제공

6 활동관리

1) 자원봉사활동의 관리감독

(1) 개념

- 자원봉사자들이 자원봉사활동을 제대로 수행할 수 있도록 지식과 정보, 기술 및 평가, 피드백, 슈퍼비전 등 다양한 도움을 제공하는 것을 의미하며 이러한 체계가 지속적으로 유지되는 조건을 의미
- 자원봉사자들의 활동 성과를 낼 수 있는 지원체계를 말하며, 자원봉사활동의 질적 관리를 의미
- 효과적인 자원봉사활동 관리 및 지도 감독 등은 수요기관의 사업효과 및 목표달성에도 중요하지만, 자원봉사자 스스로의 개인적 의미와 가치 실현에도 큰 도움

(2) 업무 내용

- 관리감독의 체계수립 및 실행

• 자원봉사자들과의 수시적인 소통 및 분위기 파악
• 자원봉사활동 현장점검 및 모니터링
• 자원봉사자와의 상담 및 조정
• 재교육 및 슈퍼비전
• 문제 및 갈등해결
• 벌칙 및 법적 조치

(3) 자원봉사활동 실적관리

• 근무일정표
• 자원봉사자 활동기록대장(직접 날인)
• 자원봉사자활동 1일 자가점검표(본인용)

(4) 자원봉사자와의 의사소통

• 의사소통채널: 직접 면담, 전화, 문자, 카톡, 이메일, 온라인커뮤니티, 활동일지 및 피드백, 정기적인 자원봉사자 간담회, 현장 점검, 활동평가 설문 등
• 자원봉사활동 점검을 위한 자기점검체크리스트
• 자원봉사자에 대한 관리자 관리체크리스트

(5) 자원봉사자의 역량강화를 위한 노력

• 자원봉사자에 대한 존중과 중요성 인식, 사명감과 열정에 대한 감사표현, 도덕성과 전문성에 기초한 신뢰감, 친밀감 표시, 일관성과 공평성에 입각한 업무태도, 교육과 훈련의 제공, 정보공유, 피드백 등
• 재교육(정기교육)

(6) 갈등관리 및 문제해결

- 갈등관계 유형: 자원봉사자와 관리자 간, 자원봉사자와 수요기관 다른 부서 직원 간, 자원봉사자와 자원봉사자 간, 자원봉사자와 수혜자 간, 자원봉사자와 자원봉사자리더 간의 갈등
- 갈등의 내용유형: 불편함, 오해, 사건, 긴장감, 위기
- 갈등 관계별, 내용별 유형에 따른 다른 개입방법 선택

(7) 운영규정에 의한 벌칙관리

- 자원봉사자의 활동 종결 사유: 강제적 종결(운영규정 벌칙에 의한 경우), 자연적 종결
- 재면담, 교육, 휴가, 재배치, 활동종료 등의 방법으로 처리
- 강제적 종결의 과정: 문서화된 활동종료 정책수립, 공식적인 조사를 통한 문제상황 확인, 경고를 통한 문제행동 개선 요청, 내부회의 진행, 벌칙에 의한 통보, 소명기회 제공, 활동정지 혹은 활동종결, 활동종결 공식화

2) 자원봉사 위험관리

(1) 개념

- 예기치 못한 사고 발생 시 나타날 수 있는 부정적인 영향을 최소화하기 위해 최적화된 위험처리 방법을 선택, 수행하는 활동
- 이 과정에는 피해범위를 최소화하고 원래상태로 복원하기 위한 현장 대응과 사후 수습과정이 포함
- 수혜자 상해, 자원봉사자 상해, 화재나 지진 등과 같은 자연재해, 수요처의 기물파손 등의 위험이 발생하였을 때의 책임 소지와 안내 등 필요

(2) 업무내용

- 위험관리 대상자 선정: 직원, 자원봉사자, 수혜자(특히 아동과 장애인, 노인 등) 등
- 위험관리 담당자 지정: 위험시 행동요령에 대한 숙지 및 안내담당
- 위험관리 교육 및 훈련: 위험요인 예방, 대처방법, 문제상황에 대비하는 지침 및 행동요령
- 업무절차: 사고발생 ⇒ 1차 기본적인 사고 수습 ⇒ 수요기관 해당부서 및 자원봉사 관리자에게 통보 ⇒ 2차 수습 ⇒ 위험관리위원회(변호사, 의사, 경찰 등 포함) 개최 및 보험, 보상처리 ⇒ 위험관리 시스템 분석 및 평가 ⇒ 개선 및 대책방안 마련
- 자원봉사자와 관련된 법적인 책임문제: 자원봉사자의 의무 불이행에 의한 것은 자원봉사자의 책임, 수요기관이 자원봉사자에 대한 안전소홀로 발생하는 문제는 수요기관의 책임, 자원봉사자의 의무범위 내의 행위로 타인에게 피해를 입힌 경우는 기관의 법적 책임

(3) 상해보험가입 및 관리

- 보험가입의 근거: 자원봉사활동기본법 제10조(자원봉사자에 대한 보험가입 등)[1)]

1) ① 국가와 지방자치단체는 법 제14조 제1항의 규정에 의하여 자원봉사단체 및 자원봉사센터로 하여금 위험이 수반되는 자원봉사활동에 대한 안전교육 등 사전에 필요한 조치를 취하도록 할 수 있다.
② 법 제14조 제2항의 규정에 위한 자원봉사자에 대한 보호의 종류는 다음 각 호와 같다. 1. 자원봉사활동 중인 자원봉사자의 신체보호, 2. 자원봉사활동 중에 발생한 자원봉사자의 경제적 손실보호, 3. 자원봉사활동 중에 발생한 타인의 신체 또는 재물손괴에 대한 보호
③ 국가 및 지방자치단체는 자원봉사센터 또는 비영리민간단체지원법에 의한 등록된 단체에 소속한 자원봉사봉사자의 보호를 위하여 다음 각 호의 요건을 모두 갖춘 보험 또는 공제에 가입할 수 있다. 1. 자원봉사활동 중에 발생한 자원봉사자의 사망, 후유장애 및 의료 입원 수술비 등에 대한 보상을 할 수 있을 것, 2. 자원봉사활동 중에 발생한 타인의 신체 또는 재물손괴에 대한 보상을 할 수 있을 것
④ 지방자치단체는 제3항의 규정에 의한 보험의 가입절차 및 방법 등에 관하여는 조례로 정한다.

- 상해보험의 가입 목적: 자원봉사 활동 중에 발생하는 재해 및 사망 등의 사고에 대비, 자원봉사활동 중에 발생가능한 위험 담보, 긴급한 사고로부터 봉사자들의 경제적 손실 및 상해치료 등 보장
- 자원봉사활동 중이란: 자원봉사활동(정규활동, 특별활동, 교육, 행사 등 포함)에 직접 참여 중인 때, 자원봉사 활동 시작 전 또는 종료 후에 활동장소에 있는 동안, 자원봉사활동을 위한 활동장소와 봉사자의 주소지와 통상적인 경로통행 중일 때를 의미
- 개입대상: 자원봉사기관에 등록되어 활동하고 있는 교육대상자부터
- 가입기간: 1년마다 갱신
- 보장내용: 보험가입 금액에 따라 보상, 예산 범위에서 가입결정
- 등록조건: 성명, 주민번호, 주소, 전화번호 등
- 가입방법: 자원봉사자 단체로 연보험으로 일괄가입 후 활동중단, 탈퇴, 추가가입에 따라 가입자를 수시로 교체하여 예산낭비 예방
- 보험사 선정 및 계약: 보험사 대상 제안 요청하여 세부사항(1인당 보험료, 보장내용 등 분석), 가장 유리한 보험사로 선정하고 보험료 납부 후 보험증권 수령
- 보험의 종류: 자원봉사기관 재산보상보험, 일반책임보험(개인의 신체 및 재산, 수혜자에 대한 상해와 재산손해 포함), 1일활동 보험, 여행자보험(워크숍 등)

(4) 상해보험 미가입시 사고대응 재원 대책

- 자원봉사기관 혹은 수요기관에서는 재정에 따라 예비비 등의 예산을 편성하여 사고에 대비
- 의료비, 재산손해배상 등

3) 자치조직을 통한 관리

- 자원봉사자들의 대표를 선임하여 자율적인 자원봉사조직 운영
- 자원봉사활동의 창구 역할 및 중간관리자로서의 역할 부여
- 자원봉사자들의 사기 향상 및 권리증진
- 자율투표에 의한 회장 및 임원 선출 및 자치규약(회칙 혹은 활동수칙) 제정
- 자체 간담회를 통해 자원봉사자로서 스스로 자정할 수 있는 노력 필요
- 약간의 운영비 지원

7 평가

자원봉사활동 혹은 자원봉사자에 대한 평가대상은 목표달성 여부 및 방법, 프로그램 내용의 평가, 자원봉사관리자 및 자원봉사자의 과업수행의 적합성, 비용집행의 적합성 등이 된다. 평가시기는 개시 직후에 할 수 있는데 자원봉사 양상을 파악하고 활동내용이나 자원봉사자와 수혜자와의 관계를 평가하고 그 평가를 기초하여 공동체훈련, 직무훈련, 직무조정 등 적절한 대응방안을 강구하는 데 도움이 된다. 또한 진행 도중(중간평가)에도 평가가 있을 수 있는데, 이것은 여러 상황 변화를 예의 주시하고 이에 따른 계획의 적절한 변화를 판단하기 위한 평가의 성격을 띠게 된다. 마지막으로 진행 후 평가(최종평가)가 있는데, 최종평가는 목표달성 여부 확인, 종료 후의 계획수립, 수립된 계획에 따라 목표달성을 위한 다각적인 노력을 시도하기 위한 것이다. 상황 변화에 따라 조기종료 혹은 실패했을 때에도 평가는 필요하다.

평가자는 내부 평가자와 외부 컨설턴트 혹은 둘을 섞은 중간 형태로 실시할 수 있다. 평가방법으로는 첫째, 과정평가를 들 수 있는데, 계획수립단계에서 설정한 목표달성 기준에 따라서 달성수준을 평가하거나 달성수단의 합리성을 측

정하는 것이다. 둘째는 결과평가로 목적의 효과적 달성 여부, 계획수립단계에서 제시한 개인과 집단의 변화 정도(수혜자 지향적 접근), 서비스제공 수준 정도(조직지향적인 접근)를 포함한다. 세 번째 방법은 영향평가로 자원봉사활동을 마친 후 프로그램이 사회나 기관에 미친 영향을 추정하는 평가(주관적 평가)이다. 평가과정은 예비적 관찰(평가에 대한 분위기 조성), 평가시행 결정 및 평가방법 결정(조사설계 및 방법론 결정), 평가자료 수집(설문조사, 면접조사, 관찰, 행정자료 조사 등), 평가시행 및 분석, 보고 및 논의의 단계를 거친다.

1) 자원봉사활동 평가의 의의

- 자원봉사자가 일정한 기간 동안 활동한 성과에 대해 목표대로 잘 진행되었는지에 대해 객관적 자료를 통하여 분석하는 것을 의미
- 자원봉사자와 관리자 및 관련자들에 대한 피드백 제공 및 사기 진작에 활용
- 지속적으로 자원봉사수요기관에서 필요로 하는 자원봉사활동 업무수행이 가능한지 능력을 분석하고, 다른 동료자원봉사자 및 자원봉사관리자, 수혜자들과 협력하여 활동을 할 수 있는지 정기적으로 판단하는 과정
- 봉사활동 중에 나타나는 불미스러운 사고와 갈등을 사전에 막고, 봉사활동의 효과성을 높이는 데 기여

2) 평가대상

- 자원봉사자의 활동 목표달성 여부, 업무수행능력, 과업수행의 적합성, 관람객에 대한 태도, 인화성 등
- 자원봉사자 자신도 자원봉사관리자를 평가하면서 자원봉사기관에서 지속적으로 자원봉사자로 활동할 것인지 판단
- 전체 자원봉사자들에 의한 자원봉사활동 목표성과 측정

3) 평가시기

- 연 1회~2회(6월 및 12월)
- 개시직후: 활동내용이나 관람객과의 해설제공 및 관계를 평가하고 그 평가를 기초하여 공동체 훈련, 직무훈련, 직무조정 등 적절한 대응방안을 강구
- 진행도중(중간평가): 여러 가지 상황변화를 예의 주시하고 이에 따른 계획의 적절한 변화를 판단하기 위한 정기적인 평가
- 진행 후(최종평가): 목표달성여부 확인, 종료 후의 계획 수립, 수립된 계획에 따라 목표달성을 위하여 다각적인 노력을 시도하고 비록 상황변화에 따라 조기종료 혹은 실패했을 때에도 최종평가가 필요

4) 평가자

- 자원봉사 주무부서 관리자
- 자원봉사자 담당업무 관리자
- 자원봉사자 자신
- 동료 자원봉사자
- 수혜자
- 자원봉사 외부전문가

5) 평가과정

- 평가계획 수립(평가 시행결정 및 평가방법 결정)
- 자원봉사자에 대한 평가시기 도래 및 평가내용에 대한 공개적 전달
- 예비적 관찰(평가에 대한 분위기 조성)
- 평가자료 수집(설문조사, 면접조사, 관찰, 행정자료조사 등)
- 평가시행 및 분석

- 평가 결과에 따라 자원봉사자에 대한 활동지속 여부 및 재교육 실시 등 결정
- 자원봉사자에게 평가결과를 통보하고, 평가결과에 대한 의견진술의 기회 제공
- 평가에 따른 간담회, 슈퍼비전, 상담, 인정과 보상 등 실시

6) 자원봉사자 평가지표(성과지표)

- 자원봉사자 평가서식(성과측정표) 사전 준비: 부서별 담당업무 관리자용, 동료자원봉사자용, 수혜자용, 자원봉사자 총괄평가용
- 평가는 '최우수, 우수, 보통, 미흡, 불량'의 5등급으로 하며, 구체적인 평가방법 등은 관리자 및 전문가가 검토
- 평가기준

-활동기간 및 출석률
-봉사활동의 난인도
-봉사활동에서의 리더십
-수혜자의 변화 및 만족도
-봉사활동 중 동료봉사자와의 관계
-헌신성
-용모 및 친절
-정확한 지식 및 정보, 서비스의 전달
-관리자와의 관계

7) 자원봉사활동 평가에서의 유의점

- 평가대상은 사람 자체가 아니라 그 사람의 행위
- 정직하고 명확하게 평가

- 활동시작 할 때 평가지표를 주고, 시기도 미리 정해 둘 것
- 가능한 즉시 평가
- 긍정적인 말로 표현
- 다양한 관점으로 평가에 대한 논평을 발전
- 자원봉사자의 이해와 지지를 얻도록 유의

8) 평가간담회

- 간담회는 자원봉사자, 자원봉사리더, 자원봉사코디네이터, 관리자들이 함께 모여 봉사활동과 관련된 애로사항, 자원봉사기관의 자원봉사정책, 자원봉사자 평가결과 등 전반적 운영사항에 대해 의사소통할 수 있는 시간
- 간담회 전 주요 안건에 대한 내용 정리 및 자원봉사기관의 입장, 봉사자의 입장에 대한 사전 검토가 필요
- 연 2회 평가회 이후 실시하는 것이 좋으며, 활동현장별 혹은 요일별 봉사자들이 모여 의견을 개진하고 요구사항을 전달하며 의사반영 진행사항을 듣는 것이 바람직
- 모든 봉사자를 초대할 수 있고, 사안별로 그 사안의 이해 당사자인 봉사자들이 참여할 수도 있음.

8 슈퍼비전

봉사활동에 대한 슈퍼비전은 개인이나 기관의 잠재력 실현을 증진하는 데 도움이 된다. 자원봉사프로그램을 설정할 때 자원봉사자와 자원봉사관리자 및 슈퍼바이저(supervisor)를 훈련하는 것이 중요하다. 슈퍼바이저는 다른 사람이 자신의 업무를 잘할 수 있도록 도와주는 사람으로 관리자 철학의 기초 위에 감각

적이고 인간적이어야 한다. 모든 자원봉사자는 누구에게 슈퍼비전을 받고 책임을 져야 하는지 알아야 하며 슈퍼비전은 담당업무별, 지역별, 사무실별, 프로그램별로 실시되어야 한다. 자원봉사관리자들이 가장 두려워하는 것 중의 하나는 자원봉사자가 참여할 때 자기들이 책임져야 하는 업무에 대한 통제력을 잃어버리지 않을까 하는 것이다. 그러므로 슈퍼바이저들은 슈퍼비전을 위한 사례회의(case conference) 등을 통해 자원봉사자들이 활동하는 프로그램이나 사례에 대한 경험을 나누어야 하며 자원봉사자들과의 감정 교환을 통해 어려움을 말하게 함으로써 도울 수 있는 방법을 모색해야 한다.

9 인정 · 보상

봉사활동에 참여한 봉사자의 지속성과 참여성을 높이기 위한 인정보상제도에 관해서는 각계에서 여러 방안들이 제시되고 있다. 인정보상제도는 봉사활동의 중요성을 강조하는 것이며, 자신의 일이 의미 있는 일이라는 인식과 전문적인 관리를 받고 있다는 측면에서 매우 중요한 영역이다. 그러므로 공식적인 자원봉사 인정이 어떤 형태로든 제공되어야 한다. 도덕적 보상이 물질적 보상보다 더욱 효과적인 것으로 알려져 있으며 이러한 도덕적 보상은 자원봉사자에 대한 주기적인 포상과 만찬회의 초대, 자원봉사자 행사 등을 포함한다. 이 행사에도 다양한 포상제도가 포함되어야 하는데, 의례적인 감사패 전달이 아니라 시간 누적에 따른 정기적 포상과 특별한 활동에 대한 특별 포상이 있어야 한다. 또한 자원봉사활용기관장의 포상뿐만 아니라 자치단체장이나 상위기관장의 포상도 받을 수 있도록 해야 한다.

이러한 개인적인 보상 이외에 사회적 보상도 적극 도입하는 것이 바람직하다. 소집단활동과 같이 자원봉사자들이 일종의 공동체를 형성할 수 있는 제도를 개발해 자원봉사활용기관에서 추진할 수 있도록 지원할 필요가 있다. 공동체의 형성을 통해 봉사자들이 사회적 욕구를 실현하고, 자원봉사에 대한 의식을 높이며, 유대관계를 강화함으로써 자원봉사활동의 지속성 향상에도 기여할 수 있을 것이다. 자원봉사자들의 조직적인 활동에 필요한 자원봉사자실과 같은 시설 제공이나 필요경비(예를 들면 회식비)를 지원하는 것도 바람직하다.

미국의 경우 자원봉사제도의 사회경제적 효과를 극대화하기 위해 우선 즐기면서 참여하도록 하는 프로그램이 있다. 예를 들면 자원봉사자의 날을 축제로 준비하거나 노인들의 고용창출, 젊은이들의 장학지원 그리고 주민들의 경우 참여하면서 혜택을 받도록 하는 프로그램(이를테면 자신이 살 집을 짓는데 근로봉사를 하면 총 봉사시간을 계산하여 집값이나 집세를 깎아 주는 방법 등)을 개발하여 시행하는 것도 좋다. 대가 없이 자발적으로 참여하는 사람(교통비 등 실비보상 경우를 포함)이 대부분이지만 사회경제적 효과를 조장하기 위해 적은 액수이긴 하나 생활비와 인센티브(장학수당 등)를 제공하는 것도 중요한 보상체계가 될 것이다.

인정은 객관성과 투명성을 갖기 위해 인정위원회를 통해 공식적으로 제공되는 것이 바람직하며, 비공식적 인정인 우수자원봉사자 추천하기, 승진, 보상 제공, 비공식적 목록 등도 있을 수 있다.

여유가 될 때 자원봉사를 한 후 자신이나 가족이 서비스가 필요한 경우 봉사한 시간만큼 되돌려 받는 자원봉사 마일리지제도가 상당히 좋은 평가를 받고 있다. 헌혈제도와 같은 이 시스템은 미국에서 처음 시도되었는데 기본적으로는 혈액은행과 같은 것이지만 경우에 따라서는 자원봉사자가 서비스 수혜자를 지명할 수 있는 융통성도 있다. 그러나 이 제도가 자원봉사를 유도하고 많은 사람들의 관심을 끌게 하는 역할을 했지만 몇 가지 점에 있어 유의해야 할 필요가 있다. 봉사활동의 범위를 어디까지로 할지, 누가 얼마나 오랫동안 기록을 보유하고 적용해야만 하는지, 이사나 사망하는 경우 그 시간은 어떻게 되는지 등의 문제점이 나타나고 있다.

1) 인정보상의 개념과 의의

- 자원봉사의 가치를 인식하고 받아들이며 자원봉사자의 활동에 대해 감사를 표하기 위해 제공되는 유무형의 방법
- 자원봉사자에게는 자긍심과 봉사활동의 만족도를 높여 활동의 지속성을 강화
- 사회적으로는 자원봉사의 가치를 알리고 드높이는 기능
- 자원봉사 관리자에게는 자원봉사자에 대한 전문적 관리에 필요

2) 인정과 보상 관리과정

- 자원봉사활동 수행 ⇒ 활동실적관리 및 평가 ⇒ 인정보상위원회에서 인정보상 결정 ⇒ 인정과 보상 시행 ⇒ 인정보상 피드백

3) 인정과 보상 업무과정

- 인정보상의 대상 결정: 다양화된 기준의 개발 필요, 자원봉사활동의 시간투여와 헌신, 업무활동의 난이도 및 책임 등을 고려
- 자원봉사자의 욕구 및 기대 파악: 자원봉사자가 인정보상의 내용으로 무엇을 원하는지 파악하고 우선순위 선별, 개별화되고 개개인의 성향에 맞는 인정방법이되, 형평성을 고려한 인정보상 방법을 개발, 인정보상의 내용의 실질적 활용가능성 및 적절한 비용과 고효율의 방법을 개발
- 인정위원회 구성: 관리자 및 외부전문가로 인정위원회 구성, 공정하고 객관적인 인정보상 기준 마련, 대상자가 합리적으로 선정되었는지 검토, 인정과 보상의 제공 방법과 시기에 대해 형평성을 기반으로 결정하며, 결정과정을 투명하게 공개
- 인정보상위원회의 결정에 따라 인정보상 시행: 자원봉사의 정신과 무보수성 및 자발성의 기본적 가치를 훼손하지 않는 범위에서의 인정보상, 다른

자원봉사기관의 인정보상과 유사한 방법으로 제공, 자원봉사관리과정의 전반에 걸친 지속적 실천의 필요

4) 대상 및 기준

- 공통기준: 자원봉사 활동시간(시작 시각~종료 시각), 준비시간과 식사시간, 교육시간, 활동시간, 평가시간까지 포함, 1일봉사시간은 8시간 이내로 제한
- 특정기준: 특수업무의 봉사활동, 특수대상의 봉사활동, 미담사례 및 우수사례, 자원봉사자들의 우수추천 등

5) 보상 및 인정방법

- 정서적 심리적 인정: 감사편지, 연하장, 생일 및 기념일 축하카드, 언어적 및 비언어적 감사의 표시와 관심표현
- 기회제공: 각종 교육 및 워크숍 야유회 참석, 해외연수 및 선진지 견학 기회, 국내외 각종 행사 참석 기회, 문화행사 초대 등
- 상징적 인정: 기념품, 교통카드, 활동조끼, 인정뱃지(시간대별 부여), 명함제작, 우수자원봉사 발표자 선정, 봉사활동확인서, 자원봉사자 상해보험가입, 자원봉사자기념품
- 간접적 경제적 보상: 주차권, 식권, 가맹점 할인, 공공시설이용료 감면 등
- 직접적 경제적 보상: 활동실비
- 사회적 인정: 인증서 및 자원봉사증 발급, 모범자원봉사자 표창 및 정부포상 추천, 언론매체 홍보, 이달의 자원봉사자 선정
- 자원봉사실 운영(커피, 물, 복사지, 토너 등 제공)

10 자원봉사 홍보

최근 자원봉사자가 증가하고 있지만 그래도 여전히 홍보는 중요하다. 매스컴을 이용한 대중적 홍보는 자원봉사에 대한 인지도를 높이고, 올바른 인식을 심어주는 데 효과적이다. 그러나 대중적 홍보는 비용이 많이 들고 전문인력을 필요로 하기 때문에 개별수준에서 실시하기 어려운 분야이다. 자원봉사활용기관에서 각자가 홍보업무를 수행하는 것은 비효율적이며 잠재적 자원봉사자의 혼돈을 야기시킬 수 있으므로 지방자치단체의 자원봉사센터에 의한 지원이 필요하다. 시설은 물론이고 지원기관조차 수행하기에 어려운 과업은 지역사회의 다른 분야와 협조적인 관계를 형성하고 유지해야 한다. 이 부분에 대해서는 지방자치단체와 기업들과의 협조가 요청되고 있으므로 기업과 시설 또는 지원기관의 연계를 맺는 데 다각적인 정책적 지원을 해주는 방안이 검토되어야 한다. 구체적인 방안으로는 기업과 시설의 자매결연을 주선하거나 기업가와 사회복지 분야 전문가들이 회동할 수 있는 행사를 주최하는 방안 등이 있다.

1) 홍보의 개념

라스커(Lasker, 1952)는 홍보를 상품과 서비스에 대한 뉴스라고 말했다. 커크패트릭(Kirkpatrick, 1960)은 홍보란 소비자를 설득하기 위한 매스커뮤니케이션으로 막연한 욕구나 욕망을 구체적인 욕구나 욕망으로 바꾸어 주는 매개이자, 조직과 대중 사이의 커뮤니케이션 관리로 설명하였다. 즉, 홍보란 불특정 다수에게 상품이나 서비스의 존재를 알려 주고, 또 이에 대한 필요성을 설득하여 구매 혹은 참여활동을 촉진시켜 주는 설득 커뮤니케이션의 한 형태로 볼 수 있다. 멕시코선언에서는 홍보의 실무는 경향을 분석하고 그 경향의 결과를 예측하며 조직의 지도자를 자문하고 계획된 활동프로그램을 수행함으로써 조직과 공익에 동시에 봉사하는 기술이며 사회과학으로 설명하였다.

2) 홍보의 기능 및 중요성

미국의 PR협회에서 제시하는 홍보의 기능은 여론분석기능, 대중에 대한 커뮤니케이션의 상담역, 대외활동과 커뮤니케이션 프로그램의 수행기능, 공공정책에 대한 대응기능, 자원관리기능으로 설명하고 있다. 홍보는 사회문화적 기능을 가지고 있어야 하는데 일반정보와 특수정보를 모두 합쳐 최소 정보제공기능을 해야 한다. 또한 학습적 기능, 유혹의 기능, 욕망의 전환기능, 시간·공간적 요소로서의 기능, 인식적 불협화음의 축소기능, 심미적 기능, 창조적 기능, 의제설정의 기능, 감각화의 기능, 문화의 통속화 기능을 가질 수 있다.

홍보가 지니는 긍정적 역할은 여론에 대한 감수성을 가지고 있다는 점과 공공의 이익을 추구한다는 점, 유익성을 준다는 것과 정보욕구에 대한 충족이 가능하다는 점, 위험예방 및 새로운 환경에 대한 대비가 가능하다는 점 등이다. 반면 홍보는 부정적 역할을 하게 되는 경우도 있는데 사실 과장이나 커뮤니케이션 혼란을 가져오거나 불신감, 약점은폐 등이 그것이다.

3) 홍보의 종류와 특성

홍보매체는 그 사이에 전보, 전화, 라디오, TV, 뉴미디어, 멀티미디어로 발달해 오고 있다. 홍보매체에 따른 분류에 의하면 신문, TV, 라디오, 잡지, 옥외 전광판, 교통, 광고지(전단), DM, 이벤트, 인터넷, SNS, 1인방송(팟캐스트) 등 뉴미디어매체가 있다. 홍보목적에 따른 분류에는 상품 홍보, 기업이미지 홍보, 정치 홍보, 공익 홍보, 정부 홍보, 시책 홍보 등이 있으며, 홍보카피포맷에 따른 분류에는 일인칭형 홍보, 단도직입형 홍보, 대화형 홍보, 만화형 홍보, 나열형 홍보, 캐릭터형 홍보, 가요형 홍보, 질의응답형 홍보, 정보제공형 홍보, 증명형 홍보, 연극형 홍보, 기사형 홍보, 의외형 홍보, 일탈형 홍보, 존재추구형 홍보 등이 있다. 커뮤니케이션 수단에 따른 분류에는 보도자료, 기자회

견, 특별행사, 전시회, 사보, 연례보고서 등을 들 수 있다.

홍보에서 가장 중요한 것은 말하고자 하는 메시지인데, 그 메시지들이 갖추어야 할 기준으로는 함축성(힘, 리듬), 정보적 가치(정보의 유익성), 유희적 가치, 매혹성, 이해의 용이성, 충격성, 신뢰도, 기억화 혹은 망각률 등이 있다. 또한 홍보는 사회적 환경과 관련된 기준들도 갖추어야 하는데 윤리성과 신뢰성(과대광고), 대중성(사회적 콘셉트), 심미적 가치, 오락적 가치, 유행성, 사회역동화의 기여 정도 등이 제시될 수 있다.

4) 자원봉사에서 홍보의 중요성

자원봉사활동에서 홍보는 자원봉사의식 확대 및 참여동기 극대화에 가장 큰 기여를 한다. 자원봉사자의 모집 홍보는 잠재적 자원봉사자를 실제 활동자로 만들어 봉사활동에 참여하는 중요한 인력을 구성하게 된다. 또한 자원봉사 수요처의 개발을 도와 지역사회 내 사각지대에 있는 클라이언트나 봉사자의 손길을 기다리는 복지기관이나 시민단체가 도움을 요청하도록 한다. 그리고 자원봉사홍보는 자원봉사조직에 대한 이해를 도모하게 함으로써 지역사회의 중요한 민간자원으로 자리매김을 하게 할 뿐만 아니라 봉사활동 실적 홍보를 통해 봉사자들의 사기함양과 소속감을 드높이는 결과를 갖게 한다.

5) 자원봉사 홍보내용 및 방법

자원봉사활동을 홍보하는 방법을 선택하는 기준은 홍보의 질(음향, 영상, 화상의 질, 인쇄매체의 독특성), 접근가능성(영향권, 도달거리), 접근비용(금전적·시간적·심리적 비용), 메시지 내용에 대한 기억의 지속성, 매체에 대한 호감반응성, 메시지의 반복가능성 등이다. 홍보의 단계는 우선 정보수집, 홍보계획, 전달(커뮤니케이션), 평가 등의 과정을 거쳐야 하며, 홍보대상에 대한 접근의 다양성을 가질 필요가 있다.

자원봉사 홍보에서 주로 다루는 내용은 자원봉사에 대한 기초지식(정의, 자세, 역할, 발달사, 과정 등), 자원봉사자 및 수요처 모집(일반모집과 표적모집), 자원봉사프로그램 및 사업 안내, 교육 안내, 실적 및 평가, 자원봉사 실천방법 등이다. 봉사활동 홍보방법으로 주로 쓰이는 것은 대중매체, 현수막, DM, 전화, 리플릿, 문자메시지, 소식지, 평가보고서, 특별행사, 영화 만들기(다큐멘터리), 지역정보지, 자원봉사라는 글씨 새기기, 가두행진, 캠페인, 샌드위치맨, 배너, 인터넷, 자막, 전광판, 자원봉사 컴퓨터게임프로그램 등이다.

자원봉사활동의 홍보에 대한 구체적인 목적은 시대에 따라 조직의 수준에 따라 변천해 왔다. 초창기 자원봉사조직이나 단체들은 언론기관에 피하고 싶은 것은 가능한 피하고 알리고 싶은 것은 널리 알리는 것에만 주목하는 퍼블리시티(publicity)형 홍보를 해 왔다. 하지만 최근에는 보다 한 차원 높은 목적으로 공보(public infomation)형 홍보를 통해 대상에 대한 신뢰도를 높이고 있다. 홍보의 중요성이 강조되면서 기업뿐 아니라 국가, 정당, 예술단체, 시민단체, NGO 등 사회의 전반적인 범위에 걸쳐 홍보업무의 강화가 이루어지기 시작했다. 사회복지단체들이 인기 연예인이나 저명인사를 홍보대사로 임명하여 적극 홍보와 모금활동에 활용하는 것에서도 홍보의 중요성이 사회 전반적인 영역으로 확대되고 있음을 알 수 있다. 또한 직원과 자원봉사자의 모집과 관리에도 중요한 역할을 한다.

6) 홍보용 보도자료 작성법

자원봉사조직에서 주로 많이 사용하는 보도자료를 중심으로 홍보를 어떻게 할 것인가에 대한 방향을 생각해 볼 필요가 있다. 좋은 보도자료를 위한 첫 번째 작업은 보도할 프로그램이나 활동내용, 봉사자, 조직에 대한 이해를 토대로 제목을 붙이는 것이다. 제목은 헤드라인과 리드로 구분해서 작성하는 것이 좋은데 헤드라인은 보도자료의 생명과도 같은 것이므로 헤드라인만 읽어도 그 내용이 전달될 수 있게 머릿속에 오래 남을 수 있는 문구를 만들어야 한다. 즉, 홍보내용을 한눈에 알 수 있도록 분명하고 호소력 있게 작성해야 한다. 리드는 헤드라인을 설명하는 다음과 같은 구체적인 내용을 담고 있어야 한다.

또한 자원봉사조직 고유의 보도자료 서식을 만들어 사용한다. 서식에는 담당자명, 연락처, 이메일 주소 등을 정확하게 기재하도록 하여 기자의 기사 작성 시 추가 질문이 가능하도록 해야 한다. 또한 여백을 충분히 두고 작성하는 것이 좋다. 보도자료는 한 페이지 정도가 이상적이지만 그렇지 못할 경우에는 쪽 번호를 매겨 혼란이 없도록 한다. 사진이 있다면 함께 전달하여 기자가 그 상황을 이해할 수 있도록 하는 것이 좋다. 항상 보도자료는 매체에 맞는 형식을 갖추어야 하는데 사진기사, 신문원고기사, 라디오기사, 텔레비전기사, 인터넷신문기사 등에 따라 보도자료 내용을 바꾸어서 전달할 필요가 있다.

보도자료 작성 시 주의할 점으로는 내부기안지와 구별하여 작성해야 하며, 구체적인 내용을 전달하고자 한다면 계획서는 첨부형으로 전달하는 것이 좋다. 편집이나 이미지 등을 넣어 개성적인 레이아웃이 되도록 만들면 기자들의 눈에 발탁될 확률이 높아진다. 또한 보도자료의 분량을 조절하여 너무 짧아서 내용을 제대로 전달하지 못하거나 너무 길어서 지루한 느낌이 들지 않도록 해야 한다. 그동안 보도되지 않은 차별화된 내용을 인물 중심, 프로그램 중심, 기관 중심으로 선택하여 구성하는 것이 좋다. 보도자료 앞면에는 눈에 띄는 안내문이나 시, 그림, 유머 등이 실린 표지를 만들어서 기자의 시선을 끌도록 한다.

아무리 잘 작성된 보도자료라 할지라도 보도자료 전달에 신경을 써야 한다. 방송명단과 기자명을 미리 작성하여 중앙일간지, 전문지, 방송, 잡지 등으로 구분하여 관리할 필요가 있다. 생활정보지, 인터넷신문, 지역신문 등을 통해 중앙매체까지 연결된다는 것을 알아야 한다. 마감일 표를 작성하여 마감일보다 3일 전에 도착하도록 해야 하며, 전달방법은 팩스, 우편, 직접 방문, 메일 중 가장 적합한 것을 선택한다. 보도자료가 나온 뒤에는 사후관리로 확인 전화나 감사 전화, 기사 스크랩, 홍보평가서 작성 등의 후속 조치가 필요하다.

> **보도자료작성법**
>
> - 보도자료는 육하원칙에 따라 충실하게 기술하며 문장형보다는 보고서형이 좋고, 기자 입장 혹은 독자 입장에서 기술해야 한다.
> - 알리고자 하는 내용을 결론, 설명, 보충자료의 역피라미드 양식으로 나누어 작성한다.
> - 기본적인 이야기 전체를 소개한 다음, 그 이야기를 뒷받침하는 배경(이유, 상황, 목적 등)을 설명하고, 그후 보충자료까지 포함한 세부내용을 소개한다.
> - 주관을 배제하고 객관적으로 정확하게 작성한다. 짧고 간결한 문장을 사용한다.
> - 한 문장 내에 여러 가지 내용을 담는 것은 금물이다. 주어와 술어의 관계를 명확히 한다.
> - 수동태보다는 능동태의 문장을 작성한다.
> - 수식어나 선행구, 접속어를 가능한 적게 사용한다.
> - 평범한 단음절의 단어를 주로 사용한다.
> - 전문용어나 약어 등은 원래의 문장을 사용한다.
> - 쉼표와 구두점을 정확하게 써서 내용에 대한 이해도를 높인다.
> - 같은 말의 반복을 피하고 단락을 자주 띄운다.
> - 자원봉사자 혹은 수혜자의 구체적인 묘사, 표현 등을 가미하면 현장감을 훨씬 높일 수 있기 때문에 그들에 대한 인적사항 및 연락처를 미리 기재해 둘 필요가 있다.

기사를 나오게 하려면 기자 상대하기와 일상 홍보가 중요하다. 관리대상을 설정하고 평소 기자가 쓴 기사에 대한 긍정적 평가를 해주며 친분을 쌓는 것이 좋다. 오피니언리더를 탐색해 두고, 사진 촬영을 생활화함으로써 언제 어디서든 좋은 기사를 전달할 준비를 해야 한다. 또한 평소 뉴스거리를 제공하며 관계를 유지하는 것이 좋다. 기관의 홍보물이 나올 때에는 필요한 정보 요청에 대한 제공을 해야 하며, 세일즈 마인드를 가지고 접근해야 한다. 신문에 실리는 홍보기사 작성에는 다음과 같이 주의해야 할 일곱 가지 법칙이 있다.

보도자료 전달법

- 기사가 될 만한 '기준'에 주목하라.
- 기업 내부의 화제거리를 적극적으로 찾으라.
- 보도자료를 너무 자주 보내지 말라.
- 제목을 잘 뽑으라.
- 담당 기자와 직접 상대하라.
- 군소매체에도 성심을 다하라.
- 특종에 대한 집착을 잘 활용하라.

11 사후관리

자원봉사자에 대한 사후관리는 매우 중요한 부분이다. 자원봉사서비스를 받고 있는 수혜자에게 더 나은 서비스를 제공하게 할 뿐만 아니라 자원봉사자로서 자긍심과 소속감을 갖게 하여 계속적인 활동을 권장하기 때문이다. 사후관리를 하는 방법으로는 간헐적이지만 정기적으로 전화나 면담으로 안부를 묻고, 활동의 어려운 점을 확인하는 개별적인 방법과 재교육, 월례회 등 집단적인 방법이 있다. 회원 수가 많은 경우에는 집단적인 방법이 효율적이나 개인적인 방법도 적당한 수준에서 개입되어야 한다.

특히 재교육프로그램은 전문적인 기술을 익힐 수 있을 뿐만 아니라 서로의 활동 경험을 나누면서 활동기간 중 가졌던 문제점과 어려운 점 등 실제적인 사례운영법도 포함되어 자원봉사자의 사후관리로 큰 몫을 차지한다. 그리고 자원봉사자의 연령이나 서비스내용에 따라 소집단을 조직하여 집단의 장을 중심으로 다시 연락망을 재조직하는 것이 필요하다.

CHAPTER

10

자원봉사활동 프로그램 및 교육프로그램 개발

1. 자원봉사활동 프로그램

2. 자원봉사 교육프로그램

VOLUNTEERISM

Chapter 10

자원봉사활동 프로그램 및 교육프로그램 개발

자원봉사활동 프로그램이나 교육프로그램은 일반적으로 자원봉사기관이나 자원봉사단체, 자원봉사자들의 조직적 과정을 거쳐 전문가들의 개입을 통해 실시되는 문제해결 노력의 총체라고 할 수 있다. 자원봉사조직이 지향하는 목적은 사회로부터 자원을 제공받아 이용자의 욕구를 충족하고, 궁극적으로 이들의 복지수준을 향상시켜야 할 사명을 완수한다는 것이다. 또한 전문적인 관리를 통해 조직 자체를 유지시키는 것이며, 자원봉사활동 프로그램이나 교육프로그램은 대부분 외부의 자원제공자와 이용자에게 프로그램 운영비용을 의존하기 때문에 프로그램의 효율성, 효과성을 가시화해야 할 책임이 있다.

자원봉사활동 프로그램이나 교육프로그램 계획의 특성은 미래에 대한 불확실성을 감소시키고, 문제해결과 정책결정을 위한 제반활동에 합리적인 기술을 제공한다는 것이다. 자원봉사를 활용하는 사업에 대한 책임성을 증가시키고, 정책결정에서의 참여와 합리성을 증진시킨다. 그리고 프로그램 진행의 기준 마련이 프로그램의 정책수행과 운영에 안전을 기하게 하며, 설정된 목표의 가정 중에서 효율적 달성이 가능한 대안을 선택하게 하여 효율성을 증진시킨다. 또한 효과성 증진이 필요한데 이는 클라이언트에게 제공한 서비스 문제나 욕구해결에 효과가 있어야 한다. 책임성의 이행, 프로그램 관련자의 관심과 욕구충족, 사회복지조직 성원의 사기진작 도움, 현장체험, 자신감, 신뢰감, 협력자 및 네트워크의 구축을 통한 리더 자신을 위한 준비, 협동성 및 연대감 조성, 성취감 도모를 위한 팀원을 위한 배려, 클라이언트를 위한 배려 등이 포함되어야 한다.

1 자원봉사활동 프로그램

1) 계획과 기획

계획은 어떤 일을 하기에 앞서 방법·순서·규모 등을 미리 생각하여 세운 내용을 의미하며, 기획(planning)은 그 계획을 수립하는 과정으로 결국 기획의 산출물이 계획이라고 할 수 있으므로 기획은 계획의 의미를 포함하는 것이라 할 수 있다. 사업계획은 기획의 일반적이고 포괄적인 과정이 어떤 구체적인 사업에 적용된 것이며, 사업기획은 사업계획 수립을 의미한다. 프로그램 기획은 어떤 기관에서 구체적인 프로그램을 설계하기에 앞서 어떤 목적으로 언제, 어디서, 어떠한 방법으로, 어떻게 문제를 해결할 것인가에 대하여 장기 또는 연차별 활동을 개별적으로 수립하는 것이라 할 수 있다.

2) 활동프로그램에서 다루어야 할 내용

자원봉사프로그램에서는 구체적으로 해야 할 일, 하는 방법과 시기, 하는 일의 필요성, 일을 책임질 사람을 정해야 한다. 여러 대안 중 가장 적절한 것을 가려내는 작업, 어떤 행동이 취해지기 전에 해야 할 일과 그 일을 하는 방법을 결정하는 것, 미래에 일어날 일을 예측하고 대비책을 강구하는 것이 중요하다. 과거의 시행착오를 시정하는 조직화된 노력, 대안을 선택하는 일련의 의사결정 과정도 포함되어야 한다. 계획은 전문화된 기능으로서 전문적 지식과 기술 및 다양한 관리기법을 필요로 한다. 그러므로 자원봉사프로그램은 미래지향적이고 계속적이며, 목표지향적이고 목표와 수단을 연결하는 등의 속성을 갖는다.

3) 자원봉사활동 프로그램 개발과정

예비조사단계는 상황과 조건 파악, 프로그램 개발의 정당성 및 필요성을 입증하는 기초자료수집단계로 조사요원 확보 및 조직관리에 관한 결정, 공적·사적 사업 및 기획기관(자)과의 협동과 참여, 사업정보 수집 및 분석방법 개발이 있어야 한다. 문제의 정의 및 욕구확인단계에서는 합리적으로 한정된 시간과 자원을 가지고 성취하기를 바라는 활동을 규정해야 한다. 즉, 바람직한 목표와 현재 상태 사이의 격차를 확인하고, 격차의 장소, 시기, 크기를 확인해야 하며, 문제의 심각성, 피해계층, 문제의 인과관계 진술이 포함되어야 한다. 또한 전체 의사결정 과정의 방향을 재설정하고, 문제해결에 대한 조직과 구성원의 욕구확인이 필요하다. 또한 프로그램의 필요성과 타당성에 대한 객관적 이해를 위해 문제와 욕구를 구별하고 규모, 심각성, 경향 등을 제기해야 한다. 이것은 대안선택과 실행계획을 위한 기초작업이 되는 것이다. 이를 위해 이용 가능한 프로그램 또는 서비스와 자료의 목록 작성, 현존서비스의 부족과 중복 또는 결함상태를 파악하며, 서비스활동의 필요성과 욕구측정 등이 있어야 한다.

관련 정보의 확보단계는 조직 혹은 기관 내외의 관련 정보를 획득하기 위한 조사활동 단계로서 과거의 결정 내용, 현재 상태, 목표, 유사한 타 조직의 정보 및 기록 활용, 대안 수립, 평가의 근거가 되는 관련 정보를 수집을 하는 단계이다. 이 단계에서는 대안적 행동방침을 판단할 수 있는 선정기준이 마련되어야 한다. 이어 해결대안의 개발 및 사정단계에서는 파악된 문제해결을 위한 실현 가능한 목표가 설정되어야 하며, 대안적 행동방침들에 대한 개발목표를 만들어야 하고, 잠정적 혹은 현실적 제한사항의 고려가 필요하다. 비교 가능한 방식으로 대안을 영역별로 분류하고 각 대안에 대한 객관적 분석과 각 대안의 장단점 파악, 각 대안의 성공가능성 예측이 이루어져야 한다.

최선의 대안선택단계에서는 대안적 행동방침 수집이 필요하며, 명확한 기준에 따른 대안의 상대적 장단점 평가, 대안적 행동방침의 성공가능성에 대한 합리적 예측, 실용 측면 및 윤리적 측면까지 고려해야 한다. 실천활동계획표에 의한 개입전략이 수립되어야 하며 제시된 문제해결을 위한 구체적 목표들을 단계별로 달성하기 위한 적절한 해결방안이 활동내용이나 단위프로그램으로 작성되어야 한다. 욕구측정에서 파악된 문제의 욕구를 해결하고 충족하기 위한 프로그램이 개발되고 꼭 필요한 활동을 제시해야 한다. 또한 활동상의 문제점을 나열하고 문제의 원인을 해결하기 위한 해결책들이 언급되어야 한다. 그리고 이후 활동 및 해결책의 우선순위를 결정하고, 예산, 인적·물적자원 등에 대한 자원동원계획을 수립해야 한다. 이 모든 것은 관리정보시스템을 구축하여 관리되도록 해야 할 것이다.

대안의 실행단계는 프로그램을 실천하는 단계로 서비스제공, 예산 할당, 규제권을 발동하는 단계이다. 프로그램 실행에 따른 진행과정을 점검하고, 대안의 실행과 최선의 해결에 영향을 미치는 요인으로 이용 가능한 자원의 배분, 자원의 조직화, 성공적 해결에 필요한 활동에 대한 검토 등이 함께 이루어져야 한다. 환류(feedback)단계는 실행한 사업에 대한 검색 및 평가가 이루어지는 단계로 자원을 가장 효율적이고 효과적으로 사용하기 위해 지속적으로 사정하는 과정이 이루어져야 한다. 선택된 행동방침이 목적달성에 어느 정도 적절하였는가 평가하고, 목표달성 정도, 문제해결 정도를 평가계획에 의거하여 평가해야 한다. 양적으로 평가할 수 있는 목표에 따라 기간별(월, 연도별) 업무수행 상황을 점검하는 것이다. 이러한 과정을 통해 부족한 결함의 상황을 분석할 수 있게 된다. 평가내용으로는 효과성, 효율성, 서비스의 질, 이용자의 만족도 등이 포함된다.

4) 자원봉사활동 프로그램 계획 시 고려사항

자원봉사프로그램을 계획할 때에는 조직의 이념과 목적에 따라 우선순위를 선택해야 한다. 클라이언트와 자원봉사자, 기관의 욕구와 현실적인 현황인 재정, 장소, 물리적 환경, 지역의 환경 등에 대한 고려가 포함되어야 한다. 자원봉사자 개인의 목표나 능력, 관리자의 오리엔테이션 등이 우선순위 결정에 영향을 미치게 된다. 프로그램 개발의 전제조건으로는 합목적성 및 목표의 일관성, 능력수준과 흥미와의 적합성, 프로그램의 통합성, 프로그램의 지속성과 네트워크화, 지역성 등이 있다. 프로그램 참여자들이 받아들일 수 있는 가치가 반영되어 있는지, 실행할 만한 정치적 승인과 경제적 자원을 동원할 수 있는지, 주관기관이나 조직이 제안하는 프로그램을 진행할 만한 준비가 되어 있는지, 프로그램이 객관적 사실에 근거하여 준비되고 있는지, 프로그램 개발의 각 과정과 내용은 일관성 있게 구성되어 있는지가 중요하다.

프로그램 개발에 영향을 미치는 요소로는 사회복지기관 외부의 영향으로 정부나 이해관계집단의 영향을 들 수 있으며, 기관지도자들의 결정이 영향을 미치기도 하는데 주로 외부환경, 조직 내부의 필요성에 의해 이루어진다. 또한 기관 내 일반 실무자의 현장에서의 욕구인식, 아이디어 도출, 오리엔테이션 등도 프로그램 개발에 영향을 준다. 자원봉사프로그램 개발이나 평가에 참여하는 사람들은 관리자와 직원, 자원봉사자들인데 이때 자원봉사자들은 문제제기자, 계획수립자, 프로그램관리자 및 세부활동진행자, 평가자의 역할을 담당하게 된다.

5) 활동프로그램 성과

자원봉사프로그램의 성과를 분석하는 데 많이 사용되는 것은 MBO의 개념이다. 이는 원래 경영학의 목표달성과 관련된 개념을 도입하는 것으로 목표의 구체적 설정을 통한 프로그램을 실행하여 결과 산출의 효과성과 효율성을 높이고자 하는 기법이다. MBO에 의한 프로그램 개발과정을 보면 다음과 같다.

> 목표탐색(의견 및 경험 수렴) → 목표설정(관리자 및 자원봉사자 목표탐색/자원 확인/책임과 권한의 명확한 구조 설정) → 목표결정(데이터 분석/행동대안 절차/최선의 대안 선택/평가도구 설정/합의도출) → 목표실행(영향받는 구성원 파악/최선의 전달경로 선택/이해와 동의 점검/시간분석표 작성) → 목표평가(점검지침 확정/예상결과와 실제결과 비교/과정평가와 결과평가 비교/피드백/계획 변경)

6) 활동프로그램 평가

또한 프로그램의 평가과정을 살펴보면 다음과 같다.

(1) 평가대상 설정

- 프로그램과 개별적 과업수행, 평가시기, 평가자(내부, 외부 컨설턴트, 연합)

(2) 평가방법

- 과정평가: 목표달성도, 수단 및 과정의 합리성, 체계분석과 동료 검토, 사례연구, 서비스의 질
- 결과평가: 목적달성의 효과성, 변화 정도, 욕구조사, 비용·편익분석, 평가조사

(3) 평가과정

- 예비적 관찰, 평가시행 결정 및 작업모델 개발, 프로그램 숙지 및 자료조사, 조사설계 및 방법론 결정, 평가시행 및 결과분석, 보고서 작성

(4) 평가의 유의점

- 경제성, 의미성, 적절성, 적시성, 명료성, 기능성(특정인이 아닌 바람직한 직무수행에 필요한 자료를 토대로 작성)

7) 활동프로그램 작성의 실제

프로그램을 계획하기 전에 자신을 위한 준비가 필요하다. 현장 경험이 있어야 하며 프로그램을 수행할 수 있는 자신감, 신뢰감, 협력자 및 네트워크를 구축할 능력이 있는지 여부를 파악해야 한다. 팀원을 위한 배려도 필요하며 연대감을 조성하고 성취감을 도모할 수 있는지 여부도 파악해야 한다. 또한 클라이언트를 위한 배려로 클라이언트의 욕구와 필요를 파악하는 부분도 중요하다.

먼저 문제제기단계에서부터 시작한다. 문제제기에서는 왜 이 자원봉사프로그램을 시행하려고 하는지에 대한 실태분석과 문제의 원인과 하위원인을 파악하고 그 문제에 개입되고 있는 사람들의 욕구사정이 이어져야 한다. 그리고 문제해결을 위한 그동안의 접근들이나 유사프로그램을 확인하여 프로그램의 성공 여부 및 문제점들을 파악할 필요가 있다. 또한 자원체계의 검토과정이 필요한데 클라이언트의 파악, 인적·물적자원의 확인 등이 그것이다.

이러한 과정을 거쳐 프로그램의 목적과 목표를 설정하고, 목표는 다시 하위목표를 설정하여 구체성을 갖도록 한다. 이러한 하위목표를 토대로 프로그램의 추진전략이 세워져야 한다. 이때 추진전략의 대상은 일반집단, 위험집단, 표적 집단, 클라이언트집단 등이 역피라미드 형태를 가짐으로써 합리성과 추진가능성 등에 초점을 두어야 한다.

프로그램의 내용에는 일시, 시간, 장소, 대상, 과업의 주요내용, 수행방법 및 장소, 준비물 등 담당자를 포함하는 프로그램 수행인력 및 역할분담표, 프로그램 계획표(연/월/일), 프로그램 실행(오리엔테이션 및 사전 연습), 슈퍼비전, 프로그램 효과평가로 양적평가와 질적평가 등이 포함되어야 한다.

표 10-1 자원봉사프로그램의 구조

자원봉사프로그램 구조

1. 사업명

2. 사업의 필요성
   1) 문제제기
      - 실태분석(지역조사)
      - 원인과 하위원인
      - 욕구사정

   2) 문제현황의 서술 및 분석
      - 문제에 대한 세계적인 추이 분석
      - 문제에 대한 우리나라 추이 분석
      - 문제에 대한 지역사회 추이 분석

   3) 문제해결을 위한 그동안의 접근들

   4) 자원체계의 검토(클라이언트의 파악, 지역 인적·물적자원의 확인)

   5) 문제해결을 위한 사업의 필요성 설명

3. 이론적 배경
   1) 프로그램에서 다룰 중요 개념 및 관련 이론 설명

   2) 프로그램에서 다루게 되는 주요영역

   3) 기존의 유사프로그램 및 그 성과

4. 목적 및 목표
   1) 목적

   2) 목표 1

- 하위목표1
- 하위목표2
- 하위목표3

3) 목표 2

- 하위목표1
- 하위목표2
- 하위목표3

5. 서비스대상 및 선정기준

대상 구분	서비스대상자 산출 근거	단위 수(명)
일반집단		
위험집단		
표적집단		
클라이언트집단		

6. 사업내용

1) 사업개요

- 대　　상:
- 장　　소:
- 운영시간:
- 운영기간:
- 산 출 량:

산출내용	목표량
•	
•	
•	
•	

2) 세부사업내용

결과목표	하위목표	활동내용	수행방법	담당자의 역할	수행일정

3) 세부사업 진행표

분류	사업명	추진방법	1월	2월	3월	4월	5월	6월	7월	8월	9월	10월	11월	12월
준비단계														
실행단계														
평가단계														
사후단계														

4) 세부 활동내용 및 일정

분류	시행 날짜	활동명	세부 활동내용

7. 예산

세입		세출		비고
항목	세부내역	항목	세부내역	

8. 기대효과

9. 평가

평가	목표1	목표2
평가내용		

평가지표	[과정] • 목표의 적절성: 봉사활동의 목표는 적절한가? • 과정 운영: 목표에 준한 홍보활동 및 봉사활동이 이루어졌는가?
	[노력] • 투입의 양과 질: 활동의 효과성은 어떠한가?
	[수행결과] • 산출, 효율성: 총 활동 횟수와 참여의 적극성 및 만족도는?
측정도구	• 척도집 활용 – 사전/사후 증진에 대한 척도 • 설문지 • 활동만족도
평가방법	• 활동일지(총 활동 횟수, 참여의 적극성) • 만족도 조사결과 • 척도 활용 결과표 • 소감 발표

10. 슈퍼비전

2 자원봉사 교육프로그램

자원봉사자들의 자원봉사 수요기관에 대한 요구사항 1위는 담당자의 배려가 48.6%이며 보수교육이 26.4%, 수련회 등의 친목도모가 10.0%를 차지한다. 이것은 자원봉사자의 자기발전을 위한 요구가 많다는 것을 의미한다. 하지만 실제로 교육에 참여하는 봉사자의 비율이 그다지 높지 않은 것은 현장에서 이루어지는 자원봉사 교육내용이나 강사, 교육방법 등이 봉사자의 욕구를 충족시키는 데 미흡하다는 것을 뜻한다고 볼 수 있다. 자원봉사자의 교육 및 훈련프로그램은 자원봉사활동이나 서비스 수행에 필요한 기본적인 기술을 개발하는 데 도움을 주고, 개인적 성장을 위한 기회를 제공하는 것이어야 한다. 하지만 오늘날 자원봉사를 위한 교육 및 훈련프로그램이 성공적으로 수행되지 못하는 것은 자원봉사자 교육에 대한 특성, 학습대상에 대한 정확한 이해의 부족과 다양한 교육방법 선택의 미비에 기인한다. 자원봉사관리자는 이러한 부분에 대한 명확한 인식을 갖고 자원봉사자 교육프로그램을 개발해야 할 것이다.

자원봉사에 있어 교육이 중요한 이유는 봉사자들에 대한 기본적인 봉사활동을 유도하는 시간이 되고, 정기적인 교육을 통해 활동의 장기화를 도모할 수 있기 때문이다. 교육시간을 통해 자원봉사자가 소그룹 모임을 가짐으로써 소속감과 즐거움을 가질 수 있으며, 정보교환의 장으로 활용될 수 있다. 또한 교육과정은 봉사활동에 대한 인센티브의 역할을 함으로써 전문성 강화에 도움을 주며, 자원봉사활동이 결국은 평생교육의 일환으로 이루어지게 하는 계기를 마련한다.

이러한 자원봉사교육이 합리적인 과정을 갖추기 위해서는 자발성, 참여성, 수용성, 개별성 등의 원리를 가져야 하며, 교육내용으로는 자원봉사 개념과 자원봉사자의 자세에 대한 교육, 봉사활동업무에 대한 교육, 표준화된 업무 및 수행과정의 학습, 변화에 따른 대비교육, 예측가능한 사례를 통한 교육, 직무설계에 따른 책임교육, 자원봉사자 개인의 성장과 발전을 위한 교육, 조직에 대한 교육 등이 포함되어야 한다.

1) 교육내용에 따른 분류

자원봉사자에 대한 교육은 초기 면접과정에서부터 시작된다고 볼 수 있다. 자원봉사자가 기관에 방문하였을 때 처음으로 이루어지는 상담과 교육이 이후 자원봉사의 활동에 많은 영향을 미치게 되기 때문이다. 그러므로 자원봉사활동과정은 전체를 자원봉사자에 대한 교육과정으로 이해해도 무방하다. 그러나 자원봉사자의 봉사활동에 참여한 기간, 숙련도, 전문성, 욕구 등에 따라 교육 내용은 체계적이고 다양하게 이루어져야 한다.

(1) 오리엔테이션(기본교육)

자원봉사자가 특정 사회복지기관 또는 시설에서 봉사활동을 하겠다고 마음을 가지고 방문하게 되면 그 봉사자가 어떠한 욕구를 갖고 있는지 정확하게 알아볼 필요가 있다. 이를 위해서는 자원봉사자에게 기관의 업무나 자원봉사자 활동상황에 대한 정확한 정보제공이 선행되어야 한다. 이러한 과정은 기관의 목표와 자원봉사자 자신의 목표를 조정하고 기관에서 제공하려고 하는 봉사활동 영역과 자원봉사자가 원하는 활동영역의 조정이 이루어지게 하는 것이다. 바로 이것이 오리엔테이션이라는 교육과정이다. 또한 자원봉사자의 자질과 규칙에 대한 내용 전달을 통하여 자원봉사자의 활동에 대한 기준을 제공해야 한다.

이를 위하여 기관에서는 봉사자들이 기본적으로 자원봉사활동을 이해할 수 있는 공식적인 교육교재를 마련할 필요가 있다. 교재는 책자뿐만 아니라 시청각자료(동영상, CD 등)가 적절하며, 이러한 교재에는 기관에 관한 내용(기관 목적, 기능, 주요 사업, 운영 현황 등)과 자원봉사활동에 관한 내용(자원봉사프로그램 목적, 세부 사업내용, 일정, 자원봉사자의 역할에 대한 내용, 준비물, 사전지식 등), 자원봉사자의 역할과 자세에 관한 내용(자원봉사자의 기능, 마음가짐, 활동수칙 등), 자원봉사활동 사례 등이 포함된다.

(2) 직무교육

자원봉사자에게 있어 직무교육은 자원봉사활동에 대한 구체적인 활동내용과 봉사자의 임무, 역할, 행정적 절차 등을 가르치는 과정이다. 실제적으로 봉사활동이 이루어지는 현장에서 교육이 이루어지는 경우도 있으며, 현장과 유사한 상황에서 이루어지는 경우도 있다. 직무교육은 봉사자들이 봉사활동에서 느낄 수 있는 막연한 기대감이나 역할모호성을 제거하여 실제 봉사활동에서의 만족도를 높이기도 하며, 봉사활동 시 발생될 수 있는 위험요소 및 문제점을 사전에 감지할 수 있도록 해준다.

이러한 직무교육에는 봉사활동현장의 환경에 대한 내용(위치, 주변환경 및 여건, 지역 실태, 물리적 여건 등), 표준화된 봉사활동내용(시간, 과업내용, 세부활동 지침 등), 다른 봉사자와의 관계(팀 리더와의 관계, 동료 봉사자와의 협조관계, 관계 속에서의 자신의 역할 찾기 등), 책임과 권한에 관한 사항(봉사활동 내에서의 기관, 자원봉사관리자, 봉사자의 책임과 권한에 대한 명확한 구분, 과실에 대한 대처 등), 자원봉사활동 실적관리 사항 등이 교육되어야 한다. 구체적으로 교육내용을 살펴보면 다음과 같다.

직무교육 내용

- 자원봉사자들은 누구와 함께 일할 것인가?
- 자원봉사자들은 누구로부터 책임과 권한을 부여받는가?
- 관리자는 자원봉사에 대한 관리를 어떻게 할 것인가?
- 만족할 만한 업무성과에 대한 기준은 무엇인가?
- 신규 자원봉사자들의 편의를 도모하기 위하여 기관은 어떠한 준비를 해야 하는가?
- 자원봉사자들이 이용 가능한 물적·인적자원이 무엇인가? 그리고 그것을 어떻게 얻을 수 있는가?

(3) 전문교육

자원봉사자들이 현장에서 부딪히는 다양한 문제 중에서 가장 빈번히 지적되는 것이 바로 전문성 결여이다. 기관은 이러한 문제를 해결하기 위하여 자원봉사인력의 변화에 따른 순조로운 전환을 꾀할 수 있다. 미래에 자원봉사자들이 떠맡게 될 여러 책무에 관련된 전문기술과 지식을 제공하는 교육프로그램을 준비해야 한다. 이 교육에서는 자원봉사자들의 충실한 업무활동을 유발하고 그들에게 향후 책무의 단계를 알려줌으로써 자원봉사자들에게도 혜택을 제공할 수 있다. 자원봉사자들에게 활동에 필요한 전문기술과 지식을 제공하는 교육활동은 자원봉사자들의 경력 개발을 향한 중간단계로서 기관에서 계속 봉사할 수 있도록 하는 동기를 유발시킨다.

현재 우리나라 자원봉사자에게 부족한 것 중의 하나가 전문성이라는 말이 있다. 따라서 자원봉사자에게 자원봉사를 시키고 싶어도 노력봉사와 같은 일 이외에는 맡기기가 힘들다고 한다. 이러한 전문성에 관한 문제는 기관 내의 여러 형태의 교육을 통해 개발할 수 있다. 보다 전문적인 자원봉사활동을 원한다면 그만큼 자원봉사자에 대한 투자도 아끼지 말아야 한다. 자원봉사자의 활동이 오래되면 그만큼 자원봉사자 스스로도 전문성에 대한 욕구가 상승하게 되는 것이 당연하다. 하지만 현재 각 기관에서 이루어지고 있는 이론과 기술은 매우 미비한 실정이다. 그러므로 전문교육프로그램 개발은 전문 자원봉사자의 확보와 활동의 장기화를 위해 필수적이라고 할 수 있다.

(4) 재교육

자원봉사자들이 처음 자원봉사활동을 신청하고 활동을 시작할 때는 어려운 이웃과 지역사회를 위해 봉사한다는 커다란 확신을 가지고 활동 그 자체에서 보람과 만족감을 느낀다. 그러나 활동시간이 점점 길어짐에 따라 되풀이되는 현장 속에서 안이해지고, 활동 자체도 타성에 젖게 된다. 또한 일정기간 동안 봉사하며 조직의 흐름을 이해하게 되고, 봉사자 간의 소속감을 확인하고 느끼고자 하는 욕구도 생기지만, 다른 봉사자나 직원들과의 관계가 빈번해지면서 관계의 어려움에 접하기도 한다.

이때 필요한 교육이 자원봉사자에 대한 재교육이다. 재교육은 어느 정도의 봉사활동 경험을 가지고 있는 봉사자를 위한 교육이기 때문에 단순한 강의보다는 자신의 사례를 풀어놓고 전문가의 의견을 들을 수 있어야 한다. 이러한 재교육과정을 통해 자원봉사자는 자신을 점검할 수 있는 기회를 갖고, 기관과 직원, 클라이언트에게 더욱 필요한 봉사자가 되는 동시에 매개체가 된다.

(5) 사회교육(평생교육)

자원봉사자들은 그들의 봉사활동을 종종 자기계발(self-development)로 보고 있으며 봉사활동을 통하여 배울 수 있는 학습 기회가 자원봉사자들에게 만족감을 주고, 기관에 계속 남아 있도록 하는 중대한 요인이 되기도 한다. 따라서 이러한 교육을 통해 자원봉사자들의 자존심을 높여 주고 프로그램의 일정 부분에 관한 지식을 증대시키고, 직원들의 전문지식을 공유하게 하여 자원봉사자들을 준전문가로 성장하도록 해야 한다. 즉, 자원봉사자들 자신을 위한 지식과 관심 있는 주제에 관한 지식을 쌓을 수 있도록 도움을 주어야 한다.

(6) 슈퍼비전(평가교육)

자원봉사활동 전에 활동의 목적과 목표에 대한 재점검과 활동 후의 활동 점검 및 평가시간은 자원봉사활동에 있어 매우 중요하다. 많은 자원봉사자가 개별적인 자원봉사의 길이 있음에도 불구하고 기관 등에 소속되어 자원봉사를 하는 이유는 활동에 따른 기관의 지원과 소속감을 부여받을 수 있기 때문이다. 이러한 측면에서 볼 때 자원봉사자의 활동에 대한 기관의 관심과 검토·평가과정은 소속감을 불러일으킬 수 있으며, 자원봉사자의 자질 향상에도 도움이 될 수 있다. 자원봉사자뿐 아니라 기관에서도 여러 장점을 얻을 수 있는데, 우선 일선에서 클라이언트들과 접촉을 하게 되는 자원봉사자들의 이야기를 통해 서비스의 질을 향상시킬 수 있으며, 자칫 기관의 관리 범위에서 벗어나기 쉬운 자원봉사활동에 대한 관리가 용이해진다. 따라서 자원봉사활동에 대한 전후점검은 매우 중요하다.

2) 교육방법에 따른 분류

자원봉사교육은 봉사자의 요구와 관심이 그들이 처해 있는 상황이나 특성에 따라 다르기 때문에 하나의 교육방법으로 진행되는 교육은 봉사자들에게 큰 효과를 주지 못한다. 여기서는 다양한 교육방법을 선택할 수 있는 기회를 제공함으로써 자원봉사관리자가 보다 나은 교육프로그램을 선택하는 데 도움을 주고자 한다.

(1) 강의

자원봉사교육에서 가장 많이 활용되고 있는 형태로 강사(지도자)의 말과 행동으로 자원봉사자들에게 교육을 전달하는 교육과정이다. 강사의 전문지식과 경험, 이슈들을 일정한 주제에 맞게 정해진 시간 동안 진행한다. 대부분 교재를 제작하여 배포하거나 교재가 없더라도 준비된 내용을 설명함으로써 일방적인 정보 전달의 흐름을 띠게 된다. 강의에 의한 교육은 인원이 많은 경우나 교육내용이 구조화되어 있는 경우, 자원봉사를 처음 시작하는 봉사자에 대한 교육, 전문가의 의견을 청취하는 경우에 적합하다.

(2) 시청각교육

이미 제작된 시청각교육 교재(동영상, CD, 녹음기, 영상메시지 등)를 듣거나 보면서 교육을 하는 과정이다. 시각 혹은 청각적인 부분이 많이 포함될 수 있어 봉사현장의 실감을 전달하는 데 도움이 되며, 특히 교육의 이해 정도가 낮은 경우나 청소년, 노인세대에 적합하다. 그러나 시청각자료 또한 일방적으로 교육내용을 전달하는 방식이기 때문에 봉사자의 의견을 수렴할 수 있는 채널이 없다는 점과 교육 중에 집중하지 못하는 상황을 통제하기 어렵다는 단점이 있다.

(3) 워크숍

유용한 훈련방식의 하나로 주로 의사전달을 더 잘할 수 있도록 활성화시키는 방법이다. 또한 지루하지 않게 특정 문제를 교육·훈련하는 방법의 하나이기도 하다. 주로 워크숍은 2시간에서 6시간 정도 소요되며, 연간 2회에서 3회 정도 개최하고 자문위원과 전문가, 그리고 기관 내의 훈련자와 자원봉사팀이 참여하게 된다. 또한 주말연구회와 같은 방법도 있는데 이 역시 주말에 자원봉사 그룹과 전문지도요원이 함께 참석하여 특정한 여러 문제에 관한 논의를 하게 된다. 주로 문제 요인 또는 갈등을 효과적으로 해결하는 방법 등에 대해 연구한다.

(4) 세미나

세미나는 하나의 주제를 놓고 여러 분야의 전문가 혹은 실무자들이 토론을 하면서 다양한 시각과 특성을 파악할 수 있도록 하는 교육방법이다. 주제발표자가 특정 이슈에 대하여 이론적 배경과 조사분석 결과, 대안 등이 포함된 내용을 발표하고, 이에 대하여 다시 평가하는 형식으로 진행된다. 특정 주제에 대한 다양한 사람들의 의견을 수렴하면서 자신의 생각을 정리할 수 있다는 점이 장점이 될 수 있으나 주제에 대한 기본적인 지식이나 관심이 없으면 흥미유발이 힘들고 혼란스러움이 가중될 우려가 있다.

(5) 분임토의

교육생들이 직접 참여하여 일정한 주제에 대한 자신의 생각과 경험, 의견을 표현할 수 있는 참여형 교육방법이다. 봉사활동을 처음 시작하는 단계보다는 어느 정도 경험이 있는 상황에서 진행되어야 하며, 다른 봉사자들의 생각을 통해 봉사자 자신을 돌아볼 수 있는 기회를 제공한다.

(6) 역할극

역할극은 워크숍이나 모든 훈련의 일부로 사용될 수 있는 또 하나의 방법이다. 최근 워크숍에서 청소년상담활동을 하는 봉사자들은 십대들의 역할과 그 반대 역할을 맡곤 하는데 이와 같은 역할의 전환을 통해 많은 것을 배울 수 있다. 기관의 직원과 자원봉사자의 입장을 바꾸어 봄으로써 서로의 역할과 책임에 대한 인식을 공유할 수 있을 것이다. 역할극을 통해 공동 관심사와 관념, 혁신적인 방법에 관해 토의할 수 있다.

(7) 사례발표와 슈퍼비전

자원봉사자 혹은 수혜자가 직접 자신의 봉사활동 경험과 힘든 점, 활동수기를 발표하고 이에 대해 자원봉사전문가 혹은 그 분야 전문가가 슈퍼비전을 하는 형식으로 진행된다. 대중적인 상황에서 진행되기 때문에 사례발표자 이외의 봉사자들에게는 직접적인 도움이 되기 어렵다고 느낄 수 있으나 감지하지 못한 문제점을 인식하고 유사한 상황에 대처하는 기술을 배움으로써 간접적인 교육의 기회를 제공한다.

(8) 가상연습(simulation hours)

참가자에게 이미 일어난 일이나 일어날 것으로 예상되는 일, 주로 자원봉사자와 클라이언트 사이에서의 일이나 자원봉사자와 관리자, 자원봉사자들 간에 일어날 일들을 예상하여 실제로 연습해 보는 방법이다. 대립적 상황을 보여줌으로써 자신의 생각과 반응을 토의하도록 하기도 한다.

(9) 사이버교육

자원봉사에 대한 교육이 인터넷상에서 이루어지는 것으로 최근에는 동영상, 애니메이션, 사진 등 다양한 첨단기술로 인해 네티즌에게 인기가 높은 교육이다. 교육이 필요한데 시간을 내기 힘든 직장인이나 학생들에게 적합하지만 실제 현장에서 주는 감동이나 사실감이 떨어지는 단점도 있다.

(10) 타 기관 방문

자신이 활동하고 있는 봉사활동과 유사한 봉사활동이 이루어지는 기관을 방문하여 다른 기관 봉사자들의 활동내용과 방법, 봉사자의 역할 등을 관찰하고 분석하는 것도 봉사자의 전문성 및 능력 개발에 도움을 준다. 기관에서는 봉사자들에게 열린 생각을 갖도록 해주는 기회를 제공하며, 이때 기관이나 시설에서는 방문을 통해 평가된 내용을 성실히 받아들일 준비를 해야 한다.

3) 교육대상 특성에 따른 분류

(1) 청소년

청소년기 봉사활동은 봉사학습의 일환으로 진행된다. 하지만 청소년은 아직 봉사활동 전반의 활동을 책임지기에는 부족한 점이 많으며, 종합생활기록부에 봉사활동 점수를 위하여 참여하는 경우가 많으므로 장기적인 안목을 가지고 봉사교육을 시킬 필요가 있다. 다양한 봉사활동을 체험할 수 있는 교육적인 측면이 강조된 교육프로그램이 좋으며, 스스로 느끼고 자발적으로 참여할 수 있는 형태로 구성되어야 한다.

(2) 대학생

대학교에서도 봉사활동이 학점화되고, 취업에 봉사활동 경력이 포함되는 사례가 많아지면서 대학생들의 봉사활동 참여가 활성화되고 있다. 대학생들은 전문적인 활동을 원하면서도 합리적인 부분이 많기 때문에 주의나 흥미를 불러일으킬 수 있는 교육이 필요하다.

(3) 주부(중년여성)

자원봉사활동의 대부분을 차지하는 대상층으로 가정으로부터 해방감을 원하는 시기이다. 또한 인생을 회고하면서 허무감을 채우기 위해 봉사활동에 참여하는 경우가 많아 인생의 의미를 살릴 수 있는 기회를 제공하는 것이 필요하다. 여가를 건전하게 활용한다는 의미의 다양한 사회교육프로그램을 제공함으로써 봉사활동을 통한 사회 참여를 강화해야 한다.

(4) 조기은퇴자

직업 상실의 소외감을 채워 줄 수 있는 기회가 바로 봉사활동이라는 것을 교육의 가장 중요한 핵심으로 받아들이도록 하고, 재취업으로 연결하려는 욕구를 이해하여 취업의 감각을 살릴 수 있는 교육이 필요하다. 다양한 인센티브를 제공함으로써 참여의 동기를 충족시킬 수 있어야 한다.

(5) 직장인

평일의 대부분은 직장에서 활동하기 때문에 야간 시간대나 주말 동안 교육이 이루어져야 한다. 직장인들은 자신의 일과 관련된 분야의 봉사활동을 원하는 경우도 있지만 반대로 전혀 관련 없는 노력봉사를 원하는 경우도 있다. 교육의 접근성을 높이기 위한 사이버교육이나 비디오 혹은 CD 대여를 통한 교육 등을 활성화할 필요가 있다.

(6) 노인세대

노인세대는 자원봉사의 수요자이면서 제공자가 될 수 있는 집단이다. 노인들은 지금까지 살아온 자신의 경험을 다시금 사회에 환원하고, 건전한 여가를 활용하며 삶의 의욕을 심어 줄 수 있는 교육이 필요하다. 또한 건강상태를 고려하여 활동을 준비할 수 있도록 다양한 노인자원봉사활동 프로그램을 개발하여 안내해 주어야 한다.

(7) 자원봉사팀 리더(지도자)

자원봉사 참여집단별로 활동의 중심 역할을 하는 봉사자들에 대한 리더십교육은 봉사활동을 활성화하는 데 크게 기여한다. 지도자로서의 역할과 자세를 익히고, 대인관계훈련 및 의사소통훈련을 통하여 관리직원의 업무를 보좌하고, 봉사자들의 애로사항 및 전달사항 등 중간 매개자로서의 역할을 잘 담당할 수 있도록 지도한다.

4) 교육주체에 따른 분류

자원봉사자 교육에 있어 지도자의 자격이 따로 있는 것은 아니다. 다만 그 요구에 가장 합당한 지도자를 투입하는 것이 목표가 될 뿐이다. 이러한 교육자는 여러 분야에서 제공될 수 있으며 나름의 장단점을 가지고 있다. 다만 지도자의 선택은 교육의 방향과 목적에 따라 선정하는 것이 중요하다.

(1) 자원봉사관리자(내부 직원)

기관의 직원은 장기간 그 분야에서 활동한 사람이며 자원봉사자들과 함께 많은 정보를 공유한 사람이기 때문에, 자원봉사자들에게 피부에 와 닿는 교육을 할 수 있다는 장점이 있다. 그러나 기관에 소속되어 있는 사람이기 때문에 자원봉사기관의 입장에서 기관의 지침을 제공하는 문제가 생길 수 있으며 때로는 교육을 통해 얻을 수 있는 신선감이 반감될 수 있다. 그러므로 내부 직원은 오리엔테이션이나 캠프에서 진행하는 교육에 적합하다.

(2) 외부 강사

자원봉사자 교육이 외부의 전문가를 초빙하여 이루어질 때 자원봉사자들은 보다 넓은 시야에서 자신의 업무를 이해하는 데 도움을 받을 수 있다. 이러한 외부 강사(지도자)는 그 분야에서 비교적 많은 경험을 축적한 사람이기 때문에 한 기관에 소속되어 활동하는 자원봉사자들에게는 그 분야에 대한 흐름을 짚어 줄 수 있으며, 신선한 시각에서 자신의 활동을 바라볼 수 있는 기회를 제공하기도 한다. 그러나 외부 강사라는 점 때문에 해당기관 상황이나 기관 내 상호관계에 대해서는 무지할 수 있고, 여기에서 오는 자원봉사자와의 괴리감이나 위화감이 문제가 될 수 있다.

(3) 자원봉사자

다른 어떤 강사보다도 동질감을 줄 수 있다는 강점이 있다. 자원봉사자의 편에서 공감대를 형성할 수 있으며, 공유하는 경험이 있다는 측면에서 자원봉사자들의 의견 개진이 쉬우며 강의가 생동감 있게 진행될 수 있다. 그러나 같은 자원봉사자의 강의라는 측면에서 전문적인 교육을 자원봉사자에게 맡길 경우 강의에 대한 신뢰감이 떨어질 수 있다.

(4) 클라이언트

가장 효과적일 수 있으나 가장 고려되지 않고 있는 사람들이라고 할 수 있다. 클라이언트는 자원봉사자들에게 직접 서비스를 받고 있으므로 그들이 제공하고 있는 서비스에 대한 평가와 문제점에 대한 지적을 가장 적절히 할 수 있다. 자원봉사자들은 자신들이 제공하는 서비스를 클라이언트에게 평가받아 어떠한 문제가 있는지 확인하고 클라이언트 입장에서 다시 돌아볼 수 있는 색다른 기회가 될 수 있다.

(5) 외부 교육전문기관 위탁

자원봉사자의 교육과정 전체를 교육전문기관에 의뢰하여 실시하는 방법이다. 특정기관의 봉사자만을 위한 위탁기관에서 특별교육프로그램을 만드는 경우나 교육전문기관에서 운영하고 있는 교육프로그램에 봉사자를 참여시키는 방법을 예로 들 수 있다.

5) 교육환경에 따른 분류

교육에 있어 장소 또한 꼼꼼히 따져야 할 것 중의 하나이다. 교육장소의 분위기에 따라 교육생들의 집중도가 떨어지거나 올라갈 수 있고, 교육방법에 따라 필요한 장소의 위치, 배치, 집기가 달라질 수 있으며, 교육인원 수에 따라 장소의 크기도 결정되고 교육장소의 위치에 따라 교육생들의 심리적 부담이 달라질 수 있기 때문이다. 따라서 이러한 여러 측면의 고려가 이루어져야 한다.

(1) 고정형 회의실

교육생들을 위한 좌석이 고정적으로 설비되어 있어 자신의 자리 선택에 편안함을 가지고, 포지션에 적합한 위치에 앉을 수 있는 장점이 있다. 움직임이 적은 강의, 세미나, 시청각교육 등에 적합한 형태이다. 참여하는 봉사자의 수가 많은 경우나 익명성의 교육이 더 타당하다고 판단되는 경우에도 필요하다.

(2) 이동식 회의실

교육생들을 위한 좌석을 자유롭게 배치할 수 있는 형태로 그룹을 형성해야 할 필요가 있거나 이동성이 높은 교육 시 적합한 유형이다. 분임토의, 워크숍, 역할극 등 봉사자들 간의 역동이 전제가 되는 교육에는 항상 이러한 교육장을 선택해야 한다.

(3) 수련장(캠프장)

일정기간의 봉사활동을 한 봉사자들이 봉사자 간의 친목도모와 아울러 다른 봉사자의 모습을 통해 자신의 모습을 돌아볼 수 있게 하는 곳이다. 대부분의 수련장은 기관에서 자체적인 수련시설을 가지고 있지 않는 한 야외나 자연 속에 소재하고 있기 때문에 가정이나 봉사현장을 떠난다는 것만으로도 봉사자들에게 신선감을 줄 수 있다. 1년에 1회 정도 인센티브 차원에서 수련장에서의 교육이 필요하며, 수련장은 숙박시설과 식당, 교육장, 레크리에이션실, 캠프파이어장 등이 구비되어야 한다.

(4) 외부 기관

외부 기관의 현장 방문이나 전문 교육위탁기관에서 교육을 받는 것도 색다른 체험이 될 수 있다. 봉사자들에게 일상적인 봉사현장에서 벗어나 자유로운 느낌 속에서 스스로 생각할 수 있는 다양한 체험 기회를 제공한다면, 봉사자의 지속적인 봉사활동을 유도하는 데 큰 도움을 준다.

6) 강사풀(POOL) 활용

자원봉사자에 대한 교육내용별, 교육대상별, 교육방법별, 교육주체별, 교육환경별 등을 구분하여 그 특성을 잘 이해하고 있다 하더라도 이러한 교육을 잘 수행할 수 있는 지도자(강사)를 선정한다는 것은 매우 힘든 일이다. 그러므로 자원봉사관리자는 다양한 채널을 통해 각 분야에 대한 지도자의 명단을 자세히 관리할 필요가 있다. 이를 위하여 사회복지 관련학과 교수, 자원봉사전문가, 교육이 가능한 사회복지시설이나 기관의 실무책임자, 자원봉사자, 수혜자 등에 대한 약력과 연락처, 주된 강의 내용 및 전문 분야 등에 대한 자료를 가지고 있어야 한다. 특히 강의 전에는 지도자에 대한 교육 스타일의 점검을 통하여 봉사자들의 교육 효과를 높일 수 있는 방안을 검토해야 한다.

이론적인 부분이 강조될 경우와 실무적인 부분이 강조될 경우 등을 고려하여 적합한 지도자를 접목하여 교육할 수도 있다. 강사풀은 한 기관에서 자체적으로 관리할 수도 있고, 사회복지협의회나 사회복지관협회, 보건복지인력개발원 등에서 관리할 수도 있다. 또한 교육장소로 적합한 곳에 대한 자료, 이벤트사에 대한 자료 등도 특성별로 관리할 필요가 있다.

7) 교육프로그램 개발의 실제

(1) 자원봉사 교육프로그램의 특성

자원봉사자 교육프로그램은 우선 봉사자의 자발성을 상승시킬 수 있는 것이어야 한다. 봉사자들의 자발성을 도모할 수 있는 교육내용이나 교육방법, 특히 교육장 분위기 등의 선택이 중요하며, 자원봉사자 교육프로그램은 자원봉사자에 대한 수용성을 포함하는 것이어야 한다. 즉, 봉사자들이 가지고 있는 문제나 욕구를 받아들일 수 있는 열린 교육이 되어야 함을 강조하는 것이라 할 수 있다. 봉사자 개개인의 능력이나 개인적인 환경, 전문성 등을 모두 고려한 교육은 되지 못하더라도, 참여하는 봉사자에 대한 개별성을 인정하는 교육프로그램이 되어야 한다.

(2) 세부 운영지침

자원봉사자를 위한 좋은 교육프로그램을 개발하기 위해서는 다음과 같은 세부적인 사항을 고려해야 한다.

① 교육의 목표를 정확히 설정하라

봉사자에게 제공될 교육에 있어 기관의 입장, 직원(자원봉사관리자)의 입장, 봉사자의 입장, 수혜자의 입장에서 어떠한 측면의 변화를 기대하는지에 대한 목표를 정확히 해야 한다.

② 여러 가지의 교육방법을 선택하라

자원봉사자의 수준에 따라 다양한 교육방법을 적절히 활용하는 것이 중요하다. 강의와 분임토의 연결, 시청각교육과 사례발표 및 슈퍼비전 등이 그것이다. 그러나 지나치게 다양한 교육방법의 선택은 봉사자들에게 혼란을 가져올 수 있으므로 시간의 안배가 필요하다.

③ 강사(지도자)를 잘 선택하라

강의의 교육내용과 교육방법을 잘 선택해서 진행하는 사람을 강사(지도자)라고 할 수 있다. 강사 선정 전에 교육의 목표와 봉사자의 특성, 교육내용에 대한 충분한 설명의 기회를 가짐으로써 특히 외부 강사의 경우에는 봉사활동과 동

떨어진 교육이 되지 않도록 해야 한다. 또한 봉사자의 특성에 적합한 강사의 성별이나 연령 등도 강사 선택의 중요한 변수가 될 수 있다.

④ 유사한 과목의 개설을 피하라

교육과정 속에 여러 강좌가 개설되어 비슷한 과목을 결정하게 될 경우 강사의 경험적인 설명으로 조금의 차이는 있을 수 있으나 진행내용이 비슷하여 봉사자에게 지겨움을 줄 수 있다. 유사한 과목을 개설해야 할 경우나 같은 과목을 1, 2, 3 순으로 개설해야 할 경우는 교육내용을 정확히 구조화하여 지도자에게 교육할 수 있도록 요구해야 한다.

⑤ 현장형 학습을 강화하라

자원봉사자 교육은 이론적이거나 고도의 전문성을 요하는 교육이 아닌 만큼 봉사활동현장 속에서 실제로 일어나는 문제점이나 이슈를 중심으로 설명하고 교육하는 것이 바람직하다.

⑥ 교육프로그램의 평가를 실시하라

교육에 참여하는 봉사자들에게 교육 전반에 걸친 교육의 만족도를 측정하여 보다 나은 교육프로그램을 개발하는 데 필요한 자료로 활용해야 한다. 교육 전에 사전평가를 실시하여 봉사자의 실태를 파악하고, 교육 직후 변화된 부분과 정도를 파악하거나, 교육 후 실제 봉사활동 중의 활용 정도 및 만족도를 측정할 수도 있다. 무엇보다도 이수한 교육프로그램에 대한 평가를 위한 구조화된 설문지를 준비하여 교육내용, 강사, 교육 준비상태, 교육장, 실제 활용 정도 등에 대해 솔직한 평가를 받아야 한다.

⑦ 교육 진행에 대한 체크리스트를 만들라

교육일정에 있어 필요한 업무를 세부화하고, 이를 담당할 직원과 봉사자의 명단, 그리고 체크리스트를 만들어서 교육일정 진행에 대한 구체성을 가져야 한다.

(3) 교육프로그램의 작성과정

자원봉사자 교육프로그램을 개발하기 위해서는 다음과 같은 단계가 필요하다.

① 1단계: 욕구사정

기관, 자원봉사관리자, 자원봉사자, 수혜자, 지역사회에서의 욕구에 대한 정확한 사정이 필요하다. 즉, 자원봉사자 각각의 관심 분야, 능력, 태도와 관련되어야 하며, 기관의 목적에 부합하고 현실에서의 실행가능성이 높으며, 자원봉사자 개개인의 관심분야와 상호연관성 등이 고려되어야 한다.

② 2단계: 교육프로그램 목표설정

교육프로그램에 관련된 욕구 및 의견과 자료분석을 통하여 사실과 문제를 규명한 다음 훈련을 위한 전체적 목적과 포커스를 결정하고, 특정 개인과 그룹을 위한 개별화된 학습경험 목표를 설정한다. 자원봉사활동의 실행과 평가를 촉진시키기 위해서 목표는 성문화된 양식으로 측정 가능하도록 설정되어야 하며, 이때 목표는 활동적인 목표와 교육적인 목표로 구분하여 작성해야 한다.

③ 3단계: 교육프로그램의 모형 및 개발

자원봉사의 교육모형은 기관과 조직의 목표, 자원봉사자의 요구 및 그 재능에 의해 좌우된다. 즉, 훈련은 특정 상황과 특정한 사람에게 적합하도록 구성되어야 한다. 훈련모형을 결정할 때 고려해야 할 중요한 변수로는 그 활동을 위해 자원봉사자가 할애할 수 있는 시간, 그들의 가치관과 생활양식, 수행할 수 있는 활동, 자원봉사자의 명확한 요구, 그외 관련된 상황을 바탕으로 훈련에 관한 조직의 원칙, 자문위원이나 훈련자의 제안, 계속적인 피드백, 경험 수준 등을 들 수 있다.

자원봉사자의 요구, 관심, 시간 및 기관의 재정, 목적, 그리고 지역사회의 특성, 현황을 사전에 고려하여 교육방법, 장소, 설비장치, 인적·물적자원을 포함한 교육과정을 결정해야 한다. 또한 교육프로그램은 기관의 목적달성에 기여하도록 계획되어야 한다. 교육·훈련과정은 기관의 업무를 모두 강화시키는 보조자로서의 역할이 아닌 자원봉사자의 활동 약점을 보완하여 적극적으로 봉사활동에 참여하게 하는 기능을 한다는 입장에서 추진되어야 한다.

훈련프로그램의 내용에서 중요한 것은 훈련자의 선택이다. 그것이 훈련프로그램의 성과를 결정짓기 때문이다. 효과적인 훈련자로는 기관의 직원이나 교수, 전문가가 있고, 자원봉사자로 현재 활동하고 있는 사람들도 포함될 수 있다. 직접적인 봉사활동의 경험과 노하우의 강의는 자원봉사자들에게 좋은 사례와 큰 동기를 불어넣는 자극제가 된다. 자신이 체험한 경험을 바탕으로 지원자들의 헌신과 열정을 자극할 수 있다. 관리자는 특별한 경험을 가진 자원봉사자를 찾고 유효성을 판단해야 한다.

④ 4단계: 교육 실시

동료 직원, 교육을 도와줄 전문가, 기관의 협조가 반드시 필요하며, 봉사자에게 필요한 교육시간대를 선정하는 것도 중요하다. 교육 효과를 도출해 내기 위한 다양한 기술과 기법을 사용하고, 내용이 충실한 성문화된 교재를 준비해야 하며 물리적 환경 조성에도 신경을 써야 한다. 적절한 능력과 기술을 가진 자를 그 분야에 연결시키는 경우가 많다 하여도 부족한 부분에 대한 전문훈련이 필요한 경우가 있으므로 이러한 경우에는 통합 교육보다는 업무유형별로 나누어 훈련하는 것이 바람직하다.

⑤ 5단계: 평가

교육목표의 달성 여부를 확인하는 과정이자 향후 계획을 위한 기초과정이

평가단계이다. 각각의 단계마다 평가가 포함되어 있어야 하며, 목적과 대상이 명확하게 표현되어야 효과적인 평가가 가능하다. 성공과 실패의 원인을 정확히 분석하여 교육프로그램의 변경 및 재구조화가 필요하다.

교육과정에 있어 인간의 행동을 바람직한 방향으로 변화시키는 것은 모든 가르침의 목적이다. 그러므로 개인의 훈련과 개발을 위한 교육내용 설정은 개인의 지식, 태도, 기술 등을 변화시키는 데 초점을 맞추어야 한다. 그리고 최종 결과는 기관이나 조직에 있어서는 보완적인 프로그램이 되어야 하고, 개인을 위해서는 자기학습과 자기계발이 되어야 할 것이다.

(4) 교육프로그램 내용

자원봉사자를 위한 교육프로그램의 내용은 기관·조직의 목적이나 목표, 그리고 성격에 따라 달라질 수 있으나 공통적인 중심내용을 도표화하면 다음과 같다.

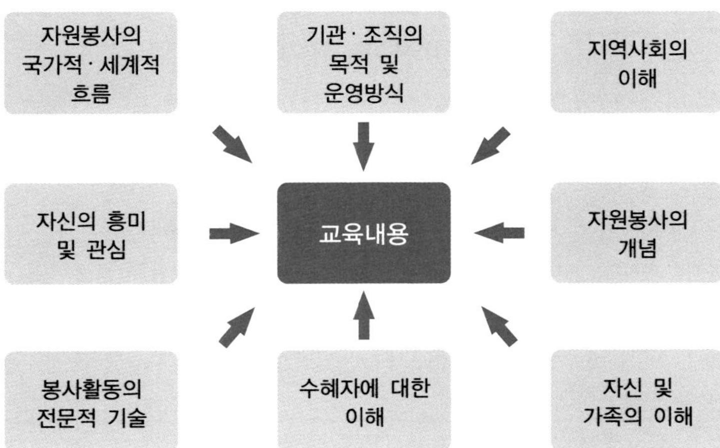

그림 10-1 자원봉사교육 중심내용

(5) 교육프로그램의 평가

자원봉사프로그램이 평가될 때 계획수립과정에 참여했던 모든 사람들이 참여해야 하며 주관적인 평가뿐만 아니라 객관적인 평가도 중요하다. 객관적인 평가는 제시된 목표에 역행하는 교육프로그램의 결과를 측정하고 목표가 계획대로 예산안 속에서 성취되었는지 알아보는 것이다. 교육프로그램의 목적과 계획이 명확하게 설정된 경우 평가는 쉬워진다. 평가자는 올바르게 이루어진 것과 잘못된 것을 구별하고 정보를 분석하고, 그 자료를 기관의 다음 교육프로그램의 계획수립과정에 투여할 수 있는 능력이 있어야 한다. 주관적인 평가는 사람들이 교육프로그램과 그것의 효과성, 결과에 관해 어떻게 생각하고 있는지를 알아보는 것이다. 이러한 평가는 설문지 평가점검표, 면접, 그룹토의를 이용하며 감정과 태도에 관련된 질문을 한다. 피터 드러커(Peter Drucker, 1974)는 객관적이고 주관적인 평가기법 양자에 적응할 수 있는 몇 가지 유효한 지침을 제공하고 있다.

교육프로그램 평가기법

- 경제적이어야 한다. 이 프로그램의 신뢰할 만한 청사진을 합리적으로 이해하는 데 필요한 가장 작은 양의 통계와 보고서는 무엇인지 자문해 보라.
- 의미 있는 것이어야 한다. 중요한 것은 측정하고 사소한 것은 버리라.
- 적절한 것이어야 한다. 자원봉사프로그램에 알맞은 기준을 사용하라.
- 시기적절해야 한다. 신속한 보고서 작성을 필요로 하는 것과 그렇지 않은 것을 구별하라.
- 간단해야 한다. 쉽고 명확해야 하며 간결해야 한다.
- 가능한 것이어야 한다. 정보보다는 행동이 목적이어야 하며 관리는 결과에 따른 행동을 약속해 주는 것이어야 한다.

CHAPTER

11

자원봉사관리자의 역할과 자세

1. 자원봉사관리자의 역할
2. 관리자의 자세

VOLUNTEERISM

Chapter 11

자원봉사관리자의 역할과 자세

자원봉사활동에 대한 관리는 단순히 봉사자에 대한 관리나 활동실적을 정리하는 것 이외에 더 큰 중요성을 갖는다. 자원봉사활동의 관리는 자원봉사자 및 단체의 인적사항, 수혜자 및 수요기관의 인적사항, 자원봉사 연결상황 및 봉사활동내용, 시간, 인센티브 및 교육이수 현황, 소그룹 모임 현황 등 다양한 영역을 포함한다. 자원봉사활동의 관리는 자원봉사자 스스로 소속감을 갖도록 하여 지속적인 활동을 유도할 수 있게 하므로 중요하다. 따라서 자원봉사조직의 활성화, 자원봉사의식의 저변확대 등을 위해 자원봉사자를 효율적으로 잘 관리해야 한다.

1 자원봉사관리자의 역할

자원봉사관리자는 자원봉사자에게 인간으로서 삶의 질적 향상과 지역사회 개선을 위한 커다란 변화의 힘을 발휘하도록 자극하는 역할과 자원봉사자가 가진 동기, 관심, 재능 및 기술을 필요로 하는 수요처에 연결하고 자원봉사프로그램을 개발하여 봉사할 수 있도록 제공하는 역할을 한다. 따라서 자원봉사관리자는 다양한 역할의 복합적 기능을 해야 하므로 다양한 상황과 각양각색의 사람들에 대하여 적절히 대응하는 유연성을 가져야 한다. 또한 수혜자와 자원봉사자, 기관에 대한 입장을 충분히 이해하고 조정하는 역할을 담당해야 한다.

좀더 구체적으로 살펴보면 관리자의 역할은 서비스와 욕구를 조정하는 조정자의 역할로서 수급조정기능을 담당해야 하며, 할 수 있는 일과 하고 싶은 일을 구분하여 봉사자들이 봉사활동에 참여할 수 있도록 안내해야 한다. 현재 기관에서 필요로 하는 분야와 자원봉사자와의 욕구 조절을 해줄 필요가 있는데, 우선 A업무를 하다가 B업무로 전환해 주고 현재 참여할 프로그램이 없으면 상황에 대한 설득과 새로운 프로그램 개발을 통해 안내해 주기도 해야 한다. 직무활동을 지휘·통제하는 감독자로서의 역할도 담당해야 하는데 자원봉사업무의 유형과 난이도 정리, 능력에 따라 업무량 늘이기/줄이기, 능력에 따라 분야 늘이기/줄이기 등의 업무설계가 있어야 한다.

또한 관리자는 훈련을 담당하는 훈련자로서의 역할을 담당해야 한다. 교육은 곧 봉사자에 대한 관리라는 말이 있을 정도로 봉사자들은 훈련을 통해 자세와 소속감을 갖기 때문에 이는 중요한 역할이다. 그리고 관리자는 자원봉사자의 자유로운 활동을 촉진하는 리더의 역할을 담당해야 한다. 이를 위해서는 중간지도자의 활용을 통해 봉사자의 관리가 피라미드 형식으로 이루어지도록 해야 한다. 특히 관리자는 공공관계와 지역사회관계자로서의 역할을 담당하여 지역사회 자원 및 욕구 파악과 연락 조정을 행해야 하며, 조직 내외의 컨설턴트로서의 역할로 자문과 슈퍼비전을 해야 한다.

자원봉사관리자는 목표설정, 목표수립, 행동계획과 같은 부분이 들어 있는 계획수립과 업무의 명확성과 자원봉사자에 의해 수행되어야 하는 명확한 이유, 프로그램의 지속성을 위한 인센티브를 포함하는 사업수행이 있어야 한다. 그리고 관리자는 참여할 적절한 자원봉사자의 확보를 위한 모집과 동기, 욕구의 확인을 포함하는 면접, 업무수행의 지도와 잠재력 개발을 위한 훈련, 의미 있는 직무를 연결하는 배치 등의 역할을 원만히 수행해야 한다. 관리자는 봉사자에 대한 지도감독과 슈퍼비전을 해야 하며 봉사활동에 대한 평가, 인정과 보상 등의 단계도 수행해야 한다. 또한 기타 행정적 활동 및 대책으로 기록유지 활동과 재정적 관리, 위험과 책임 대책 등에 관한 부분에 대해서도 역할을 담당해야 한다.

1) 자원봉사활동의 관리목표

자원봉사활동의 관리목표는 과업을 지지하는 환경을 창출하고, 책임의 위임을 통해 자발성을 확대하며 효과적인 의사전달체계를 구축하고, 공식적·비공식적 환류를 제공한다. 또한 업무수행에 대한 정확한 평가와 업무상 문제점의 해결과 교육 훈련을 담당한다. 자원봉사활동의 양적·질적인 실적관리로는 자원봉사자 개인 파일 정리(신청서, 사진, 활동일지), 자원봉사 전산프로그램 관리, 자원봉사 실적서식(등록자 수-단체/개인, 청소년, 성별, 분야별 등록자 수, 분야별 활동 현황, 분야별 수혜자 수), 자원봉사자 수첩관리, 자원봉사자 활동관리 등이 포함된다.

2) 자원봉사활동 유지방법

자원봉사자의 활동을 지속적으로 유지하는 방법으로 봉사자에게 제공되는 인센티브의 유형을 분석해 보면 각종 행사에의 초대, 봉사원 간의 친목회 주선, 기관 간행물 우송, 표창 및 시상, 관련 부서와의 회식에 동참, 취미·교양강좌 개설 등의 비금전적 보상과 식비 지급, 교통비 지급, 소액수당 지급, 일반적 수당 지급 등의 금전적(경제적) 보상 등이 있다. 그러나 봉사자들에게 지나친 경제적 보상은 무보수성이라는 자원봉사의 기본정신을 희석시켜 진정성을 훼손하는 것이며 실제로 현장에서도 비물질적 혹은 정신적 측면의 보상이 더 요구되고 있다. 그러므로 지식, 경험, 기술을 얻을 수 있는 기회를 제공하여 자원봉사자의 사회·심리적 욕구가 충족되도록 할 필요가 있으며, 상해보험 가입, 자원봉사 마일리지제도, 자원봉사은행, 품앗이은행 등과 같은 제도를 통해 봉사자들의 활동을 지속할 수 있도록 해야 한다. 또한 문화행사 초대권, 자원봉사자 공간 확보를 통한 친목도모, 컴퓨터교육 및 문화강좌 등의 우선권 부여 등도 좋은 인센티브가 될 수 있다.

3) 갈등관리

자원봉사조직이나 활동관리에서 중요하게 다루어져야 할 부분은 바로 봉사자들 간의 갈등관리이다. 갈등의 개념은 희소자원이나 업무의 불균형 배분 또는 목표, 가치인지 등의 차이로 인해 발생되는 개인, 집단 및 조직의 심리, 행동 또는 그 양면에 나타나는 대립적 상호작용으로 볼 수 있다. 갈등이 무조건 나쁘다고는 볼 수 없으며 갈등의 수준에 따라 조직유효성을 증진시키는 순기능적 갈등도 있다.

자원봉사조직 내의 갈등 유형으로는 크게 외부갈등과 내부갈등으로 구분될 수 있다. 외부갈등은 외부의 영향력 있는 자원이나 조직에 의해 갈등을 겪는 경우이며, 내부갈등은 내부 봉사자들의 봉사활동 추진과정에서의 개별적 갈등이나 주도권 갈등 등이 포함된다. 조직 내 갈등 시 나타나는 봉사자들의 증상은 봉사활동 참여를 회피하거나 억압적인 반응을 보인다. 직접적이고 표현적인 반응을 통해 갈등이 더 악화되기도 한다. 이러한 경우에는 갈등관리의 개입이 있어야 한다. 갈등을 보이는 봉사자들에 대한 인정과 격려가 필요하며 슈퍼비전을 통한 전반적인 통솔장치를 발휘해야 한다. 또한 가끔은 원칙과 소신으로 지배하는 모습도 필요하며 격렬한 갈등 상황은 적절히 회피하거나 타협을 통해서 조정해야 한다. 무엇보다 교육을 통해 봉사자들이 속해 있는 조직 내에서의 갈등을 사전에 예방할 수 있는 장치가 필요하다.

4) 봉사단관리

자원봉사조직 및 운영에서 가장 많이 거론되는 부분은 소그룹화이다. 모든 자원봉사자를 관리하는 것이 어려운 상황에서 봉사자를 지역별, 연령별, 활동 요일 혹은 시간대별, 기능별로 구분하여 소그룹화하는 것은 관리 차원에서 유리하다. 또한 참여하는 봉사자들 간의 소속감과 민주적 의사결정 과정 참여를 통한 책임성을 유도해 낼 수 있다는 차원에서도 매우 중요한 부분으로 다루어진다. 소그룹화는 자원봉사자 간에 혹은 회원 간의 발전적 커뮤니케이션을 위한 수단으로, 그 자체가 자원봉사조직을 발전시키기 위한 수단이지 목적인 것은 아니다. 소그룹화를 통해 봉사자들은 동료에 의한 슈퍼비전으로 사랑의 주관적 공동체를 경험하며, 자기인식과 자기성숙의 단계를 거치게 된다. 무엇보다 자신의 봉사활동이 함께 하는 구성원들에게 많은 영향을 미치며 수혜자들에게 꼭 필요한 활동이 되고 있다는 사명감을 느끼게 된다.

소그룹을 구성하는 방법은 연령별, 지역별, 요일 및 일자별, 기능별로 구분할 수 있으며 회원 간의 역할 분담을 통해 이루어지게 된다. 자원봉사자조직을 전문봉사단으로 육성하는 것이 필요한데 기능별 분류를 통한 동질적 활동을 추구함으로써 관리의 활성화뿐만 아니라 수혜자의 접근성을 높일 수 있다는 장점이 있다. 또한 서로 보충적 역할을 할 수 있다는 점에서도 긍정적이다. 이러한 전문봉사단은 전문직과 봉사활동과의 연계가 필요하며 이들에 대한 인센티브도 필요하다. 전문봉사단의 활동이 더 활발해지기 위해서는 봉사단 명칭 사용에도 신경을 써야 한다. 이미용봉사활동을 하는 봉사단을 '사랑의 가위손 봉사단'으로 하거나 시각장애인을 위한 녹음봉사를 하는 봉사단을 'SEE'라고 하는 것이 그 좋은 예이다.

5) 자원봉사활동 실적관리

자원봉사활동에 대한 정보망을 구축하고 업무를 전산화하는 것은 자원봉사활동을 체계적·효율적으로 관리하는 데 관건이 된다. 자원봉사자 및 활동의 총괄적 관리와 네트워크화를 추진할 수 있으며, 자원봉사 정보의 통합적 접근도 가능하다. 현재 자원봉사활동을 활성화하기 위한 전산프로그램들의 기본은 자원봉사활동 업무와 자원봉사 신청자를 연결하는 내용이 주를 이루지만 자원봉사 업무수행에 가장 적합한 자원봉사자를 연결하는 내용뿐만 아니라 진행 과정에 대한 관리내용도 포함된다. 자원봉사업무에 대한 세분화된 권장사항 및 요건, 장소, 필요물품 등이 포함되고, 자원봉사자에 대한 세분화된 조건과 능력을 포함하는 분류가 필요하다. 또한 여타의 사회복지기관이나 자원봉사지원기관과의 네트워킹시스템이 필요하다.

이러한 전산망 구축과 업무의 전산화는 각 업무 간 자료의 연결 및 중복자료의 배제로 시스템의 능률을 향상시키고, 표준정보파일의 구축으로 수정·갱신을 유연하게 함으로써 정보의 관리를 쉽고 경제적으로 하며 정보의 무결성을 지킬 수 있게 한다. 또한 사용자의 욕구충족을 위해 다양한 형태의 서비스를 제공한다. 정보의 접근이 쉬운 인터페이스를 사용자에게 제공하여 통합정보의 개방성 및 검색 효율성을 극대화한다. 이와 같이 행정업무의 전산화는 각 부문의 사무량 증가, 복잡화, 다원화 등의 문제를 해결하는 과학적이고 합리적인 제도라 할 수 있으며, 정보의 표준화·전문화·공유화로 양질의 정보서비스를 받고자 하는 욕구를 충족시키고 있다.

온라인(online)을 통한 자료집중관리는 신속 정확한 업무관리를 구현하고, 인력증가 억제 및 비용절감을 가져올 수 있다. 또한 업무처리 절차의 자동화는 시간을 절약하며, 자료의 공유화 및 연계화로 업무 능률 향상을 도모한다. 각종 통합 정보의 일관된 파악이 가능하고 정보수집과 보고업무의 효율화를 기대할 수 있으며 무엇보다도 신속한 지원으로 민원서비스를 개선할 수 있다.

자원봉사를 원하는 사람에서부터 자원봉사서비스 수혜대상 선정과정을 정리하는 것은 자원봉사 전산프로그램을 이해하는 데 중요한 것이다.

6) 재정관리

자원봉사조직은 대부분이 비영리기관으로 사람과 자원의 동원과 창조적인 해결책을 어느 정도 확보했는가에 따라 그 역할과 비전의 달성 정도가 달라진다. 그러므로 자원봉사조직은 틈새시장, 타당성과 유능성, 경쟁력, 유연성, 가시성, 재정계획, 관리, 리더십 등의 개념들을 자주 사용하는 조직이라 할 수 있다. 자원봉사조직에서 재정확보방안은 매우 중요한 부분을 차지하는데 이사들의 적극적 참여, 중심 있는 운영, 수입원의 다양화 등이 필요하며, 재정자금제공자들이 사업적 결정을 하지 않도록 해야 한다. 모금활동을 위한 다양한 사업 및 기술(skill)이 필요하며, 홍보 활성화의 적극적인 방안을 모색해야 한다. 지속적인 자금제공자에 대한 관리 및 관계 유지가 중요하며, 제공받을 당시의 목적에 맞는 재정집행내용에 대한 지속적인 안내와 홍보가 있어야 한다. 모금을 전담하는 이사진 충원도 필요하며, 이사를 후원이사와 활동이사로 구분하여 재정적인 측면을 부담하는 영역을 미리 알려 줄 필요가 있다. 이사들을 위한 기금조성 원칙으로는 이사의 책임성 강조, 이사들의 보상적 만족감 강조, 사업 혹은 사례 중심의 자금 충원, 이사의 동기확보 등이 전제되어야 한다.

모금방안 준비과정으로는 재정발전계획 세우기, 사례개발, 정체감 구축과 모금, 연례모금 캠페인 실시, 강력한 재정개발위원회 조성 등을 들 수 있다. 모금활동의 유형으로는 회원 기부운동, 모금 홍보, 거액 기부, 특별행사, 법인과 재단, 서비스 비용의 부담, 훈련과 워크숍 비용 부담, 출판물, 캠페인과 같은 방법을 선택할 수 있다. 모금활동을 하는 데 있어서 유의해야 할 지침으로는 개발전문가 고용, 법인 표적화하기, 재단 표적화하기, 현물과 서비스, 기부자

인정해 주기, 매스컴과 최신기술 활용, 인터넷 활용 등을 들 수 있다.

7) 조직관리

이사회는 자원봉사조직에서 중요한 역할을 하는 집단이다. 정책과 프로그램 개발, 지역사회조직 개발, 모금과 자원 개발의 역할을 담당한다. 효과적인 이사진의 구성이 중요하며, 이사들은 역할과 조직에 대한 충분한 이해가 선행되어 순환계획을 공유하고 이사회의 참석 의지가 확고해야 한다. 또한 이사회의 자기평가와 이사의 개인 업적과 전체적인 위원회 운영과의 조화가 잘 이루어져야 한다. 하위조직으로는 임원회의, 분과위원회 등을 둘 수 있으며 이사회의 리더십이 있어야 자원봉사조직의 활성화를 기할 수 있다.

이사회의 조직 구성에서 사무국과 이사회의 역할 구분이 분명해야 하며, 자원봉사조직에서 이루어지는 기능에 따른 조직 구성이 필요하다. 또한 이러한 하위 조직에 대한 명확한 임무 설정 및 인력의 전문성이 제고되어야 하며, 직원들은 공개채용을 통해 투명성을 높여야 한다. 자원봉사조직은 법적 및 제도적 요건을 정확히 지켜야 하며, 자체적인 정관이나 업무지침을 통해 운영이 제대로 이루어질 수 있어야 한다. 감사시스템을 가동할 수 있도록 하여 운영의 정상화와 투명성을 담보해야 한다.

자원봉사조직의 사업계획은 기본방향과 목적(장기목표와 단기목표)을 토대로 작성되어야 하며 자원봉사자, 경쟁자, 협력자의 판단을 필요로 한다.

관리능력이 뛰어난 관리자는 자원봉사자관리를 다양하고 효과적인 방식으로 운영할 수 있어 자원봉사의 활용도와 활용 효과를 높이는 데 기여한다. 기존의 전담관리자에 대해서는 교육이나 정보제공을 통해서 관리능력을 향상시킬 수 있도록 지원하고, 재정적인 지원은 지정된 용도로만 사용할 수 있도록 해야 한다. 만약 재정적 사정으로 전담관리자를 확보하지 못하는 기관에 대해서는 자원봉사자로 구성된 관리자팀을 구성하여 운영될 수 있도록 지원하는 것도 바람직하다. 자원봉사관리자 육성을 위한 교육과 훈련은 조직관리, 프로그램 개발 및 실기, 정보관리 등을 충실히 교육할 수 있는 교육프로그램부터 개발되어야 하며, 자원봉사자를 위한 초기 훈련프로그램과 재교육프로그램을 실시할 수 있는 능력을 가질 수 있도록 해야 한다.

2 관리자의 자세

성공적인 자원봉사관리자의 기술은 우선 효율성을 지향한다. 자원봉사자, 클라이언트, 지역사회, 기관의 영향력에 대한 적극적인 관심과 자기확신감을 가지는 것이 중요하다. 일목요연하고 명확하게 발표하는 기술과 개념화하는 능력이 필요하고 사례를 통한 개념의 진단적 사용도 적절히 할 수 있어야 하며, 사회화된 권력의 적절한 활용, 집단과정의 관리 등이 필요하다. 관리자의 자질(인성)로는 포용력과 리더십, 인간에 대한 이해와 지식이 기본적으로 필요하며, 사람을 파악하고 개별성을 인정해 주는 자세가 필요하다.

행복에 관한 직관력이 있어야 하며 봉사자들이 왜 자원봉사활동에 참여하려고 하는지에 대한 동기 파악도 중요하다. 사업추진력을 높이기 위해 기관책임자나 자원봉사자와의 갈등 시 해결방법을 알고 있어야 하며, 예측 가능한 변수들에 대한 고려 및 대안 설정의 능력과 이에 대한 통제능력이 함께 있어야 한다. 그뿐만 아니라 사람 혹은 사건에 대한 통찰력이 전인적 접근으로 이루어져야 한다. 자원봉사자의 역할과 관리자와의 역할기준이 필요하며, 이에 따라 자원봉사자와 관리자의 책임기준도 구분되어야 한다. 이것은 결국 권한 구분의 기준을 설정해야 한다는 것이다.

그리고 동기화이론을 설명하는 욕구이론, 기대이론, 목표설정이론, 강화이론, 유용성이론, 인간자본이론, 교환이론, 사회화이론 등 사회심리학에 대한 기본지식이 있어야 한다. 무엇보다도 마케팅이론의 모집 측면과 봉사자의 유지 및 보전, 자원 개발 등을 활용할 수 있어야 하며 미분화된 전략·집중적 전략·분화 혹은 양분된 전략 등도 활용할 수 있어야 한다. 또한 조직이론 및 조직관리이론, 자원봉사자 관리상담의 이론과 실제, 슈퍼비전과 리더십 기술, 갈등관리, 커뮤니케이션, 사례관리 등에 대한 기초지식이 필요하다.

CHAPTER

12

자원봉사조직과 자원봉사네트워크

VOLUNTEERISM

Chapter 12

자원봉사조직과 자원봉사네트워크

1 자원봉사조직의 특성 및 유형

1) 자원봉사조직의 개념과 유형

조직이란 두 명 이상의 다양한 사람들이 한정된 목적을 달성하기 위해 의식적으로 통합하여 효율적으로 협동하고, 합목적적으로 조정되는 행동체계라고 정의할 수 있다. 조직의 구성요소로는 구성원, 목적, 구성원의 역할, 활동내용, 구성원 상호 간의 규범 등이 있다. 블라우와 스콧(Blau & Scott, 1975)의 조직유형 분류법에 따르면 자원봉사조직은 클라이언트에게 서비스를 제공하는 기능을 가지고 있는 서비스조직이다. 최근 서비스조직과 관련하여 인간서비스조직이라는 용어가 지배적으로 사용되고 있다. 이때 인간서비스조직이 다른 조직과 구별되는 중요한 요소는 그 조직의 의도적 결과 또는 산출물의 성격이다. 인간서비스조직은 두 가지 형태, 즉 서비스 전달조직과 서비스 계획조직으로 나누어진다. 인간서비스의 전달조직은 실제로 서비스를 특정한 클라이언트 대상층에게 직접 제공하는 조직을 의미하고, 계획조직은 서비스 자체를 실제로 전달하지는 않으나 특정한 지역이나 특정한 책임의 영역 내에서 인간서비스를 계획하고 관리하며 자금을 조달하고 조정하는 기능을 수행하는 조직을 의미한다.

머리(Murry, 1973)는 자원봉사조직의 역할을 다음의 다섯 가지로 나누어 고찰하고 있다. 첫째, 클라이언트에게 정보나 지지 및 조언 등의 직접적인 서비스를 제공한다. 둘째는 자원봉사자의 자발적 혹은 자조적 성격이다. 셋째는 압력단체로서의 기능이며, 넷째는 다양한 자원 제공의 역할, 다섯째는 상호조정 및 보완의 기능이다(구혜영, 2008).

2) 자원봉사조직의 특성

'자원봉사활동은 개인의 산발적인 활동만으로는 그 목적을 달성할 수 없다.' 라는 명제에서 자원봉사조직의 필요성은 시작된다. 보다 효과적인 자원봉사활동을 위해서는 조직적이고 계획적인 집단활동으로 발전하는 것이 불가피하다. 자원봉사조직의 특성으로는 자율성, 비직업성, 비교환성, 자기초월성, 커뮤니케이션 지향성 등을 들 수 있다. 자원봉사조직의 기반은 결정 시 대등한 참여(참여민주주의, 결정과 실행의 일체성), 자주관리, 활동자원의 자기창출(볼런터리즘, 탈관료제적 조직) 네트워크형 조직의 특성을 갖는다.

(1) 점진적 형식화 과정

자원봉사조직은 구성원의 자발성을 전제로 하고 있으므로 그들을 통제할 공식적 권한이 없는 조직이다. 따라서 모든 조직의 형태 중 관료제 성격이 가장 희박하다. 그러나 자원봉사조직도 점차적인 관료화 과정을 거치면서, 조직은 보다 엄격한 구조를 개발시켜 결국 평범한 회원제의 기반에서부터 분리되고 있다. 이러한 관료제화는 사회구조의 복잡성 증가, 사회관계의 표준화, 그리고 조직의 규모 증대와 효율성 추구 등으로 인한 것으로 설명할 수 있다.

자원봉사조직의 조직화 과정은 최초의 비공식단계에서부터 관리직 기능과 직원기능인 회원의 직무분화가 나타난다. 결국 하나의 뚜렷한 행정기구가 발전하며, 회원집단은 그들의 대표단을 임명하고 상임위원회가 설정되며 의사소통에 문제점들이 존재하게 된다. 조직은 자신의 사업을 수행하기 위하여 규칙과 절차를 개발하고 행정직은 조직의 일상활동에서 분리되어 간다. 그리고 일반 조직성원들은 점차 수동적으로 되어 의사결정의 중요한 영역에서 제외된다. 자원봉사조직에 있어서 힘의 원천은 구성원의 참여에 기인하는데, 그 구성원이 의사결정에서 제외되고 관료적 모델로 형식화되는 예기치 않은 결과가 나타난다.

(2) 목표의 불안전성

자원봉사조직의 조직목표들은 변화하기 쉽다. 이러한 변화들은 여러 가지 방식으로 일어나는데 사회학자 로베르트 미헬스(Robert Michels)는 어떠한 작은 목표가 기존의 지배적인 목표를 대치하는 현상에 관심을 기울일 필요가 있다고 주장한다. 즉, 어떤 목표를 실시하기 위해 기획된 절차가 목표 그 자체가 되는 경우이다. 조직목표의 대체 또는 계승에 의한 목표 변화는 사회적 환경의 압력을 민감하게 수용하는 자원봉사조직의 특징이다. 조직이 목표를 확장, 수정하거나 바꾸는 조직 자체의 능력은 조직이 존속하는 과정에서 중요한 요소가 된다. 다만 조직에 있어서 목표의 대치 또는 계승을 결정하는 요인에 대해서는 일반화가 불가능하다.

(3) 투과성

자원봉사조직의 가장 대표적인 특성은 투과성 조직이라는 사실이다. 즉, 자원봉사조직은 회원 자격이 유연하며 가입과 탈퇴, 그리고 재가입이 자유롭다. 심지어 조직활동에 참여하지 않는 회원에 대해서도 제제할 방법이 없다. 회원이 줄거나 기존 회원이 흥미를 상실할 수도 있고 재정적 자원을 상실할 수도 있다. 모든 점으로부터 외적 사회망이 자원봉사조직의 장벽을 투과할 수 있다. 다시 말해 자원봉사조직은 외부환경에 열려 있는 투과성 조직인 것이다.

(4) 일선상(front line) 조직

자원봉사조직의 특징은 어떠한 공식적인 권력 구조가 없다는 것이다. 즉, 자원봉사조직은 공식적인 위계질서가 있음에도 불구하고 실제에 있어서는 권한의 분산이 이루어져 모든 구성원이 동등한 권한을 가진 일선조직인 것이다. 일선조직의 특성은 첫째, 조직의 주도권이 일선에서 활동하는 자원봉사자의 단위과업에 있다는 것이며, 둘째, 각 단위과업은 상호독립적으로 수행되고, 셋째, 필드에서 수행되는 단위과업활동을 직접 감독하기 어렵다는 점 등이다.

3) 자원봉사조직의 기능상 분류

이상과 같은 특징을 갖는 자원봉사조직도 다시 그 기능적인 측면에서 볼 때 서비스 전달조직인 자원봉사활용조직과 서비스 계획조직인 자원봉사지원조직으로 나뉜다. 즉, 자원봉사활용조직은 자원봉사자를 활용하여 다양한 서비스를 클라이언트에게 제공하는 기관으로서 대표적으로 사회복지시설과 사회복지기관 등을 들 수 있다. 자원봉사지원조직은 자원봉사자를 체계적으로 통합하고 교육하며 자원봉사를 필요로 하는 사회복지시설 등에 연결하는 역할을 담당한다.

(1) 자원봉사활용조직

자원봉사조직으로 대표되는 사회복지시설은 여러 가지 장애로 인하여 사회적으로 자립이 곤란한 조건에 있는 사람들을 위한 시설운영조직을 총칭한다. 가족의 보호, 양호를 받지 못하는 경우에 생활, 치료상의 모든 장애에 대응하는 수용서비스를 제공한다. 사회복지기관은 기타 협의체나 다양한 사회복지서비스를 제공하는 종합복지관이나 아동상담소 같은 이용시설 등을 말한다. 이러한 사회복지시설이나 기관 이외에도 관공서나 병원, 환경시설, 지역사회발전회 등의 단체도 이에 속한다.

(2) 자원봉사지원조직

자원봉사활동의 효과적 수행을 도모하는 단체로 자원봉사지원기관이 있다. 자원봉사지원기관은 지역사회 내에 산발적으로 흩어져 있는 자원봉사활동 창구를 체계적으로 통합하여 지역에서 필요로 하는 욕구에 대응하며, 자원봉사활동 프로그램을 개발하거나 자원봉사자를 모집하여 연결하는 일을 수행한다. 그외에도 지역사회 내의 모든 계층을 대표하여 각 자원봉사활동 개별단체와 유기적인 관계를 유지하고 자원봉사활동의 구심점으로서의 역할 및 정보교환의 장으로서 역할을 수행한다.

2 자원봉사센터의 개념과 기능

1) 지역사회 자원봉사센터의 개념과 기능, 평가

지역사회 내의 자원봉사센터는 자원봉사자를 모집하여 자원봉사 수요처와 자원봉사자를 연계하고 배치하며, 자원봉사활동 수요에 효과적으로 대응하기 위한 수요처 파악 및 자원봉사자의 만족도 조사를 하는 조직이다. 자원봉사기관의 효율적 운용 점검, 시범적인 자원봉사프로그램 개발 등 정기적인 조사·연구활동기능을 담당한다. 연계가 제대로 수행되지 못한 분야의 자원봉사자를 활용하여 자원봉사프로그램을 시행하거나 틈새 서비스 수혜자를 겨냥한 프로그램을 기획하고 시행하는 등 직접적인 서비스제공 기능을 담당한다. 공공 간, 공공-민간 간, 민간 간 자원봉사네트워크를 구축하여 각 기관별 특화된 서비스 선정 및 공동 추진 자원봉사프로그램을 담당하며, 홍보 및 캠페인, 각종 행사를 통하여 지역주민의 자원봉사활동에 대한 공동 인식과 자원봉사활동을 하고자 하는 동기 조성에 이바지한다. 그뿐만 아니라 자원봉사자와 자원봉사관리자에 대한 교육기능을 담당한다.

자원봉사활동을 효율적으로 관리, 운영하기 위해서는 지역주민들이 자원봉사활동의 올바른 정신을 이해해야 한다. 또한 자원봉사활동에 참여할 수 있도록 조직적, 체계적으로 일관성 있게 주도해 나갈 수 있는 추진체계가 확립되어야 한다. 자원봉사 추진체계는 주민들의 자원봉사활동에의 접근성을 용이하게 하고 자원봉사활동을 조직화함으로써 효율적인 서비스가 행해지도록 한다. 이러한 추진체계를 지원, 관리하는 기관으로 가장 대표적인 것이 자원봉사센터이다.

(1) 자원봉사센터의 정의

자원봉사센터조직에 대한 정의는 다양하다. 강남대학교 자원복지문화연구소에서는 자원봉사센터란 종합적으로 프로그램을 개발·육성하고 전문가에 의한 지도, 지원능력을 갖추고 자원봉사자의 교육·훈련은 물론 이를 토대로 전 주민과 더불어 복지공동체문화를 창출하려는 의지와 지식, 실천능력을 겸비할 수 있도록 매개 역할을 하는 전문적 종합자원봉사기관으로 정의하였다. 촛불재단(1993)에서는 효과적이고 창조적인 자원봉사활동의 촉진과 지역사회 자원의 극대화를 통해 지역사회 문제를 해결하는 데 도움을 주고 지역사회의 수요를 충족시킨다고 하였다. 또한 자원봉사주의의 옹호자 및 촉매자로서 기여하고, 자원봉사자들의 노력을 지지하고 리더십을 제공하며 지역사회의 자원봉사활동을 위한 중심적인 정보센터로서의 역할을 하는 조직으로 정의하였다.

그리고 행정안전부에서는 자원봉사센터를 자원봉사프로그램 개발 및 자원봉사 수요처 개발, 지원, 자원봉사자 모집, 면접, 배치, 교육, 훈련, 자원봉사활동 실적 관리, 홍보, 네트워크 형성, 정보제공, 자원봉사단체 및 타 부처센터와 공조사업 등을 수행하는 조직으로 규정하고 있다. 대전광역시에서는 자원봉사에 대한 조사연구, 교육·훈련, 상담지도, 수급 조정, 홍보 및 개발, 집회장소 제공, 각종 자료의 제공, 국내외 교류, 사고보장 수속, 프로그램 개발 등의 전문적인 기능을 통합 관리·전담하는 공식적인 전문자원봉사조직으로 정의하였다.

블라우와 스콧(Blau & Scott, 1962)은 자원봉사센터란 서비스조직으로서 클라이언트에게 서비스를 제공하는 기본적 기능을 갖고 있음을 언급하였다. 이러한 서비스조직은 서비스를 전달하고자 하는 특정 대상층에게 실제로 직접적인 서비스를 전달하는 역할과 서비스 자체를 직접 전달하지는 않으나 특정한 지역이나 특정한 책임의 영역 내에서 서비스를 계획하고 관리하며 자금을 조달하고 조정하는 기능을 수행하는 간접적인 서비스 전달 역할이 공존하고 있다고 하였다.

점진적인 형식화 과정, 목적의 불안정성, 조직의 투과성, 적은 통제 형태의 특성을 가진 자원봉사센터에서 수행되는 역할을 정리하면 다음과 같다. 첫째, 자원봉사의식의 저변확대를 위하여 자원봉사자 및 수혜자 개발, 홍보활동, 연구조사활동, 네트워크 구축의 기능을 담당한다. 둘째, 자원봉사프로그램 활성화를 위하여 직접 프로그램의 개발 연계, 연계 및 안내프로그램을 실시한다. 셋째, 자원봉사활동의 체계적인 관리시스템 구축을 위하여 봉사단 구성(조직화)과 활동실적관리, 봉사자 및 수요처관리, 인센티브 부여의 역할을 담당한다. 또한 자원봉사교육의 전문화를 위하여 소양교육, 기술훈련(전문교육), 사회교육, 관리자 및 지도자 교육, 교재 발간 등의 업무와 센터조직 운영 및 행정지원시스템 수립을 통하여 조직의 활성화를 꾀하는 조직으로 설명할 수 있다.

(2) 자원봉사센터 운영의 기본방향

자원봉사센터는 기본철학을 유지시키며 운영되어야 하는데 그러기 위해서는 법적 지원과 비물질적 지원이 필요하다. 현대 산업사회가 파괴한 인간의 삶을 치유하고 상실된 인간성과 가정의 기능을 회복하고 보완하며 더불어 사는 공동체의식을 소생시키는 원동력으로 기능할 수 있도록 해야 한다. 운영의 전문관리자 육성이 필요하며, 창의적인 프로그램 개발이 필요하다. 관료적인 형태 운영을 탈피하고, 자율성을 갖도록 해야 한다.

2) 자원봉사센터의 업무영역

부산시 자원봉사센터의 홈페이지에 나타난 업무영역을 보면 자원봉사 인식 고취 및 참여 홍보, 자원봉사 및 수요처 발굴, 모집, 연결, 자원봉사프로그램 개발 및 운영, 자원봉사자 및 지도자의 교육 및 육성, 자원봉사 조사 및 연구, 정보제공 및 출판, 자원봉사조직 지원·육성을 담당하는 조직으로 설명하고 있다. 성남시 자원봉사센터 홈페이지의 경우 자원봉사자 모집 및 배치, 자원봉사 활동 수요처 모집 및 개발, 자원봉사자 상담 및 교육, 자원봉사프로그램 개발, 자원봉사 소식지 발간, 정보자료실 운영 등을 자원봉사센터의 업무로 규정하고 있다. 대구 북구 자원봉사센터에서는 자원봉사자 모집, 교육, 배치, 자원봉사 활성화 운동, 자원봉사단 조직 및 운영, 자원봉사프로그램 개발, 자원봉사 소식지 발간 등을 제시하고 있다. 이러한 개념을 모두 충족하는 자원봉사센터의 업무영역을 실무적으로 나열해 보면 5개의 기본업무와 14개의 하위업무로 설정할 수 있다.

표 12-1 자원봉사센터 업무영역 규정

<table>
<tr><th>업무 추진방향</th><th>업무영역</th><th>세부 업무내용</th></tr>
<tr><td rowspan="3">자원봉사의식의 저변확대</td><td>자원봉사자 및 수혜자 개발</td><td>• 등록봉사자 확대
• 실제 활동 인원 확대
• 신규 수요처 확대</td></tr>
<tr><td>홍보활동</td><td>• 내용별: 봉사자 모집 홍보, 수요처 발굴 홍보, 봉사활동 홍보, 조직 홍보, 붐 조성, 표적모집 등
• 방법별
– 자체 홍보(소식지, 홈페이지, 인터넷 홍보, 현수막, 사진전, 웹매거진 등)
– 언론매체 홍보
– 붐 조성을 위한 이벤트</td></tr>
<tr><td>연구조사활동</td><td>• 자원봉사 의식 조사, 자원봉사자 활동실태 및 만족도 조사, 자원봉사자 수혜자 만족도 조사, 지역 자원 조사 등
• 자원봉사단체 및 기관 운영실태 분석 및 편람
• 세미나, 워크숍 등</td></tr>
</table>

	네트워크 구축	• 온라인 네트워크: 홈페이지 • 오프라인 네트워크: 실무적인 협조망 구축 (공동 프로그램 개발, 협의체 구성 등) • 자원봉사박람회, 대축제, 자원봉사경연대회 등을 통한 행사성 네트워크 • 정보자료실 운영 • 국제행사 및 타 단체 연대행사 참여
자원봉사프로그램 활성화	직접 프로그램 개발	• 틈새 공공서비스에 대한 보완적 프로그램 개발
	연계 및 안내 프로그램	• 수요처 개발 • 자원봉사 활용 수요기관에 봉사자 배치 및 연계
자원봉사활동의 체계적인 관리시스템 구축	봉사단 구성 (조직화)	• 전문 분야별 봉사단 및 봉사동아리 구성, 정기적 모임 및 활동
	활동실적관리	• 통합 전산프로그램 개발 • 봉사수첩관리 • 마일리지제 • 인증제 발급
	봉사자 및 수요처관리	• 봉사자 접수상담 및 관리상담 • 수요처 접수상담 및 관리상담 • 모니터링
	인센티브 부여	• 시간인증제에 의한 포상, 표창, 활동실비(교통비, 식비, 재료비 등) 제공, 활동복, ID카드, 상해보험, 배지, 각종 기념품 제공
자원봉사교육의 전문화	소양교육	• 자원봉사 기본교육 및 재교육
	기술 훈련 (전문교육)	• 자원봉사활동에 필요한 전문기술훈련
	사회교육	• 자원봉사자 및 일반 시민들에게 필요한 다양한 교육
	관리자 및 지도자 교육	• 운영에 필요한 행정교육 • 리더십, 조직관리, 갈등관리교육
	교재 발간	• 과정별 교재 제작, 교육 만족도 조사
센터조직 운영 및 행정지원시스템 수립		• 행정 매뉴얼 • 단체 및 자치구 자원봉사센터 평가 매뉴얼 • 조례, 시행규칙 • 자원봉사단체 예산지원 • 예산, 조직, 건물, 특수시책, 지시사항 • 직원 전문성(채용, 자격, 재교육 등) • 중장기 종합계획 및 연간 운영계획 • 센터 후원 시스템 및 자문회의, 운영위원회 운영

3) 자원봉사센터 유형 · 변수

자원봉사센터의 운영체계를 고찰해 보면 크게 네 가지 유형으로 나누어 볼 수 있으며 각 유형별 특성은 다음과 같다.

(1) 자원봉사센터 운영주체별 유형

① 지방자치단체의 직영

지방자치단체에 의한 직영체계는 지방자치단체 업무에 자원봉사활동이 포함되어 있으면서 이를 주관하는 담당자 혹은 담당부서가 지방자치단체의 조직에 포함되어 있다. 즉, 공무원에 의해 자원봉사활동이 조직화되며 지방자치단체에 의해 예산이 직접 집행되는 것을 의미한다. 자원봉사센터가 계 혹은 팀 수준으로 운영되는 곳이 있는가 하면 관련 계(팀)에 자원봉사담당을 두고 센터가 운영되는 곳도 있으며, 자원봉사센터 없이 다른 업무와 함께 자원봉사업무만을 진행하는 곳도 있다.

이와 같은 직영체계는 일정한 예산을 확보하여 자원봉사자들에게 최소한의 역할과 기능을 제공하고, 그 지역의 자원봉사활동 수요를 파악하는 역할을 담당한다. 아직 성숙되지 않은 자원봉사자 자원을 끌어낼 수 있고, 공무원의 인력을 대용함으로써 인건비를 절약할 수 있다는 점에서 장점이 될 수 있다. 그러나 공무원의 비전문성과 잦은 인사이동, 예산집행의 경직성, 주민참여의 타율성, 정치성 및 일회성 행사 동원 등 자원봉사의 본래적 의미를 상실하기 쉽다. 또한 지방자치단체장이나 업무결정권자의 자원봉사에 대한 오리엔테이션에 영향을 받아 지속적인 자원봉사활동 지원이 이루어지기 어렵다.

② 대행조직의 운영(법인화)

지방자치단체가 자체적으로 자원봉사업무를 집행하지 않고 이를 대행할 수 있는 조직을 사회단체로 만들어 운영하는 형태로 운영을 실질적으로 이끌어

갈 인력에 대한 채용과 예산, 정관 및 운영위원의 선임에 대한 결정권이 지방자치단체에 있다. 이러한 체계는 자원봉사활동이 주민의 자발성과 민간자원을 활용해야 한다는 이념적인 측면을 강조한 것으로 얼핏 보면 사회단체이기 때문에 민간단체의 성격을 많이 가지고 있는 것처럼 보인다. 그러나 처음부터 민간 형태의 자원봉사단체로 출발한 것이 아니라 외부에서 채용된 인력에 의해 운영되고 지방자치단체로부터 인건비와 사업비 전체 예산을 지원받기 때문에 오히려 직영체계에 가깝다고 볼 수 있다. 자원봉사활동이 공공 서비스의 보완 역할에 비중을 둔다면 자치단체조직과 분리되어 존재하기 때문에 수요처 개발이나 정보 면에서 어려울 수 있으며, 자치단체 자원봉사 관련 부서와의 경쟁이나 갈등, 업무 중복 등의 우려도 있다.

③ 민간위탁 운영

이 체계는 기존의 자원봉사 관련 법인에 자원봉사활동과 관련된 업무를 이관하면서 예산을 지원하는 경우이다. 민간위탁의 대표적인 예로 사회복지관 운영을 들 수 있으며, 전체 운영비를 자치단체가 부담한다. 그래서 예산의 규모가 작거나 재정력이 약한 지방자치단체에서는 엄두도 내지 못하는 운영체계이다. 가장 긴밀한 협조체계가 이루어져야 할 자치단체와는 예산지원을 받는 입장이므로 '시녀단체'관계로 전락할 위험이 높다. 또한 위탁받은 민간법인의 재정상태와 여건에 의해 법인의 장 혹은 직원이 센터의 장을 겸임하는 경우가 많아 전문적이고 독립적인 자원봉사활동이 이루어지기 어렵다. 게다가 위탁법인 선정이 제대로 이루어지지 못하면 자원봉사센터의 활성화도 기대하기 어렵다. 그러나 직영체계에서는 불가능한 금전적인(재정적인) 민간자원까지 활용할 수 있으며, 자율적인 활동을 전개할 수 있다는 점에서는 상당히 효과적인 운영모델이라 할 수 있다.

④ 민간단체 운영

지방자치단체로부터 그 어떤 지원도 받지 않고 자원봉사에 관심을 가진 주민들이 모여 자체적인 회비와 후원금으로 운영하는 경우이다.

(2) 운영체계 선택의 변수

어떤 형태의 자원봉사센터이든 그 지역의 특성에 따라 각기 다른 운영 형태를 가질 수 있고 선택할 수 있다. 그러므로 지역사회에 뿌리를 내리기 위한 자원봉사센터를 설립·육성하고자 하는 경우 그 유형을 결정하기 앞서 다음 사항을 충분히 고려하여 지역 특성에 부합하는 미래지향적인 자원봉사센터를 구상할 필요가 있다.

첫째, 그 지역의 자율성과 자치의식의 정도에 대한 이해가 필요하다. 아직 우리나라는 타율적이며 개인중심적이고 의존적인 주민의식이 민간주도의 공동사업을 추진하는 데 취약점으로 대두되고 있다. 또한 의견수렴과정에서의 자발성과 민주성, 정책집행과정에서의 참여성과 연대성 등의 의식수준은 아직도 충분히 성숙되지 못한 실정이다. 그러므로 그 지역주민에 대한 자치의식수준에 따라 자원봉사센터 운영체계가 선택되어야 한다.

둘째, 지역주민의 자원봉사에 대한 이해 정도와 민주적인 훈련 정도, 혹은 기존 자원봉사활동의 성숙도 파악이 필요하다. 관변단체 중심의 자원봉사활동이 아닌 순수 민간 중심의 자원봉사단체 혹은 주민 모임이 그 지역에서 어느 정도 활성화되어 있는지에 대한 이해는 매우 중요하다. 또한 그 지역의 자원봉사와 관련된 단체나 대표자의 전문성과 신뢰도 등도 분석되어야 할 변수이다.

셋째, 지역사회의 행정책임자와 지역사회 대표들의 자원봉사센터 육성에 대한 확고한 의지와 지원 또한 자원봉사센터 운영방법을 선택하는 중요한 요소가 된다. 자원봉사센터에 대한 예산지원과 관심은 자원봉사센터 운영의 기본이 되기 때문이다.

넷째, 지방자치단체장의 자원봉사센터에 대한 이해도 자원봉사센터 운영체계 선택의 변수가 된다. 주민들의 표를 인식한 지방자치단체장은 자신의 지지도를 향상 혹은 유지시킬 수 있는 최적의 운영체계를 선택하게 될 것이기 때문이다.

다섯째, 지방자치단체의 재정능력과 정책결정의 우선순위에 따라 자원봉사센터의 운영 형태가 달라질 수 있다. 민간위탁이나 대행조직의 경우 예산지원 규모가 직영보다 커지기 때문에 재정능력이 없는 자치단체에서는 선택의 여지가 없게 된다.

이상과 같은 몇 가지 변수들은 어떠한 형태의 자원봉사센터로 운영할 것인가에 대한 선택기준이 된다. 각 지역의 자치단체장과 지역대표 혹은 자원봉사단체 대표자들은 이러한 변수들을 신중히 고려하여 추진할 필요가 있다.

4) 자원봉사센터 운영평가

(1) 평가의 개념 및 중요성

평가란 어떤 것의 장점, 유용성, 가치 등을 결정하는 과정이다(Scriven, 1991). 평가를 시도하는 이유에 대해서 로시와 프리먼(Rossi & Freeman, 1993)은 프로그램에 대한 가치 판단, 프로그램의 개선, 효용성의 판단, 관리운영의 효과성 증진, 책임성 제고, 정보제공 등을 제시하고 있다. 또한 기본적인 목적은 프로그램의 효과성을 측정하여 사업의 지속, 중단, 확대, 축소 등과 관련한 의사결정에 필요한 정보를 제공하는 것이라고 기술하고 있다. 일반적으로 기관 혹은 조직에서 평가를 실시하는 목적은 첫째, 기관에서 이루어지는 활동에 대한 효율성 제고라는 시대적 요청에 부응하고, 공공자원 투입의 효과성에 관한 객관적인 자료를 수집하여 사업의 축소 혹은 확대에 대한 의사결정의 기초자료를 마련하기 하기 위해서이다. 둘째는 우수한 기관에 대한 인센티브 지급의 근거자료로 활용하고, 셋째는 평가과정을 통하여 기관 스스로 조직 운영 및 프로그램 수행의 문제점을 발견하고, 이를 개선하여 효과적이고 효율적인 기관 운영의 기반을 조성할 수 있도록 돕기 위해서이다.

평가가 중요한 이유는 기관의 목적이 성취되는 정도를 확인할 수 있으며, 비판적인 평가는 서비스를 향상시키는 객관적이고 체계적인 수단이기 때문이다. 즉, 평가는 변화하는 사회상황 속에서 함께 변화하는 인간의 욕구에 대한 서비스를 지속적으로 재정향(reorientation)시키는 데 필수적인 것이며, 단순히 수치나 자료들의 수집을 의미하는 것이 아닌 그러한 자료들을 조합하고 연결해서 유용한 정보를 도출해 내는 과정인 것이다. 공식적이고 체계적인 평가가 필요한 이유도 바로 그 때문이다. 자원봉사조직의 관점에서 체계적 평가가 필요한 구체적인 이유들은 다음과 같다(구혜영, 2004).

첫째, 합리적인 경영통제(management control)를 가능하게 한다. 경영통제는 '자원들이 조직의 목표들을 성취하기에 효과적으로 획득되고 사용되는지를 행정관리자들이 확인하는 과정'이다. 설정된 계획과 기준에 의해 조직과 프로그램이 수행되고 있는지를 파악하고, 심각한 이탈이 나타나는지 찾아내며 필요하다면 복구행동까지 취하는 과정이 여기에 포함된다. 이러한 과정에서 왜곡된 의사결정을 피하고 합리적인 판단을 하기 위해서는 체계적인 평가와 정보가 요구된다. 단기적인 경영통제는 주로 일상적인 운영과 관련된 예산편성, 생산성, 부서 간의 협력, 업무자 등에 관한 정보가 필요하다. 장기적 경영통제는 보다 근본적인 것으로 의도된 표적인구가 서비스를 받지 못하고 있는지, 클라이언트나 자원봉사자들의 서비스에 대한 요구가 감소하고 있는지, 프로그램 자원이 필요한지, 서비스의 질이 저하되고 있는지, 서비스 목표들이 달성되지 못하고 있는지 등에 관한 정보를 필요로 한다.

둘째는 업무자들에 대한 피드백(feedback) 평가를 제공하게 되는데 일선 업무자들에게 자신들의 활동을 되돌아볼 수 있게 하는 평가정보를 제공한다. 이를 통해 실무자들이 스스로를 평가하게 되고, 특정 교육·훈련이 필요함을 감지하게 된다. 이러한 정보는 업무자들을 적재적소에 배치하는 데 효과적으로 사용될 수 있고, 슈퍼비전 활동을 통해 일선 업무자들에게 필요한 정보나 기술의 부족한 상태를 알려 주고 이를 지도하기 위한 목적으로도 활용될 수 있다.

셋째는 서비스 혁신(innovation)을 가능하게 한다. 평가의 정보는 서비스 변화와 개선을 혁신하는 데 유용하게 쓰인다. 클라이언트나 자원봉사자의 변화와 관련한 정보, 서비스 간의 우월성 비교, 불충족된 욕구들에 대한 자료 등을 통해서 새로운 서비스 전달양식을 찾게 하는 자극제의 작용을 한다.

넷째는 책임성(accountability), 순응(compliance)을 가지도록 돕는 기능을 담당하게 된다. 프로그램을 수행하는 법이나 규제, 절차 등에 순응하고 있는지 혹은 상부나 조직 외부에서 요구되는 바람직한 성과의 도출에 순응하고 있는지 등을 판단하게 한다. 이와 관련한 자료들은 대개 클라이언트의 성격, 자원봉사자의 특성, 제공된 기관이 만들어 내는 산출물이나 프로그램 지출 등에서 도출된다.

다섯째, 대외관계(public relation) 속에서의 역할에 충실하도록 돕는다. 평가 정보들은 프로그램의 성과를 외부에 알리는 데 사용되며 이것은 외부의 부당한 비난으로부터 기관이나 조직을 방어하고, 외부로부터의 지지를 구축하는 데 요긴하게 쓰인다. 또 보고서, 소책자, 언론홍보물, 발표 등의 활동을 통해 다양한 사람들에게 조직이나 기관이 무엇을 하고 있는가를 알리는 데 도움이 된다.

사업평가의 목적을 다음과 같이 크게 세 가지로 구분해 볼 수 있다. 첫째, 프로그램의 계획이나 운영과정에 필요한 환류적(feedback) 정보를 제공하는 역할을 담당한다. 평가는 프로그램의 중단, 축소, 유지, 확대 여부를 결정하는 데 필요한 정보를 제공하고, 프로그램의 내용을 수정하거나 보다 효율적인 운영에 필요한 정보를 제공해 준다. 그리고 프로그램의 효과성(effectiveness)과 효율성(efficiency)을 평가하여 효과성이 낮으면 중단하거나 축소하고, 효과성이 높으면 유지 또는 확대할 수 있는 판단의 근거가 된다. 그리고 프로그램의 효과성과 효율성을 동시에 고려하여 바람직한 목표를 수정하여 설정할 수 있고, 운영방법 등을 개선할 수 있다.

둘째는 책임성 있게 과업을 이행하도록 돕는다. 오늘날의 자원봉사활동은 개인이나 단체에 의한 자선적 활동뿐만 아니라 사회적 또는 국가적인 차원에서 제도화된 활동으로 확대되고 있다. 자원봉사가 사회의 제도적 활동이 되고 있다는 것은 자원봉사센터가 사회로부터 자원봉사활동을 할 수 있도록 인가(sanction)를 받았고, 인가를 받은 자원봉사센터는 사회에 대하여 책임을 져야 함을 의미한다. 또한 비용의 제한적 공급 때문에 효율성과 효과성을 기반으로 하는 기관의 책임성이 더욱 강조되고 있는 추세에 있다. 프로그램 평가는 자원봉사센터가 어느 정도 책임성을 발휘하고 있는지를 평가할 수 있는 중요한 자료가 되며, 이러한 평가는 프로그램 담당자로 하여금 더욱 책임을 다하도록 하는 자극제가 되는 것이다. 평가의 결과는 자원봉사센터의 이사회, 자금지원기관 등에 보고되고 또한 서비스 수혜자에게도 보고되어 그 자원봉사센터가 어느 정도 책임성 있게 활동하고 있는지를 증명하는 중요한 자료가 된다.

셋째는 평가가 이론 형성에 기여한다는 것을 지적한다. 프로그램 평가는 프로그램 운영방법에서부터 프로그램 결과에 이르는 인과경로를 검토, 확인, 검증하는 것이다. 검증결과 타당성이 있는 것으로 확인된 가설들은 이론으로 발전되고, 그렇지 못한 경우는 이론을 수정하는 데 기여하게 된다고 설명한다.

(2) 평가지표

결국 평가의 차원은 이해관계자 집단의 목적, 평가의 초점, 평가설계방법, 평가자의 역할 등에 의해 다양한 차원으로 수행된다. 또한 어떤 가치기준과 초점을 두고 평가하느냐에 따라 다양한 결과가 나올 수 있다. 현재 이루어지고 있는 자원봉사센터 운영평가는 운영계획 및 관리, 재정, 인력, 프로그램 등 기관 운영 전반을 평가대상으로 설정하고 있으나 아직 수요자의 만족도까지 포함하는 형태는 갖추지 못하고 있다. 그러므로 기관이나 조직에 대한 평가는 전반적인 운영실태와 프로그램, 서비스의 만족도 등 다차원적인 측면에 평가의 초점을 두어야 한다. 기관평가의 궁극적인 목표는 기관 운영을 적극적으로 개선하고 서비스의 질적 수준을 제고시키는 것에 있는 만큼 평가의 결과를 바탕으로 수요자 중심의 접근, 기관 전체 품질경영(TQM)기법의 적용, 조직의 혁신과 변화를 도모하는 형태로 진행되어야 할 것이다. 즉, 기관이나 조직의 효과성과 효율성을 검증하고 이를 토대로 기관 운영의 개선 및 과학화, 효율화를 도모해야 한다.

기관 평가틀에 대한 분석은 다음의 네 가지 특징을 갖는다. 첫째, 조직과 프로그램은 상호관련성을 가지고 평가대상이 되어야 한다는 것이며, 둘째, 프로그램의 효과성을 측정하기 위해서는 조직의 관리운영 및 서비스의 전달, 적절한 전문지식 및 기술의 사용, 자원봉사자 및 클라이언트의 만족도 등을 지표로 사용해야 한다는 것이다. 셋째, 조직에 대한 평가는 물리적인 환경에서부터 환경적 요인에 이르기까지 조직의 인력과 유연성, 갈등의 내적 요인, 그리고 외부 지역사회의 연계를 나타내는 외부적 요인 등에서 다양하게 접근되어야 한다는 것이다. 마지막으로는 이차원적 접근(평가 차원 및 평가기준)이 비교적 균형 있는 접근으로 시도될 수 있어야 하는 점을 지적하고 있다.

자원봉사센터에 대한 평가영역을 구분하여 보면 크게 여섯 가지 영역으로 나누어 볼 수 있다(구혜영, 2008). 조직운영 및 인적관리영역에서는 10개 평가지표와 18개의 평가문항을 설정할 수 있으며, 자원봉사프로그램 활성화영역에서는 2개의 평가지표와 8개 평가문항, 자원봉사교육의 전문화영역에서는 6개 평가지표와 11개 평가문항이 설정될 수 있다. 그뿐만 아니라 자원봉사관리시스템의 체계화영역에서는 5개의 평가지표와 15개 평가문항, 자원봉사의식의 저변확대영역에서는 5개 평가지표와 15개 평가문항이 설정될 수 있다. 마지막으로 봉사자 만족도 및 실사평가단 종합평가영역에는 3개의 평가지표와 3개의 평가문항이 설정될 수 있다. 즉, 자원봉사센터 운영평가는 총 6개 평가영역, 31개 평가지표와 70개 평가문항으로 구성될 수 있다.

표 12-2 자원봉사센터 평가지표

평가영역	평가지표	평가문항
조직운영 및 인적관리	조례	조례 및 시행규칙
	공문서 및 비품관리 상태	관리 상태
	예산	사업비 금액
	단체지원	단체 지원 금액
	사업진행의 일관성	중장기 발전계획수립
		연간계획 수립
	자체 조직평가	운영 및 평가 매뉴얼
	직원 수 및 전문성	조직 및 직원 수
		자원봉사 관련 전공자 수
		직원교육 횟수
	자문위원회 운영위원회	구성의 적절성
		의견반영성
	전산화시스템	회계 및 문서 전산시스템
		자원봉사자 인적관리시스템
		정보 공유 네트워크시스템
	공간	사무실 면적
		회의실 및 교육장 면적
		접근성
자원봉사프로그램 활성화	프로그램 개발의 전문성과 특수성, 참여성	직접 프로그램 영역 수
		직접 프로그램 수
		신규 프로그램 개발 수
		지역사회 반영 특수사업
		참여자 수(연인원/실인원)
		수혜자 수(연인원/실인원)
	연계 및 안내 프로그램	수요처 및 일감 개발 수
		연계활동 실적
자원봉사교육의 전문화	기본 소양교육	과정 횟수

		교육이수자 수
	기술훈련(전문교육)	과정 횟수
		교육이수자 수
	사회교육	과정 횟수
		교육이수자 수
	관리자 및 지도자 교육	과정 횟수
		교육이수자 수
	교재 발간	과정 횟수
		발간 부수
	교육생 만족도	만족 정도
자원봉사 관리시스템의 체계화	자원봉사 모집 및 수요처 발굴	신규 등록자 수
		활동인원 수(연 1회 이상)
		등록 수요기관 수(공공기관, 사회복지시설 및 기관, 공공시설 등 포함)
	봉사단 구성(조직화)	봉사단 내실화
	활동실적관리	전산프로그램 설치 및 활용상태
		활동시간 인증서 발급
		사이버 자원봉사프로그램 설치 및 운영
	봉사자 및 수요처 관리	모니터링
		봉사자 상담
		수요처 상담
	인센티브 부여	표창
		활동실비
		활동복
		기념품
		상해보험 가입자 수
자원봉사의식의 저변확대	홍보활동	홈페이지
		소식지, 웹진
		포스터 및 리플릿
		비디오 및 CD 등 홍보물 사진전
		표적모집

		언론보도 실적
	연구조사활동	자원봉사 의식조사
		지역자원 조사 및 편람
		자원봉사자 및 수혜자 만족도 조사
		연구보고서 발간 및 활용도
	네트워크 구축	기관 및 단체 간담회, 워크숍, 세미나 횟수
		자원봉사협의체 구성
		국제행사 및 타 시도 행사 참가
	자원봉사 행사	행사 수
	정보제공	자료실 운영, 이용자 수
봉사자 만족도 및 실사평가단 종합평가	봉사자 만족도 수준	실제 봉사활동 참여 확인 봉사센터에 대한 인정 정도 봉사활동 만족 정도
	수혜자 및 수요기관 만족도 수준	실제 봉사활동 수혜 여부 확인 봉사센터에 대한 인정 정도 봉사활동 수혜 만족 정도
	실사평가단 종합평가	제출된 평가자료의 정확성 평가준비성 전반적인 센터 운영의 이미지 자체평가의 정확성

(3) 평가방법

평가방법을 결정하는 데 우선적으로 고려되어야 할 것은 지역사회 특성에 적합한 평가지표가 될 수 있어야 하며, 정성적인 부분과 정량적인 부분이 합리적으로 구성되어야 한다. 또한 실적평가 시 기초자치단체별 인구 수, 사회복지시설 수, 생활보호대상자 수 등 지역사회의 특성이 반영되어야 하며, 센터 운영의 결과만이 아니라 기획에서부터 운영관리의 체계적인 전 과정을 평가에 포함해야 한다. 특히 절대평가와 상대평가를 지표별로 구분하여 실시함으로써 단체 간의 적절한 조화를 이룰 수 있어야 한다. 그러기 위해서는 봉사자 만족도 조사와 전문가 평가가 포함되고, 평가과정까지 평가틀로 구성하여 공정성과 합리성이 확보되어야 한다.

평가방법은 서류평가와 현장평가, 설문평가로 나눌 수 있는데 서류평가는 평가양식에 의해 작성된다. 서류평가는 각 평가문항에 대한 총괄표(요약서) 및 자가평가표와 이를 뒷받침하는 실적표, 그리고 증빙자료철(각종 계획서, 결과보고서, 대장 등 구체적인 사업관계철 사본) 등 3단계에 걸친 자료 제출을 의미한다. 서류평가에서는 제출된 서류 및 증빙자료를 통하여 사업의 계획성, 전문성, 체계성, 효과성, 투명성, 참여성, 참신성, 지속성 등을 종합적으로 고려하여 총괄적인 배점이 이루어져야 한다.

현장평가는 평가단(자원봉사 관련학과 교수와 전문가, 자원봉사센터 센터장, 담당공무원으로 구성)이 실제 자원봉사센터를 방문하여 현장에 대한 실사를 하고 기존의 자가평가에 대한 검증 및 제출 서류에 대한 사실 여부를 확인하는 작업을 의미한다. 그리고 설문평가는 봉사자 및 수혜자, 수요기관에 전화 혹은 문서를 보내 만족도를 측정하는 것을 의미한다. 이러한 평가방법은 앞서 제시한 자원봉사센터 평가모델로 측정된 결과들을 신뢰성과 객관성 있게 할 것이다.

특히 자기평가서 작성이나 질적으로 보완된 실사평가팀을 구성하여 객관성을 도모하고 제출된 자료에 대한 공개 및 이의제기시스템을 상설로 운영함으로써 평가의 활용성에 초점을 둔 평가방법을 선택할 수 있다. 현존하는 자료를 최대한 활용할 수 있도록 센터의 평가부담을 최소화해야 하며, 조직에 대한 평가보다는 사업에 대한 평가가 중심이 되어야 한다. 그리고 평가모델이 보다 객관화되어 자기평가를 하기 수월하게 만들어야 하고 변별력을 제고할 수 있도록 정교화되어야 한다. 또한 평가과정과 분석, 평가주체의 일원화가 이루어져야 한다.

(4) 평가모델의 활용

연구결과는 활용에 따라 그 값어치가 달라진다. 자원봉사센터 평가모델은 자원봉사센터의 업무규정이나 평가틀이 제대로 갖추어지지 않은 상황에서 실무적으로 매우 요긴하게 활용될 수 있다. 또한 평가의 평가(meta-evaluation)라는 용어로 평가계획서나 완성된 평가를 다른 평가자에 의해서 재점검받아야 한다(구혜영, 2004). 즉, 평가수행자와 평가자 쌍방 모두가 평가의 도마 위에 오르는 것을 의미한다. 평가지표들이 체계적 연관성을 가지고 설정되었는지 검토하는 것이다.

앞으로 자원봉사센터의 정기적인 평가는 센터 운영의 활성화에 긍정적인 영향을 미치게 될 것이다. 자원봉사센터의 평가는 지방자치단체의 관심대상이 될 수 있으며, 대부분의 자원봉사센터들이 열악한 상황에도 불구하고 자원봉사 활성화의 실천의지를 갖게 하는 요인으로 작용하게 될 것이다. 그러나 평가제도가 제대로 정착하지 못하면 순위를 매기는 형태의 과도한 경쟁, 투명하지 못한 실적 위주의 운영으로 전락할 수 있다. 그러므로 평가담당 공무원들은 안이한 실적 위주의 평가 자세에서 벗어나 진정한 의미의 자원봉사활동에 대한 인식전환을 이루어야 할 것이다.

3 자원봉사네트워크의 개념과 유형

1) 네트워크의 개념과 유형

네트워크란 상이한 자원과 욕구를 가지고 있는 조직들이 서로의 교환을 통해서 인간의 욕구나 사회문제를 해결하려는 과정을 말한다. 개별행위자든 조직이든, 보다 더 포괄적인 지역이든 국가와 같은 단위든 그들 사이에 형성된 관계 자체를 의미한다. 네트워킹이란 네트워크를 형성하기 위한 목적의식적인 하나의 과정으로 말할 수 있다. 네트워크의 층위는 여러 가지로 나뉘는데, 법률제도의 네트워크는 정책 및 행정 간 또는 그 행정과 관련된 지역단체 등의 네트워크를 의미한다. 조직 및 단체의 인적자원 등의 네트워크는 지역사회의 각 조직과 단체들 간의 네트워크를 말한다. 또한 개인과의 네트워크란 문제해결 욕구를 지닌 주민들과 형성하는 네트워크를 의미한다.

네트워크가 필요한 이유는 주민의 지방자치와 사회 개혁에 대한 다양한 참여기회 확대와 제공, 성숙한 시민사회, 지역사회의 민주적 발전을 지향, 지역의 주요 현안에 대한 과제별, 부문별, 단체별 자원 개발 및 대안 모색을 가능하게 하기 때문이다. 또한 공공 및 민간서비스영역의 연대와 협력을 통해 상호발전을 도모하기도 한다.

네트워크의 유형으로는 먼저 협력을 들 수 있는데 이것은 서로 독자적으로 분리된 조직이 독립적인 프로그램을 기획하고 실행하고자 할 때 형성되는 형태, 정보를 공유하는 것을 의미한다. 다음은 조정의 형태가 있는데 분리된 조직 간의 불필요한 중복을 피하면서 상호 긴밀한 관계를 형성하여 조직 간 갈등과 낭비를 피하고자 하는 형태이다. 그리고 합작의 유형은 분리된 조직이 단일한 활동에 대해 각자의 자원을 내놓아 공동의 활동을 수행하는 형태로 전문적이고 풍부한 자원의 동원가능성을 내포한다. 다음은 연합의 유형으로 공통의 목적을 달성하기 위한 둘 또는 그 이상의 조직과의 공동활동을 의미한다. 조직들이 그들의 목적과 접근방법이 완전히 같지 않더라도 함께 일할 경우가 있는데, 일단 연합하여 함께 일하며 공통의 문제와 향후 연대활동을 고취시키는 구조를 찾는다.

마지막으로 동맹 혹은 연대의 유형이 있는데 이것은 각 조직의 힘을 결집하여 하나의 세력을 형성하고, 그 세력을 기반으로 하나의 힘을 구축하여 문제를 발생시킨 세력을 권력 통제방법으로 해결하려는 것이다. 구체적인 형태로는 사안별 형태가 있다. 이는 각 단체의 동질성과는 상관없이 특정한 사안에 대한 공동의 목표와 상호 공유하는 행동지침을 설정한 형태이다. 회의체 형태는 각 단체의 고유성을 그대로 유지하면서 정기적 혹은 부정기적으로 일상적인 만남을 유지하고 공동의 실천을 기획·집행하는 형태이다. 협의체 형태는 일상적으로 강한 유대관계를 유지하면서 일상적인 집행기구를 두고, 집단화한 세력으로 활동을 전개하는 유형이다. 연합체 형태는 각 단체의 고유한 독자적 활동보다는 공동의 의사결정과 실천활동이 더 강조되는 형태로 각 단체의 독자성 자체가 완전히 소멸하는 것은 아니지만 연대의 하부구조로 종속되는 형태이다. 동등한 권력관계를 유지하면서 서로 윈윈하는 형태인 파트너십의 형태도 있다.

2) 네트워크 형성 시 고려할 사항

네트워크 형성 시 네트워크의 수준을 먼저 결정해야 한다. 즉, 네트워크의 유형을 먼저 설정하고 이에 적합한 내용을 정리해야 한다. 우선, 조직 간의 조정, 중재할 수 있는 능력을 체크해야 한다. 그리고 조직구성원 혹은 조직 간에 친밀한 관계를 형성할 수 있는 요인을 발굴하고 네트워크영역 및 공유영역을 체크하여 공동의 문제를 인식하고, 문제를 인식하고 있는 지역주민, 문제해결을 위한 조직기술, 문제가 공유되는 지리적 범위, 재정적 혹은 비재정적 자원을 탐색해야 한다. 사전에 지역조직에 대한 현황과 주요 활동내용 파악이 중요하고, 경제적·정치적·인구통계학적·사회적 조건 등의 환경에 대한 체크가 필요하다. 경제적 가치, 인력·각종 자원, 사회적 가치 등의 합의를 통한 사회적 교환에 대한 동의가 있어야 하고, 장점을 공평하게 분담하는 합의가 전제된 평등한 관계의 구축이 요구된다. 방해요인과 기회를 전략적으로 예측할 수 있어야 하며, 상호작용의 원칙 등에 대한 합의가 필요하다. 역할과 힘 균형의 구조화 및 변화, 배분, 규칙의 재구조화 등 지속적 변화요인의 발굴이 요구된다.

3) 자원봉사네트워크 분석틀과 우리나라 현황

자원봉사와 관련된 네트워크를 분석하기 위해서는 네트워킹을 하는 핵심행위자(중심성, 매개성)가 어디에 있는지, 네트워크에 영향을 미치는 요인은 무엇인지, 구성체들의 다면적 특성은 어떠한지 파악해야 한다. 자원봉사네트워크는 연계방향성에 대한 검토가 필요한데 자원의 이동이나 흐름(양방향, 일방향)을 파악해야 한다. 또한 다른 구성체 간의 접촉 가능 정도(물리적·심리적 거리)를 나타내는 접근성과 상호호혜적인 관계의 정도(밀도와 범위)를 나타내는 연결성, 네트워크의 유지 정도인 지속성, 관계의 가치 및 중요성, 접촉 빈도, 상호작용 정도의 강도, 도움 정도, 유용성 등의 의미성, 지속기간, 안정 정도, 유대 정도의 내구성 등이 네트워크 현황을 분석하고 탐색하는 요건이 된다.

이러한 분석틀에 맞추어 한국의 자원봉사네트워크의 현황을 분석해 보면, 우리나라 자원봉사네트워크의 필요성 인식과 구체적 조직화에 대한 인식이 부재한 상황에서 통합형 네트워크보다는 관 중심의 위계형 네트워크가 발달해 있음을 지적할 수 있다. 지역자원과 조직에 대한 조사도 제대로 이루어지지 못하고 있으며, 기관장 중심의 네트워크만이 존재하는 경향이 있다. 그리고 네트워크 내에서도 핵심행위 조직의 주도권 갈등이 있으며 민주적 의사결정 과정 및 절차에 대한 경험 부족으로 산발적으로 운영되고 있는 문제점이 있다.

4) 지역사회 자원봉사네트워크 구성과정

(1) 지역조사

지역사회 내 자원봉사네트워크를 구성하는 데 지역조사가 필요한 이유는 먼저 지역에 대한 정보 습득에 용이하고, 특정 지역 인물에 의한 왜곡된 정보가 아닌 객관적 사실에 대한 이해가 가능하며, 조직화의 필수불가결한 과정이기 때문이다. 조사의 유형은 지역사회의 물리적 환경 등 수치로 파악 가능한 객관적인 사실 조사와 특정한 이슈 및 주제에 대한 주민들의 느낌이나 인식 정도의 주관적 조사, 인적·물적자원을 발굴하기 위한 조사 등이 있다.

조사의 구체적인 내용은 지역의 사회인구학적 데이터 조사(통계연보 및 백서의 활용), 인적·물적자원의 조사(지역주민의 리스트, 단체, 기관 유형별 리스트 확보), 지역의 토착세력 관계망, 계량화된 결과 도출이 가능한 주민의 의식수준,

내용 및 방법에 대한 적절한 결정과 특정 목적에 따른 조사 등이 포함된다. 구체적인 지역조사의 절차 및 원칙은 자료와 데이터의 수집단계에서 조사의 목적과 활용도를 명확히 해야 한다는 것이다. 수치를 통한 압력수단화, 정당화 및 홍보수단, 교육수단, 관심 유발 등이 가능하며, 조사대상자를 명확히 해야 한다. 조사목적과 대상자에 맞는 조사방법을 선택해야 하고 누가 조사할 것인지, 언제 조사할 것인지를 결정해야 한다. 조사 및 자료의 분석단계에서는 조사지 작성 및 실시(실태 파악, 욕구 파악, 홍보성)를 해야 하며, 일목요연하게 그래프나 밴다이어그램 등을 활용하여 자료의 정리 및 분류가 되어야 한다. 또한 SWOT, 문제층위도 등을 활용한 체계적 분석이 포함되어야 하고 분석의 활용단계에서는 발표회 개최, 언론보도자료 배포, 지역 유지 및 행정기관의 제공 등이 이루어진다.

지역조사의 종류로는 우선 양적조사가 있으며 구체적인 조사의 목적 정립, 표본추출의 방법 결정, 조사의 목적에 적합한 질문 작성, 사전조사의 실시, 조사방법 결정, 설문지 분석, 설문결과의 해석이 여기에 포함된다. 질적조사로는 그룹토의, 면접, 참여관찰 등이 포함되며, 전문가 및 주요 정보제공자접근법과 이용률접근법 등을 들 수 있다. 이러한 조사를 토대로 지역사회의 생태도(Eco Map)나 욕구 및 수요지도 등을 그릴 수 있는데, 조직을 둘러싸고 있는 다양한 환경적 요인을 그림상에 나타내고 각각의 관계들을 기호로 표시하여 자원활용 및 조직과의 관계를 한눈에 알아볼 수 있도록 한다.

(2) 영향력을 행사할 수 있는 실제적·잠재적 자원 파악

지역조사가 끝나고 나면 영향력을 행사할 수 있는 실제적·잠재적 자원인 자금, 물리적 자원, 정보, 인적자원, 법적규제력, 정치적·문화적 자원 등을 파악하여 네트워크 구축의 가능성을 타진해야 한다.

(3) 자원의 효과적 동원방법과 전략적 학습과정

자원의 효과적 동원방법과 전략적 학습과정의 일부로서 기관의 형태 및 정책에 영향을 준 성공 혹은 실패의 선행사례를 통해 교훈을 추출할 수 있다. 또한 제약요인을 확인해야 하는데 이것은 조사결과를 통해 예측이 가능하다.

(4) 조직화하기

조직화를 위해서는 네트워크의 구조를 선택해야 하고, 네트워크 연합체를 구축해야 한다. 조직들 간의 이슈를 쟁점화하고, 온라인·오프라인 네트워크를 구별해서 정리해야 한다.

(5) 구체적인 사업 시행하기

구체적인 사업을 시행하기 위해서는 공동의 사업을 구상할 필요가 있으며 집합행동을 선택해야 한다. 여기에는 대중집회 및 농성, 서명, 일상적 프로그램이 포함된다. 일상적 프로그램이란 국민들과 일상적으로 만날 수 있고, 주민들의 직접적인 욕구에 응답할 수 있는 이점이 있으며 공부방, 학부모 교육, 사회교육프로그램, 녹색가게, 주민 도서관리 등의 사업을 예로 들 수 있다. 이때 사업들은 열린 활동이어야 한다. 비정기적인 프로그램도 포함되며 이것은 주민들의 통합력을 높여주고 조직화, 인지도 및 신뢰도에 기여한다. 축제, 이벤트, 잔치 등과 같은 일회성 행사(전국노래자랑, 책잔치 글마당 등)는 주민들의 정서에 대한 조사와 이해가 선행되어야 하고 동네지도 만들기, 정치적 세력의 활용 및 감시활동도 필요하다.

(6) 중재와 제3자의 개입

여전히 해결점에 도달하지 못했거나 토론을 촉진시킬 필요가 있고, 문제해결을 위한 아이디어를 제시할 필요가 있을 때 전문적 중재자가 필요하다. 중재자는 논쟁했던 모든 사람들이, 중립적이며 성공적인 해결점을 도출할 수 있다고 인정하는 사람이다. 노련한 중재자는 사람들에게 이야기하도록 허락하다가 긴장이 통제의 범위를 벗어나면 평온해질 때까지 쉬는 시간을 가지도록 한다. 중재자는 양쪽 진영의 사람을 따로 만날 수 있고 각 진영에서 상대의 입장을 이해시킬 수 있다. 또한 이슈와 개인적인 직면을 넘어선 방법에 관심을 유지시키며 양쪽 진영의 의견 교류를 진행시킨다. 중재의 핵심은 충돌과 대립을 줄이는 것이기 때문에 투쟁의지를 무디게 하거나 순간적인 동의에 참여하는 사람을 모으게 되는 한계가 있다.

(7) 사례

지역사회 자원봉사네트워크의 사례를 보면 관내 자원봉사 관련 기관 및 단체 실무자협의체(홍보 및 조정연합기구)나 청소년봉사활동 교사협의체, 자원봉사전문가 자문협의체, 사회복지 및 보건서비스협의체, 자원봉사단체협의체, 자원봉사자협회 등을 들 수 있다.

CHAPTER

13

한국 자원봉사의 과제와 전망

1. 한국 자원봉사계의 문제점
2. 자원봉사계의 전망
3. 자원봉사 활성화를 위한 제언

VOLUNTEERISM

Chapter 13

한국 자원봉사의 과제와 전망

1 한국 자원봉사계의 문제점

1) 자원봉사관련법, 법령 및 조례의 문제점

자원봉사활동에서 가장 우선적인 법적 지위를 갖는 자원봉사활동기본법이 시행되고 있지만 타 법령과 자원봉사활동기본법 간의 상하관계가 분명하지 않고, 관련법 개정이 후속적으로 이루어지지 않고 있어 이를 체계화하는 작업이 필요하다. 법의 중복성은 주무부처 간의 중복된 업무수행으로 이어지게 되는데 자원봉사활동의 진흥 및 지원에 관한 내용들이 관련 법령에 너무 복잡하게 분산되어 있고, 업무기준도 부처별로 상이한 경우가 많다. 이에 지역현장에서는 혼란이 발생하게 되고 자원봉사자의 실적 및 인적 관리에도 중복과 누락현상이 빚어지고 있다.

중앙뿐만 아니라 지방자치단체에서도 그 실정에 맞는 조례를 마련하여 운영하다 보니 조례의 내용과 성격 등이 법에 맞지 않는 경우도 있다. 또한 지방자치단체마다 상이한 제도를 자체적으로 만들어 활용하는 등 부작용이 많은 상황이다. 따라서 이러한 조례에 대한 제·개정 등의 정비가 필요하다고 볼 수 있다.

2) 자원봉사 행정지원체계의 문제점

(1) 자원봉사진흥위원회의 역할 부재

국무총리실 산하 자원봉사진흥위원회의 설치로 자원봉사업무에 대한 부처 간 현황파악의 기반은 조성되었다. 그러나 업무를 체계적으로 연계하고 협력하는 시스템을 갖추고 있지 못한 것은 가장 큰 문제점으로 지적될 수 있다. 현재 자원봉사활동기본법에 의하면, 자원봉사진흥위원회의 주요 기능은 자원봉사와 관련된 부처 및 업무의 심의기능이며 자원봉사진흥과 관련된 계획수립 및 홍보 등이다.

이러한 기능으로는 자원봉사 관련부처의 다양한 대상과 정책, 사업 및 프로그램을 총괄적으로 조정하고 자원봉사를 활성화할 수 있는 역할은 부재할 수밖에 없다. 특히 자원봉사진흥위원회는 1년에 단 한 번의 회의를 통해 연간사업계획과 예산, 전년도 사업보고 등의 활동을 하고 있기 때문에 자원봉사진흥의 본래적 설치 목적에 대한 제대로 된 역할을 하지 못하고 있다.

특히 국무총리가 위원장으로 되어 있어 상대적으로 중요한 업무에 밀릴 수밖에 없으며, 회의의 주재 이외에는 다른 역할을 하지 못하는 상황이다. 그러므로 자원봉사 업무를 총괄적·체계적으로 조정하는 역할을 할 수 있는 핵심적 조직의 기능 보강 및 역할 강화가 필요하다. 지역주민들이 자원봉사활동의 올바른 정신을 이해하고 참여할 수 있도록 조직적·체계적으로 주도해 나갈 수 있는 추진체계가 확립되어야 한다.

자원봉사활동의 전담기구 설치는 부처 간의 통합정책수행을 가능하게 하고, 민과 관의 시너지 효과를 창출할 수 있게 할 뿐 아니라, 지역자원봉사센터의 직영 비율을 낮춤으로써 전문성 확보 및 독립성 유지를 가능하게 할 것이다.

(2) 행정안전부의 주무부처 역할의 미흡

자원봉사활동기본법에는 행정안전부가 주무부처로 되어 있다. 그러나 재난 및 행사위주의 활동이 주를 이루는 행정안전부가 자원봉사에 대한 전문성이 확보되지 않은 인력으로 자원봉사영역의 총괄적 역할을 할 수 있는가에 대한 의문들이 자원봉사계에서 제기되고 있다.

최근에는 자원봉사에 대한 사회적 관심이 증가되고 있다. 자원봉사자와 단체들도 여성, 노인, 청소년, 가족, 기업, 직능단체 및 동호인 등으로 확대되고 있으며, 자원봉사프로그램도 복지 및 재해복구뿐만 아니라 지역사회, 문화, 환경, 교통, 교육, 다문화, 해외원조 등 사회 전반적인 취약부분에 대한 지원적 성격으로 변화되고 있다.

이러한 상황에서 어떤 특정 부처가 주무부처로서 사업을 추진하는 것은 부처 간의 형평성에 맞지 않고 주무부처 이외의 다른 부처에서 진행되고 있는 사업이나 자원봉사자 및 단체들의 중요도를 간과할 수 있다. 특히 자원봉사의 지속성과 전문성을 이미 오래 전에 확보하고 대부분의 자원봉사활동영역을 가지고 있으며, 자체적인 자원봉사자 관리시스템을 도입해 전문적인 활동을 하고 있는 보건복지부가 행정안전부와 독립적으로 자원봉사에 대한 사회적 역할을 담당하고 있는 상황에서 행정안전부의 자원봉사 총괄적 역할은 몇 가지 부분에 한정될 수밖에 없다.

그러므로 자원봉사진흥위원회의 주무부처를 국무총리실로 이관하고, 민간전문가가 위원장인 사무국 형태의 위원회로 재구성하여 진흥위원회가 제 기능을 할 수 있도록 해야 한다.

(3) 자원봉사단체 및 자원봉사센터의 운영모델 부재

현재 우리나라 자원봉사센터 및 단체 운영에서 가장 큰 문제는 운영의 열악성과 관변화의 탈피, 그리고 독립성 유지에 관한 부분이라 할 수 있다. 이러한 문제는 자원봉사센터 및 단체의 운영체계와 운영 매뉴얼의 인증시스템이 없기 때문이다.

운영 매뉴얼에는 자원봉사관리자가 관리업무를 담당할 수 있는 공간과 자원봉사자 교육을 위한 공간 등 적정수준의 공간 확보에 대한 사항이 포함되어야 한다. 현재 단독건물을 사용하는 자원봉사센터는 13%에 불과하며, 나머지 87%는 건물 내 일부 또는 사무실 내 일부를 자원봉사센터로 사용하는 것으로 나타나 자원봉사센터의 환경이 매우 열악한 형편이다(한국자원봉사협의회, 2010). 열악한 환경에서 제공되는 자원봉사활동의 질이 무조건 낮다고 할 수 없으나 자원봉사자의 사기함양과 효율적인 업무처리를 위해서는 환경개선이 중요하다.

그리고 산발적으로 만들어진 지방자치단체의 조례들에 의해 실시된 인정보상체계는 각 센터 및 단체마다 상당한 상이성을 보이고 있고, 오히려 무보수라는 자원봉사의 기본적 정신을 훼손하는 경우도 많다. 또한 지방자치단체장의 변화에 따라 자원봉사센터 및 단체의 장이 바뀌고, 자원봉사자들을 행사 위주의 활동에 동원시킴으로써 관변화의 우려가 심해지고 있다. 그뿐만 아니라 광역시도 자원봉사센터에서는 자체적인 시도센터로서의 정체성을 찾지 못하고 지역자원봉사센터와 중복 혹은 유사 사업을 진행하고 있는 경우도 있다.

(4) 자원봉사조직 재정지원의 부족

자원봉사는 무보수활동이라는 인식 때문에 자원봉사와 관련한 재정적 지원을 부처와 지방의회에서 막는 경향이 있어 자원봉사단체 및 센터 운영에 필요한 인건비와 사업비의 지원이 미약한 상황이다. 자원봉사활동은 무보수활동이지만 자원봉사자에 대한 교육이나 관리, 각종 인정 및 보상은 예산이 수반되는 업무이기 때문에 사업비의 지원이 필요하다.

자원봉사활동을 전문적으로 지원하는 자원봉사관리자는 서비스를 창출하는 인력이기 때문에 이들에 대한 인건비는 소비되는 예산이 아니라 자원봉사자에게 재투자되는 것이다. 그러나 이러한 인식이 부족하여 자원봉사조직의 인력구조에 대한 열악성은 매우 심각하다. 인건비의 예산부족은 전문성을 갖춘 인력을 채용하는 데 어려움을 주며 자원봉사조직에서의 지속적인 업무수행을 저해하게 한다. 자원봉사활동기본법에 자원봉사센터 및 단체에 대한 국가 차원의 재정지원 근거 규정이 미약하여 지원의 규모가 크지 않고 재정적 열악성과 운영의 비체계성을 가질 수밖에 없다.

지방자치단체 또한 자원봉사단체 및 센터에 대한 재정적 지원 규모의 차이가 크기 때문에 운영에 있어서 극심한 차이를 보이고 있다. 관 직영의 경우는 센터 운영과 관련된 경제적 여력은 있으나 공무원에 의한 행정의 시녀 역할에 초점을 둔 운영으로 주민 자발적 참여라는 자원봉사의 기본정신에 위배되고 있다. 또한 위탁이나 민간 운영, 혼합 직영의 경우에는 부족한 예산으로 인한 직원의 비전문성, 사업의 연속성과 활성화 부재라는 문제점이 나타나고 있다. 특히 예산을 적절히 확보한 자원봉사센터나 단체, 기관이라도 대부분 정부나 지방자치단체의 보조금에 의존하는 경향이 크기 때문에 정도의 차이는 있지만 자원봉사센터 및 단체, 기관의 자율성을 침해할 수 있는 가능성이 있다는 것도 고려해야 한다.

앞으로 자원봉사 진흥에 소요되는 재정을 어떻게 마련하는가 하는 것은 우리가 계속적으로 고민해야 할 부분 중에 하나이다. 국가기본계획에서 다루고 있는 재정의 대부분은 해당부처, 주로 행정안전부에서 마련하도록 되어 있다. 행정안전부에서 자원봉사 활성화와 관련한 철저한 의지가 있다 하더라도 엄청난 액수를 국고로 지원받는 것은 무리일 수 있다. 예산확보가 해결되지 않은 계획은 그저 방향만 정해진 뜬구름과 같을 수밖에 없다. 예산확보를 위한 좀더 구체적인 방안이 모색되어야 할 것이다.

3) 자원봉사 전문인력 양성 및 운용의 문제점

자원봉사자 모집, 교육·훈련, 업무배치, 육성 및 지도감독을 실시할 수 있고 현장에서 자원봉사활동을 보다 효율적으로 추진할 수 있는 자원봉사 전문관리자를 양성하기 위해서는 표준화된 교육과정 개발, 전문교육기관, 교육시설, 전문강사Pool 구축 등의 체계가 필요하다. 그러나 우리나라의 경우 전문화된 자원봉사자 양성기관이 전무한 실정이다.

그리고 자원봉사관리자제도 도입에는 자원봉사관리자의 자격 및 보수체계와 기존 관리자에 대한 보수교육시스템 구축이 함께 마련되어야 하나, 이 또한 제대로 구성되어 있지 못하다. 사회복지사와 마찬가지로 학력과 경력 등에 따라 급수를 차등화하여 상위급수로 승급하기 위해서는 소정의 실무경력과 함께 승급을 위한 보수교육 및 승급시험 등의 절차를 제도화하여 체계적으로 관리해야 할 것이다.

자원봉사센터의 관 직영형태가 다수인 상황에서 자원봉사센터의 주된 인력인 공무원의 경우, 인사발령이 잦고 전문성이 떨어진다. 그리고 자원봉사업무는 진급 후 처음으로 보직을 받는 위치로 되어 있고, 지방자치단체장의 정치적 입김에 의해 지나친 간섭을 받을 수 있는 상황이기 때문에 공무원들의 업무추진능력은 민간전문가보다 상대적으로 떨어질 수밖에 없다. 공무원에 대한 자원봉사 관련 전문교육의 의무적 이수를 강화하고 자원봉사전문가의 채용 기회를 넓혀 자원봉사조직의 활성화를 기해야 할 시점이다.

그리고 현재 자원봉사센터에는 회장, 센터장 혹은 사무국장, 부장, 과장, 대리, 간사 등 지나치게 다양한 직책이 존재하고 있다. 이에 대한 통일적 지침이 필요하며 직책에 맞는 자격의 규정도 필요하다. 센터장이나 사무국장, 부장을 비롯한 직원은 전문직으로 자원봉사관리자를 말한다. 하지만, 민간에서 운영되고 있는 현장에서는 장기적인 자원봉사활동 혹은 광역 및 기초단체장과의 개인적 친분, 정치적인 이유로 자원봉사 경력만을 강조한 직원이 임용되고 있으며 센터장의 경우에는 더욱 그러하다.

행정안전부에서 실시하고 있는 교육 및 전산코디네이터에 대한 자격 및 보수기준이 자원봉사센터에서 자원봉사관리직으로 일하는 인력들의 자격과 보수에 대한 근거로 사용되고 있다. 이것은 낮은 보수기준 및 자격기준이므로 자원봉사계의 전문인력을 채용하기 위한 틀로는 보기 어려운 상황이다.

이러한 현상은 직원들에게 낮은 수준의 보수를 강요하고, 전문성을 떨어뜨리는 계기가 되기도 한다. 자원봉사자들의 대표는 센터장이 아니라 회장이라는 직책이 타당하다. 현재 센터장은 법에 의한 자격기준의 부정확성으로 인해 무보수 자원봉사자라는 개념과 전문직으로서의 센터장이라는 두 개념이 혼합되어 사용하는 센터가 많다. 자원봉사센터는 전문관리직과 대표직의 두 줄기 강물이 함께 어우러져 운영되어야 하는 조직이다.

4) 새로운 틈새영역의 자원봉사자 개발 및 자원봉사 수요처 개발의 필요

현재 자원봉사활동 분야 및 자원봉사자의 30~40%를 차지하는 사회복지 분야, 의료 분야, 교육분야의 일부분이 일자리영역으로 변환되고 있으므로, 지속적인 자원봉사활동영역의 개발로 자원봉사자의 수급이 이루어져야 한다. 현재 약 7만여 명의 노인요양사들이 약 750여 개의 교육원에서 교육을 이수 중인데 이 중 대부분이 자원봉사영역에서 실제로 참여하던 사람이다.

그러므로 사회복지봉사활동의 수혜자들이 노인요양보험 및 장애인요양보험 등 공적 인력에게 서비스를 받게 됨에 따라, 현재 봉사자들이 봉사하고 싶은 영역의 수혜자가 줄어들게 된다. 복지선진국인 유럽에서 자원봉사활동의 영역 중 사회복지 분야가 큰 비중을 차지하지 않고 있다는 점을 눈여겨볼 필요가 있다. 따라서 환경, 지역사회, 교통, 문화, 해외원조 등 다양한 봉사 일감과 더불어 수혜자들의 확대를 위한 프로그램 개발이 절실히 요구된다.

그리고 사회서비스와 관련된 영역에서 일하는 사람들의 상당수가 자원봉사자로 활동하던 사람이라는 점에 유의해 본다면 새로운 형태의 자원봉사자들을 봉사의 현장으로 끌어들일 필요가 있다. 예를 들면, 노블레스 오블리주 프로그램이나 프로보노 프로그램을 통해 그동안 틈새영역에 있던 전문직 은퇴자들이나 상류층 사람들의 참여를 이끌어 내어 새로운 봉사인력으로 활용할 수 있다. 또한 가족봉사단, 직장인봉사단, 동호인봉사단, 직능인봉사단, 대학봉사단 등

단체로 봉사활동에 참여하여 회원들 간의 친목도 도모하고 봉사활동도 함께 할 수 있는 프로그램이 개발되어야 한다.

특히 해외원조의 경우 급격한 예산의 확대가 예상되는 분야이므로 해외원조 단체가 아니더라도 국제사회복지적 차원에서의 접근을 통해 자원봉사프로그램의 개발이 필요하다. 그리고 자원봉사활동의 활성화를 위해서는 자원봉사자들이 자신의 동기와 욕구에 맞게 참여할 수 있는 다양한 자원봉사활동의 수요 개발이 이루어져야 한다. 즉, 봉사와 재미가 함께하는 볼런테인먼트 프로그램, 재능나눔(프로보노), 품앗이프로그램 같은 활동이 다양해져야 한다. 정기적으로 또는 수시로 자원봉사 수요조사를 실시하여 어떤 분야에서 어떤 자원봉사자를 필요로 하는지에 대한 수요처의 정보와 수요처 개발이 자원봉사자 발굴과 함께 병행되어야 한다.

그동안 보건의료, 공공행정, 해외원조, 다문화, 환경, 문화이벤트, 교통 등과 같은 분야에서의 자원봉사자 활용 정도는 낮은 편이었다. 따라서 개인과 가정, 기관 및 시설, 지역사회 등 자원봉사활동 영역별로 다양한 자원봉사 수요처 개발이 이루어져야 한다.

5) 봉사활동 인정시스템의 비체계성

자원봉사활동에 대한 인정과 보상이 자원봉사자들을 지속적으로 봉사하게 하는 유일한 수단일 수는 없으나, 적어도 그것은 중요한 매개체 역할을 한다.

현재 다양한 유형의 인센티브, 자원봉사축제와 같은 행사나 포상이 시행되고 있으나 이는 자원봉사자 중심의 행사이므로 자원봉사에 대한 의식전환의 기회 마련에는 다소 어려움이 있다. 그러므로 자원봉사자와 비자원봉사자가 함께 할 수 있는 축제로 확산하여 더불어 사는 즐거움의 기회를 제공하고 이를 통해 자원봉사에 대한 의식전환과 참여에 대한 동기부여가 가능하도록 해야 한다.

6) 연구기반 조성의 미흡

통계청 인구센서스조사에서는 자원봉사와 관련된 항목을 통해 국가적 차원의 데이터를 확보하고 있다. 그러나 단순히 봉사활동 참여경험 유무 및 활동시간 정도만 질문하고 있어 구체적인 봉사활동내용과 참여유형에 대한 부분이 결여되어 있다. 반면, 행정안전부에서는 3년에 한 번씩 한국자원봉사문화를 통해 표본조사로 국민의 자원봉사활동 및 기부실태를 조사하고 있는데, 연도별 추이 및 인구통계학적 요인에 따른 분석도 함께 진행하고 있다.

현재 자원봉사센터 실태조사와 평가시스템은 분리되어 진행되고 있는데 이에 대한 통합이 필요하다. 자원봉사센터의 평가는 조직의 실태와 현황을 근거로 이루어지기 때문에 많은 부분에서 중복될 수 있다. 그렇기 때문에 평가와 실태조사를 통합하여 불필요한 인력 및 예산의 낭비를 막아야 한다.

표준화된 평가지표를 토대로 '민관협력평가'를 실시하여 자원봉사센터의 역할과 기능에 대한 분석 및 책임성 강화를 유도할 수 있다. 이러한 결과는 바람직한 운영을 도모할 뿐만 아니라, 중앙부처 및 지방자치단체에서는 정책에 반영할 수 있는 근거자료로도 활용할 수 있다.

또한 자원봉사의 학문적 토대 형성을 위한 전문도서와 연구물의 데이터베이스화를 포함하는 자원봉사 전자도서관 운영이 필요하지만 현재 그렇지 못한 상황이다. 아무리 좋은 자료들이 있어도 공유되지 않으면 의미가 없으므로 자원봉사와 관련된 연구논문들이 주제로 활발하게 채택되고, 좋은 아이디어와 정책들이 제시될 수 있도록 기초자료들을 모은 온라인시스템이 준비되어야 할 것이다.

봉사서비스의 수혜대상별, 참여봉사자 특성별(연령, 성별, 직업), 봉사형태별(기업, 단체, 팀, 개인 등), 봉사내용별 등에 따라 다양한 자원봉사프로그램이 마련되어야 하며, 이러한 프로그램에서 추구하고자 하는 서비스의 품질관리를 위해 주체별, 분야별 자원봉사활동 표준 매뉴얼이 개발되어야 한다. 국가자원봉사단(미국의 VISTA, Americops 형태)의 모형을 개발하여 국가적 차원의 자원봉사운동의 상시적 활력 유지 및 재난재해 대비, 청년, 노인 및 여성인력의 사회참여를 독려할 필요가 있다. 이를 위해서는 자원봉사활동의 연구기반 조성을 전체적으로 조정하고 관리하는 조직(가칭 자원봉사개발원 혹은 자원봉사연구원 등)을 구성할 필요가 있다.

7) 정치적 개입의 문제

자원봉사정책에 대한 현황과 과제를 논할 때 다시금 눈여겨봐야 할 것은 정치적 이해관계의 개입을 최소화하는 것이다. 자원봉사활동기본법이 국회를 통과하는 데 10년 이상의 오랜 시간을 거쳐야 했던 이유도 정치적인 시각에 의한 조망이 컸던 탓으로 보인다. 앞으로도 재정확보나 정책추진에서 바로 이런 시각이 가장 큰 걸림돌로 작용할 수 있을 것이다.

국가적 차원뿐만 아니라 지역으로 내려올수록 자원봉사조직의 관변화는 더욱 우려된다. 관에서 직접 운영하는 경우는 선거법과 관련해서 자원봉사자에 대한 각종 지원이 어렵지만, 민영화된 경우는 자원봉사센터를 통해 편법적 지원이 가능하게 되어 자원봉사의 순수성은 떨어지고 정치적으로 활용될 우려를 낳는다. 따라서 이에 대한 자원봉사계의 지속적인 윤리강화와 자정의 노력이 필요하다.

2 자원봉사계의 전망

세계경제위기 속에 실업률 증가, 중산층 축소 등 취약한 사회안전망으로 사회적 약자가 속출하고 있고, 이로 인해 '부익부 빈익빈', '상대적 박탈감' 악화 등 사회경제적 양극화현상 또한 심화되고 있다. 결과적으로 이것은 저출산 및 고령화, 가족해체, 지역사회 공동체 붕괴로까지 이어지는 동반자적 사회변동 요인이 되고 있다. 이러한 변화는 사회에 대한 국가의 적극적 역할과 복지서비스의 확대를 필요로 하는 것임에도 불구하고, 다양하고 복잡한 욕구를 국가가 모두 해결하는 데는 한계가 있을 수밖에 없다.

이러한 상황에서 과거 그 어느 때보다 자원봉사 정신은 중요해졌으나, 대부분의 자원봉사활동이 개별단체 혹은 협소한 지역 내에서의 소규모적인 캠페인과 행사에 그치고 있어 자원봉사 본래의 사명인 생활 속의 양극화 해소 및 사회통합 등의 가치는 제대로 접근조차 하지 못하고 있는 실정이다. 그나마 제반 사회문제를 해결하고 국가 차원에서 자원봉사활동 진흥을 위해 자원봉사활동 기본법 제정(2005), 기부금품 모집 및 사용에 관한 법률 제정(2006), 자원봉사 국가5개년기본계획수립(2008, 2013, 2018, 2023) 등 제도적 활동이 있어 왔으나 아직 사회지도층에 의한 솔선수범적 적극적 문화운동으로서의 자원봉사활동이 이루어지지 못하고 있으며, 정부의 강력한 지원 의지도 제 구실을 하지 못하고 있다. 그래서 그동안의 제도적 노력들이 충분한 성과를 거두지 못하고 있고, 자원봉사의 경우 법 제정 이후 정부부처 및 지자체들 사이에서 오히려 관변화, 제도적 무관심, 지원의 축소 등과 같은 다수의 부정적 사례들이 등장하고 있어 이에 대한 전반적인 평가, 수정, 보완 등이 필요한 상황이다.

이러한 과정은 각종 공적 서비스의 체감도를 향상시켜 개별 욕구에 맞춘 맞춤형 서비스와 생애주기정책으로 이어져 국민의 서비스 효과성을 극대화할 것이다. 자원봉사자 혹은 수혜자들의 선택권을 높인 운영평가시스템, 서비스모니터링시스템 등에 의한 객관적 근거에 토대를 둔 예산지원을 강화하게 되면 지역사회의 자원봉사센터나 기관 등은 운영에 타격을 받을 수 있다. 봉사기관이나 단체 간에도 경쟁체제에 돌입되어야 할 상황이 될지도 모른다. 따라서 단순한 지원금에만 의존하던 기관과 단체의 체질 개선이 필요하다고 할 수 있다.

그러나 그 어떤 정책이나 시책보다도 자원봉사자에 대한 사회적 가치 인정 및 우대 문화가 우리 사회에 자리 잡지 않는다면 사회적 비용만 지출하는 대상이라는 인식만 남게 된다. 자원봉사자는 그동안 사회적으로나 국가적으로 기여한 부분에 대해 인정을 받을 권리가 있다. 자원봉사자는 자신이 가지고 있는 시간이나 물질, 에너지, 능력과 기술, 경륜과 지식 그리고 부를 무보수로 기꺼이 내 주는 마음을 갖고 있는 사람들이다. 자원봉사자야말로 정부의 정책적 근간이 되고 있는 '사회적 통합'이라는 대전제에 가장 크게 기여하고 있는 사람들이라는 점에 초점을 두어 자원봉사정책이 마련되어야 할 것이다.

그리고 사회적 경제시스템과 시민사회 및 시민참여에 대한 역할과 영역이 넓어지면서 자원봉사와의 개념 및 역할 등에서 상당한 혼돈이 생겨나고 있다. 사회적 변화와 개혁을 주장하는 사회적 행동에서부터 마을만들기와 같은 지역사회운동에 이르기까지 다양한 활동과 프로그램에의 참여를 자원봉사라는 이름으로 대체되고 있다. 큰 의미에서는 자원봉사활동으로 바라볼 수 있지만, 전통적인 자원봉사개념인 자선적 의미 측면에서는 다소 동일하게 정의할 수 있는 것은 아니라는 것이다. 이러한 측면에서 자원봉사의 개념과 역할 및 기능에 대해 다시금 한국적 개념정의가 필요한 시점이다.

또한 4차산업혁명 등 새로운 기술에 의한 사회변화도 자원봉사환경에 큰 영향을 줄 것으로 보인다. 이미 사회 제반에서 4차산업혁명시대를 대비하는 다양한 정책들이 준비되는 것처럼 자원봉사 영역에서도 사전 준비가 필요하다고 볼 수 있다. 다음의 〈표 13-1〉은 미래환경의 변화가 자원봉사환경에 미치는 영향 및 핵심역량을 설명하고 있다.

표 13-1 미래환경의 변화가 자원봉사환경에 미치는 영향 및 핵심역량

환경 변화	자원봉사 환경에 미치는 영향	자원봉사 핵심역량
고령화	• 빈곤한 노인의 증가 • 외로운 노인의 증가 • 건강한 노인의 증가	• 원플러스원 • 대인휴먼서비스 봉사일감 개발 • 노노케어
가족 구조의	• 1~2인가족의 증가 • 다양한 가족형태의 증가	• 사회적 가족의 개념 도입 • 가족기능대행 봉사서비스

다양화	• 열악한 주거환경의 1인 가족 • 고립된 가족	• 공유주거 지원 봉사프로그램 • 제2의 가족맺기
다문화 사회	• 다문화 수용성 증가 • 한국문화의 전수 • 다문화 대상국가에 대한 존중	• 글로벌시티즌십 육성 • 다문화국가의 문화 이해 • 한국어 및 한국문화 제공 봉사서비스
고용 없는 성장	• 사회서비스 영역의 확대 • 사회적 기업의 확대 • 자원봉사자 참여자수의 정체	• 틈새 사회서비스 봉사일감 개발 • 사회적 기업의 사회공헌 일감 개발 • 자원봉사 참여율 증가
4차 산업 혁명	• 대인관계 축소 및 인간성 상실 • 소득의 불평등의 심화 • 첨단기기 세대갈등의 심화	• 감성형 대인서비스 봉사일감 개발 • 공동체의식 강화 봉사 일감개발 • 소통형 문화행사 및 세대통합 일감
글로벌 환경	• 기업이미지와 환경보호 자원봉사활동과의 연계 • 지구보호의 어젠다 • 지속가능한 사회개발	• 다양한 지구보호 사회공헌일감 • 국제적인 환경보호활동 일감 • 미래환경까지 고민하는 지구촌나눔
ODA	• ODA 관련 예산 및 인력의 증가 • ODA 분절화 개혁 • 수혜국가욕구에 맞는 ODA 요청	• 퇴직인력을 활용한 전문자원봉사 일감 • 다양한 부처 및 기관에서 필요로 하는 해외봉사프로그램의 Pool 마련 • 수혜국가 맞춤형 ODA사업추진
SNS 발달	• 비대면 SNS 시장의 발전 • 가짜정보 및 뉴스의 양산 • 악플 및 비방 댓글 양산	• 온라인패트롤 자원봉사활동 • 선플달기 운동

그리고 자원봉사 패러다임이 변화되고 있다. 전 세계는 코로나19와 같은 재난재해를 극복하기 위한 자원봉사 패러다임의 전환을 지속적으로 도모하고 있다. 그리고 정부의 독자적 역량만으로는 해결할 수 없는 복잡한 사회문제에 대해 다양한 혁신 주체의 참여가 필요한 실정이다. 기존(박애주의, 자선주의) 자원봉사 패러다임에서 지역사회 사회문제해결을 위한 공공성·시민성 기반의 자원봉사로 전환되고 있다. 특히 기존 참여 방식(대면성, 집단성, 공식성, 정규성)에서 온라인 자원봉사와 같은 비대면성, 비공식성, 비정규성, 개인적 일대일 접근방식으로 전환되고 있다.

또한 청소년·청년 중심으로 한 디지털세대의 새로운 참여방식으로 부상하고, 코로나19 이후 비대면 활동에서 온라인 활동으로 급격히 전환되고 있다. 시민사회 영역의 다양화 및 비영리 부문의 확대, 기업과 같은 영리기관에서도 자원봉사 패러다임이 변화되어 기업의 자원봉사는 '자선적 기부활동'으로 시작하여 '사회적 투자', '기업시민', '사회적 가치'에 이어 현재는 ESG로 전환되고 있다.

무엇보다 자원봉사 영역이 시민사회와의 연계성을 가지게 되었다. 개인화 시대의 적극적인 시민성이 강조되고 있다. 정기적이고 지속적으로 조직이 필요로 하는 특정 봉사활동 대신 자기 지향적 자원봉사 참여에 관심을 가지게 되었다. 적극적 시민성을 통해 사회문제의 구조적 인식 결여를 해소하고 변화를 지향하는 시민사회 회복을 위한 자원봉사를 추구하게 되었다. 적극적 시민성은 법을 잘 지키고 좋은 이웃이 된다는 의미에서의 좋은 시민 또는 자신이 속한 공동체의 책임 인식과 지역사회 멤버십을 가지고 공동의 문제를 해결하기 위한 참여 활동을 부각시키는 실천 지향적 개념이다.

이러한 패러다임의 변화는 시민공동체와 협력적 거버넌스를 강조하게 되었고, 자원봉사활동과 사회적경제 영역에서 지역사회 구성원의 자발적 참여와 협력 활동이라는 공통점이 있으므로 양자 간 연계성을 체계화하여 지역 공동체성을 강화하게 되었다. 사회적 경제섹터는 사회구성원들의 자발적 참여로 이익을 함께 추구하고 서로 힘을 합쳐 어려운 일들을 해결하는 경제 활동을 의미를 의미하며, 사회적기업, 협동조합, 마을기업 등을 의미한다, 이 섹터에서 개인적 차원의 자원봉사를 통해 사회적 경제에 적극 참여하고, 사회적 기업과 자원봉사를 연계하여 지역사회 활성화 및 일자리, 사회서비스 제공 등 지역사회 취약계층에 대한 사회공헌, 사회적 네트워크 강화 및 사회적 자본형성에 기여하게 되었다.

3 자원봉사 활성화를 위한 제언

1) 자원봉사 관련 전담기구 설치 및 추진체계의 활성화

정부의 자원봉사 진흥을 위한 국가5개년계획의 실천이 강화될 수 있도록 자원봉사프로그램을 개발하고, 이행성과에 대한 평가와 연구를 수행하며, 자원봉사인력에 대한 자격검증 및 보수교육, 자원봉사센터 및 조직에 대한 운영관리 및 평가시스템을 담당하는 기관(가칭 자원봉사진흥원)이 설립 운영되어야 한다. 미래는 협치, 분권, 융합의 시대이기 때문에 이를 다양한 영역에서 이루어지고 있는 자원봉사활동을 총체적으로 운영할 수 있는 국가적 기관이 요구된다고 할 수 있다. 이러한 기관을 통해 자원봉사조직이나 센터에 대한 운영매뉴얼과 평가시스템을 구축하고, 성과 없는 사업 혹은 현실성 없는 과제들에 대한 자체적 심의를 통해 적정한 수준의 정리역할을 담당해야 한다.

그리고 자원봉사활동을 효율적으로 관리, 운영하기 위해서는 지역주민들이 자원봉사활동의 올바른 정신을 이해하고 자원봉사활동에 참여할 수 있도록 조직적·체계적으로 주도해 나갈 수 있는 추진체계가 확립되어야 한다. 중앙에는 한국자원봉사센터와 한국자원봉사협의회를 두고, 광역시도 자원봉사센터·광역시도 자원봉사협의회, 시군구 자원봉사센터와 시군구 자원봉사협의회가 체계를 이루어야 한다. 또한 자원봉사자 간의 전문적 협력과 권익향상을 위한 '한국자원봉사자협회'도 함께 조직되어 운영될 필요가 있다. 중앙과 광역 및 기초 자원봉사센터는 각 부처별 혹은 부서별로 흩어져 있는 자원봉사 기능을 통합하고 조정 및 연계하는 중심축으로서의 기능을 담당한다. 그리고 자원봉사협의회는 자원봉사단체의 협의회로서 단체 간의 네트워크 구축 및 권익활동의 기능을 가져야 한다.

2) 자원봉사활동 지원을 위한 재원 마련

자원봉사활동 지원을 위한 재원 마련을 위해서는 정부에 의한 재원 마련보다는 자원봉사의 자발성이라는 특성에 맞게 모든 국민이 함께 참여할 수 있는 방법을 모색하는 것이 좋다. 그리고 자원봉사기관에서 수익성과 공익성을 동시에 달성할 수 있는 사업을 자체적으로 개발하여 점차 정부의 지원금에서 탈피하여 자생력을 키울 수 있는 방법을 강구해 나가는 것이 바람직하다. 그러므로 공동모금회와 같은 민간모금기구 또는 민간기관이나 기업에 의한 지원 비율을 높여 나가야 할 것이며, 이를 위한 복권기금이나 특별기금 등 다양한 재원 마련의 방법을 모색하는 것이 필요하다.

3) 자원봉사활동 인정시스템 마련

자원봉사활동의 사회적 보상체계 강화를 위한 다양한 방안을 마련해야 한다. 우선 자원봉사활동에 대한 인식 제고 및 자원봉사자의 참여동기를 강화시켜야 한다. 이를 위해서는 자원봉사활동에 대한 가치관 정립이 우선되어야 한다. 국민들에게 법적 평등과 제도적 규범 능력을 회복시키기 위해서는 사회질서와 사회정의를 확보하기 위한 면세제도, 규칙, 규범 등의 원칙이 경우를 불문하고 어떤 사람이나 집단에게 공평무사하게 적용되고 준수되어야 함을 인식시켜야 한다. 또한 각 제도적 영역 내에서 전문화된 자율성을 증대시켜야 한다. 국가안보, 경제성장과 같은 국가목표의 중요성을 인정하더라도 다양한 이익이 복잡하게 상충되고 연계되는 산업사회에서는 보다 민주적이며 합리적인 이익 표출과 이익 조정의 양식이 발전되고 제도화되어야 한다. 더 나아가서는 이익 표출의 통로를 통해 정책결정에 영향을 미칠 수 있는 조직적인 참여의 양식이 제도화되어야 한다.

이외에도 건전문화 형성을 위하여 한국인의 생활모델을 개발해야 한다. 물질주의의 허상을 깨고 시민윤리를 정착시켜, 혼자 사는 세상이 아닌 '함께 사는 사회'임을 인식시키고 사회 전체의 이익과 발전으로 눈을 돌려 진정으로 '잘 사는 것'이 무엇인지를 깨닫게 하는 기회를 제공해야 한다. 이를 통해 도덕성 회복과 공동체의식이 형성될 것이고, 이는 자원봉사활동의 참여동기를 강화시키는 계기가 될 것이다. 자원봉사자의 인식전환을 위해서는 다양한 매체를 통한 홍보와 행사가 필요하며, 지역주민과 자원봉사자를 대상으로 변화되는 새로운 자원봉사에 대한 교육을 확대 실시하고, 교육받은 것을 실행에 옮길 수 있도록 자원봉사기관에서는 다양한 봉사활동프로그램 제공과 자원봉사 수혜처, 그리고 연결자 간의 만남의 장 마련 등 다각적인 노력을 해야 한다.

자원봉사활동시간의 인정을 위한 방법으로는 사회경력화와 마일리지제도 등을 들 수 있다. 미국이나 영국의 경우와 같이 일정 경력 이상의 자원봉사자에 대하여 공직임용, 취업, 승진, 진학, 세금감면 등 혜택을 부여하는 것이다. 이는 일정기간 이상 지속적인 자원봉사활동에 대해 행정능력과 대인관계기술 습득의 경험을 감안하여 유급경력으로 인정하는 제도이다. 이외에도 미국의 경우와 같이 자원봉사 마일리지제도를 도입하거나 전출입 시 봉사활동 실적의 현 거주지 연계 반영 등을 통해 자원봉사를 인정한다면 자원봉사활동의 동기부여 및 활성화가 가능할 것이다.

자원봉사자들에게 동기를 부여하고 자원봉사활동을 지속할 수 있게 하는 대안 중 하나가 보상 및 행사 실시이다. 자원봉사의 활성화 및 의식 고취를 위하여 국가적 차원 및 지자체 차원에서 교통비 및 급식비 지급, 선진지 견학, 지역신문이나 회보에 게재, 지역 TV나 라디오에 소개, 사례발표회 개최, 기관행사 초대, 감사카드와 생일카드 송부, 자원봉사축제 등 각종 행사를 실시하고, 포상의 기회를 마련하는 것이다.

4) 자원봉사관리 전문인력의 양성

(1) 자원봉사관리자 자격증제도 도입

자원봉사관리자는 서비스와 욕구를 조정하는 조정자(coordinator)로서의 역할, 직무활동을 지휘·통제하는 감독자(director)로서의 역할, 훈련을 담당하는 훈련자(trainer)로서의 역할, 자원봉사자의 자유로운 활동을 촉진하는 리더(leader)로서의 역할, 동료이자 친구로서의 역할, 조직 내외의 컨설턴트로서의 역할 등 수없이 많은 역할이 요구되며, 그때마다 적절한 기능을 해야 한다. 따라서 전문적이고 체계적인 자원봉사관리를 위한 자원봉사관리자의 전문성 강화가 필요하다.

자원봉사관리자는 상당한 전문지식과 자격이 필요하기 때문에 일정한 학력과 경력이 포함된 사람에게 자격이 부여되어야 하며 전공, 직급 등을 고려하여 지도능력, 관리능력이 있는 사람을 배치해야 한다. 이미 배치되어 있는 비전공자들은 우선적으로 자원봉사관리자 교육과정을 이수하게 하며, 인사이동을 고려하여 업무의 연속성이 유지되도록 충분한 인원으로 단계별 교육을 실시하여 전문성을 높인다. 중장기적으로는 자원봉사관리자제도를 도입하여 전문가 양성과 채용을 도모해야 한다.

또한 자원봉사 전문관리자 양성을 위해서는 자원봉사학과의 신설 및 체계적이며 표준화된 교육과정 개발이 병행되어야 할 것이다. 우리나라의 경우 전문화된 자원봉사자 양성기관이 전무한 실정이다. 따라서 자원봉사활동을 보다 체계적이고 효율적으로 추진하기 위해 자원봉사자를 지도, 육성할 수 있는 자원봉사전문가나 일정한 자격을 갖춘 관리자를 양성하는 전문교육기관, 교육시설, 전문강사, 교육과정 등의 개발이 요구된다.

(2) 보수교육시스템 구축(급수제도)

자원봉사관리자제도 도입 시 보수교육시스템의 구축도 함께 마련하는 것이 바람직하다. 사회복지사와 마찬가지로 학력과 경력 등에 따라 급수를 차등화하여, 상위급수로 승급하기 위해서는 소정의 실무경력과 함께 승급을 위한 보수교육 및 승급시험 등의 절차를 제도화하여 관리한다면 자원봉사관리자의 전문성이 더욱 강화될 것이다. 이를 위해서는 보다 조직적이고 체계적인 보수교육시스템 구축이 병행되어야 할 것이다.

(3) 자원봉사센터 센터장(CEO)과 자원봉사자 대표와의 독립성

자원봉사센터 센터장 혹은 사무국장은 전문직으로서 자원봉사관리자를 의미하며, 자원봉사자들의 대표는 회장의 이름으로 활동하는 것이 타당하다. 현재 센터장은 이 두 개념이 혼합되어 사용되는 센터가 많으며, 구분이 제대로 되지 않은 상황에서 시간의 흐름이 직책을 의미하는 형태로 이루어진 경우가 많다. 자원봉사센터는 관리직과 대표직이 함께 어우러져 운영되어야 하는 조직이다.

(4) 자원봉사 관리인력의 표준화 및 센터인력의 인사 및 보수지침

교육 및 전산코디네이터에 대한 자격 및 보수기준은 앞으로 자원봉사센터에서 자원봉사관리직으로 일하게 될 인력들의 자격과 보수에 대한 근거를 마련한 것으로 보인다. 구체적인 인사보수규정의 확보 및 실천으로 자원봉사계의 전문적 접근이 가능하도록 해야 할 것이다.

5) 자원봉사자, 자원봉사 수요처, 자원봉사활동 프로그램 개발

(1) 자원봉사자 개발 및 자질 향상

자원봉사활동을 위해서는 자원봉사자의 개발과 동시에 자원봉사자의 양적 및 질적 향상을 추구해야 한다. 우리나라는 자원봉사센터에 대한 인지도가 그리 높지 않은 상태이므로 자원봉사자를 모집하기 위해서 다양한 방안이 모색되어야 하며, 초기 탈락자가 많아 이들의 관리 또한 중요한 문제로 대두되고 있다. 자원봉사자의 질적 향상이라는 원칙에 따라 자원봉사자의 양적 확대를 도모해 나가야 한다. 자원봉사자의 질적 향상을 위해서는 기초교육, 보수교육 등 세분화된 교육프로그램의 개발과 함께 전문 분야 교육은 외래강사를 초빙하거나 관련 기관에 위탁하여 이루어져야 할 것이다.

또한 국민적 차원에서의 교육 강화도 병행되어야 할 것이다. 자원봉사 활성화는 국민들로 하여금 모두 함께 봉사대열에 자발적·조직적으로 참여할 수 있도록 하는 자원봉사의 교육과 훈련을 기본적이고 필수적인 조건으로 한다. 그런데 이러한 교육과 훈련은 단시간에 이루어지지 않을 뿐만 아니라 소수의 특정인이나 특수집단의 노력만으로 이룩될 수 있는 성질의 것이 아니다. 그러므로 학령 전 유아교육부터 시작하여 가정교육·학교교육 및 직장·사회교육을 통해 전문적인 평생교육 훈련체계로 정착시키는 것이 필요하다. 1995년부터 시작된 교육과정에서는 중학생들의 사회활동이 이미 의무화되었으며, 고등학교와 일부 대학교에서도 자원봉사활동을 의무화하거나 교육과정에 반영한 경우를 볼 수 있다. 또한 기업의 입사지원서에도 사회봉사활동의 경력란이 추가된 것을 보면 이미 국민적 차원에서의 교육 강화가 시작되었다고 볼 수 있다. 이런 경향을 반영하여 보다 체계적이고 조직적인 교육 기회를 제공하고 이를 통합관리한다면 국민들의 자원봉사활동에 대한 인식전환과 함께 평생교육 차원에서의 자원봉사교육이 가능할 것이다.

(2) 자원봉사 수요처 개발

자원봉사활동의 활성화를 위해서는 자원봉사자들이 자신의 동기와 욕구에 맞게 참여할 수 있는 다양한 자원봉사활동의 수요 개발이 자원봉사자 확보와 동시에 이루어져야 한다. 정기적으로 또는 수시로 자원봉사 수요조사를 실시하여 어떤 분야에서 어떤 자원봉사자를 필요로 하는지에 대한 수요처의 정보와 개발이 자원봉사자 발굴과 함께 병행되어야 한다. 지금까지는 자원봉사활용기관 중에서 사회복지기관 및 시설, 독거노인 및 소년소녀가장을 위한 자원봉사와 같은 사회복지 부문에서의 자원봉사자 활동이 활성화되었을 뿐 교육, 보건의료, 공공행정과 같은 분야에서는 자원봉사자 활용의 정도가 낮은 편이었다. 따라서 개인과 가정, 기관 및 시설, 지역사회 등 자원봉사활동 영역별로 다양한 자원봉사 수요처 개발이 이루어져야 한다.

(3) 계층별, 기능별, 대상별로 차별화된 프로그램 개발

자원봉사자들이 직접 참여하여 활동할 수 있는 다양한 프로그램이 개발되어 있지 않은 경우에는 효과적이고 효율적인 자원봉사활동이 이루어지기 어렵다. 프로그램은 지역사회의 주민과 관련 기관의 욕구와 특성에 맞게 개발되어야 하며, 기능별, 대상별, 계층별로 자원봉사활동 프로그램의 전문화 및 다양화가 이루어져야 한다.

지금까지 자원봉사자들의 봉사활동은 상당 부분 노력봉사에 치우쳐 있었다. 근로봉사는 단순업무나 보조적인 업무에 국한되는 경우가 대부분이며, 교육봉사, 상담 등 전문적인 자원봉사활동은 제대로 이루어지지 않고 있다. 또한 센터에서는 이미 자원봉사를 활용할 계획을 가진 프로그램만을 자원봉사자들에게 선택하도록 하고 있어 실제로 봉사자들의 욕구를 최대로 수용하지 못하고 있다. 이와 같이 자원봉사활동이 복지시설이나 기관의 부족한 일손을 보조해 주는 것에 국한되거나 자신의 욕구에 부합되지 않는 봉사활동을 하게 된다면 봉사자들의 지속적인 참여를 기대하기 어렵다.

장차 자원봉사자들이 전문적인 자원봉사활동을 지원하는 경우가 발생하므로, 전문화된 프로그램을 개발하고 전문인력을 자원봉사자로 유입하는 전략 마련이 시급히 요구되고 있다. 앞으로 우리나라도 많은 사람이 공동적으로 관심을 가질 수 있게 사회문제, 가정문제 등에 있어서 각종 프로그램이 개발되어 적극적으로 시행되어야 한다. 또한 자원봉사센터가 중심이 되어 지역사회에서 발생하는 사회문제를 효과적으로 해결하고, 지역주민들의 적극적인 참여를 유도하기 위해서 지역사회와 관련된 자원봉사활동 프로그램을 자체적으로 개발하는 능력을 강화해야 한다.

자원봉사는 평생 동안 이루어지는 것이 가장 바람직하다. 어린아이부터 시작하여 노인에 이르기까지 그들에게 적합한 프로그램이 개발되어 제공된다면 사회발전과 자원봉사 활성화를 위한 좋은 대안이 될 것이다. 이를 위해서는 가족봉사프로그램을 다양하게 개발하여 유아기 때부터 가족과 함께 자원봉사를 생활화하도록 하는 것이 중요하다. 아동, 청소년, 대학생, 성인, 노인의 특성에 맞는 자원봉사프로그램이 개발된다면 사람들은 자원봉사를 통해 성취감과 사회 기여에 대한 자부심, 기쁨과 보람을 가지게 될 것이며 이를 통해 새로운 공동체 형성도 가능하게 될 것이다.

(4) 프로그램에 대한 평가

자원봉사활동의 효과성과 적합성을 인식하기 위해서는 프로그램 자체에 대한 평가를 실시해야 한다. 자원봉사프로그램이 효과적이고 효율적으로 진행되었는지의 여부를 측정하는 것이 그 프로그램의 성공 여부와 지속 여부를 판단할 수 있는 근거가 되며, 이를 통해 효과적인 자원봉사프로그램의 개발이 가능할 것이다.

6) 자원봉사자 및 수혜자의 인권과 권리의 강화

인권(Human Rights)은 인간의 권리를 줄인 말로, 인간이 존엄하다는 명제에 기초한다. 즉, 인권은 '자유와 평등'으로 표상되는 인간의 존엄성과 침해될 수 없고 양도될 수 없는 권리라는 두 개의 철학적 정치적 개념을 주축으로 구성되어 있다고 볼 수 있다. 인권은 어느 시대, 어느 사회에서 사람으로서, 국가의 구성원으로서 누리고 행사해야 할 자유와 권리를 말하는 것이기 때문에 시대와 사회가 변동하여 새로운 문제가 제기될 때에 그 내용이 보완되고 변화하기도 한다. 그렇기 때문에 인권이 형성되고 공동체 속에 보편적으로 자리 잡는 것은 사회 구성원이 이를 인정하기 위해 합의하고 실천하고자 노력하는 과정에서 이루어진다고 볼 수 있다.

자원봉사자들은 누군가를 위해서 희생과 봉사만 해야 하는 존재는 아니다. 그렇기 때문에 봉사활동 중에는 항상 인권이 보장되어야 한다. 수요기관이 수혜자로부터 인권을 보장받아야 하며, 위험과 힘든 일로부터도 안전과 보호를 받아야 한다는 뜻이다. 그리고 인간으로서의 존엄성과 봉사자로서의 사회적인 인정도 받아야 함을 의미한다.

뿐만 아니라 자원봉사자들은 수혜자에 대한 인권을 보호하고 보장해야 하는 의무도 함께 갖고 있다. 자원봉사자들은 차이를 이유로 수혜자를 분리, 배제, 불리한 대우를 하면 안 된다는 것이다. 세계인권선언은 제1조에서 모든 사람은 태어날 때부터 자유롭고, 존엄성과 권리에 있어서 평등하다. 제2조에서 모든 사람은 인종, 피부색, 성, 언어, 종교, 정치적 견해 또는 그 밖의 견해, 출신 민족 또는 사회적 신분, 재산의 많고 적음, 출생 또는 그 밖의 지위에 따른 그 어떤 종류의 구분도 없이 이 선언에 나와 있는 모든 권리와 모든 자유를 누릴 자격이 있다고 평등과 차별금지가 인권의 근본 전제임을 강조하고 있다. 인권의 역사는 보다 많은 자유를 쟁취하고 모든 형태의 차별을 철폐를 통한 평등의 실현을 위한 과정이라고 할 수 있다. 예를 들어 장애인을 위한 봉사활동이라면 장애인을 대상화하는 것이 아니라 의사소통을 거쳐 당사자의 관점과 요구를 고려할 필요가 있다.

인권감수성은 자유, 평등, 존엄, 다양성 등에 대한 공감이다. 즉, 타인의 자유, 타인의 평등, 타인의 존엄, 타인의 다양성에 공감하는 힘이다. 이와 같이 자원봉사자에 대한 인권 및 권리, 그리고 수혜자에 대한 인권과 권리가 자원봉사진흥 국가기본계획의 중요한 가치로 자리 잡아야 한다.

7) 환경변화에 따른 지속가능성 확보

지속가능하고 건강한 자원봉사 문화 확산을 위해 자원봉사 활동의 자율성이 보장되어야 한다. 정부의 하향식 자원봉사 행정시스템을 지양하고 民주도-官지원의 자원봉사 행정문화가 구축되어야 할 것이다. 그리고 미래사회의 환경변화에 지속가능성을 확보한 자원봉사진흥 지원체계를 마련해야 한다. 현재 행정안전부, 보건복지부, 교육부, 여성가족부 등 정부 각 부처에서 실시되고 있는 관료적이고 실적위주의 경쟁적 사업들을 지양하고, 범부처 자원봉사 업무를 총괄하는 총리실 산하 '자원봉사진흥위원회'의 기능을 형식상의 위원회가 아닌 강력한 실천의지를 가진 위원회로 정상화해야 한다. 한국자원봉사의 법적 대표기구인 '한국자원봉사협의회' 기능을 확대하고, 역할강화를 통해 우리나라 자원봉사운동의 컨트롤타워 역할을 제대로 수행할 수 있도록 지원해야 한다. 광역 및 기초자치단체에도 '지역자원봉사진흥위원회'를 설치하여 지역사회 자원봉사5개년계획을 수립하고 집행하는 지역사회자원봉사허브 기능을 수행하도록 해야 한다.

또한, 자원봉사 부처 간 업무협력을 위해 자원봉사관련 범부처의 협력과 조율을 위한 행정안전부 민간협력과의 조직이 격상되어야 한다. 행정안전부가 자원봉사 진흥을 위한 국가기본계획의 수립과 집행의 주무부처의 위상으로는 많은 한계가 있다. 자원봉사의 새로운 생태계 조성과 시대에 부응하고, 범부처의 협력과 조율이 가능하기 위해서는 현재 자원봉사 담당조직을 최소한 민간협력국 이상의 수준으로 격상해야 한다. 이를 통해 자원봉사 진흥을 위한 정부-기업-시민사회의 협치인프라가 구축되어야 할 것이다.

특히 4차산업혁명의 시대, 협업과 융합의 시대, 통일의 시대 등 미래사회의 자원봉사 수요예측이 가능한 다양한 프로그램을 창출하는 자원봉사 일감 수요처를 개발 할 수 있는 전담할 기관이 설립되어야 한다. 또한 성숙한 시민사회를 위한 자원봉사 교육의 제도화와 자원봉사활동을 전문적으로 관리하는 자원봉사관리사 자격을 제도화할 필요가 있다. 전 국민의 자원봉사의식 저변확대를 위하여 초등학교 교과과정에 자원봉사 영역을 개설하고, 평생교육과 시민리더십 육성 차원에서 자원봉사과정이 신설되어야 한다.

8) 국가기본계획의 구성요소 보완 및 책임 있는 운용

타 영역의 국가기본계획에서 다루고 있는 구성요소 중 누락되어 있는 부분에 대한 보충이 필요하다. 첫째, 자원봉사에 대한 국민의 의식수준의 부분이 포함되어야 한다. 자원봉사활동에 대한 국민적 필요성 공감, 자발적 참여에 대한 공감 정도, 사회적 인정 및 국가적 지원에 대한 필요성 등 광범위한 자원봉사에 대한 전 국민의 공감에 대한 조사내용이 포함되어야 한다.

둘째, 자원봉사진흥에 대한 기본구조 및 특징의 내용이 포함되어야 한다. 이것은 다른 영역의 국가기본계획과는 달리 자원봉사진흥 기본계획이 갖는 특수성을 감안하여야 하다는 뜻이며, 비전과 목표를 달성하기 위한 단계별 전략이 포함되어야 함을 의미한다.

셋째, 자원봉사활동에 대한 주요지표의 전망이 구체적이고 상세하게 제시되어야 한다. 현재, 세부 정책사업 계획의 나열은 되어 있으나 구체적으로 어느 정도의 양적 혹은 질적 수준으로 시행되어야 하는지에 대한 구체적인 지표가 없어 목표달성을 예측하거나 평가하기 어려운 부분이 있다. 이러한 주요지표는 구체적인 미래환경 변화에 대한 지표를 기반으로 하여 이루어져야 하며, 수요와 필요를 근거로 해야 한다. 그러므로 자원봉사진흥의 목표에 대한 주요지표의 설정은 매우 중요하다고 볼 수 있다.

❑ 참고문헌

구혜영 (2004). 자원봉사센터 평가모델 척도개발에 관한 연구. 한국자원봉사학회: 자원봉사학, 4.

구혜영 (2006). 공공조직 자원봉사자의 활동 효과성 영향요인 연구. 한국 사회복지행정학회: 한국 사회복지행정학, 8(3).

구혜영 (2006). 자원봉사 조직특성 및 업무특성의 자원봉사자 활동 유효성 영향요인: 임파워먼트 매개효과를 중심으로. 가톨릭대학교 대학원 박사학위논문.

구혜영 (2006). 자원봉사 평가의 과제: 자원봉사센터 평가지표 개발을 중심으로. 한국자원봉사센터협회.

구혜영 (2007). 자원봉사 인프라 구축의 과제. 전국자원봉사센터 관리자대회 자료집. 한국자원봉사센터협회.

구혜영 (2008). 자원봉사실천론. 서울: 도서출판 신정.

구혜영 (2009). 인간행동과 사회환경. 서울: 도서출판 신정.

구혜영 (2011). 2018 평창동계올림픽의 성공적인 개최를 위한 자원봉사분야의 역할과 활성화 방안. 2011 강원자원봉사포럼자료집. 강원도자원봉사센터.

구혜영 (2011). 한국의자원봉사활동의 정책적 현황과 과제. 2011추계학술대회자료집. 한국비영리학회.

구혜영, 정가원 (2011). 우리나라 사회복지모금인력 현황 및 양성방안. 한국비영리연구, 10(2).

구혜영 (2012). 자원봉사론. 서울: 도서출판 신정

구혜영 (2017). 자원봉사의 환경변화와 제3차 자워봉사진흥 국가기본계획 추진방향. 한국자원봉사학회 추계학술대회 자료집.

구혜영 (2019). 자원봉사활동기본법 개정의견(안) 세미나자료집, 한국자원봉사포럼.

구혜영 (2020). 지속가능한 자원봉사활성화 방안 세미나 자료집, 유민봉국회의원실.

구혜영 (2021). 자원봉사활동기본법의 개정방향 세미나 자료집, 이명수국회의원실.

구혜영 외 (2022). 자원봉사인프라 구축의 요람(한국자원봉사포럼 25년사), 한국자원봉사포럼.

구혜영 외 (2023). 자원봉사본질이야기, 한국자원봉사협의회 자원봉사연구소.

김범수 외 (2001). 자원봉사의 이해. 서울: 학지사.

김성이, 박영희 (2005). 자원봉사총론. 파주: 양서원.

김영신 (2002). 자원봉사활동의 실태 및 활성화 방안에 관한 연구. 공주대학교 대학원 석사학위논문.

김영호 (2003). 자원복지의 이론과 실천. 파주: 학현사.

김현옥 외 (2008). "자원봉사활동 관리표준 매뉴얼 개발." 행정자치부.

류기형 외 (2004). 자원봉사론. 파주: 양서원.

볼런티어21 (2002). 자원봉사시민의식조사. 행정안전부.

볼런티어21 (2005). 자원봉사시민의식조사. 행정안전부.

볼런티어21 (2008). 전국자원봉사활동실태조사연구. 행정안전부.

볼런티어21 (2011). 전국자원봉사활동 및 기부실태조사연구. 행정안전부.

삼성경제연구소(2010). 베이비붐세대 은퇴의 사회경제적 파급효과.

서울시자원봉사센터 (2011). 베이비붐세대의 자원봉사 참여활성화방안(구혜영토론자료). 2011 자원봉사시민포럼자료집.

서울시자원봉사센터 (2011). 자원봉사센터 민영화 추진 실태와 과제: 서울시를 중심으로. 자원봉사시민포럼자료집.

서울시청소년활동진흥센터 (2008). 청소년봉사활동 실태의식만족도조사연구.

이성록 (2005). 자원봉사활동관리. 서울특별시.

이창호 외 (2011). 자원봉사정책의 한국적 모형에 관한 연구. 2011한국자원봉사학회 추계학술대회자료집.

자원봉사문화 (2020). 전국 기부와 자원봉사 실태조사, 행정안전부

정무성 (2003). 2003년 사회복지관평가지표 및 지침서. 서울특별시.

주성수, 정희선 (2017). 전국 기부와 자원봉사 실태조사. 행정자치부.

차신희 (2003). 자원봉사센터 활성화방안에 관한 연구. 창원대학교 행정대학원 석사학위논문.

최유미 (2009). 2011대구세계육상선수권대회의 자원봉사 활용방안 모색. 제24차 대구자원봉사포럼자료집. 대구시자원봉사센터.

최일섭 외 (2007). 자원봉사활동 진흥을 위한 국가기본계획수립연구. 행정자치부.

한국보건사회연구원 (2010). 베이비붐세대 실태조사 및 정책현황분석.

한국사회복지관협회 편 (1997). 미국의 자원봉사 유래와 현황. 서울: 동인출판사.

한국사회복지관협회 편 (1997). 일본의 자원봉사 유래와 현황. 서울: 동인출판사.

한국사회복지공동모금회 (2023). 기부컨퍼런스세미나 자료집, 사랑의열매.

한국자원봉사협의회 (2010). 국격제고를 위한 한국의 자원봉사활성화 방안연구. 국무총리실.

황유선 (2002). 자원봉사센터 운영에 관한 연구: 지역종합자원봉사센터를 중심으로. 경남대학교 행정대학원 석사학위논문.

Blau, P. M., & Scott, W. R. (1975). *Approaches to the study of Social Structure*. New York:

The Free Press.

Darvill, G., & Munday, B. (1984). *Volunteers in the Personal Social Services*. London & New York: Tavistock Publications.

Eisner, D., Grimm, R. T., Maynard, S., & Washburn, S. (2009). Stanford Social Innovation Review, *The New Volunteer Workforce*. Winter.

Edwards, R. L., & Hopps, J. G. (1995). *Encyclopedia of Social Work 19th Edition*, Washington D. C.: NASW Press.

Hager, M., Rooney, R., & Pollack, T. (2002). How Fundraision is Carried out in US Nonprofit Organizations. *International Journal of Nonprofit and Voluntary Sector Marketing, 7*(4).

Lindahl, W. E., & Conley, A. T. (2002). Literature review: Philanthropic fundraising. *Nonprofit Management & Leadership, 13*(1).

Looney, C. A., & Looney, J. K. (2005). Attraction Top Talent and Retaining Stars. *New Directions for Philanthropic Fundraising, 49*, Fall.

Margriet-Marie, G. (2002). 세계의 자원봉사활동. 이강현 옮김. 강원도: 아르케.

Mesch, D. J., & Rooney, P. M. (2008). Determinants of compensation: A study of pay, performance, and gender differences for fundraising professionals. *Nonprofit Management & Leadership, 18*(4).

NASW (1977). Encyclopedia of Social Work. New York.

NASW (1987). Encyclopedia of Social Work. New York.

Patti, R. J. (1987). Managing for service effectiveness on social welfare organization. *Social Welfare*, *33*, Sep.

Point of Light Foundation (1993). Volunteer Center Start-Up Kit.

Rossi, P. H., & Freeman, H. E. (1993). *Evaluation: A Systematic Approach 5th ed.* California: Sage.

Sargeant, A. (2001). Relationship fundraising: How to keep donors loyal. *Nonprofit Management & Leadership, 12*(2).

Schindler-Rainmain, E., & Lippitt, R. (1984). *The Volunteer community*. New York: NTL Learning Resources Corporations.

Scriven, M. (1991). *Evaluation Thesaurus*(4th ed.). California: Sage.

〈기타 자료〉

강원도자원봉사센터 (2008). 자원봉사자 기본교육교재.

광진구 (2005). 광진구 환경의제21 실천계획.

통계청 (2022). 전국인구센서스통계조사. 통계청.

한국자원봉사협의회 (2017). 대선 자원봉사활성화를 위한 정책공약제안발표문.

행정안전부 (2005). 전국자원봉사센터 실태 및 현실 진단.

행정안전부 (2007). 제1차 자원봉사진흥 국가기본계획.

행정안전부 (2012). 제2차 자원봉사진흥 국가기본계획.

행정안전부 (2016). 2016년도 자원봉사진흥 시행계획(안).

CFRE (2011). 국가통계포털 KOSIS, 2016년 인구주택총조사. www.cfre.org에서 2011년 7월 10일 인출.

❑ 찾아보기

ㅇ

ㅊ

A

구혜영

이화여자대학교 정치외교학 학사
이화여자대학교 대학원 사회복지학 석사
가톨릭대학교 대학원 사회복지학 박사

현) 한양사이버대학교 사회복지학과 교수
현) 한국사회복지협의회 사회복지 자원봉사자문위원회 위원장
현) 한국자원봉사협의회 자원봉사연구소 운영위원
현) 정릉종합사회복지관 운영위원장

전) 광진구 광진복지재단 이사장
전) 여성가족부 농어촌청소년육성재단 이사장
전) 서울시자원봉사센터 센터장

자원봉사론(3판)

초판발행 2012년 9월 10일 **1판 1쇄** | 2017년 9월 10일 **1판 4쇄**
2판발행 2018년 9월 10일 **2판 1쇄** | 2019년 3월 10일 **2판 2쇄**
2020년 3월 10일 **2판 3쇄** | 2020년 9월 10일 **2판 4쇄**
3판발행 2024년 2월 10일 **3판 1쇄** | 2024년 9월 10일 **3판 2쇄**
2025년 9월 10일 **3판 3쇄**

지은이 구혜영
펴낸이 최용구 | **펴낸곳** 도서출판 **신정**
주소 (04316) 서울시 용산구 원효로 89길 19 (원효로1가)
전화 02)3211-4782, 0266(영업부), 3211-4783(편집부), 3211-4784(팩스)
이메일 shinjeong72@naver.com | **홈페이지** www.sjbook.co.kr
등록 2001년 5월 11일 제13-702호
기획마케팅 최용구 장만동 최충구 송대용 | **책임편집** 석기은 황가연 | **표지** SDY

ISBN 978-89-5912-868-6 93330
정가 25,000원